新中国工业企业制度变迁

寇纲 杨石磊 刘忠 胡国平 刘畅 等 编著

西南财经大学出版社
中国·成都

图书在版编目(CIP)数据

新中国工业企业制度变迁/寇纲等编著．—成都:西南财经大学出版社,
2019.10
ISBN 978-7-5504-4137-8

Ⅰ.①新… Ⅱ.①寇… Ⅲ.①工业企业—企业管理制度—变迁—中国
Ⅳ.①F429.07

中国版本图书馆 CIP 数据核字(2019)第 202647 号

新中国工业企业制度变迁
XINZHONGGUO GONGYE QIYE ZHIDU BIANQIAN
寇纲　杨石磊　刘忠　胡国平　刘畅　等　编著

责任编辑:王青杰
封面设计:墨创文化
责任印制:朱曼丽

出版发行	西南财经大学出版社(四川省成都市光华村街55号)
网　　址	http://www.bookcj.com
电子邮件	bookcj@foxmail.com
邮政编码	610074
电　　话	028-87353785
照　　排	四川胜翔数码印务设计有限公司
印　　刷	四川五洲彩印有限责任公司
成品尺寸	170mm×240mm
印　　张	22.25
字　　数	364 千字
版　　次	2019 年 10 月第 1 版
印　　次	2019 年 10 月第 1 次印刷
书　　号	ISBN 978-7-5504-4137-8
定　　价	98.00 元

1. 版权所有,翻印必究。
2. 如有印刷、装订等差错,可向本社营销部调换。

出版说明

文承千秋史，潮引万水东。

1949年中华人民共和国的成立，是中国有史以来最伟大的事件，也是20世纪世界最伟大的事件之一，中华民族的发展开启了新的历史纪元。1978年，在中国共产党历史上，在中华人民共和国历史上，实现了新中国成立以来具有深远意义的伟大转折，开启了改革开放和社会主义现代化的伟大征程，推动了中国特色社会主义事业的伟大飞跃。中国特色社会主义道路、理论、制度、文化，以雄辩的事实彰显了科学社会主义的鲜活生命力，社会主义的伟大旗帜始终在中国大地上高高飘扬，中华民族正以崭新姿态屹立于世界的东方！

习近平总书记指出："哲学社会科学研究要立足中国特色社会主义伟大实践，提出具有自主性、独创性的理论观点，构建中国特色学科体系、学术体系、话语体系。""70年砥砺奋进，我们的国家发生了天翻地覆的变化。""无论是在中华民族历史上，还是在世界历史上，这都是一部感天动地的奋斗史诗。"深刻反映70年来党和人民的奋斗实践，深刻解读新中国70年历史性变革中所蕴含的内在逻辑，讲清楚历史性成就背后的中国特色社会主义道路、理论、制度、文化优势，是新时代中国哲学社会科学工作者的历史责任。

从新中国成立到改革开放之前，中国共产党领导人民进行社会主义革命和建设，探索适合中国实际情况的社会主义建设道路，虽然经历过曲折，但总体上看，全面确立了社会主义基本制度，实现了中国历史上最深刻最伟大的社会变革，取得了独创性理论成果，成就巨大，为当代中国的一切发展进步奠定了根本政治前提和制度基础，为开创中国特色社会主义提供了宝贵经验、理论准备、物质基础。改革开放以来，从开启新时期到跨入新世纪，从站上新起点到进入新时代，中国特色社会主义迎来了从创立、发展到完善的伟大飞跃，中国共产党在理论、实践、制度等方面全面推进科学社会主义进入新阶段，科学社会主义在中国焕发出强大的生机和活力。可以说，中国共产党对社会主义理想百折不挠的追求、坚持不懈的实践，以及取得的举世瞩目的成就，为5 000年的中华文明注入了新的基因，使中国由贫穷落后走上小康之路，同时也极大地影响和改变着世界历史的发展进程。

经济社会比较落后的国家在革命胜利后如何建设社会主义，是社会主义发展史上的重大历史性课题；而新中国成立70年来，中国共产党建设社会主义的实践探索，是对这一历史性课题的成功"解题"。从"出题"到"解题"，中国每时每刻都在发生变化，我们必须要在理论上跟上时代，不断认识实践规律，不断推进理论创新、制度创新，在聆听时代声音中展现出更有说服力的真理力量。

"制度是关系党和国家事业发展的根本性、全局性、稳定性、长期性问题。"中国特色社会主义制度，是当代中国发展进步的根本制度保障，集中体现了中国特色社会主义的特点和优势。我们坚持完善和发展中国特色社会主义制度，不断发挥和增强我国的制度优势，在经济、政治、文化、社会等各个领域形成一整套相互衔接、相互联系的制度体系。

时代是思想之母，实践是理论之源。在回顾中国共产党引领中国人民绘就这一幅幅波澜壮阔、气势恢宏的历史画卷的同时，如何以马克思主义为指导，有分析、有选择地吸收和借鉴新制度经济学中的合理成分，站在新的历史起点，肩负起新时代的历史使命，系统梳理新中国成立以来我国经济社会制度的发展脉络，全面探究新中国经济社会制度的演进路径，以使我们更加清醒地认识新时代中国特色社会主义的历史方位，更加自觉地增强对中国特色社会主义经济社会制度的价值认同，从而构建基于我国自身伟大实践的具有深刻解释力的中国特色社会主义经济社会制度理论体系，是一个伟大而艰巨的时代课题。对"兴学报国"90余载的西南财经大学来说，关注国计民生、破解经济现象、剖析社会迷局、贡献西财方案，本是"题中应有之义"；

对"经世济民,孜孜以求"的西财经济学人来说,能够站在学术高地,以理论和智慧主动服务国家战略,更是光荣使命,责任重大。

"成为中国高等财经教育的主要引领者、国际商科教育舞台上的有力竞争者、实现中华民族伟大复兴中国梦的重要贡献者",这是西南财经大学在新时代的历史使命。围绕着"深化学术创新体系改革,增强服务国家发展能力",西南财经大学第十三次党代会报告指出:"深入贯彻落实加快构建中国特色哲学社会科学的意见,瞄准学科前沿和国家重大需求,以广阔视野、创新精神大力推进学术创新,在服务国家发展中彰显西财价值。"这就要求我们,要以原创理论成果和服务国家、行业及区域重大战略需求为主线,加快推进中国特色社会主义政治经济学等理论体系建设,产出一批具有时代影响力的原创性成果,彰显西财学术影响力。

西南财经大学是教育部直属的国家"211 工程"和"985 工程"优势学科创新平台建设的全国重点大学,也是国家首批"双一流"建设高校,理应在构建中国特色哲学社会科学学科体系、学术体系和话语体系,深刻解读新中国 70 年历史性变革中所蕴含的内在逻辑,讲清楚历史性成就背后的中国特色社会主义经济制度与社会变革的关系等方面有所作为。

西南财经大学结合自身学科专业特色、优势和"双一流"建设要求,组织相关学科专业学者梳理新中国成立以来经济社会制度的变革与实践,总结过往取得的成就和经验与教训,积极探索未来的发展方向与路径,策划了这套"新中国经济社会制度变迁丛书"并成功入选"十三五"国家重点图书、音像、电子出版物出版规划(新广出发〔2016〕33 号)。该套丛书包括《新中国经济制度变迁》《新中国货币政策与金融监管制度变迁》《新中国保险制度变迁》《新中国社会保险制度变迁与展望》《新中国审计制度变迁》《新中国统计制度变迁》《新中国工业企业制度变迁》《新中国财政税收制度变迁》《新中国经济法律制度变迁》《新中国对外贸易制度变迁》《新中国卫生健康制度变迁》《新中国社会治理制度变迁》《新中国行政审批制度变迁》《新中国农业经营制度变迁》《新中国人口生育制度变迁》共计 15 册。

西南财经大学党委和行政高度重视这套丛书的编撰和出版,要求每本书的研究、编写团队要坚持以习近平新时代中国特色社会主义思想为指导,把学习、研究、阐释当代中国马克思主义最新成果作为重中之重;要扎根中国大地，突出时代特色，树立国际视野，吸收、借鉴国外有益的理论观点和学术成果，推进知识创新、理论创新、方法创新，提升学术原创能力和水平；要立足我国改革发展实践，挖掘新材料、发现新问题、提出新观点，提炼标识性学术概念，打造具有中国特色和国际视野的学术话语体系，形成无愧于时代的当代中国学术思想和学术成果，立足自身研究领域，为推动中国经济学、管理学学科体系建设做出贡献；要坚持用中国理论阐释中国实践、用中国实践升华中国理论，推动学术理论中国化，提升中国理论的国际话语权，并推动研究成果向决策咨询和教育教学转化。

本套丛书以习近平新时代中国特色社会主义思想为指导，力求客观真实地揭示新中国经济社会制度变革的历程，多维度、广视角地描绘新中国经济社会制度演进的路径，较为全面系统地总结中国共产党带领全国各族人民为实现国家富强、民族振兴和人民幸福的"中国梦"所进行的中国特色社会主义经济社会制度变革的伟大实践和理论探索。

历史车轮滚滚向前，时代潮流浩浩汤汤。历史是营养丰沛的最好的教材，70年来中国共产党带领中国人民走过的路，是一部感天动地的奋斗史诗，是独一无二的实践经验，也是滋养理论研究的取之不竭的现实沃土。新中国70年的光辉历程，"积聚了千里奔涌、万壑归流的洪荒伟力"。我们应深深饱吸这70年波澜壮阔的变革中所蕴藏的丰饶的学术营养，立足当下，并在21世纪全球经济一体化的世界格局中观照我国改革开放的深化发展，以及经济社会和谐发展的本质要求，通过对经济社会最深层次、最具价值、最本质和最急迫问题的挖掘、揭示与探索，从波澜壮阔的历史回溯中提炼学术成果，提升理论自信；我们在解析历史的同时，也是以高度负责的敬业精神，用奋进之笔在书写着一部"当代史"。

当然，本套丛书只是对新中国经济社会制度变革问题进行系统性探索的开始，我们希望并相信本套丛书能够引起更多的哲学社会科学工作者，尤其是相关经济、管理学界的学者的关注，从而推动新中国经济社会制度变迁的纵深研究，为中国特色社会主义制度变革和创新提供更多更好的理论依据和决策支持。因历史资料搜集等方面存在的差异，书中的观点和方法还有许多不完善、不成熟之处，敬请读者批评指正。

前言

纵观新中国的经济发展历程,国家经历了从新纪元开启,到一个个历史性跨越,再到进入新时代的过程,工业企业经历了制度学习、制度探索、制度自信的变迁演进过程。1949年中华人民共和国成立,中华民族开启了建设、发展新国家的历史新纪元。在中国共产党的坚强领导与数代勤劳智慧的中华儿女的不懈努力下,中华民族实现了"从站起来到富起来再到强起来的历史性跨越"。国家精神文明建设与物质发展取得重大成就,人民生活水平和幸福感有了极大提高,新中国也成为世界格局中的重要一员。中国特色社会主义制度逐步成熟与定型,工业企业制度也更趋成熟与先进。新中国工业企业制度变迁研究,既是对中华人民共和国成立以来工业经济发展及工业企业制度建设经验的总结与凝练,也是对我国未来经济发展与企业制度演进的展望与探索。

中华人民共和国成立70年来,我国从一穷二白、百废待兴,发展成为世界第二大经济体,年度国内生产总值突破90万亿元。其中,工业经济同样取得了历史性成就,我国经济逐步进入工业化后期,并将进入后工业化阶段。中国工业体系从无到有,逐步建立了门类齐全、独立完整、具有相当规模的现代工业体系。工业产值总量不断提升,在世界工业产值总量中占比超过30%。工业内部结构和工业布局不断优化,高技术产业、战略性新兴产业发展迅速,工业企业全要素生产率不断提升。工业发展逐步由以要素密集型为主的产业体系转变为以知识和技术型为主的产业体系。

中国工业经济能够取得今天的发展成就，离不开经济制度的不断改革和完善，可以说，中国工业经济的发展史也是一部工业制度的改革与变迁史。中国经济制度的变迁，在宏观上表现为从高度集中的计划经济体制，到有计划的商品经济体制，再到社会主义市场经济体制的大致转变；在微观上则表现为国有企业的市场化以及民营企业逐步壮大的过程。在整体经济制度的改革与变更过程中，我国工业企业制度的稳步、"渐进式"的改革，激发了各市场的要素活力，助推了中国特色社会主义市场经济体系的建立与完善，也为我国社会主义工业化道路跨越式发展奠定了基础。

党的十八大以来，国家经济进入"由高速增长转向高质量发展"的阶段，以习近平同志为核心的党中央对社会主义初级阶段的经济、政治、文化、社会和生态文明建设方面都进行了全新的探索和改革。治国理政战略思想也进一步强化马克思主义与中国实际的结合，提出将"全面建成小康社会、全面深化改革、全面依法治国、全面从严治党"作为党和国家开展各项工作的战略布局。全国经济发展进入新常态，供给侧结构性改革深入推进，作为实体经济重要组成部分的工业经济，仍是"立国之本""财富之源"。工业经济发展与工业制度改革是新时代贯彻落实"五位一体"总体布局和"四个全面"战略布局的重要任务。

在党的领导下，新时代工业企业制度改革的探索和推进又取得了崭新的成绩。由于工业经济的特殊地位，党和国家高度重视工业经济发展和工业企业制度改革，并将其作为全面深化改革的重点内容。党和国家制定了一系列关于完善国有资产监管体制、健全现代企业制度、推进新一轮混合所有制改革以及加强国企党建的政策方针，指导完善中国特色国有企业制度。在这个过程中，党的领导核心和政治核心作用充分发挥。新时代工业企业制度改革的探索和推进，使得我国企业制度改革的理论成果得到了更大的丰富与发展。国企改革顶层设计基本完成，国有资本投资、运营公司以及混合所有制改革等多项试点铺开，工业企业坚持走绿色发展和创新驱动发展道路。工业企业活力、核心竞争力、抗风险力不断提高，为我国综合实力的提升、中华民族

前言

伟大复兴的实现提供更坚强的保障。

在全球经济秩序加速变革的新时代，党中央始终秉承"创新、协调、绿色、开放、共享"的发展理念，我国经济发展的动能和制度建设的经验，将有力推进全球经济的健康发展和全球经济秩序的稳定与变迁。我国工业企业制度改革及变迁的理论总结和实践成果，可为"一带一路"沿线国家以及与我国形成区域经济合作的国家提供工业发展路径与改革范式参考；在全球工业经济发展、货物贸易及全球治理中，也将贡献"中国智慧"。

2020年是我国全面建成小康社会的决胜年以及实现中华民族伟大复兴的关键年，同时也将迎来学校（西南财经大学）建校95周年。学校精心组织了"新中国经济体制变迁系列丛书"的编撰，《新中国工业企业制度变迁》是系列丛书中的重要组成部分。本书由西南财经大学工商管理学院产业经济研究所负责。产业经济学科的前身为工业经济，是学校办学历史悠久、师资力量雄厚的学科之一。产业经济研究所深耕于中国产业经济实践及理论前沿，希望通过本书回顾和总结中华人民共和国成立以来我国工业企业制度的变迁，鞭策师生们不忘初心，牢记使命，发奋进取，有所作为，为中国特色社会主义建设贡献力量。

在中国共产党领导下，在马克思列宁主义、毛泽东思想、邓小平理论、"三个代表"重要思想、科学发展观、习近平新时代中国特色社会主义思想指引下，新中国的工业企业制度不断完善和发展。本书按照辩证唯物主义和历史唯物主义的观点，遵循历史和逻辑的统一，力图反映新中国工业企业制度的变迁。在回顾改革开放前中国工业企业制度的基础上，本书重点总结和阐述了改革开放后中国工业企业制度的变迁。改革开放后中国工业企业发展的特点是国有企业改革和非国有企业的发展壮大。因此全书包含两个骨干篇章：其一为国有工业企业制度变迁，其内容按照党的十一届三中全会、邓小平南方谈话、我国加入世界贸易组织和"经济新常态"四个关键节点分五个历史时期加以组织；其二为非国有企业工业制度变迁，分集体工业企业制度变迁、民营企业制度变迁及外资和合资企业制度变迁三部分。各部分也基本按照上述五个历史时期加以阐述，但依照其变迁特点，其重点安排在其中的一个或多个历史时期。

解放思想、实事求是是中国共产党的思想路线。在改革开放的伟大实践中，在马克思主义政治经济学和科学社会主义理论指导下，新中国工业经济制度在变迁过程中，吸收了西方的一些经济思想，尤其是有关激励、产权和绩效的一些观点。有关激励、产权和绩效的思想、观点和方法，与体系、制度一起构成了新中国工业经济制度变迁的重要组成部分。因此，本书各章节，其内容主要围绕着体系、制度、激励、产权和绩效五个方面分析与阐述了相关的制度变迁，并依各章特点在写作过程中对这五个方面各有侧重。

本书第一章概括了新中国工业企业发展70年的战略定位、发展历程和主要成就。从企业制度改革的方法论、逻辑体系及历史变迁展开分析，并总结了新中国工业企业发展70年的成功经验，包括坚持党的领导，实现政策供给的连续性，坚持以人民为中心的发展理念，实施"渐进式改革"、坚持对外开放的基本国策，充分发挥后发优势、比较优势，充分发挥政府、企业和市场的各自功能，充分发挥国有企业和非国有企业的优势和实施创新驱动战略等。

本书第二章至第五章以重要历史节点为依据，分阶段阐述了改革开放前、党的十一届三中全会至邓小平南方谈话前、邓小平南方谈话后至我国加入世贸组织前、加入世贸组织后至"经济新常态"出现前四个关键节点五个阶段的国有工业企业制度变迁。各章分别从阶段背景、战略定位及改革内在逻辑、制度变迁过程、改革成效及遗留问题四个方面进行阐述。其中改革开放前中国工业企业的制度改革包括改造资本主义工业、收回管理权和"工业七十条"、试办联合企业、整顿工业管理体制、改革国有企业领导体制等。党的十一届三中全会至邓小平南方谈话前这一阶段的制度改革则以放权让利为核心，扩大企业自主权，进行两权分离。邓小平南方谈话后至加入世贸组织前我国国有工业企业以"建立现代企业制度"为改革目标，推进了一系列的公司治理改革，使得现代企业制度逐步完善，国有企业经营绩效显著改善，同时改革也促进了国民经济的发展。加入世贸组织后至"经济新常态"出现前我国国有工业企业改革的"规范治理"得到了深入推进，国有工业企业公司制股份制改革不断深化，这是在国有资产管理体制改革带动下，企业改革的重要阶段。国有工业企业从经济体制、政企关系、产权及公司治理等方面进行了一系列的制度改革，国民经济在这一时期进入高速发展阶段。

本书第六章至第八章对非国有工业企业进行划分，分别梳理了集体工业企业、民营企业及外资与合资企业的制度变迁。各章分别从企业的概念界定、战略定位，企业的管理体制、产权与公司治理制度变迁，企业的历史成就等几个方面进行分析。其中集体工业企业制度变迁以党的十一届三中全会及邓小平南方谈话为历史节点进行了分阶段的阐述。民营企业制度变迁进行了五个阶段的划分，并阐述了具有中国特色的苏南模式、温州模式及珠江模式三类民营企业发展方式。外资与合资企业制度变迁则以改革开放、20世纪90年代初以及2008年金融危机为时间节点分阶段阐述其管理体制、产权和公司治理制度的变迁。

本书第九章主要内容为新时代工业企业制度的新趋势、新发展。本章总结了新发展阶段下工业企业制度改革面临的问题，厘清了新时代国有工业企业的发展定位和改革思路，现阶段的国有工业企业从完善国有资产监管体制、健全现代企业制度、创新企业股权和管理制度三个方面进行的制度改革。新时期的企业制度和体制改革解决了许多历史遗留问题，并在重点、难点环节取得了不少实质性的突破。但同时，在改革探索的过程中也不可避免地出现了一些新的问题。坚持问题导向、鼓励探索创新一直是企业改革的原则，对于新问题的梳理将有助于改革路上攻坚克难，开创企业发展的新局面。

本书是团队合作的成果。西南财经大学工商管理学院为此成立了由寇纲（执行院长、教授、博士、博导）、杨石磊（副院长、教授、博士、博导）、刘忠、胡国平、刘畅组成的编委会。在编委会的领导、组织和协调下，西南财经大学工商管理学院产业经济研究所刘忠（教授、博士、博导）、邱奕宾（副教授、博士、博导）、张雯雯、杜蕾（副教授、博士、硕导）、冉胜男、李枣、刘畅（讲师、博士、硕导）、王旭冉、张美娟、袁鹏（副教授、博士、博导）、丁玉莲（教授、博士、博导）、孙阳阳、董大鑫（副教授、博士、硕导）、余红、赵艳芳、胡国平（副教授、博士、硕导）、彭楠、郭宁（以上排名按章节为序，下同）以及郑州大学的牛文涛（副教授、博士、硕导）、徐真

真和四川省社会科学院的虞洪（副研究员、博士、硕导）、陈东、林玉书等教师及研究生组成了编写小组。编写小组成员主体为西南财经大学工商管理学院产业经济研究所的在任教师及研究生，少数为西南财经大学工商管理学院产业经济研究所培养的博士研究生及他们毕业从教后在所在单位指导的研究生。本书具体分工如下：第一章：刘忠、牛文涛、徐真真；第二章：邱奕宾、张雯雯；第三章：虞洪、陈东、林玉书；第四章：杜蕾、冉胜男、李枣；第五章：刘畅、王旭冉、张美娟；第六章：袁鹏；第七章：丁玉莲、孙阳阳；第八章：董大鑫、余红、赵艳芳；第九章：胡国平、彭楠、郭宁。最后由胡国平和刘畅负责全书统稿。

西南财经大学出版社编辑对本书的出版做了大量细致的工作，深表感谢。西南财经大学工商管理学院的教师、行政人员、研究生为本书编写提供了诸多的帮助，感谢许陶、张蕊、邢明慧、张河雄、陈诺、周天涯、周浩等所做的资料收集、数据处理及其他相关工作。我们深知所做的努力不够，不足之处，望读者指正。

编者

2019 年 6 月于成都

目录

第一章 体制、制度、激励、产权和绩效 …………………………… 1

    第一节 新中国工业企业发展 70 年 ………………………………… 2

    第二节 新中国工业企业制度变迁的方法论、内在逻辑及基本路径 …………………………………………………………………… 19

    第三节 新中国工业企业制度的基本体系、历史变迁及其运行效率 …………………………………………………………………… 22

    第四节 新中国工业企业发展 70 年的成功经验 …………………… 27

    第五节 主要结论 …………………………………………………… 41

    参考文献 ……………………………………………………………… 42

第二章 改革开放前的工业企业制度 …………………………………… 45

    第一节 阶段背景 …………………………………………………… 46

    第二节 战略定位的改革思路 ……………………………………… 49

    第三节 改革及制度变迁 …………………………………………… 51

    第四节 改革成效及问题 …………………………………………… 75

    参考文献 ……………………………………………………………… 77

第三章 党的十一届三中全会至邓小平南方谈话前的工业企业制度 ……… 79

    第一节 放权让利改革的时代背景 ………………………………… 80

    第二节 放权让利改革的历程及内在逻辑 ………………………… 85

第三节　放权让利改革成效及存在的问题 ················ 103

　　第四节　总结 ·· 112

　　参考文献 ·· 113

第四章　邓小平南方谈话后至加入世贸组织前的工业企业制度　115

　　第一节　"建立现代企业制度"的企业改革目标 ············ 116

　　第二节　国有企业建立现代企业制度的实践 ················ 121

　　第三节　我国国有工业企业的制度变迁 ···················· 127

　　第四节　理论背景与改革成效 ······························ 137

　　参考文献 ·· 148

第五章　加入世贸组织后至"经济新常态"出现前的工业企业制度　151

　　第一节　阶段改革背景 ······································ 152

　　第二节　改革思路和战略定位 ······························ 154

　　第三节　国有工业企业改革与制度变迁 ···················· 158

　　第四节　改革成效和遗留问题 ······························ 174

　　参考文献 ·· 190

第六章　集体工业企业制度变迁　193

　　第一节　概念界定及战略定位的演变 ······················ 194

　　第二节　管理体制的变迁 ···································· 201

　　第三节　产权制度的变迁 ···································· 209

　　第四节　组织形式与管理制度的变迁 ······················ 217

　　第五节　历史成就 ·· 226

参考文献 ……………………………………………………………… 236

第七章　民营企业制度变迁 …………………………………………… 239
第一节　民营经济的概念界定、战略定位及发展成就 ……… 240
第二节　民营企业管理体制的变迁 …………………………… 254
第三节　民营企业的发展模式 ………………………………… 265
第四节　民营企业的产权及管理制度 ………………………… 268
第五节　改革开放 40 余年来民营企业发展的总结和思考 … 275
参考文献 ……………………………………………………………… 278

第八章　外资与合资企业制度变迁 …………………………………… 281
第一节　外资与合资企业的历史成就和发展现状 …………… 283
第二节　外资与合资企业管理体制变迁 ……………………… 293
第三节　外资、合资企业产权及公司治理制度变迁 ………… 300
参考文献 ……………………………………………………………… 307

第九章　新时代工业企业制度的新趋势新发展 ……………………… 309
第一节　新时代下的发展形势 ………………………………… 310
第二节　新时代下的发展定位和改革思路 …………………… 316
第三节　改革及制度走向 ……………………………………… 320
第四节　改革成效及新问题 …………………………………… 332
参考文献 ……………………………………………………………… 339

第一章
体制、制度、激励、产权和绩效

如何从落后的"农业国"转变为先进的"工业国",中华民族进行了艰苦卓绝的长期探索。1949年新中国成立时,我国几乎没有现代工业,工业体系更是无从谈起。1949年至今的70年间,几代人筚路蓝缕,奉献青春和热血,使我国工业体系从无到有,主要工业品产能位居世界前列,同时我国工业企业也从弱到强,并在诸多工业品国际市场中,成长为行业规则的制定者和市场领导者,铸就了共和国工业化进程的瑰丽画卷,堪称人类工业史的奇迹。70年来,通过不断的制度变革、反思、调整和优化,中国在社会主义工业化道路上不断探索,积累了大量的经验,为中国工业的进一步发展奠定了坚实的基础。

第一节　新中国工业企业发展70年

一、战略定位

工业是社会分工不断发展的产物，同时也是社会分工演化的重要表现形式。18世纪60年代，伴随着蒸汽机的发明和改良以及其他的技术变革，所谓的"工业革命"开始出现于英格兰中部地区，并逐步实现了机器生产对手工劳动的替代，这标志着工业生产真正从农业中分离，成为独立的物质生产部门。这场发源于英格兰中部地区的工业革命，逐步从英国扩散到整个欧洲，并在19世纪传播至美洲，最终蔓延至世界其他国家和地区，成为世界范围内各国工业化、城市化、经济发展、社会变革以及国际秩序重构的重要力量。工业革命在英格兰中部出现时，中国尚处于闭关锁国的晚清政府时期。因工业革命而获得快速发展的英美等资本主义列强，打着自由通商的幌子，凭借工业革命所武装的坚船利炮，彻底击碎了晚清政府的大国幻象，进入了中国人民饱受欺凌、尊严沦丧的黑暗时期，持续了逾百年之久。工业革命的技术成果和先进理念，也在此后扩散至中国，并为中国工业发展带来了积极影响。1840年鸦片战争至1949年中华人民共和国成立前的逾百年时间中，中国尝试建设了一些工厂，但由于既无技术知识，又无技术工人，这些工厂的运营基本依赖外国技术和管理，因此，这一期间中国几乎没有现代工业，更无工业体系。

长期以来，农耕文明对中国社会秩序的构筑产生了深远影响。特别是在中华人民共和国成立前，农业生产活动构成了国民经济的核心组成部分，中国属于典型的"农业国"。作为"农业国"，中国在与这些因工业革命而迅速发展的工业国列强相遇时，深刻感受到工业的重要性。毛泽东同志早在20世

第一章　体制、制度、激励、产权和绩效

纪 40 年代就已经对工业和工业化的重要性进行了深刻表述[①]，工业化之于国家富强、民族独立和人民幸福均具有重要意义。中华人民共和国成立初期，致力于改变中国长期落后的局面，毛泽东同志深知一个落后的农业大国要真正实现工业化，必然是任重而道远的，"中国民族和人民要彻底解放，必须实现国家工业化，而我们已作了的工作，还只是向这个方向刚才开步走"。自 1949 年中华人民共和国成立起，中国工业从无到有，实现了从偏"重"向"重轻协调"，从"外部依赖"到"自力更生"，从"基础薄弱"到"体系完备"等的显著转变。自 1978 年改革开放起，伴随改革开放释放的巨大制度红利，我国迎来了引领世界的快速工业化进程，并与城市化一起，成为"中国奇迹"的重要组成部分。

基于国内学者的已有研究结论，我国目前已经进入工业化的后期阶段，这构成了关于我国工业化阶段的基本共识，但关于我国工业化阶段的具体划分及不同阶段的实现年份，则依然存在诸多争论。与工业化的阶段[②]划分存在的争议类似，关于"工业化"本身的概念界定也存在不同认识。按照《新帕尔格雷夫经济学大辞典》的界定，"工业化首先是国民经济中制造业活动和第二产业所占比例的提高，其次是制造业活动和第二产业在就业人口的比例也有增加的趋势，还包括人均收入的增加，生产方法、新产品式样在不断变化，城市化提高、资本形成、消费等项开支所占比例发生变化"。按照现代化建设的战略部署，我国工业发展的首要任务即基本实现工业化，并继续努力从工业大国向工业强国转变，在中华人民共和国成立一百年之时为建成富强民主文明和谐的社会主义现代化国家提供有力保障。因此，对于新中国而言，工

[①] 毛泽东曾指出，日本帝国主义为什么敢于欺负中国，就是因为中国没有强大的工业，它欺侮我们的落后。要中国的民族独立有巩固的保障，就必须工业化。我们共产党是要努力于中国的工业化的。中国社会的进步将主要依靠工业的发展。没有独立、自由、民主和统一，不可能建设真正大规模的工业。没有工业，便没有巩固的国防，便没有人民的福利，便没有国家的富强。

[②] 工业化阶段划分理论主要有霍夫曼定理、钱纳里标准模式、罗斯托阶段划分理论以及库兹涅茨模式。霍夫曼定理忽视了各国在发展过程中必然存在的产业之间生产率的差异，并将衡量工业发展局限于工业内两大部类产业的比例关系，其适用性非常有限，盐野谷一认为它只适用于工业化初期。比较上述几种工业化阶段划分理论，钱纳里标准模式在定量分析方面更为有效（许居如等，2011）。

业化不仅表现为从落后的农业国转变为先进的工业国，更重要的是其所带来的经济增长和结构变化为我国经济社会发展所提供的重要支撑，这构成了我国工业及工业化在国民经济中的战略定位的基本描述。

实际上，工业和工业化同样成了我国农业现代化、高质量城市化、科技创新以及国际地位等实现的重要驱动力。

（一）工业的快速发展和工业化的高质量实现，是我国农业现代化有效实现的重要基础

长期以来，农业部门向我国工业部门输送了大量物质生产资料，并通过"价格剪刀差"，使得生产要素和国民收入从农业向工业流动，为我国工业化初期阶段的快速发展提供了重要基础。尽管如此，伴随着"工业反哺农业"的政策取向，以及农业生产活动对工业产品及外部技术的依赖，农业生产活动越来越需要来自工业领域的直接支持。因此，伴随着工业化道路从"数量偏好"向"质量偏好"的合理回归，农业和工业的内在关系逐步趋于"平等"，两者皆从彼此的快速发展中获得"正"的外部性。农业现代化和偏好"质量"的新型工业化通过协同发展将助力我国现代化战略的最终实现。

（二）工业的快速发展和工业化的高质量实现，是我国高质量城镇化实现的重要基础

改革开放以来，工业增加值占我国国民经济的比重长期保持在40%左右。工业的快速发展不仅推动了国民经济的显著增长，同时也成为城市规模扩张及城镇化进程加快的重要力量。工业通过吸纳就业和投资，成为资本、劳动力等要素向城市区域进行集聚的重要动力。伴随着劳动力等要素从乡村地区向城市地区的流动，所谓的"要素的非农化"开始出现，最终使得城市空间规模扩张和常住人口城镇化水平显著提升。因此，工业构成了城镇化实现的重要产业基础，而城市空间的扩张则为工业发展提供了潜在的空间载体，两者的协同发展带来了工业化和城市化在某一空间区域的耦合，并为区域经济的高质量发展提供了动力。

同时，伴随着工业发展的衰退，就业机会的相对减少，从乡村流向城市的常住城镇人口将会选择从城市向乡村回流，出现所谓"逆城镇化"现象。

因此，城市化的高质量实现需要坚固的"产业基础"，与服务业类似，工业在这一"产业基础"中扮演了关键角色。工业的快速发展和工业化的高质量实现，推动我国高质量城镇化的有效实现；工业化和城镇化的协同发展，助力我国现代化战略的最终实现。

（三）工业的快速发展和工业化的高质量实现，构成了技术创新和技术强国实现的重要动力

技术创新具备显著的外部性，通过在工业领域的普及和应用，将为推动整个社会经济的持续发展提供重要的外部激励。作为一个后发的工业化国家，中国在工业化初期阶段具备显著的后发优势，特别是以劳动力价格偏低、劳动力数量规模巨大为显著特征的"人口红利"。同时受益于中国特色的"城乡二元"的土地制度体系，通过"集体土地的国有化"，我国工业企业和工业化发展获得了大量优质低价的建设用地；地方政府也通过在城乡二元的土地要素市场，借助于土地的征购和出让，实现了巨大规模的土地财政收入，为城市建设和工业发展提供了可能的资金储备。

此外，较低程度的环境保护标准，也构成了我国工业化初期阶段快速发展的外部条件，但也对工业结构优化和工业化质量产生了显著负面约束。尽管如此，伴随着相关红利的持续消耗，特别是我国工业化进入中后期阶段，技术创新在工业发展和工业化进程实现中的作用趋于强化。因此，自主科技创新尤其是核心技术上的突破，已成为推动中国工业化发展的决定性因素。基于这一内在逻辑，工业化的快速发展和高质量实现，将为技术创新和技术强国的实现提供显著的外部约束与内在激励。

（四）工业的快速发展和工业化的高质量实现，是实现工业强国和提升我国国际地位的重要基础

工业是国际舞台上不同国家间展开竞争的重要基础。世界范围内，经济强国往往是工业强国。1949年中华人民共和国成立以来，特别是1978年改革开放以来，我国工业领域实现了迅速发展，并助力我国在2011年超越日本，成为世界第二大经济体。受益于工业的快速发展和工业化进程的加快实现，我国国际地位显著提升，我国同世界其他国家之间的联系更加密切，也为我

国国民经济发展打造了更为广阔的潜在发展空间。因此，工业的快速发展和工业化的高质量实现，是实现工业强国和经济强国，提升我国的国际地位和在国际舞台的话语权的基础。

二、发展历程

1949年至今，中国的工业化进程为我们勾勒了波澜壮阔的历史画卷，带我们见证了中国从落后的农业国向先进的工业国迈进的历史演进过程。工业企业的成长、工业体系的培育以及工业化进程的推进在某种意义上也是中国特色社会主义市场经济体系孕育的逻辑起点。1949—1972年，在外部援助（主要是苏联）的基础上，基本完成工业化的原始资本积累，并逐步建立了较为完备的工业体系。1972—1978年，是中国工业打破外部封锁，借助外部资本获得发展的关键历史阶段。1971年秋，中国恢复联合国常任理事国地位。次年，美国总统尼克松到访中国。此后，中国与英国、加拿大、日本、德国等国家建立了外交关系。中国的外部环境获得了实质改善，并彻底摆脱了在国际舞台上的孤立困境。

1978年改革开放、1992年邓小平南方谈话至2001年中国加入世界贸易组织（WTO），则是中国工业体系结构优化和工业化进程加速的关键阶段。1978年党的十一届三中全会后，国家实施了诸多经济体制改革。过去以"重"为偏好的工业化战略调整为"工业全面发展、对外开放和多种经济成分共同发展"。通过工业化内部的结构调整，工业增加值构成中，重工业的比重逐步下降，轻工业的比重开始上升。受益于轻工业的快速发展，这一历史时期普通大众的生活水平获得了显著改善。"卖方市场"向"买方市场"的转变也在这一历史时期得以完成。

2001年至今，中国制造融入全球。伴随2001年中国加入WTO，中国工业化进程获得了重要的外部激励，但同时工业企业则亟待进行自我革新以适应激烈的国际竞争。这一时期的政企关系、公司治理等获得了显著优化，中国的产品竞争力开始被世界认可，中国制造逐步走向全球市场。中国工业化进程也在这一时期进入后期阶段。

与此类似，如果按照工业化道路的基本特征，则又可将新中国的工业发展历程划分为如下两个重要的时期，即传统社会主义工业化道路时期和中国特色社会主义工业化道路时期。

（一）传统社会主义工业化道路时期（1949—1978年）

1949年中华人民共和国成立至1978年改革开放，为我国传统社会主义工业化道路时期。基于工业经济的发展状况，这一阶段又可细分为如下三个具体的历史时期：

（1）1949年至1957年的国民经济恢复时期。

这一时期工业产出实现了迅速增长。1949年至1952年，工业生产总值由140亿元增加到343亿元，年均增长34.8%，其中最为突出的标志是建成了工业领域的"156项工程"[①]。这些重点工业项目此后迅速投产，奠定了中国工业的部门经济基础，以这些项目为核心，并以900余个限额以上大中型项目配套为重点，初步建起了工业经济体系，并为社会主义工业化道路奠定了关键基础。

（2）1958年至1965年的国民经济调整时期。

1957年9月，中共八届三中全会通过了《农业发展纲要四十条（修正草案）》，实质是农业"大跃进"的纲领文件。同年11月，《人民日报》发表

---

① "156项工程"是我国"一五"计划时期（1953—1957年）由苏联对中国工业领域援建的156项重点工程项目。这些重点工程项目涉及各个工业领域，并分布于中国的各个区域。中国东北地区共有57项，其中辽宁省24项，吉林省11项，黑龙江省22项，包括鞍山钢铁公司（今鞍山钢铁集团）、沈阳飞机制造公司、长春第一汽车制造厂等均在这一时期建成投产。29项分布于华北地区，其中北京3项，河北省10项，山西省11项，内蒙古自治区5项，这29项重点项目包括华北制药厂（现为华北制药集团有限责任公司）、承德钢铁公司（现为承德钢铁集团有限公司）、太原制药厂（现为山西太原药业有限公司）、大同市焦煤矿有限责任公司等。华中地区分布约21项，华东地区分布较少。考虑到资源约束和交通运输条件，"一五"时期将156项重点工程项目布局于工业基础相对薄弱，但矿产资源丰富，能源供应充足，靠近原材料产地的中西部地区，同时由于当时较为严峻的外部国际环境，这一工业布局方式同样具有重要的战略意义。四川长虹电子集团公司、西飞集团、中国航空工业第一集团公司均在这一时期建成。"156项工程"及其900余个配套项目的建设，奠定了中国工业体系和工业化进程的重要基石，也见证了数代人筚路蓝缕，在共和国的阳光下，追逐青春梦想的华美人生乐章。

社论，提出了"大跃进"的口号。1958年5月，党的八大二次会议正式通过社会主义建设总路线，号召全党和全国人民，争取在15年或者更短时间内，在主要工业产品的产量方面赶上和超过英国。由于对社会主义经济运行客观规律的认识不足，以及国民经济迅速恢复和"一五"计划的顺利完成所滋生的"骄傲自满"，政策决策者过分夸大了主观意志的作用，在社会主义建设总路线出台后，即贸然发动了"大跃进"①。"大跃进"过程中，以高指标、瞎指挥、浮夸风和共产风为主要标志的"左"倾错误严重泛滥，产生了严重的经济后果，也导致了工业生产内部比例关系的严重失调。1958—1960年，3年间的工业增加值共增长110%，但随后则大幅度下降。1961年我国开始实行"调整、巩固、充实、提高"的八字方针，尝试对国民经济进行综合治理，并最终实现了国民经济的部分恢复。

（3）1966年至1978年为国民经济的波动时期②。

受到政治因素的负面冲击，新中国的国民经济在这一历史时期出现严重波动。在工业领域，1967年全国工业增加值比上年下降15.1%。1968年又比1967年下降8.2%。1967年和1970年的工业增加值均出现超过30%以上的下降幅度。1976年再次下降3.1%。国民经济的剧烈波动对国民经济质量产生了显著的负面效应，经济增长给予普通公众的福利水平弱化。实际上，在这一历史时期居民物质文化生活水平处于停滞、徘徊的情形。尽管如此，也有诸多领域的重大成果在这一历史阶段实现，包括：人工合成结晶胰岛素（1966年），第一颗氢弹爆炸成功（1967年），发射第一颗人造地球卫星（1970年）等。

---

① 有种观点认为，朝鲜战争结束后中国获得了短暂的和平发展时期。当时预计这一和平发展时期约为15年。政策决策者认为通过15年的快速发展，将为未来的国家实力奠定重要基础，并在15年和平发展时期结束时，获得足够的综合实力与外部力量进行有效抗争。因此，"大跃进"运动的提出，既与中华人民共和国成立初期的快速经济恢复所引致的"自信"有关，也和所处的特殊历史阶段紧密关联。这一观点为深刻认知"大跃进"提供了新的注解。尽管如此，无论从任何角度进行讨论，"大跃进"运动可能都是一场经济发展的灾难。

② 基于经济增长率，有学者将这一时期划分成了四个经济周期，包括：1966—1970年，1970—1973年，1973—1975年，1975—1978年。1967年、1968年和1976年均属于绝对负增长年份。同时由于过分追求总量产出增长水平，扩大再生产的方式简单粗暴，引致了这一时期经济增长质量的低水平。工业在这一历史时期相比较于其他产业，富有活力，但其劳动生产率年均增长也仅为1.5%（1966—1978年）。

第一章　体制、制度、激励、产权和绩效

1976年10月粉碎"四人帮"后,中国进入关键的"历史转折"时期,开始出现"在徘徊中前进"的局面。否定"两个凡是",肯定"解放思想,实事求是",开展"真理标准的讨论",实施拨乱反正,中国经济社会的基本秩序逐步恢复,并伴随1978年开始实施的改革开放,中国工业企业和工业化进程进入全新的加速增长阶段。

(二) 中国特色社会主义工业化道路时期(1978年至今)

1978年5月11日,《光明日报》发表评论员文章《实践是检验真理的唯一标准》[①],并在全国范围内引发了关于真理标准的大讨论。1978年12月18日至22日,党的十一届三中全会召开,会议做出了以经济建设为中心、实行改革开放的重要战略部署,这标志着我国工业经济发展的动力机制发生了根本改变,开始由完全的计划经济转向政府干预下的市场经济,并进入改革开放和社会主义建设的新时期。1978年改革开放后,中国开始进入中国特色社会主义工业化道路时期,并可划分为如下三个演化阶段:1979—1997年的结构纠偏、轻重工业同步发展阶段,1998—2001年的结构优化升级、重化工业加速发展阶段,2002年至今的探索"新型工业化"道路阶段。

第一个阶段为结构纠偏、轻重工业同步发展阶段(1979—1997年)。1978年,我国工业总产值中重工业占比已达到了56.9%,这一较高的重工业化率也是我国此前长期实施的"偏重"工业化战略的直观体现。"偏重"的工业化战略在特殊的历史阶段之于国家稳定、国民经济发展均具有重要的战略意义,却也使得轻工业发展相对滞后,影响普通公众日常生活。同时工业经济的结构调整和优化,实现重工业、轻工业的协调发展,也是我国工业经济发展和工业化高质量实现的重要基础。因此,1979年我国开始对工业道路

[①] 文章指出理论与实践的统一是马克思主义的基本原则,检验真理的唯一标准是社会实践。"两个凡是"的错误认知被根本否定。《实践是检验真理的唯一标准》一文为中国共产党重新确立马克思主义思想路线、政治路线和组织路线构筑了重要的理论基础。1978年6月,邓小平在全军政治工作会议上,针对当时的形势再次精辟阐述了毛泽东的实事求是、一切从实际出发、理论与实践相结合的马克思主义的根本观点和根本方法。1978年6月24日,《解放军报》发表评论员文章《马克思主义的一个最基本的原则》,从理论上系统地回答了对于坚持实践是检验真理的标准所提出的种种责难。

进行战略调整，逐步放弃了原本优先发展重工业的基本思路，转向优先发展轻工业，实行对外开放以及多种经济成分共同发展的工业化战略。通过在关键历史节点年份的结构纠偏，工业总产值中重工业的比例在1997年已降至51.0%，而轻工业比例则从1978年的43.1%上升至1997年的49.0%。普通公众的获得感也伴随轻工业的快速发展实现了显著提升。

第二个阶段为结构优化升级、重化工业加速发展阶段（1998—2001年）。这一阶段开始于1998年。我国城市化进程的加快发展，以及公共交通等基础设施投资的增加促进了重工业的进一步发展。与此同时，伴随我国经济的快速增长，普通公众的可支配收入出现了显著上升，中国社会群体消费结构升级。人民群众不再简单满足于食品、服装等低层次生活用品的基本需求，而逐步开始追求住房、汽车等耐用消费品需求。这种消费需求结构的变化构成了我国工业经济内部结构调整和升级的重要驱动力。与此同时，国家先后进行了利改税、拨改贷、企业承包制和股份制改革等相关政策变革，所释放的政策红利进一步激活了国有工业企业。到2000年年底，国家重点监测的14个行业已有12个实现了扭亏为盈或持续增盈。1997年亏损的国有大中型企业70%以上均摆脱了亏损的困境，一大批骨干工业企业集团涌现出来，国有工业企业重新焕发出生机。

第三个阶段为探索"新型工业化"道路阶段（2002年至今）。2001年我国正式加入世界贸易组织，这是我国改革开放和社会主义现代化建设的重要里程碑，也是我国工业发展进入全球化的重要转折点。2002年，根据我国的国情，党的十六大提出"坚持以信息化带动工业化，以工业化促进信息化，走出一条科技含量高、经济效益好、资源消耗低、环境污染少、人力资源优势得到充分发挥"的新型工业化道路。党的十七大全面总结实践，进一步提出"发展现代产业体系，大力推进信息化与工业化融合，促进工业由大变强，振兴装备制造业，淘汰落后生产能力"，从而进一步丰富了新型工业化道路的内涵。党的十八大再次明确"坚持走中国特色新型工业化、信息化、城镇化、农业现代化道路，推动信息化和工业化深度融合、工业化和城镇化良性互动、城镇化和农业现代化相互协调，促进工业化、信息化、城镇化、农业现代化

第一章 体制、制度、激励、产权和绩效

同步发展"。在2001年至2010年的10年中，我国工业增加值达到年均增长11.4%，对国民经济增长的年均贡献率超过45%。同时，新型工业化道路的关键词是"新"和"型"，"新"表明"否定和变革"[①]，"型"则表明"转型和升级"。因此，新型工业化道路是对传统工业化道路的反思和优化，既注重工业化系统内部要素的结构优化，也更注重工业化系统与其他外部因素（如城市化、乡村振兴等）的协同发展。

三、主要成就

自1949年中华人民共和国成立至今70年来，数代人筚路蓝缕，投身国家工业化建设之中。我国工业体系从无到有，逐步建立了门类齐全、独立完整、具有相当规模的现代工业体系。翻天覆地的变化，堪称人类工业史的奇迹。70年来，我国工业领域取得了巨大成就，既包括工业产值的总量增长、工业经济内部结构的优化，也包括工业生产相关要素配置效率的不断提升等。

（一）工业产值总量及其比重逐年提高，高新技术产业发展迅速

1978年，我国工业增加值为1 621.5亿元，其在国内生产总值（GDP）中的占比为44.1%。2017年，我国工业增加值增长至279 996.9亿元，在我国当年GDP中的占比为33.9%（见表1.1），但其已占据全世界工业产值总额的近40%。

表1.1 1978—2017年中国工业增加值及其占GDP的比重

年份	工业增加值/亿元	占GDP比重/%	年份	工业增加值/亿元	占GDP比重/%
1978	1 621.5	44.1	1998	34 134.9	40.1

[①] 否定了传统工业化道路的"数量扩张"偏好，新型工业化道路逐步实现了从"数量观"向"质量观"的合理回归。工业增加值构成中排名第一位的行业，也逐步从纺织业（1983年）、化学原料及化学制品制造业（1995年）向电子及通信设备制造业转变（2003年）。这一转变过程本质上构成了工业结构不断高加化、知识化和高附加值化的过程，即所谓工业结构优化升级的过程。与此相伴随的是，我国工业技术创新逐步从追随者演变为引领者，工业企业产品的国际市场竞争力不断提升，也是"中国制造"不断拥抱"中国创造"的历史演进过程。

表1.1(续)

年份	工业增加值/亿元	占GDP比重/%	年份	工业增加值/亿元	占GDP比重/%
1979	1 786.5	43.6	1999	36 015.4	39.8
1980	2 014.9	43.9	2000	40 259.7	40.1
1981	2 067.7	41.9	2001	43 855.6	39.6
1982	2 183.0	40.6	2002	47 776.3	39.3
1983	2 399.1	39.8	2003	55 363.8	40.3
1984	2 815.9	38.7	2004	65 776.8	40.6
1985	3 478.3	38.2	2005	77 960.5	41.6
1986	4 000.8	38.6	2006	92 238.4	42.0
1987	4 621.3	38.0	2007	111 693.9	41.3
1988	5 814.1	38.3	2008	131 727.6	41.2
1989	6 525.7	38.0	2009	138 095.5	39.6
1990	6 904.7	36.6	2010	165 126.4	40.0
1991	8 138.2	37.0	2011	195 142.8	39.9
1992	10 340.5	38.0	2012	208 905.6	38.7
1993	14 248.8	39.9	2013	222 337.6	37.4
1994	19 546.9	40.2	2014	233 856.4	36.3
1995	25 023.9	40.8	2015	236 506.3	34.3
1996	29 529.8	41.1	2016	247 877.7	33.3
1997	33 023.5	41.4	2017	279 996.9	33.9

资料来源：历年《中国统计年鉴》。

注：工业增加值基于当年价格计算得出。

1978年改革开放至今，我国工业产值年均增长速度达到8%以上，工业在我国经济体系中长期扮演着核心部门这一角色（见图1.1）。尽管工业产值占GDP的比重存在显著的波动，但其整体上均处于35%以上的水平，部分年份这一指标值的下降主要来自其他产业（诸如第三产业）的快速发展。1978年改革开放以来，工业领域的高新技术产业[①]也得到了快速的发展，这一产业的

---

① 第二产业中科技含量较高的产业，诸如软件开发、电子研发等。

从业人员规模、主营业务收入以及利润总额均逐年提升。同时伴随我国政府不断提出加强高新技术发展的国家战略，高新技术产业及其相关联产业获得了巨大的政策红利，其发展速度和规模不断扩张，逐步演化为中国工业实力强弱和发展质量的重要因素。

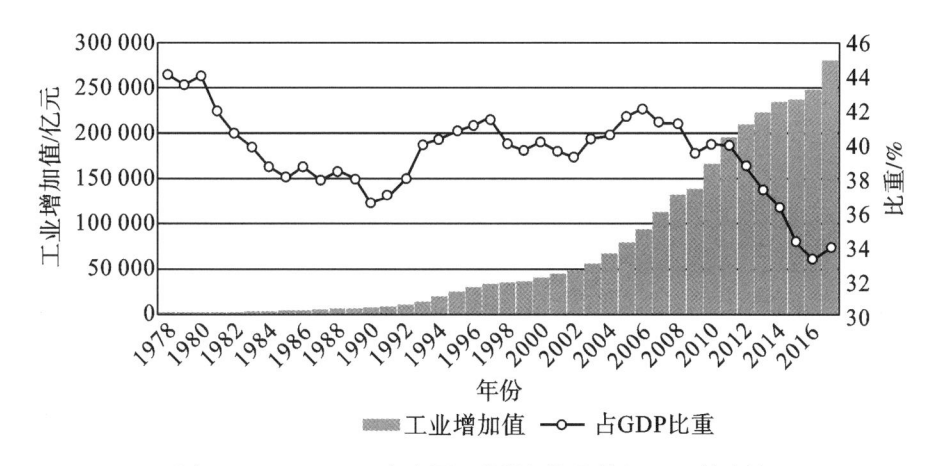

图 1.1　1978—2017 年中国工业增加值及其占 GDP 的比重

资料来源：历年《中国统计年鉴》。

（二）工业经济的内部结构持续优化

基于重工业和轻工业的比例关系特征，我国工业经济的内部结构经历了如下五个典型的演化阶段，并呈现典型的结构优化态势。

第一阶段，从 1949 年到 1978 年，为了适应中华人民共和国成立之初的局面，国家决定走优先发展重工业的道路，工业经济内部重工业和轻工业的比例关系发生改变，重工业比重不断扩大。1957 年，重工业所占的比例为 55%。此后，工业总产值的重工业比例持续上升，1963 年达到 55.2%。尽管此后经历了短暂的重工业比例的下降，但自 1969 年开始，我国工业总产值中重工业的比例呈现持续增长态势[①]，并在 1978 年达到 56.9%（见表 1.2）。

---

① 这一历史时期，我国工业总产值中重工业比例最高值在 1972 年实现，达到 57.1%。此后年份略有下降，但整体上这一指标值均保持在 55% 以上。

表1.2 我国工业生产总值中重工业和轻工业的比重

年份	轻工业比重/%	重工业比重/%	年份	轻工业比重/%	重工业比重/%
1952	64.5	35.5	1987	48.2	51.8
1957	55	45	1988	49.3	50.7
1963	44.8	55.2	1989	48.9	51.1
1964	44.3	55.7	1990	49.4	50.6
1965	51.6	48.4	1991	48.4	51.6
1966	49	51	1992	46.6	53.4
1967	53	47	1993	46.5	53.5
1968	53.7	46.3	1994	46.3	53.7
1969	50.3	49.7	1995	47.3	52.7
1970	46.2	53.8	1996	48.1	51.9
1971	43	57	1997	49	51
1972	42.9	57.1	1998	49.3	50.7
1973	43.4	56.6	1999	49.2	50.8
1974	44.4	55.6	2000	39.8	60.2
1975	44.1	55.9	2001	39.4	60.6
1976	44.2	55.8	2002	39.1	60.9
1977	44	56	2003	35.5	64.5
1978	43.1	56.9	2004	31.6	68.4
1979	43.7	56.3	2005	31.1	68.9
1980	47.2	52.8	2006	30	70
1981	51.5	48.5	2007	29.5	70.5
1982	50.2	49.8	2008	28.7	71.3
1983	48.5	51.5	2009	29.5	70.5
1984	47.4	52.6	2010	28.6	71.4
1985	47.4	52.6	2016	31.6	68.4
1986	47.6	52.4	——		

资料来源：历年《中国工业经济统计年鉴》。

注：2016年数据基于重工业和轻工业销售产值数据计算得出。

第一章　体制、制度、激励、产权和绩效

第二阶段包括两个典型的历史时期。第一个时期，从 1978 年到 1981 年。工业生产总值中轻工业和重工业的比例关系特征开始发生变化，轻工业发展持续加快，而重工业的发展速度则趋于放缓。1978 年，我国工业生产总值中重工业和轻工业的比例分别为 56.9% 和 43.1%。1979 年，两者则分别为 56.3% 和 43.7%，轻工业所占比例逐步上升。1981 年，工业总产值中轻工业比例所占份额达到 51.5%，重新超过重工业所占份额 48.5%（见表 1.2）。我国工业经济在这一历史时期出现了从"重"向"轻"的阶段演化特征。伴随着我国轻工业生产能力的不断提升，广大人民群众的日常需求和获得感得到显著改善。第二个时期，从 1982 年到 1990 年。1982 年，我国工业总产值中重工业和轻工业的比例分别为 49.8% 和 50.2%，而 1990 年两类工业的份额则分别是 50.6% 和 49.4%，这一历史时期中两者在我国工业生产总值内部的比例关系基本稳定在 1∶1。同时在这一历史时期，国家亦加大了对重工业的投资，使得重工业也获得了足够的资金投入并实现了持续发展，最终我国轻工业和重工业出现了均衡发展的良好局面。

第三阶段，从 1991 年到 1997 年，我国工业生产总值内部的轻工业和重工业的比例关系开始出现新的演化趋势。1991 年，工业生产总值中重工业的比例达到 51.6%，1992 年这一指标值继续上升至 53.4%，1997 年则达到 51%（见表 1.2）。因此，在第二个阶段实现重工业和轻工业均衡发展之后，在新的历史时期人民群体消费需求结构的演化和升级，特别是对家用电器、汽车等耐用消费品需求的持续增长，客观上刺激了部分重工业的发展。同时国家在这一历史时期，亦出台了相应政策，为重工业的快速发展提供了政策激励。因此，这一历史时期工业经济从"轻"向"重"的回归在某种意义上来自人民群众的消费需求升级。

第四阶段，从 1998 年到 2007 年，我国工业生产总值中重工业比例显著增长，工业经济呈现持续的"重工业化"过程。1998 年，重工业和轻工业的比例分别为 50.7% 和 49.3%。2003 年，两者则分别变为 64.5% 和 35.5%。2007 年，工业生产总值中的重工业份额持续增长至 70.5%（见表 1.2）。实际上，在这一历史阶段，我国加入了 WTO，国内外形势发生了显著变化，同时

国内工业企业开始面临来自国际市场的激烈竞争，但同时也获得了广阔的国际舞台的参与机会。在市场环境剧烈变革的历史时期，我国不断对工业领域进行结构调整和优化升级，淘汰落后产能，不断探索有中国特色的适应国际市场竞争的工业化模式。

第五阶段，2008年至今。党的十七大以来，我国持续加快转变工业发展模式，不断推动工业经济的内部结构优化升级；实施积极的财政政策和货币政策，持续扩大国内有效需求；积极转变经济增长方式，实现从"数量"向"质量"的合理回归；积极培育工业经济增长点，科技进步、劳动力素质提升和管理创新已经成为工业发展的重要驱动力。党的十八大以来，我国坚持走新型工业化道路，通过资金、技术、创新等方面的政策激励，并结合"中国制造2025"和"互联网+行动"等战略的有效实施，助力我国工业化道路进入以"技术""创新"和"人工智能"为显著特征的新时代。

这五个阶段的演化过程，是我国工业化进程不断从初级阶段到高级阶段的实现过程，也是我国对中国特色社会主义工业化道路不断探索的过程，同时丰富了工业化的相关理论。

(三) 1949年以来，特别是1978年改革开放以来，我国工业的空间布局不断优化

1949年中华人民共和国成立后，大力发展工业成为国家的重要政策取向。通过实施分阶段的五年计划，我国初步建立了独立完整的工业体系。同时由于所处历史阶段的外部环境较为恶劣，中华人民共和国成立初期工业的空间布局集中于原材料丰富和较为偏远的东北地区、西南和中西部区域，我国东部沿海分布较少，也在一定程度上导致了这一时期东部地区工业发展相对滞后。1978年改革开放以后，人均可支配收入水平显著提升，同时整个市场竞争环境发生了巨大变化，逐步从"卖方市场"向"买方市场"转变，人民群众消费需求的多样性和消费能力的增长，为各个类型的工业企业均提供了参与市场的机会。同时伴随市场规模的扩张，以及技术进步所引起的最小有效规模的下降，在一个较小的区域市场环境中，工业企业依然获得了生存的机会。

第一章　体制、制度、激励、产权和绩效

此后，由于对外开放的政策倾斜以及自身优越的基础条件，我国东部沿海和长江沿岸区域的工业获得了快速发展，逐步形成了沪宁、杭州、珠江三角洲等大型工业基地。整体来讲，我国工业企业的空间布局也存在典型的空间区域的差异性，尤其是我国东部沿海和中西部的工业布局极为不同，这也是历史选择的结果。东部沿海地区，由于其在政策、市场、技术等层面的显著优势，使其在电子、通信、信息产业等轻工制造业以及钢铁、石化等原材料和重工业领域实现了快速发展。中西部地区则由于其资源禀赋优势，主要在煤炭、石油和天然气、水电等基础性产业方面获得了大力发展。总的来说，我国东部较为发达的省份主要发展的是技术含量较高的工业领域，而中西部地区，则由于自身优越的自然资源发展的是基础性的粗放型工业。

（四）1978年改革开放以来，我国工业的全要素生产率不断上升

要素投入层面，1978年改革开放以前，我国工业发展相对滞后，同时处于工业化进程的初期阶段，劳动力成本相对廉价。因此，较长时期内，中国经济增长的动力来源主要是趋近于"无限供给"又极为低廉的优质劳动力，但改革开放之后，伴随劳动力成本的上升，所谓"人口红利"逐步弱化，资本投入这一因素慢慢成为中国经济增长的关键要素。伴随经济增长动力逐步从简单的廉价劳动力向资本转换，我国工业经济的增长方式也逐步从劳动密集型向资本密集型转变，同时伴随着要素投入中资本劳动比率的不断提高。在工业化进程的初期阶段，劳动和资本等要素投入是我国工业发展的重要驱动力，但到了工业化进程的中后期阶段，劳动和资本等要素投入逐渐降低，技术创新成为我国工业化进程高质量实现、工业快速发展以及各类型工业企业市场竞争力提升的新动力。伴随工业化模式逐步从"数量偏好"向"质量偏好"回归，我国工业化系统的内部要素结构及其全要素生产率趋于优化。

全要素生产率层面，效率提高和技术进步构成了经济增长实现的关键内容。我国工业发展初期阶段主要依靠劳动和资本等要素，通过这些要素的规模投入，我国工业实现了迅速发展，并初步形成了较为完备的工业体系。1949年至今的70年来，初期主要依靠技术引进及模仿实现技术升级，在后期则通过自主创新提高技术水平，并与世界一流工业化国家的差距不断缩小。

党的十八大以来，我国全面实施了创新发展战略，国家财政继续加强对科技创新的支持力度。我国研发经费投入逐年增加，先后超过了德国和日本，目前我国研发费用投入量已成为世界第二，原始创新能力得到不断提升。近年来，企业创新活力不断得到激发，企业研发经费、企业研发人员规模都有显著提升。区域创新也有了新的发展局面。环渤海地区协同创新不断深入向前推进，长三角经济带技术转型不断升级，一大批具有创新能力的省份和城市不断涌现出来，区域创新不断向前推进。我国各地区的创新活动都有其自身的特点，区域创新模式正在逐步形成，中国工业的创新局面得到了前所未有的发展，创新正日益成为我国工业全要素生产率重要的因素之一。

总的来讲，1949年至今的70年，我国工业企业在工业产值总量、工业经济的内部结构、工业的空间布局以及工业生产的全要素生产率等方面均实现了巨大突破，成为人类工业史的奇迹。共和国工业化发展的历程，已然是数代人的精神家园，伴随"三线"建设进行跨区域迁徙的先辈及其后来者均可从中找到情感慰藉。各类型的工业企业提供了大量的就业岗位，起到了维护社会稳定和提供公众福祉的重要作用。同时由于工业具备显著的产业关联性，其成为引领和推动其他相关产业快速发展的重要驱动力，并在国民经济增长中发挥着不可替代的重要作用。

第二节 新中国工业企业制度变迁的方法论、内在逻辑及基本路径

一、制度变迁的方法论

马克思认为，制度变迁是指新制度产生，并否定、扬弃或改变旧制度的过程。制度是动态发展的，所有的制度都有产生发展和消亡的过程。按照经济学方法论的层次可以将制度变迁的方法论划分为三个层次：一是基本的方法论，即哲学基础或意义上的世界观方法论，是哲学思潮对经济学家意识影响的反映，也是不同经济学之间最本质的区别之所在；二是经济学的思维原理和方法，或者经济学家观察经验事实、从事理论研究、构建理论体系的方法，例如归纳法、演绎法、综合分析法、制度分析法等，经济学基本方法论是作为经济学家的潜意识在起作用；三是经济学的技术性方法，即为了使经济学理论精确化、趋于完善，而对特定研究对象或理论所采用的具有技术性的具体方法，如边际分析法、均衡分析法、成本收益分析法等。本小节在这三个层次的基础上着重从马克思主义基本方法辩证唯物主义和历史唯物主义的角度分析制度变迁的方法论。

历史唯物主义作为马克思主义哲学的重要组成部分，也称唯物史观，是哲学中阐述人类社会发展规律的理论。历史唯物主义为马克思主义制度分析提供了一元论历史观的思维方式，也为理解和解释人类社会制度的产生与发展提供了两条基本规律：生产力决定生产关系，经济基础决定上层建筑。人与物的关系为生产力，在生产中形成的人与人的关系为生产关系，上层建筑则是属于思想意识以及以一定思想意识为指导的政治、法律生活方面的关系。辩证唯物主义作为研究政治经济学的根本方法之一，是把唯物主义和辩证法联系起来的科学的世界观。在辩证唯物主义和历史唯物主义的指导之下马克思提出了一系列研究制度经济理论的方法论，矛盾分析法便是其中之一。马克思认为，在制度变迁中，生产力的发展是社会制度变迁的根本动力，生产

力和生产关系的矛盾是根本矛盾，在生产力的发展中，生产资料所有制的关系体现着人们之间最本质的社会关系，社会经济制度的内在矛盾推动着工业企业的制度变迁。

同时，科学的实践观也是马克思制度分析的基础，是制度产生和发展的起源。马克思认为"全部社会活动的本质是实践"，制度是在人类实践活动中产生和发展的，人民群众在制度变迁中发挥主导作用，人民群众的物质生产为工业企业制度变迁创造了前提，人民群众尤其是知识分子的精神活动，为工业企业变迁创造了思想文化条件，人民群众通过生产力的发展不断要求变革生产关系，进而变革制度，不断螺旋式上升，促进制度变迁趋于完善。以上制度变迁的方法论，也是中国工业化道路不断调整和优化过程中的重要指导思想，特别是1978年改革开放政策实施前夕，《实践是检验真理的唯一标准》一文的发布，即是对这一方法论的较好说明。

二、制度变迁的内在逻辑

任何制度的变迁都是有逻辑可循的，制度变迁的内在逻辑可以从以下三个方面来简化分析：

首先是政府、企业、市场三者之间的关系。马克思没有专门研究企业的著作，从生产的角度来看，由于生产力的发展而出现的分工和协作是企业制度起源和演进的根本原因，分工和协作是生产关系的表现形式；科斯在其论文《企业的性质》（1937）中认为企业的产生是为了减低交易费用，企业是作为通过市场交易来组织生产的替代物而出现的。企业在产品市场减少一系列交易的同时，往往市场要素上就要增加另外一系列交易。政府是一个特殊的企业，能够通过行政决定来影响生产要素的使用，政府还可以依靠法律执行机构以确保其变革的有效性。

其次，改革开放促进生产力的发展，生产力的发展又促进企业制度的变迁，企业尤其是经济特区的出现，是技术进步的主体，而技术进步又促进社会分工，社会的分工又会促进劳动生产效率的提高，因此新的生产关系也出现了。生产力、生产方式、生产关系之间的矛盾是人类社会发展的普遍规律，也是企业制度变迁的动力机制。

最后，还有西方经济思想的影响。西方经济思想对我国工业企业制度变迁也起到了促进作用，诸如信息经济理论、产权理论、现代公司理论、委托代理理论等。产权不是人与物之间的关系，而是由物的存在以及关于它们的使用所引起的人们之间相互认可的行为关系。产权形成的方式有自我强制方式（内生）以及国家暴力和政治的方式（外生）。根据我国工业企业所处的阶段，其主要矛盾也不尽相同，同时放开市场、引入竞争、规制及放松规制，企业产权也将发生变化，生产力提升，需要产生与其相适应的生产关系，进而上层发生改变，促进工业企业变迁的发生。基于以上制度变迁的内在逻辑，通过不断优化工业化相关要素的内在结构，厘清相关利益主体的收益特征，改善政府与市场的关系特征，为我国工业发展和工业化进程实现提供重要制度激励。

三、制度变迁的基本路径

制度变迁的路径是指制度创新主体为实现一定的目标而创立制度、变更制度所采取的形式。从不同的角度看，制度变迁的路径也不同。

马克思制度经济学认为，从制度变迁的主体和诱因来看，制度变迁可分为强制性变迁和诱致性变迁；从制度变迁的速度来看，制度变迁可以分为激进式变迁和渐进式变迁；从制度变迁的范围来看，制度变迁可以分为局部变迁和整体变迁；从主体的态度来看，制度变迁又可分为主动式变迁和被动式制度变迁。不管怎么分类，它们之间都是相互联系的。例如，诱致性变迁通常是渐进的、主动的变迁；强制性变迁通常是激进和被动的变迁。无论是强制性变迁还是诱致性变迁，都包含了局部变迁和整体变迁。马克思主义的制度变迁理论是以社会形态依次更替理论为背景，重点是要说明根本制度的革命或变迁。根据马克思主义制度变迁的特点，社会制度变迁主要表现为两种方式：一种为激进式制度变迁，即根本制度的更替，一种经济制度被另一种

经济制度所替代；另一种为渐进式制度变迁，即总体制度不变的前提下，各种制度的微调和创新。

新制度经济学领域率先对制度变迁基本路径做出阐述的是诺思，他认为"有两种力量会规范制度变迁的路线：一种是收益递增，另一种是由显著的交易费用所确定的不完全市场"。因此，一方面制度变迁的多样性是由偶然性的因素、收益递增及显著交易费用所决定的；另一方面交易费用还会导致大量非绩效的制度变迁的长期存在。制度变迁的路径及其运行机理可以概括为条件给定、变迁启动、形成状态、退出锁定四个阶段或者过程。条件给定即启动并决定路径选择的外部偶然性事件发生，如战争；变迁启动是指随着条件的给定，开始启动变迁；形成状态是指在变迁启动以后，企业组织结构或者系统形成一个稳定的状态或者结果；退出锁定是指通过政府干预和行动实现路径替代。制度变迁的路径选择，尤其是我国工业企业制度变迁路径的选择情况更为复杂，应根据工业企业发展状况选择合适的发展路径，并在工业化进程的不同阶段，选择差异化的制度变迁的路径。

第三节 新中国工业企业制度的基本体系、历史变迁及其运行效率

一、工业企业制度的基本体系

企业制度的形成受到国家经济体制及经济背景的深刻影响。我国的经济体制大致经历了高度集中的计划经济体制、计划经济体制向有计划的商品经济体制转变、社会主义市场经济体制三个阶段，体现了国家与经营者之间的权利博弈及利益分配，再加上经济全球化的影响，来自世界经济要素流动、分配及管理方式的冲击，我国逐渐建立起了较为完善的工业企业制度的基本体系。在特定经济体制背景下，这个体系主要包括治理结构、企业管理制度

以及产权制度三个方面，其中企业管理制度主要体现为激励制度。

经济体制属于经济运行中的制度安排，是指所有制和产权结构与资源配置方式的统一。按照资源配置的方式划分，可将经济体制划分为权力高度集中的计划经济体制和权力高度分散的市场经济体制。产权结构决定企业经营的核心，明晰的产权边界有利于企业生产积极性及生产效率的提高，而政企不分则是造成企业生产效率低下的重要原因。企业治理结构体现在政企关系、企业经营方式等方面，而企业管理制度主要体现在考核及激励制度上，是提高企业及其工人生产效率的重要方式及路径。

特定的经济体制决定了企业产权结构、治理结构、激励机制等管理制度。高度集中的计划经济体制下企业的所有权归国家所有，企业缺失完全独立的自主权，包括财政权、人事权、管理权等方面，因此在治理结构、企业内部激励机制等方面也带有浓厚的计划经济色彩。在高度集中的计划经济体制之下，形成了政企不分、以完成行政层级上上级所下达的计划指标为考核标准的治理结构和激励机制，严重影响企业及其工人的生产积极性及生产效率。而市场经济体制下则形成了产权明晰、以公司制为主要形式的治理结构及以年薪制、股权激励制等为代表形式的激励机制。企业产权结构的确立是治理结构及激励机制等管理制度确立的前提。

产权结构的确立意味着企业各项权利在所有者之间的有效分配，如果相关权利高度集中于政府，企业将缺乏一定的自主权，则其治理机构及激励机制的运行将会受到行政机制的影响，从而不能实现资源的有效配置。与此不同，如果相关权利呈分散式下放，企业拥有一定的自主权，则其治理结构及激励机制将会具备很大的灵活性，可以通过借鉴世界各国的经验及结合自身实际情况来调整治理方式和考核、激励手段等。企业的治理结构和管理制度是相辅相成的，拥有一定自主权的企业能够在一定范围内自主确立自身的管理制度，尤其是绩效考核及激励机制，可以根据自身的经营情况确立激励机制从而提高企业工人的生产积极性。而科学合理的企业管理制度能够进一步促进企业治理方式的优化，有效的激励惩罚制度能够规范企业内部人员行为，提高整个企业内部运行的科学性、合理性，从而促使经营者进一步优化治理方式。

二、工业企业制度的历史变迁

我国的工业化发展萌芽于清末的洋务运动时期，这一时期创办了许多带有封建性质的近代军事企业。自中华人民共和国成立至今，我国工业企业制度经历了大致四个时期的历史变迁，体现在经济体制、治理结构、企业管理制度及产权变迁四个方面。由于历史及现实的原因，我国工业企业制度变迁主要是以强制性制度变迁为主，诱导性制度变迁为辅，总的来看是较为缓和的层层递进式的制度变迁，呈现出了从增量改革逐渐向存量改革过渡、从局部改革逐渐向整体性改革推进、采取先易后难的方式逐步推进三个特点。

第一个时期是改革开放前（1978年以前）。中华人民共和国成立之初，为了恢复和发展因战争破坏的国民经济，党中央制定了优先发展重工业的战略。为了集中全国范围内的人力物力财力，在适应计划经济体制的背景下创立了大批的国营企业。由此，国营企业完全成为政府的附属机构。工业企业的所有权和经营权（产权）完全统一归于代表全国人民的政府。在这一体制下，工业企业的激励和约束机制有着浓厚的计划经济色彩。由于企业厂长是具有行政级别的国家干部，因此其唯一的考核标准则是对上级所分配的计划指标的完成度，其激励因素体现在工资及政绩两个方面。

第二个时期是党的十一届三中全会至邓小平南方谈话前（1978—1992年）。这一时期我国的经济体制开始由传统的计划经济体制向有计划的商品经济体制过渡。为了纠正权力过于集中的传统计划经济体制弊端，我国在这一时期采取了一系列改革措施，诸如"利改税"、承包经营责任制等简政放权的制度改革，给工业企业注入了强大的活力。然而，尽管这一时期我国给予了企业一定的自主权，但仍然是在旧有的计划经济体制之下，产权之间的界限仍然较为模糊。而激励机制相较于之前而言，允许企业在完成国家的计划指标基础之上获得一部分比例的利润提成，大大提高了厂长及工人的生产积极性。

第三个时期是邓小平南方谈话后至中国加入世贸组织前（1992—2001年）。这一时期是我国经济体制由传统的计划经济体制向社会主义经济体制转轨的关键时期。中国共产党十四届三中全会指出，应建立"产权明晰、权责明确、

第一章 体制、制度、激励、产权和绩效

政企分开、管理科学"的现代企业制度。至此，我国确立了企业法人财产权的概念。而与此同时，企业法人治理结构也正逐步得以建立。在激励机制方面，年薪制、股权激励等新型激励方式开始出现，大大提高了经营者的生产积极性。

第四个时期是中国加入世贸组织至今（2001年至今）。中国加入世贸组织后受到经济全球化下资源流动、要素分配等的影响，在社会主体市场经济体制基本确立、现代企业制度基本建立等背景下发展混合经济，致力于改革产权制度，继续发展股份制；不断探索国有资产管理新模式，完善国有资产管理体制；而在激励机制方面，则继续深化年薪制、股权激励制改革，取得了较大的成效。

三、工业企业制度的运行效率

自中华人民共和国成立以来，我国工业企业进行了渐进式的制度变迁，至今初步形成并持续探索社会主义市场经济体制下以建立现代企业制度为核心的工业企业制度。制度变迁理论认为，制度的变迁能够对经济效率产生较大的影响。在我国工业企业整个发展历程中，工业企业的运行效率确实受到制度变迁的深刻影响，具体而言，随着制度的变迁，我国产业绩效呈现不断提高的态势。所谓制度变迁，是指制度在一定时期内的创立、变更及打破重建。根据制度变迁的主体不同可以分为政府、团体、个人主导的制度变迁。

新制度经济学按照不同的标准划分了不同的制度变迁路径，其中把制度变迁按其变迁的主体和诱因划分为强制性变迁和诱致性变迁是最典型的一种划分方式。林毅夫认为，诱导性制度变迁指的是一群（个）人在响应由制度不均衡引致的获利机会时所进行的自发性变迁；强制性制度变迁指的是由政府法令引起的变迁。我国工业企业的制度变迁的显著特点是以强制性制度变迁为主，诱导性制度变迁为辅，即以政府为主体，利用行政手段强制性地推动制度变迁。工业企业制度的运行效率与产权结构、治理方式等制度有着密切的关系。最优效率的资源配置方式是市场，而我国工业企业制度的变迁就

是在高度集中的计划经济体制向社会主义市场经济体制转轨过程中进行的一系列的变迁，其目的为优化资源配置，提高企业运行效率。

我国工业企业制度变迁的显著特征是放松产权管制，这是企业经济运行效率提高的直接原因和重要原因。其重点在于在原本高度集中的计划经济体制中引入市场机制，加入市场竞争元素，从而提高资源配置效率，同时改革原有的计划部门，形成特色社会主义市场经济，提高经济效率。产权管制放松主要体现在事权、财权、人事权等方面。首先在事权方面，给予企业一定的自主权，节约了因内部交易成本过高而产生的资源浪费，同时激发企业活力，使其不再是政府机关的附属机构，而具有一定的独立性，促使企业因时制宜地更新内部治理方式、经营方式，从而提高效率。其次，在财权方面，在变迁过程中，企业由原来的统收统支的方式逐渐向保留一定的利润额、再到具备财产权等方向进行转变，这大大激发了企业的生产积极性。最后，对于人事权的管制放松，则使得企业的人事安排摆脱行政束缚，能够根据市场的变化更加科学合理地实现分工与专业化的不断深化，从而提高人力资源的合理配置。同时，年薪制、股份激励制等较为先进的考核激励机制也增强了企业员工的生产积极性，从而提高整个工业企业的运行效率。

第一章　体制、制度、激励、产权和绩效

第四节　新中国工业企业发展 70 年的成功经验

一、坚持党的领导，实现政策供给的连续性

回首我国的工业化道路，中国人民前赴后继，不断摸索，直至中华人民共和国成立，才建立独立完整的工业体系和国民经济体系。1949 年以来，中国工业发展取得了世界瞩目的成就，从传统工业化道路到新型工业化道路，我国工业化进程持续加速。目前，我国已成功进入工业化进程的后期阶段，这与坚持党的领导，以及国家宏观政策的正确引导密不可分。

在不同的社会背景以及发展时期，中国工业企业在党的领导下持续改革，不断创新。中华人民共和国成立后，经过 3 年的国民经济恢复，党明确提出了过渡时期总路线，把实现国家工业化的任务提上了日程。在当时，中国处于"一穷二白"的处境，"赶超战略"是当时的工业化发展理论来源，这是社会主义进程初期的一个重要战略选择。此背景下，中国选择了符合当时国情的高度集中的计划经济体制、重点发展重工业和国防工业的道路。但是随着工业发展形势的变化，计划经济体制的缺点逐渐暴露出来，中华人民共和国成立初期建立的这种工业体系没有转化为国家现代化的引擎。在此关键节点，中国共产党在 1978 年召开十一届三中全会，根据我国的群众实践创新和对外开放的需要，探索符合国情的社会主义经济发展道路，提出了社会主义市场经济理论和对外开放政策，启动了工业化新进程并不断按照工业发展的需要推进改革直到当前。

目前，中国经济发展已实质性地进入新阶段，中国工业化在"新常态"时期转向稳中求胜。党中央与时俱进地提出了供给侧改革理论并用于指导实践。工业领域作为实体经济的主体、技术创新的主战场，已成为供给侧结构性改革的重要领域，在党的领导下，合力推进新型工业化发展和"中国制造 2025"的全面实现。

中华人民共和国成立 70 年来中国工业企业的发展经验表明，中国的工业化道路，关键还是中国共产党的领导。中国共产党紧紧抓住以工业化为核心

的经济建设，在工业化进程中不断根据现实状况和具体实践，寻找创新发展和改革的可能性，持续推动经济社会健康发展。

二、坚持以人民为中心的发展理念

坚持以人民为中心的发展理念，也是我国工业企业发展壮大和工业化进程快速实现的重要经验。自中华人民共和国成立之初起，中国共产党始终把人民的利益放在首位，一直秉承为广大人民谋利益的基本原则，引导中国特色社会主义建设事业。中华人民共和国成立以来，围绕着社会主要矛盾的变化，中国的发展观念也经历了从"经济增长论""经济社会发展观""可持续发展观"，到"以人为中心的发展观"的变化，且始终朝着更系统、更深层、更科学的方向不断演变。尽管中国共产党在不同历史阶段对社会主要矛盾的判断有所不同，但在对社会主要矛盾以及发展方向的把握上始终贯穿着一条主线，那就是坚持把人民利益放在首位。这一原则也坚定不移地运用在中国新型工业化道路发展中。

在经历从高度集中的计划经济体制到充满活力的社会主义市场经济体制的伟大历史转折后，工业和信息化事业一直在不断创新与开放融合中跨越式前进，一直践行发展为了人民、发展依靠人民、发展成果由人民共享的发展理念。党的十六大报告中指出，"坚持以信息化带动工业化，以工业化促进信息化，走出一条科技含量高、经济效益好、资源消耗低、环境污染少、人力资源优势得到充分发挥的新型工业化道路"。党的十八大报告提出"四化同步"①，坚持走新型工业化道路。进入新时期以后，工业化发展确定了以科技创新为核心，打造制造强国的战略目标。

党的十九大报告指出，"加快建设制造强国，加快发展先进制造业，推动互联网、大数据、人工智能和实体经济深度融合，在中高端消费、创新引领、绿色低碳、共享经济、现代供应链、人力资本服务等领域培育新增长点、形成新动能"。至此，中国工业和信息化在新发展观的理论指导下，秉承"创

---

① 坚持走中国特色新型工业化、信息化、城镇化、农业现代化道路，推动信息化和工业化深度融合、工业化和城镇化良性互动、城镇化和农业现代化相互协调，促进工业化、信息化、城镇化、农业现代化同步发展。

新、协调、绿色、开放、共享"的新发展理念,以人民为中心,始终把人民福祉、促进人的全面发展作为发展工业的出发点和归宿,让亿万人民在工业发展成果上有更多的获得感。

三、"改革只有进行时,没有完成时"

中华人民共和国成立 70 年来,中国的工业领域发生了翻天覆地的变化,取得了巨大成就,其成功的关键在于我国 1978 年开始实施的对内改革、对外开放的伟大战略。正如习近平总书记 2016 年 7 月 1 日在庆祝中国共产党成立 95 周年大会上的讲话所指出的,"改革开放是当代中国最鲜明的特色,是我们党在新的历史时期最鲜明的旗帜。改革开放是决定当代中国命运的关键抉择,是党和人民事业大踏步赶上时代的重要法宝"。中国的工业企业快速发展,同样离不开改革的深化、开放的快速推进。

"时代是出卷人。"[1] 每个时代都有自己的关键矛盾和历史使命。这些关键矛盾的破解和历史使命的完成,迫切需要我们紧随时代的浪潮,在其永恒与历史变迁中,持续进行自我变革。"只有顺应历史潮流,积极应变,主动求变,才能与时代同行。"[2] 1978 年,改革开放这一关键历史选择,改变了中国和中国人民的历史命运,逐步打破了中国经济社会发展的制度桎梏,孕育了"经济增长的中国奇迹",并探索出一条有中国特色的经济发展道路。中国改革开放现已 40 余年,中国特色社会主义已经进入新时代。改革永远在路上,没有完成时,只有进行时。实际上,当代中国正经历着我国历史上最为广泛而深刻的社会变革,也正在进行着人类历史上最为宏大而独特的实践创新。

"渐进式改革"为新中国工业企业的发展提供了至为重要的稳定发展环境。中华人民共和国成立初期,中国完成社会主义改造后工业基础极为薄弱,在当时的大背景之下,实行计划经济体制、重点发展重工业的工业化道路是

---

[1] 习近平总书记在学习贯彻党的十九大精神研讨班开班式上发表重要讲话,提出"时代是出卷人,我们是答卷人,人民是阅卷人"的精辟论述。
[2] 习近平同志在庆祝改革开放 40 周年大会上的讲话中指出:"'行之力则知愈进,知之深则行愈达。'改革开放 40 年积累的宝贵经验是党和人民弥足珍贵的精神财富,对新时代坚持和发展中国特色社会主义有着极为重要的指导意义,必须倍加珍惜、长期坚持,在实践中不断丰富和发展。"

符合当时我国国情的。此后，伴随着我国工业领域的快速发展，计划经济体制所引致的轻重工业发展不均，轻工业产品匮乏、供不应求等市场现象日益严重。致力于缓解上述各种矛盾点，1978年12月28日[①]召开的十一届三中全会做出了改革开放的伟大战略。中国经济体制改革并未采用苏联、东欧等国家和地区所采取的"激进式改革"模式，即所谓的"休克疗法"[②]，而是强调

---

① 习近平同志在庆祝改革开放40周年大会上的讲话中指出："这一天，我们党召开十一届三中全会，实现中华人民共和国成立以来党的历史上具有深远意义的伟大转折，开启了改革开放和社会主义现代化的伟大征程。"

② "休克疗法"于20世纪80年代中期由美国经济学家杰弗里·萨克斯（Jeffrey Sachs）引入经济领域。杰弗里·萨克斯也被称为"休克疗法"之父。20世纪80年代中期，由于长期政治局势动荡不安，政策决策者又出现严重决策失误，最终引发了严重的经济危机，南美国家玻利维亚已陷入经济崩溃的边缘。面对玻利维亚严峻的经济形势，美国经济学家杰弗里·萨克斯临危受命，开创性地提出了一整套经济纲领和经济政策，其核心内容包括：紧缩性财政和货币政策；有效压缩政府各类开支，取消相关补贴；实施贸易自由化政策；推动货币贬值，并实现外汇汇率的相对稳定；改革行政和税收制度；部分公营部门和企业民营化；重新安排债务和接受外援；等等。杰弗里·萨克斯在玻利维亚所实施的"休克疗法"，在政策实施后的初期即取得了显著效果。实际上，在政策实施一周之后，玻利维亚的恶性通货膨胀即获得了有效遏制，整体物价水平开始趋于稳定。实施"休克疗法"一年之后，玻利维亚基本克服了严重的债务危机，并在此后数年实现了年均约2.5%的经济增长。杰弗里·萨克斯的"休克疗法"在玻利维亚一战成名，并为其赢得了良好声誉，被称为"国家金融界的金童"。尽管"休克疗法"在南美国家玻利维亚取得了成功，但其却不乏失败的现实例子。1991年年底，苏联解体，俄罗斯联邦独立。叶利钦认为20世纪50年代以来的改革，"零打碎敲、修修补补"，几乎葬送了苏联的大好前程，唯有"大刀阔斧地深刻改革"方可重振俄罗斯的大国雄风。此时，年仅35岁的叶戈尔·盖达尔投其所好，在美国经济学家杰弗里·萨克斯的点拨下，炮制了一套激进的经济改革方案，被叶利钦破格提拔为政府总理。1992年年初，一场以"休克疗法"为模式的激进改革，在俄罗斯联邦全面铺开。叶戈尔·盖达尔的"休克疗法"主要分为三个阶段：第一个阶段，1992年1月2日起，改革物价管控政策，全面放开物价。同时放开收入增长限制，改革初期公职人员的工资增长了约90%。至1992年4月，受益于价格放开和收入增长限制放开，俄罗斯市场中产品供需的失衡状态得以显著改善。尽管如此，但物价水平很快失去控制，消费品价格比1991年12月时上涨了65倍。同时由于燃料、原料价格过早放开，企业生产成本骤增，到1992年6月，工业品批发价格则上涨了14倍。高昂的消费品价格抑制了市场需求，需求下降则反过来约束了产品供给的增长，产品供给和需求陷入恶性循环。致力于应对严重的通货膨胀，叶戈尔·盖达尔政府开始"休克疗法"的第二阶段，出台了紧缩性财政政策和紧缩性货币政策，以及物价改革政策。税收优惠政策全部取消，所有商品均征收28%的增值税。由于税负过重，约束了企业生产活动，并引致了大规模失业，叶戈尔·盖达尔政府尝试通过救济、补贴以及直接投资等方式刺激生产和消费，但却带来了政策财政赤字的显著上升。最终，第二阶段的"休克疗法"也在印钞机的轰鸣声中走向了失败。叶戈尔·盖达尔将前述失败归结为"国有企业并非真正的市场主体，自由竞争的价格机制无法有效发挥作用"，在"休克疗法"的第三阶段，大规模私有化被叶戈尔·盖达尔政府寄予厚望。致力于快速推进私有化改革，俄罗斯政府采取了"无偿赠送"的方法。每个俄罗斯公民在这场私有化进程中，均领到了一张面值为1万卢布的私有化证券，但在私有化改革真正开始的1992年10月，1万元卢布的购买力严重下降，仅可以购买一双皮鞋。私有化改革使得大批国有企业落入俄罗斯特权阶层和暴发户手中。企业生产无人问津。1992年12月，叶戈尔·盖达尔政府宣布解散，同时也意味着"休克疗法"在俄罗斯的彻底失败。这场失败的改革重创了俄罗斯经济，GDP规模减少了50%，仅为美国GDP的10%。俄罗斯普通公众的生活水平一落千丈。与俄罗斯一样，东欧诸国的"激进式改革"也相继走向了失败。

第一章　体制、制度、激励、产权和绩效

在处理好"改革、发展与稳定"三者关系的前提下进行"渐进式改革"。结合中国国情，我国逐步形成了"渐进式改革"的基本策略。

首先，采取"先部分试点，后全面推行"的改革思路。改革过程如同"摸着石头过河"，潜在的改革风险需要通过改革试点进行反馈、评估和矫正。最终通过以点带面的方式，根据中国国情稳步推广相关改革，在工业经济改革中始终坚持公有制经济的主体地位。其次，采取"先易后难，逐步进入深水区"的改革策略。所有改革均在保持经济社会稳定的前提下进行，改革路径应当遵循从"浅水区"到"深水区"的思路，不断积累相关改革经验，充分识别相关改革风险，并先易后难实行增量式改革策略。

中国工业企业领域的"渐进式改革"主要表现为国有和非国有工业企业改革两个层面。

其一为国有工业企业的"渐进式改革"。国有企业改革在中国经济体制整个改革进程中扮演着"中心环节"这一关键角色，而国有工业企业则是国有企业改革的参与主体。基于相关改革内容的差异性，我国国有工业企业改革的重点领域主要集中在如下三个方面：

（1）积极推进"政企分开"，实现国有工业企业的独立法人地位和真正市场主体属性的回归。在管理体制上，尝试逐步剥离国有工业企业与相关政府部门的行政隶属关系，使国有工业企业转变为自主经营、自负盈亏、权责对等的独立法人，以及可以与非公有制企业进行公平竞争的市场主体。

（2）积极开展国有工业企业的股份制改造，建立现代企业制度。通过破除所有制偏见、有效推进股份制改革的方式逐步改善国有工业企业的公司治理能力，并逐步建立现代企业制度，最终显著提升国有工业企业的经济活力和市场竞争力。

（3）强化国有工业企业在国民经济中的关键引领作用。逐步调整、优化和明确国有工业企业的相关功能定位，遵循"有所为有所不为"的基本要求，逐步从一般竞争性行业积极退出，转向关系国民经济命脉的重要行业和关键领域，诸如涉及国家安全、公共物品与服务提供的行业，支柱性及战略新兴产业，以及具备一定自然垄断属性等行业，在市场竞争中扮演主导者和引导

者等关键角色，并为新常态背景下我国经济转型和社会发展提供必要的引领作用。

基于相关改革目标的差异性，我国国有工业企业改革进程又可大体划分为如下三个阶段：①"放权让利"，激发国有工业企业的潜在活力，构成国有工业企业改革进程的第一个阶段。这一阶段我国国有工业企业改革以"放权让利"为基本原则，尝试通过承包经营等方式，赋予企业更大的经营自主权，以提高国有工业企业的自身活力和生产积极性。这一时期的相关探索提高了我国国有工业企业的潜在竞争意识，并为其在下一阶段改革中真正走向市场，成长为独立市场主体奠定了必要基础。②构建现代企业制度，改善国有工业企业的公司治理绩效，构成我国国有工业企业改革进程的第二个阶段。这一阶段我国国有工业企业改革，以建立符合"产权清晰、权责明确、政企分开、管理科学"等特征的现代企业制度为关键目标，从产权制度、公司治理、组织管理及收入配置等方面展开了全方位的制度变革与实践创新，并取得了预期效果。③深化国家管理体制机制变革，助推国有工业企业改革与发展，这构成了我国国有工业企业改革的第三个阶段。这一阶段以2003年成立国家国有资产监督管理委员会为基本标志，自此我国国有工业企业改革开始进入以基本体制机制变革推动国有工业企业改革与发展的全新阶段。国家国有资产监督管理委员会的设立和运营，意味着各级政府逐步从管理体制上实现了公共管理职能与出资人代表职能的有效分离，并为实现"政企、政资和资企"分开，继而为推动国有工业企业拥有真正独立的市场主体地位奠定了重要的制度基础。党的十八大以来，伴随着《中共中央、国务院关于深化国有企业改革的指导意见》等相关意见的出台，国有工业企业改革的步伐进一步加快，国资管理体制也逐步从监管企业层面为主向监管资本层面为主转变，并通过有效落实国有工业企业的法人财产权和经营自主权，进一步激发了国有工业企业的潜在活力、创造力和市场竞争力。我国国有工业企业也逐步从国内市场走向国际市场，并在诸多工业产品市场，扮演着市场领导者等关键角色。

其二为非国有工业企业的"渐进式改革"。非国有企业是国民经济的重要组成部分,也是国家税收和劳动力就业的重要来源。[①] 非国有工业企业同样构成了非国有企业的重要组成部分,其相关改革成效集中表现在改革初期我国乡镇企业的"异军突起"以及20世纪90年代后私营工业企业的快速崛起,这两种非国有工业企业形式为推进中国工业化进程做出了独特贡献,并持续推进了我国工业化进程。1978年至今,我国通过稳步推进国有工业企业的相关制度变革,不断发展壮大民营企业来增加整体经济活力,并逐步形成了国有、民营、"三资"工业企业三足鼎立的市场竞争格局。与此同时,我国不同所有制工业企业间实现了取长补短、相互融合的良好互动,最终形成了独具中国特色的混合所有制经济蓬勃发展的良好势头。

四、坚持对外开放的基本国策

开放是国家繁荣发展的必由之路。在经济全球化背景下,对外开放给中国经济带来了巨大的发展机遇。1978年以来,中国顺应经济全球化的发展趋势,改革开放的进程不断推进;到2001年加入世界贸易组织,深度融入世界经济,形成全方位、多层次、宽领域的对外开放格局,为中国经济增长提供了鲜活的动力;再到党的十八大以来更大力度地实施对外开放,积极推进"一带一路"建设,形成东西双向开放、陆海内外联动的开放新格局,发展更高层次的开放型经济。开放竞争是经济发展壮大的有效途径,是建设社会主义现代化强国的必由之路。

实践证明,"引进来"与"走出去"日益成为中国对外经济贸易合作的

[①] 实际上,《中华人民共和国宪法》第六条关于国家基本经济制度的描述,已经确立了民营经济在国民经济中的重要地位:中华人民共和国的社会主义经济制度的基础是生产资料的社会主义公有制,即全民所有制和劳动群众集体所有制。社会主义公有制消灭人剥削人的制度,实行各尽所能、按劳分配的原则。国家在社会主义初级阶段,坚持公有制为主体、多种所有制经济共同发展的基本经济制度,坚持按劳分配为主体、多种分配方式并存的分配制度。尽管如此,2018年9月开始流传的"民企离场论"引发了民营经济从业者的悲观预期。2018年11月1日,中共中央总书记、国家主席、中央军委主席习近平同志在京主持召开民营企业座谈会并发表重要讲话。习近平同志指出"民营经济是我国经济制度的内在要素,民营企业和民营企业家是我们自己人""所有民营企业和民营企业家完全可以吃下定心丸、安心谋发展!"

两大支柱，也有力地推动了我国工业化进程，增强了我国经济的国际竞争力和在世界经济中的影响力。中国经济开放的第一阶段强调单方面的"引进来"，当时单纯追求对外国资本和技术的引进。而后确定了"引进来"与"走出去"并重的发展战略，在继续追求资本、技术、人才、管理等方面"引进来"的同时，实施中国企业"走出去"的投资举措，对外开放进入第二阶段。当前，中国在深入推进对外开放的经济发展的同时，强调"自主创新"的新战略，建立起"低损耗、高效益、双向互动、自主创新"的"精益型"对外开放模式，成为贯彻党中央关于"发展更高层次的开放型经济"的关键。① 这为我国新型工业化发展提供了更深层的理论指导。新时期的工业发展需要统筹国内经济与对外开放的关系，实现国际分工从较低端向中高端迈进，积极提升对外开放的质量，促进工业企业创新型发展。

通过40多年的对外开放，中国的经济发展与工业化道路取得了令人瞩目的成就。在大量吸引外资、引进先进的技术与管理理念的同时，利用国外市场资源，实现大量出口，不断促进我国的产业发展与工业化进程。同时，顺应全球价值链的分工合作共赢趋势，为世界制造业发展和全球经济增长做出了巨大贡献。"对外开放"的基本国策，已经成为我国工业企业参与国际市场竞争，维护国际市场秩序，同时推动我国工业化进程的重要制度基础。

五、充分发挥后发优势和比较优势

如何从落后的"农业国"转变为先进的"工业国"，中华民族进行了艰苦卓绝的长期探索。1949年中华人民共和国成立时，我国几乎没有现代工业。1949年至今的70年间，历经数代人的不懈奋斗，我国工业体系逐步从无到有，主要工业品产能也已位居世界前列。70年来，我国工业企业亦从弱到强，并在诸多工业品国际市场中，已经成长为行业规则的制定者和市场领导者，实现了真正意义上的"跨越式发展"，堪称人类工业史的奇迹。我国完备工业

---

① 程恩富. 改革的初心 [M]. 北京：中信出版集团，2019.

第一章 体制、制度、激励、产权和绩效

体系的快速构建和工业企业的跨越式发展均离不开所谓"后发优势"[①] 的充分发挥。后发优势这一范畴最早由经济学家格申克龙在1968年出版的《经济落后的历史透视》这一著作中所提出,但关于后发优势的思考则早已有之。实际上,后发优势理论渊源于古典经济学家李嘉图的"国际分工"理论以及德国经济学家李斯特的"动态比较费用"学说。后发优势理论自20世纪60年代提出后,受到了广泛的关注,但关于后发优势的关键来源则存在争议,并未形成基本共识。尽管如此,后发优势的来源基本上涵盖了如下四个方面:其一,资源禀赋优势所释放的资源红利;其二,国际产业转移过程中的产业承接优势;其三,技术引进节约了技术研发成本,引致了与先行者技术差距的加快收敛,并在未来实现技术引领;其四,经验教训的借鉴选择和发展战略的优化。需要说明的是,落后者所具备的后发优势仅属于潜在的发展可能性,并不存在落后者通过这一潜在可能性超越先行者的必然过程。处于落后地位的国家和地区,唯有充分发挥后发优势所蕴含的潜在可能性,才能最终实现所谓跨越式发展。

对于中国工业化进程和工业企业发展而言,我们所具备的后发优势集中体现在如下三个方面:

(1)基础制度的后发优势。基础制度设计提供了经济运行的基本规则,并对行业竞争和企业发展产生重要影响。作为工业化进程的后发国家,我国可以充分学习先行国家的相关制度和管理经验,并有可能降低自发探索的成本和所谓"出错"的风险。尽管如此,我国在对先行者借鉴制度设计和管理经验时,严格遵循了"有选择地学习"这一规则,并非简单的"拿来主义"。先行国家的制度设计和管理经验是否适用于我国国情,需要审慎对待,并在

[①] 格申克龙(1968)在研究"工业化的后来者如何追逐工业化的先行者,并最终实现赶超"这一命题时,提出了"后发优势"这一概念。如同工业化的先行者存在所谓先行劣势,工业化的后来者也拥有所谓后发优势。在格申克龙对这一问题的讨论中,其认为经济发展相对落后的国家和地区,通过充分汲取发达国家和地区的经验和教训,可以降低决策错误和失败发生的可能性,减少并缩短"分娩的痛苦",较快实现从"落后者"向"先进者"的华丽转变。美国社会学家M.列维(1966)在其著作《现代化与社会结构》中也提出了"后发式现代化"等范畴,与格申克龙(1968)的"后发优势"一起构成了关于后发优势理论的最早阐释。

出现"不适"情形时,及时有效地进行矫正。通过基础制度后发优势的充分发挥,以及持续的摸索,我国逐步构建了中国特色社会主义市场经济的制度体系,为我国工业化进程实现和工业企业发展提供了显著的制度激励。

(2) 生产要素供给的后发优势。相比于工业化先行国家,我国拥有数量极为丰富的劳动力,同时劳动力成本相对低廉,这一比较优势直接降低了我国工业产品的可变成本,也是国际资本涌入我国市场的重要诱因。与此相反,我国的资本存量与工业化先行国家相比较为短缺,考虑到资本边际收益递减规律,较小规模的资本存量意味着资本边际收益尚处于较高的阶段,因此有助于形成所谓资本后发优势,吸引外部资本不断涌入。除劳动力和资本等生产要素之外,我国在土地要素供给层面也存在显著后发优势。土地要素是工业生产活动的重要空间载体,也是工业产品固定成本的重要组成部分。与工业化的先行国家相比,我国工业化进程的前期阶段可用于工业生产用途的土地容量相对丰富,同时考虑到我国城乡二元的土地制度安排,农村集体土地用于工业用地时,并未支付所谓"真正的市场价格",也在某种意义上引致了我国工业产品这一固定成本的降低。尽管如此,考虑到我国18亿亩耕地红线的基本政策,以及城市二元土地制度的逐步破解,可用于工业生产活动的土地容量将趋于下降,这一要素的单位成本必将上升,土地要素的后发优势也将趋于弱化。总的来讲,我国劳动力、资本和土地的后发优势,为我国工业化进程的加快推进和工业企业的发展壮大提供了关键基础。

(3) 产业结构的后发优势。中华人民共和国成立初期,作为典型的"农业国",我国产业结构在产值和就业两个层面上均以第一产业为主,第二和第三产业的相关指标比重较低。1952年,我国三次产业的产值比重分别为50.5∶20.9∶28.6,而就业比重则分别为83.5∶7.3∶9.2。因此,这一时期的第二产业在就业结构和产值结构层面均处于末位,但其同时构成了我国工业企业发展和工业化进程推进的重要后发优势。产业结构演化存在自身的规律。作为工业化的后发国家,通过有效实施结构转换策略,处于第一产业的劳动力将不断流入第二和第三产业,第一产业的产值比重也将被第二产业和第三产业超越。伴随着大量劳动力从乡村向城市的空间流动,中国的城市化进程被迅速推进，而劳动力逐步从第一产业向受让预期较高的第二和第三产业流动，我国整体产业结构逐步从"一三二""一二三""二三一"向"三二一"转变，2017年，我国三次产业的产值结构比重为51.6∶40.5∶7.9，就业结构比重为44.9∶28.1∶27.0，通过这一结构转换的过程，我国工业企业实现了快速发展，我国工业经济也实现了高速增长。① 需要说明，我国工业化进程和工业企业发展水平与先进的先行国家尚存在差距，通过实施产业结构优化升级等结构转换政策将依然可为我国工业企业发展提供重要外部激励。

六、充分发挥政府、企业和市场的各自功能

新中国工业发展70年的巨大成就是政府、企业和市场共同合力的结果，三者在我国工业化发展的道路上发挥着各自不同但均极为重要的作用。

政府在我国工业化发展的各个阶段均发挥着主导性的作用。中华人民共和国成立之初，党和政府制定了"五年计划"来指导我国工业的发展，最初，优先发展重工业，建立我国工业的初步规模，改变了我国工业"一穷二白"的局面。随后，党和政府逐步调整、优化我国工业发展目标，从重工业优先发展到注重轻重工业协调发展。改革开放以后，党和政府根据当时的国内外形势，提出了改革开放的伟大创举，坚持"走出去"和"引进来"相结合的发展道路，使得中国逐步建成现代工业体系，工业产品的生产种类不断增多，规模不断扩大，实力不断增强。党的十八大以来，党和政府高度重视工业企业的发展，不断推进我国的工业企业转型和制造业强国建设，以习近平同志为核心的党中央不断推动中国特色新型工业化道路建设，始终把创新作为首

---

① 基于中国统计年鉴数据，按照产值结构这一指标，我国产业结构经历了如下演变过程：1952—1957年，"一三二"；1958—1960年，为"二三一"；1961—1965年，"一二三"；1966年，"二一三"；1967—1969年，"一二三"；1970—1984年，"二一三"；1985—2011年，"二三一"；2012—2017年，"三二一"。按照就业结构这一指标，我国产业结构经历了如下演变过程：1952—1969年，"一三二"；1970—1993年，"一二三"；1994—2010年，"一三二"；2011—2013年，"三一二"；2014—2017年，"三二一"。因此，无论从产值结构还是就业结构，我国产业结构整体上都实现了合理化、高级化和服务化等。

要驱动力,推进信息化和产业化的深度融合,不断推进工业结构的优化升级,全面激发工业发展的巨大潜能。

企业是新中国工业发展的重要载体。中华人民共和国成立之初,党和人民政府通过没收官僚资本等,建立起了强大的国营经济,也产生了强大的国有企业。我国工业发展的基础正是依靠国营企业才得以奠定,国有企业成为我国工业的中坚力量,不断提升我国的工业实力和地位。改革开放以来,国有企业改革发展取得巨大成就,进一步为国家建设和民生改善做出了重大贡献,与此同时我国的中小企业也开始发展起来,在国民经济和社会发展中的地位与作用日益增强。党的十八大以后,我国的企业总量快速发展,中小企业大力发展,市场活力不断提升,这些企业的发展和壮大为中国工业发展提供了重要的载体,使得我国的工业实力进一步得到了提升。

市场在新中国的工业发展中发挥着基础性的作用。中华人民共和国成立之初,我国工业的发展不太注重市场的作用,依赖政府的计划。改革开放以后,党和政府重视市场的基础性作用,中国打开国门,让中国的工业参与国际竞争,市场的活力进一步得到激发,正是巨大的国际国内市场,使得我国工业得到了更深层次的发展,参与国际竞争为我国培育了许多实力雄厚的大企业,我国的工业发展迅猛提升。党的十八大指出,使市场在资源配置中起决定作用的基础是建设统一开放、竞争有序的市场体系。以习近平同志为核心的党中央,进一步深化改革,促进更深层次的改革和开放,让中国市场得到全方位开放,这在很大程度上激发了我国工业的发展潜力。拥有广阔的国内和国际市场环境使得中国工业发展更加迅速。

七、充分发挥国有企业和非国有企业的各自优势

新中国 70 年来的工业化实践表明,充分发挥我国国有企业和非国有企业的各自优势,构成了我国工业化道路不断优化,以及我国工业企业发展和壮大的重要基础。国有企业是我国国民经济的中坚力量,也是我国公有制的重要实现载体和维护者。发挥我国社会主义市场经济体系的优势,也需要不断

第一章 体制、制度、激励、产权和绩效

做强做大国有工业企业。致力于有效促进新中国工业化进程的实现，应当有效发挥我国国有企业的显著优势和核心地位，并在技术创新上由专门机构来积极引导。一方面，可以通过建立相关产业链、培育技术人才，创新人员溢出方式，以市场为主导、政府来引导创新资源的合理流动，继续巩固和强化国有企业在国家技术创新上的主体地位，努力发挥国有大型企业的骨干作用，间接激发中小型企业的技术创新活力，以期促进中小微等企业协调发展，同时培养应用型技术人才、发展研发机构，促进企业合理化、市场化，推进大中小型企业共同发展。另一方面，有效发挥国有工业企业的资金优势，通过将生产要素重新组合配置，凭借科技进步、管理制度的改善等无形生产要素来促进经济的增长。同时也需要增强国有企业的资金经营意识，避免国有企业资金流失，拓宽国有企业资产的运用途径，进一步提高国有企业资产的运行效率。

非国有企业作为中国特色社会主义市场经济的重要组成部分，也为我国工业经济70年的快速发展注入了重要动力。一方面，通过发挥非国有企业在管理职能结构中的相对优势，利用企业经济效益充分调动员工生产工作的积极性，在面对外资和个体私营企业中，显示充分活力，并提高我国工业企业在国际市场的竞争能力；另一方面，非国有企业根据自身的发展需要，积极构建内部员工激励机制和人才选拔任用机制，通过发挥精简高效的组织结构优势，在某种意义上对我国整个工业组织的市场绩效改善提供了重要激励。

因此，加快推进我国工业化进程，发展壮大我国工业企业，既要发挥国有工业企业在维护公有制经济方面的作用，又要积极发挥其资金优势、企业制度优势；非国有工业企业也应发挥自身企业组织结构优势，有效激励员工产出更多经济效益，同时非国有工业企业也需要积极与政府合作，显著提高科技创新能力，并为彰显我国社会主义的制度优势增添色彩，特别是各类型工业企业的协同发展，最终将有助于我国工业企业国际市场竞争力的提升和我国工业化进程的高质量实现。

八、创新驱动发展战略的成功实施

70年来我国工业企业发展的巨大成就，同样也离不开创新驱动发展战略的深入实施。通过将工业经济发展的核心驱动力从劳动力、土地等生产要素，逐步转变为"科技进步""知识"等具备倍增效应的生产要素，通过不断"创新"衍生出新的知识和技术变革，为实现我国工业化进程高质量实现和我国工业企业参与国际市场竞争，提升国际市场地位的提供了重要条件。无法回避的现实是，我国至今尚有诸多工业领域在国际产业链和价值链中均处于中低端水平，在产品价值分配和产品标准制定等层面均受制于人，谈判能力相对缺失。2012年，党的十八大明确指出，"科技创新是提高社会生产力和综合国力的战略支撑，必须摆在国家发展全局的核心位置"。同时特别强调要坚持走中国特色自主创新道路、实施创新驱动发展战略。创新驱动发展战略的有效实施，已经成为推动我国工业化道路实现和工业企业发展壮大的重要制度安排。

伴随着我国创新驱动发展战略的深入实施，我国工业企业发展获得了重要的外部政策激励。实施创新驱动发展战略，有助于加快我国工业企业的技术改革进程，并最终提高工业企业的技术创新能力。高端科技手段在我国工业企业中的采用，将带来相关污染排放和能源消耗的显著降低，对我国工业企业的传统产业链优化和价值链提升将产生显著正面激励效应，并有助于逐步改变和优化以"高强度能源消耗、大规模廉价劳动力供给和环境污染治理缺失"为显著特征的传统工业企业发展模式。实际上，只有我国工业企业拥有强大的自主创新能力，才能够在国际市场竞争中不断培育市场优势，并形成真正的核心竞争力。

创新驱动发展战略的成功实施表明，发展壮大我国工业企业，应该构建以企业自身为主导、市场发展为导向，以产品研发与科技创新为依托，将企业的自身优势资源与战略目标相结合的发展模式，并在各个工业领域以及相关关键技术层面实现突破，让工业企业既可以在原有工业领域中不断进行创新，又可以对现有工业领域展开集成创新行为。需要说明的是，这一战略的成功实施既要有效厘清政府和市场的"功能边界",又须将政府与市场进行有机结合,有效发挥自由竞争的价格机制即所谓市场的关键调节作用,还要发挥政府在资源配置过程中的重要引导、支持作用。此外,也需要进一步矫正阻碍创新的体制机制等各类因素,逐步完善企业创新的制度体系,并为营造良好的市场环境提供关键制度支持,以优化工业企业的内部和外部两个层面的创新激励机制,同时不断增强工业企业进行创新的自主意愿,引导工业企业之间实现协同创新发展。与此同时,政府也应当积极提供与创新驱动发展战略相关的制度安排,为我国成功进入创新型国家行列提供关键制度保障,并为我国工业企业的发展壮大提供政策溢出。因此,伴随创新驱动战略的深入实施,我国工业化进程的高质量实现获得了重要制度给予,同时我国工业企业的发展和壮大也必将进入全新时代。

第五节 主要结论

从1949年至今的70年来,数代人筚路蓝缕,奉献青春和热血,铸就了共和国工业化进程的瑰丽画卷,造就了人类工业史的奇迹。1978年5月11日,《实践是检验真理的唯一标准》一文在《人民日报》发布,马克思主义的思想路线、政治路线和组织路线开始被重新确立。1978年12月,党的十一届三中全会召开,会议做出了以经济建设为中心和改革开放的重大战略部署,我国开始进入社会主义工业化道路的新时期。2002年以来,我国开始进入中国特色的社会主义"新型工业化道路"阶段。1949年至今的70年来,通过不断的制度变革和否定、反思、调整与优化,中国在社会主义工业化道路上不断探索,是否最终回答了"中国工业将向何处去?"这一历史与现实命题,依然要留给过去的历史与未来的现实去评价。

参考文献

[1] 国家统计局"国有大中型企业研究"课题组. 对大中型国有工业企业摆脱困境的战略思考 [J]. 中国工业经济, 1999 (1): 24-31.

[2] 郭祥才. 马克思主义跨越发展理论与中国新型工业化道路 [J]. 中国社会科学, 2003 (6): 4-13.

[3] 何国勇, 徐长生. 比较优势、后发优势与中国新型工业化道路 [J]. 经济学家, 2004 (5): 16-22.

[4] 黄速建, 肖红军, 王欣. 论国有企业高质量发展 [J]. 中国工业经济, 2018, 367 (10): 21-43.

[5] 简新华, 向琳. 新型工业化道路的特点和优越性 [J]. 管理世界, 2003 (7): 139-139.

[6] 简新华, 向琳. 论中国的新型工业化道路 [J]. 当代经济研究, 2004 (1): 32-38.

[7] 金碚. 资源约束与中国工业化道路 [J]. 求是, 2011 (18): 36-38.

[8] 剧锦文. 企业的比较优势与企业制度的选择和变迁: 以中国私营有限责任公司的发展为例 [J]. 中国工业经济, 2008 (3): 67-75.

[9] 刘戒骄, 徐孝新. 改革开放40年国有企业制度创新与展望 [J]. 财经问题研究, 2018, 417 (8): 5-13.

[10] 乔晓楠, 何自力. 马克思主义工业化理论与中国的工业化道路 [J]. 经济学动态, 2016 (9): 17-28.

[11] 许君如, 牛文涛. 改革开放三十年我国工业化阶段演进分析 [J]. 电子科技大学学报: 社会科学版, 2011 (1): 43-49.

[12] 吴敬琏. 中国应当走一条什么样的工业化道路? [J]. 管理世界, 2006 (8): 1-7.

[13] 武力.中国工业化道路选择的历史分析[J].教学与研究,2004(4):71-77.

[14] 余静文.企业国有化中的政府角色[J].中国工业经济,2018.

[15] 张勇.国有工业企业的效率究竟提高没有?——市场垄断、政府投资对国企效率的影响[J].经济社会体制比较,2017(4):27-37.

[16] 张涛,徐婷,邵群.混合所有制改革、国有资本与治理效率:基于我国工业企业数据的经验研究[J].宏观经济研究,2017(10):115-128.

[17] 钟小敏,钟宗畅.毛泽东对中国工业化道路的艰辛探索[J].毛泽东思想研究,2003,20(1):72-74.

第二章
改革开放前的工业企业制度

本章主要介绍中华人民共和国成立至改革开放前我国工业企业管理制度的建立、改革和发展。这一时期的"三大改造""大跃进"及"文化大革命"等事件对中国的工业企业管理体制产生了深远的影响，同时也促进了中国对工业企业管理体制的有益探索。在这一时期，确立了国营经济在全国经济的主导地位，建立了计划管理体制，随后，不断地改革和发展计划管理体制，包括管理权下放和收回，建立协作区，颁布"工业七十条"，试办联合企业，改革国有企业领导体制和利润分配制度等。本章将结合时代背景，分析中国工业企业管理制度初步建立和发展的历程。

第一节 阶段背景

新中国的国营企业主要通过四种方式建成。一是继续发展军工企业。这些企业主要来自解放区，将中华人民共和国成立前的革命根据地、陕甘宁边区和解放区建成的政府企业在原有的规模上继续发展。在经济建设的实践中，我党对国有经济的探寻是以土地改革时期为起点的。1924年第一次国内革命爆发，到1927年第一次国内革命战争失败后，我党吸取革命失败的教训，将党的工作重心由城市转向农村，依次创建了具有中国革命时期特色的根据地，其中著名的有井冈山、赣西南、湘赣等。为扼杀新政权，敌人对根据地进行了经济封锁，为打破困境，保护新生政权的萌芽，我党调动当地农民积极进行经济建设，使根据地经济得到很大发展。我党一方面推行土地改革，另一方面大力兴建公营经济并促进其发展，军需民用工业和商业逐渐建立与发展起来。其中，1933年，在中国共产党中央国民经济部的推动下，国有企业管理局成立，主要负责管理和监督国有资产。1934年，湘鄂赣苏区有33家兵工厂，共有2 000多名工人。1935年，川陕根据地具有的公营工业规模已经相当大，共有10个行业，5 000多名工人。抗日战争时期，在"发展经济、保障供给"思想的指导下，陕甘宁边区政府致力于进一步发展公营经济。1937年10月，中共中央成立经济委员会，领导统筹边区工商业发展，一边着手筹建工业体系，一边大力发展公营商业。解放战争时期，发展侧重点在解放地区的各类经济产业方面，如工商业以及金融业等，目的是为解放战争做好后勤工作，保障战争的胜利。中华人民共和国成立后，党对这类公营经济继续给予大力支持，不断发扬光大。二是将官僚家的资本充公，没收和接管国民党政府与官僚资本家的企业。中华人民共和国成立初期的国有企业也主要来自这些企业。解放战争后期，各大中城市逐渐被解放，国家将官僚资本全部收缴归国有，国营经济逐步在我国经济中占据重要地位，成为国家经济的命脉，为中华人民共和国成立后中国共产党领导整体国民经济的建设和发展提供了

第二章 改革开放前的工业企业制度

充分的物质保障。1949年年底,全国一共接收官僚资本所属工业企业2 858家,按照固定资产原值估算约合150亿元人民币,当时职工有129万人。民国政府时的"四行两局"(中国银行、交通银行、中国农民银行、中央银行、邮政储金汇业局、中央信托局)系统收归国有,另外还有2 400家由国民党控制的地方系统银行,10多家垄断性贸易公司和所有交通运输企业,有100亿~200亿美元的价值。此次行动使国有经济的占比和实力大大增强。三是"三大改造"中对具有资本主义性质工商业进行改造。为将民族资产阶级的企业转变为国有企业,我国政府主要采取和平赎买的方式对资本主义工商业进行社会主义改造。中华人民共和国成立初期,在国家经济艰难的时刻,一些不法商贩囤积紧俏的生活物资、哄抬物价,导致物价水平剧烈波动。为了解决这一问题,进一步保障我国的工业化建设,对资本主义工商业的社会主义改造从1953年开始,之后在全国范围内大规模进行。至1954年年底,重要的大规模工业企业大部分由私营性质转变为公私合营性质的工业企业。1956年第一季度末,全中国所有行业公私合营的工业和商业占比分别达99%和85%,对资本主义私有制的改造基本完成,确立了公有制经济的主导地位。四是在各阶段用国家财政资金出资成立企业。中华人民共和国成立初期国家投资兴建形成了一批国有企业,主要包括重工业企业和国营专业公司。其中,著名的重工业企业包括鞍山钢铁公司、第一汽车制造厂、沈阳第一机床厂、沈阳飞机制造厂、富拉尔基第一重型机械厂、北京电子管厂等,并建立了东北重工业基地。国营专业公司包括中国粮食公司、中国花纱公司、中国百货公司、中国盐业公司、中国工业器材公司等。"一五"建设时期,苏联还援助建设了100多个项目,涉及矿业、冶金、电力、机械、航空等关乎国民经济命脉的若干行业,形成了主导国家经济的国有企业群。

中华人民共和国成立初期,为把新中国扼杀在摇篮中,西方国家采取经济封锁、政治孤立、军事包围等手段打压中国。以毛泽东同志为主要代表的中国共产党人,把经济建设和恢复生产当作当前要务,带领全国各族人民循序渐进地进行建设工作。一方面,致力于解决民主革命的遗留问题,另一方面,有计划地准备从新民主主义过渡到社会主义。因此,中华人民共和国成

立后的头三年迅速恢复了在旧中国遭到严重破坏的国民经济，全国工农业生产于1952年已经达到历史最高水平。

1953年，我党提出包括过渡时期的总路线在内的一系列正确的指导方针和基本政策，带领基层群众先是在农村进行社会主义改造，然后又对个体手工作坊以及具有资本主义性质的工商业分别进行改造，到1956年年底，基本完成对这三方面的社会主义改造。与此同时，顺利完成"第一个五年计划"，国营经济在全国经济中的主导地位开始初步确立。到了20世纪50年代后期，党的指导思想开始出现"左"的偏差，"大跃进"时期经济建设冒进，使我国的经济建设遭到了重大的挫折，国民经济混乱，表现为在大部分地方建立了很多不适当的工业体系。从1958年11月起，我党开始纠正"大跃进"中的"左"倾错误。随着"左"倾错误的纠正，到1960年冬，停止了浩浩荡荡的"大跃进"运动，同年7月，中共中央在北戴河召开工作会议，对当时的经济指标和国内任务做了重新调整和规划，提出了同时重视工业和农业的发展，以农业为基础，鼓励中小企业发展等具有建设性的意见。随后，1961年，为了尽快恢复经济建设，弥补损失，中共八届九中全会提出了八字方针，努力克服当时的经济困难。"大跃进"时期对工业企业权力下放过多，导致权力极其分散，出现了生产中的无政府状态。这一现象暴露了我国原有经济管理体制的弊端，改革我国工业管理体制的任务就提上了议事日程。到20世纪60年代中期，由于对国际以及我国当时政治形势的定位与客观实际不符，"左"倾错误开始出现并在全国范围内蔓延，给我们国家带来了十年内乱——"文化大革命"，使人民陷入艰难处境，生活困窘，不仅对我党还对整个国家造成了非常大的伤害，导致我国经济体系几乎崩溃，之前建立的国有企业的管理制度遭到严重破坏。

综上所述，这一时期经过不同阶段的变革和探索，我国形成了国营、集体的工业企业制度。在变迁过程中，虽然经历了严重曲折，但逐步建立了独立的、比较完整的工业体系，为在新的历史时期开创中国特色社会主义工业化进程，建立有利于提高企业效率的工业企业管理制度提供了宝贵经验、理论准备和物质基础。

第二节　战略定位的改革思路

为从新民主主义过渡到社会主义，国家对资本主义工业进行了改造。根据《中国人民政治协商会议共同纲领》（以下简称《共同纲领》）中"公私兼顾，劳资两利"和"分工合作，各得其所"的指导原则，党和政府对资本主义工业采取"利用、限制、改造"的政策，此阶段为后来社会主义的改造奠定了坚实的基础。此政策主要是针对资本主义企业执行的。利用，指利用其有利于国计民生和恢复经济的积极作用，如生产工业品、满足人民的生活和国家经济建设的需要、培训和培养技术与管理人才、为国家效力、积累资金等，因此在这一特殊阶段内，国民经济需要它们的存在。限制，指限制资本主义经济对国民经济的消极作用，如剥削工人、盲目生产经营、进行投机活动，因此国家实施一些政策和采取一些措施来约束资本家的行为，以杜绝其非法行径；实施的政策包括劳动保护、价格和税收等方面的政策等，以及管理企业盈余的分配；采取的措施包括监督控制原材料市场和商品的供货市场，管理企业开工和歇业的时间，以及经营活动的范围。改造，指将资本家从旧中国社会中带来的不良风气和弊病改变为符合新中国社会的行动。党通过管理各个级别的行政机关，以及通过国营经济的各级领导干部和工农群众的监督，来保障利用、限制和改造这三个政策的有力执行。为顺利实施利用、限制和改造政策，政府还提出了针对改造资本家的政策——团结、教育和改造，国家希望通过这一政策改变资本家的政治立场，提高资本家的思想觉悟，使资本家和广大民众团结一心搞建设，让资本主义经济能够充分发挥其对国民经济的积极作用。团结是指国家通过赎买政策将资本家的生产资料收归国有，即通过付出一定的代价购买资本家的生产资料，逐步实现生产资料国有化。赎买政策的实施保证了资本主义社会主义改造的顺利进行，减少了社会矛盾，为资本家融入新中国的经济环境打下了良好的基础。但有些资本家资本主义思想顽固，做法老派，对新民主主义社会和社会主义思想持抵触态度，因此国家决定对他们进行相关的教育和引导，提高他们的政治觉悟，改造他们的世界观，以减少他们对社会主义改造和新民主主义社会建设的阻力。政府和各级部门主要采取两种方式对资本家进行教育：第一种方式是带领他们参加各类实践活动，让他们切实感受到新民主主义社会必得民心的历史趋势；第二种方式是让他们参加各种学习，如演讲、座谈会等，提高他们对社会主义的认识和觉悟，使他们看清资本主义社会必然会向社会主义社会过渡的客观发展规律。改造一方面是改造资本家的生活方式，即依靠自己的双手获得收入，改变以往靠剥削和压迫获得收入的方式；另一方面是指改造资本家的思想认识以及政治立场。为了配合前面提到的针对资本主义企业的改造政策和针对资本家改造的政策，国家资本主义政策应运而生。在当时的历史环境中，国家资本主义属于资本主义经济，它和国营经济通过多种方式有着千丝万缕的联系，而且上要接受政府的管理，下有人民群众监督。根据资本主义和国营经济双方合作的深度和广度，以及国营经济在其中的占比多少，来划分国家资本主义企业的类型，其中，合作广度大、国营经济占比多的为高级国家资本主义企业，此类型企业，国营经济成分已经进入企业中，且属于控制方，领导企业的发展，安排资本家劳动，性质为公私共有，在一定程度上改变了生产资料的所有制形式，为社会主义改造的顺利完成创造了有利条件；合作广度小、国营经济占比少的为初级国家资本主义企业，此类型企业仍属于资本家控制管理，国营企业通过和其签订合同安排其生产经营，在外部确立合作关系，此种合作并没有改变生产资料所有制的性质。这两种不同深度和广度的合作方式，更有利于实现对资本家的团结、教育和改造，实现对资本主义企业的利用、限制和改造。1953年10月，过渡时期总路线在全国公布，这一总路线主要提出在未来一段时间内，完成三大改造任务（包括对农业、手工业和资本主义工商业的改造）。在这一阶段，党和政府对资本主义工业改造的方式为"公私合营"，先是采取试点的方式，对有代表性的典型企业实行公私合营，然后在各行业实现公私合营。

苏联是世界上第一个成功建立社会主义的国家，对国际社会主义运动具有先进的带头作用，革命成功后，为迅速发展经济，苏联施行了计划经济体制，这一体制对其他社会主义国家影响重大。中华人民共和国成立后，随着"三大改造"的完成和"第一个五年计划"的顺利实施，以及工业化建设的迫切需要，中国共产党效仿苏联的经济模式，确立了计划经济体制，经济由政府计划和主导，社会主义国有资产逐步发展壮大。我党实行的计划经济最早可以追溯到革命根据地时期统购统销的报销体制，这一体制的实施有利于集中控制物资，保障前方供给。中华人民共和国成立后，随着计划经济体制的实施，这一制度被广泛推行到国民经济的各类活动中，主要的表现为，政府通过行政手段统一负责和管理各基层企业，并通过单位制的方式确定下来。由于中华人民共和国刚成立就面临复杂的国际环境——抗美援朝战争和美苏冷战，在此内忧外患严峻的形势下，我国不得不将发展军工业和重工业放在首要位置。当时中国工业的起步差，基础薄弱，从经济学理论的角度来讲，像我国所处的这种工业化发展初级阶段，如果重工业这样的行业要想发展，需要投入大量的资金，发展的成本极高，如果资源通过市场自由配置，资金和物资是不会流入到重工业部门的，为保障可以优先发展重工业，需要统一管理稀缺资源，因此需要采用高度集中的管理体制统一计划分配稀缺的资金和物资，确立行政强制性的筹资手段。

第三节　改革及制度变迁

一、改造资本主义工业

为完成对资本主义工业的改造，国家以初级的国家资本主义企业为开端，先是通过签订合同、加工订货建立合作关系，然后逐渐有计划地入股这些企业，形成一定的控制权，由国家派出的人员管理企业，按照国家的需要安排生产，实现公私合营。

此改造刚开始从单个企业入手，树立成功的典范后，进一步扩大合营范围，通过经济改组等方式，最终实现全国各个行业的公私合营。轻工业方面，实现公司合营的共有8个行业，达169个工厂，6万多名职工，其中1954年的产值近达8亿元，涉及的有关乎人民生活的棉纺、毛纺以及面粉行业，此外还有其他的如卷烟、碾米、冷藏制冰等行业。重工业方面，根据产品实际的制造、生产和协作需要，不仅有依照行业进行公私合营的，还有按照产品进行合营的。1955年，全国共13个行业实现了按行业或按产品的公私合营，共有100多家工厂，6 000多名职工，涉及的行业覆盖面广，如船舶、电器、汽车配件、电信等。

公私合营的实现对企业内部的生产关系产生了重大的影响：①之前的企业性质是资本家所有，公私合营后变为公私共有。②公私合营后的企业由国家负责管理和生产经营决策，资本家失去曾经的管理权和控制权，并逐渐参与到劳动中去，自食其力。③公私合营前的赎买政策中，企业内出现新的分配原则，大约企业利润的1/4需要分配给资本家，此项分配原则被称为"四马分肥"。④全行业实现公私合营后，国家开始实行"定息制度"，替代之前赎买资本主义私股的政策。"定息制度"即国家按照规定的比例向资本家支付利息（总资产的5%）。1966年9月，"定息制度"到期，此后不再向资本家支付利息，公私合营企业最终转变为社会主义全民所有制企业。

另外，1954年9月2日，国务院颁布了《公私合营工业企业暂行条例》，以规范企业的行为，为资本主义工业企业的社会主义改造提供法律依据。它在企业的创立、管理体制、利润分配和董事会的设立等方面做了相关的规定，与现代公司法的很多规定很相似，为后面公司法的颁布奠定了基础。

随着三大改造的顺利完成，社会主义工业化建设在全国范围内的顺利发展，第一次国有资产清算工作的顺利进行，随着"第一个五年计划"的完成，国营经济在全国经济中的主导地位开始初步确立。1956年，我国的国民经济中，国营企业占32.2%，合作社经济占53.4%，公私合营企业占7.3%，个体经济占7.1%，奠定了以公有制为主体，多种所有制经济共同发展的基本经济制度。

二、建立高度集中的管理体制

1953年以前，国家管理国有企业的方式主要有两种：华北地区直接由中央管理，其他地区则主要采取由各地行政区直接负责管理的方式。1954年，中央为收归权力，将由各地区自己管理的企业收归中央各工业部门管理，取消了大行政区管理模式。一部分划归各省、自治区、直辖市管理，国家投资兴建的工业和一部分公私合营企业由中央有关工业部门管理。这些企业由归口部统一编制长远发展规划，安排年度生产计划，生产的产品也需统一销售以及分配，物资的供给也由相关部门统一组织，各部直接负责企业的财务收支、职工工资以及员工数量、分配干部等。至此，中央政府高度统一、直接管理的企业管理体制初步形成。中央直属企业由1953年的2 800户增加到1957年的9 300户，各类企业的统配物资由1953年的50种，增加到1957年的231种。这些企业的生产计划和基本建设接受指令性计划指导，生产和物资供应大量地使用实物指标，产品和物资实行统分统配制度。

在当时特殊的历史条件下，这一高度集中的企业管理体制，对于战争的后勤保障工作（如医治伤员）、保障当时整个国家经济的快速复苏和发展、巩固社会主义政权，还有促进工业体系的完整建立等方面，都发挥了举足轻重的作用。但这一体制也存在很多缺陷：政府部门对企业的限制太多，太死板，导致国有企业缺乏生产自主权；同时，各企业不能根据市场需求设计和生产产品，导致技术进步缓慢，产品缺乏创新，还可能出现一些有用的项目成果被叫停的情况。可以看出，当时的企业只具有生产的功能，并没有形成完善的企业组织。

三、下放管理权

党和政府逐渐认识到了计划经济体制的问题，1956年春，毛泽东发表了《论十大关系》的讲话，其中直言不讳地提到了计划经济的诸多弊端，针对产业结构中各产业占比的问题、累积和消费、中央和地方关系以及地区之间的

差异等问题阐述了一系列新的主张。从20世纪50年代中期起，政府就不断实施一些调整的措施，这些措施主要包括了改进工业、商业、财政管理体制，工业企业下放进一步补充，建立经济协作区等。

（一）改进工业管理体制

1957年，国务院颁布了《关于改进工业管理体制的规定》《关于改进商业管理体制的规定》和《关于改进财政管理体制的规定》三个规定，同年11月14日，第一届全国人大常委会第84次会议批准了这三个规定，并于1958年正式开始实施。这三个规定从下放管理权限、扩大地方政府管理国有企业权等几个方面入手改革，包括经济计划、企业管理、物资分配等权力被大范围下放到地方，是探索改进我国国有企业管理体制的初步尝试。

对工业管理体制的改革主要有以下两个方面：第一是适当扩大省（市、区）管理工业的权限，根据各行业的重要性，把中央管理的企业直接下放到省、直辖市、自治区，作为地方企业；增加省、直辖市、自治区人民委员会物资分配的权限；下放的作为地方企业的利润，按中央八成、地方两成进行分润；增加地方在人事方面的管理权。第二是适当扩大企业管理人员的管理权限和职责，尽量减少指令性指标，将之前的12个指标减为4个，这4个指标分别为主要产品产量、工资总额、职工总数以及利润；国家和企业按成分润；改善人事管理制度，除企业主要管理人员和核心技术人员外，其余员工管理均由企业自主安排和管理。

1958年3月，中央提出《关于改进物资分配体制问题的意见》，提出生产资料的分配以统一计划、分级管理为原则；生产资料分配制度实行"双轨制"，即各地区制订地区平衡计划，中央各工业部门制订部门平衡计划，国家经济委员会加以汇总做出全国物资平衡调度计划；规定了物资分配的价格；建立各级合理的物资储备制度；对于超产提成，实行全额提成办法。从这一系列的改革措施可以发现，中央开始将国有资产的管理转移到地方政府，让渡国家高度集中管理的权力，这激发了地方政府和企业的建设积极性；经济管理权限的扩大，也激发了企业自主经营的主动性。

为了加快我国社会主义建设的速度，提早实现工业化，1958年4月，国务院发布了《关于工业企业下放的几项规定》，对工业管理做了进一步的指导。由于该规定的提出，地方政府的积极性被调动了起来，除了重要的、特殊的和"实验田"性质的企业仍归中央继续管理以外，其余企业，不论轻重工业，一律下放，都归地方管理。该规定从下放条件、企业管理、材料调度、劳动分配和分成比例等方面做出了更加具体的规定，是对国务院之前颁布的工业体制下放文件的补充。

（二）建立经济协作区

中央大规模下放经济权力的同时，指出了经济协作区的发展方向。1958年6月1日，中央发布《关于加强协作区工作的决定》，将全国划分为东北、华北、华东、华中、华南、西南、西北七个协作区，领导机构由各个协作区委员会组成。该决定要求按照国家统一规划，根据协作区本身的经济和资源条件，尽快地建立起企业经济中心，形成较为完整的工业体系。由此可看出，地方政府从企业管理权限的下放到建设协作区，都是为了改变计划经济体制的弊端。为加快建设，在全国形成若干个具有比较完整的工业体系的经济区域。1958年4月11日，党中央提出，除重要的工业企业外，其他企业一律下放给地方管理。同年6月2日，为更快、更多地下放企事业单位，中央发布《关于企业、事业单位和技术力量下放的规定》，提出关于下放各单位的17条详细办法。1958年年底，在办法的指导下，下放比例为87%，中央企业从9 000多个减少到1 000多个；中央直属工业企业的产值占总工业产值比重从39.7%下降到13.8%；中央统配物资由231种减少到67种（1959年）。

（1）各地区经济协作区情况。

黑龙江省是在全国范围内比较早划分经济协作区的省份。从1957年开始，根据整个省的经济和工业情况，黑龙江省建立了四个经济协作区，这四个协作区分别以哈尔滨、齐齐哈尔、佳木斯、牡丹江为中心，每个城市结合附近各县组成。至1958年4月，黑龙江全省确立长久固定协作关系的工业企业有100多家，同时，协作也在工业企业和农业社之间普遍开展，基本上形成了一个覆盖整个黑龙江省的经济协作网。

1958年5月5日，山西省委也发出建立经济协作区的通知，在全省范围

内建立五个协作区,分别以太原市、阳泉市、榆次市、长治专区、晋南专区为中心,要求以这五个城市为中心,带动周边乡村,形成城乡互助的协作关系。自此到1990年3月,山西省共计有100多家工业企业与60多个县实行厂、农业社联动,建成协作关系。

在这一阶段,成立协作区都是以带动乡村企业、合作社发展,加强城乡合作关系为目的,推进经济文化建设的"大跃进"。此时的协作范围和深度都不够,没有统一的计划和执行规定,遇到什么难题就解决什么,各地方只是把协作作为解决暂时难题的一种方法和措施。

(2)经济协作区的建设在组织上加强。

1957年7月20日,上海局召开了五省一市经济协作会议,这五省一市分别为:江苏、安徽、江西、浙江、福建、上海,这五省一市一直有十分频繁的经济往来。该会议提出,有众多的有利条件可以推动这五省一市建立经济协作区,因此这五省一市全部统一建立华东经济协作委员会,该协作委员会由上海局领导。中央也于1957年9月4日批准成立该经济协作委员会。同时中央认为,上海局的成功经验可以作为全国经济协作区划分的样例。该委员会有以下任务:加强各地区之间的经济交流和工作经验分享,增进联系,调节地区之间的矛盾;研究建立经济协作区过程中出现的各种发展问题;促进各地区间的物资交流与置换,使各地区之间相互帮助,相互支援;积极挖掘各地区的潜力,组织国家计划外物资的出口工作。

(3)协作区经济计划委员会机构设置和工作内容。

本书以华北经济协作区经济计划委员会为样例,介绍经济协作区的机构设置和人员编制。协作区经济计划委员会办公厅下设几个业务组,分别为交通水利电力、农牧轻贸、冶金、煤油化建、综合等,另外还有一个行政小组,以及四个地区小组,地区组按省、市、区划分。共有干部编制50余人。

经济计划委员会办公厅的主要工作为:研究建成华北地区工业体系的快速方法,以及按步骤建成各省、市、区的工业体系的方式;制订促进华北地区经济发展的一系列计划;开展华北地区年度计划的预算工作;加强各个省、市、区间的经济协作,监督计划和协作工作的推进情况。

第二章 改革开放前的工业企业制度

（4）经济协作区的评价。

经济协作区是联系中央与和地方的桥梁与纽带。从综合全面的角度来讲，协作的推进有利于规避重复建设，在某种程度上确保经济的协调平衡发展。中央与地方都把经济协作区当成促进经济发展的重要途径，尝试通过协作区的建设下放管理权力，从而提高经济生产效率。但协作区的建立使各部门和地方逐级下放权力，导致权力过多地下放，在全国很多地方建成了过多不恰当的、完整的工业体系。除权力不恰当的下放外，另一个更突出的问题是责任的下放，通过层层下放，决策权从中央下放到省，之后又逐层下放到基层单位，权力被下放的同时也被放大。因此，很多地区为了本地的经济利益，不惜损失整个国家的利益。加上"大跃进"时的矛盾，严重重复建设的现象在全国范围遍地开花，导致了极大的资源浪费。

（三）下放管理权的问题

管理权的下放出现了很多问题，"一阵风"式的下放导致企业权力下放过猛，加上"大跃进"运动的刺激，企业之间的生产协作关系直接被打乱，工业生产和整个国民经济未能充分有效地组织起来，我国工业管理上出现"散"的突出问题。

一方面，用行政办法管理经济、按行政区划划分经济区域，使同一行业的企业分属中央和地方各级的不同部门领导，多头管理、分散经营、重复建设十分严重。其中许多工厂规模小、技术落后、产品质量差、经济效益低，本应实行"关、停、并、转"，但在地方主义的保护下继续运转和生产。结果，这些工厂不仅浪费了大量的宝贵资源，影响国家对重点企业的原料供应，还造成了大量质量低劣产品的积压。例如，1963年，全国医药行业分属于化工、卫生、商业、农垦、水产、文教、公安、手工业等各个部门及地方各级政府领导的制药厂共有297个。其中33个药厂的231种药品因质量不合格而报废；110个生产片剂的药厂只有50%的设备利用率，浪费现象十分严重。

另一方面，当时国家计划要通过地方各级行政管理机关下达到企业，而地方各级政府都可以直接干预生产，随时追加生产计划，向企业层层加码，甚至为完成计划外任务而挪用国家统配物资和专用资金，截留上缴利税和外

调物资，擅自动用银行信贷资金和企业流动资金，任意增加招工人数，严重冲击了国家计划内的生产任务，影响了国民经济的综合平衡。以作为国家重要财政税收来源的烟草工业为例，河南省1962年的国家计划为生产卷烟24万箱，由于原料不足仅能完成20万箱，而计划外的地方来料加工却达14万箱之多，破坏了国家对原料和市场的统一安排，影响了中央的财政收入。

此外，由于企业的隶属关系不同，相互之间缺乏合理的分工和协作，从而建立了许多"大而全"或"小而全"的全能厂，不少设备和技术力量分散使用，各不配套，生产能力得不到充分发挥，技术水平和劳动生产率都难以提高，最后导致计划失控、工业生产秩序破坏，出现混乱局面。

四、收回管理权和"工业七十条"

1961年1月，中央连续发布《关于改进财政体制、加强财政管理的报告》和《关于调整管理体制的若干暂行规定》两项规定，规定的主要内容为：经济的管理权应该集中在中央、中央局和省、直辖市、自治区三级上，中央统一领导地区，统一进行安排；1958年以来，各省、直辖市、自治区和中央各部将之前下放的人、财、商和工四权全部收回；根据"统一领导、分级管理"的原则，中央统一进行管理、统一分配全国范围内需要平衡的重要物资；地方部门不允许突破中央制定的劳动计划；财政大权不允许下放，实行"全国一盘棋"，纠正之前财权分散的现象。可以看出，针对企业过于分散和经济协作混乱的状况，中央收回了此前下放给地方和企业的经济管理权限，着重强调中央对全国经济实行统一计划管理。这就是所谓的"一放就乱，一乱就收"，其主要原因还是无论何种管理模式，都是政治管理方法并非经济方法，都没有解决条块分割、协作很差的问题。值得注意的是，关于税收方面，规定主要指出：第一，只要属于工商统一税，增减税目、调整税率和调整盐税税额都必须上报中央获得批准。对于工商统一税中纳税环节的调整，只要涉及在一个大区内多至两个省、市、自治区以上的也必须上报中央局审批；而涉及两个大区的则必须上报中央审批。第二，只要是属于地区性税负的征收，

第二章　改革开放前的工业企业制度

各种税税目和税率的地方性变动，包括在中央规定的所得税的税率范围内根据实际情况而确定的具体税率，都要上报中央局审批。第三，只要在工商统一税中关于用新方式试制的产品、用代用品作为原料生产的产品、由于自然灾害等原因需要给予税收优惠或减免的，由省、市、自治区审批。各地方各税的征税范围，减免税收，对工商小贩征收多少比例的所得税以及所得税起征点确定为多少，也交由省、自治区审批。这种税收管理体制是加强税收管理精神的体制，一定程度上收回了部分税收管理上的权限，是国家财政工作贯彻落实党的"调整、巩固、充实、提高"这一八字方针的一个重要举措，这一税收管理体制对于三年困难时期的国家发展有着重要作用。

"大跃进"期间，一场打破制度规章的运动在全国工业企业中开始，许多必要的规章制度都被废除了，出现了严重的无政府状态和党政不分的混乱局面，由此造成了严重的后果：企业生产秩序混乱，产量大幅下降，指标难以完成，机械设备被损坏，工人擅离岗位，事故发生率居高不下，生产部分处于瘫痪状态。严峻的形势让工业管理方面的规章制度孕育而生。1961年9月，中央颁布《国营工业企业工作条例（草案）》（又称"工业七十条"），条例对当前工业管理和企业内部管理做出了指导规定。该条例共10章70条，具体对工业企业的计划管理、技术管理、劳动管理、工资管理、奖励和职工福利、经济核算、企业财务、生产协作、责任制度、党委领导下的厂长负责制、工会和职工代表大会、党的工作等重大问题进行了说明，对改进国家、地方、企业关系及恢复、建立企业正常的生产秩序提供了必要的条件。该条例的要点主要有：第一，国家对企业制定"五定"，即定方案、规模，定人员机构，定原材料定额和供应来源，定固定资产和流动资金，定协作关系。企业进行"五保"，即保证产品的品种、质量、数量，保证不超工资总额，保证完成计划，保证完成上缴利润，保证设备使用期限。"五定五保"的提出，确保了政府对企业的控制权，企业则没有独立的决策和投资权。第二，关于企业协作问题，企业必须取得其他单位的协作，同时自己也要协作其他企业，才能使工业生产正常进行。第三，对企业的各个方面、各个环节的责任制度、技术管理、经济核算及财务管理等做出了具体的规章制度，反复说明社会主义企

业经营管理的根本原则是节约。在草案中，对职工的各项收入福利专列了一章，始终贯彻按劳分配的原则，反对平均主义。第四，规定企业的核心领导者，是中国共产党在企业中的党委会；规定了每个企业在行政上只能由一个主管机关管理，不能多头领导。"工业七十条"是中国工业企业管理的第一个总章程，总结了中华人民共和国成立以后，特别是三年"大跃进"中正反两方面的经验教训，对于贯彻执行八字方针，清除"左"倾思潮的影响，提高工业管理和企业管理水平，加快工业发展，充分调动职工积极性等都发挥了重要的指导作用。

到1962年第一季度检查，第一批试点的企业大都在不同程度上理顺了企业内部管理，企业的管理也有了不同程度的加强，生产有了好转。工业调整、企业整顿两线同行，到了1965年，在"大跃进"运动中受到破坏的国营企业也开始慢慢恢复元气，工作有了较大的进步。这些措施的实行，改善了国有企业的传统管理方法，其实主要还是调整中央和地方之间的企业权限，本身管理的方式则没有多大区别，导致这些调整和相关措施效果收益不大。

五、试办联合企业

建立工业、交通联合企业的设想，产生于1963年年初。20世纪60年代初期，在刘少奇的倡导下，我国对工业管理体制进行了一次改革试验，试办了一批工业、交通联合企业，为探索社会主义国家工业发展的道路积累了经验。1966年5月，全国开始了"文化大革命"，联合企业试点工作也被迫中断。

针对"大跃进"后我国工业管理体制出现的问题，中央对经济工作按经济合理的原则进行集中统一领导，成立按行业和经济协作关系划分的工业、交通联合企业，进而设想通过发展联合企业的形式，把全国工业以至整个国民经济按经济渠道组织起来。1962年1月，刘少奇在扩大的中央工作会议上的报告中强调，"只要是在全国范围内统一调度产品的重点工业企业"都应由中央统筹管理，过去已经给予地方的，应逐步收回。1963年3月，为解决烟

第二章　改革开放前的工业企业制度

草行业中存在的争原料、争市场等问题，中央决定对烟草工业实行集中管理，从而建立了中国烟草工业总公司，这是第一个具有集中统一管理性质的联合企业。1963年9月和1964年年初，中央又先后批准成立了两个类似的联合企业——中国盐业公司和华东煤炭工业公司，进一步扩大了联合企业试点工作。经过不断的实践和探讨，中央有关部门大体上有了一致认识，他们认为联合企业是"按照经济原则实行科学的高效率的集中统一领导，免除工业管理机关化和官僚主义、分散主义流弊"的组织管理形式，这种组织管理模式有很多优点：在经济领导方法上，变行政领导为经营管理；在工业管理体制上，变多头管理为集中领导；在生产组织管理上，变分散经营为统一管理；在政府经济职能上，废除政府部门直接领导生产的旧管理体制，由联合企业具体负责管理企业和指挥生产。

　　1964年8月17日，中共中央和国务院批复了《国家经委党组关于试办工业、交通托拉斯的意见的报告》，正式决定：除已建立起来的烟草工业公司、盐业公司和华东煤炭工业公司完全按照联合企业的办法进行管理之外，再行试办汽车工业公司、拖拉机内燃机配件公司、纺织机械公司、制铝工业公司等九个联合企业。联合企业试点工作从此铺开。同时，该报告对联合企业的性质和范围做了规定：联合企业性质的工业和交通公司是经济组织，这种经济组织是社会主义全民所有制的，并且是集中统一管理的，联合企业性质的工业和交通公司也是在国家统一计划下的独立的经济核算单位和计划单位。联合企业管理的厂（矿）和事业单位，主要应当是：生产本行业产品的或同综合利用资源直接有关的厂（矿），作为联合企业的技术后备的专业机械修理厂、专用工具模具厂，以及同生产密切相关的科学试验单位、设计单位、专业学校。另外，对于联合企业的管理办法，该报告从计划管理、基本建设、科学技术、产供销、财务管理、劳动管理等方面做了规定。从这几项规定中可以反映出，联合企业的基本特点是对外实行行业全面垄断性经营，对内则实行管理的高度集中，同时也使地方各级政府的经济管理职能被极大地削弱了。联合企业具有企业性质同时推行行业全面统一经济核算，这与以往的行政性专业公司或是专业部是不同的。

经过一年多的实践，试办联合企业的工作取得了一些成绩，积累了大量的经验，首批试办的中央和地方的联合企业大都取得了较好的经济效果。以烟草工业为例：在成立联合企业后不到两年的时间内，由总公司统一合理化调整其所属的企业以及所属企业的产品结构。烟草总公司将全国共计104家卷烟厂整合为62家，减少员工达13 800多人，而卷烟生产效率却得到提升，年产达480万箱，而过去的数据是330万箱。年全体员工劳动生产率提高了42.4%。同时，卷烟牌号由过去的900多种减少到270多种，一些杂牌劣质烟停产，甲级烟产量增加了1倍。此外，如医药工业公司、汽车工业公司、盐业公司、华东煤炭工业公司、长江航运公司等企业也都获得了可观的经济效益。在取得很大成绩的同时，联合企业试点工作中也产生了问题和偏差。首先，因为没有很好地解决全国性联合企业与地方之间存在的关系问题，两者对于企业归属的划分以及协作关系建立等方面存在很多不同之处。其次，联合企业收走地方的厂（矿），减少了地方的财政收入，打乱了地方原有的经济协作体系，因此受到一些地区的抵制，导致不能上收一些应收的企业，从而使联合企业在全行业中的主导性地位受到影响。另外，在已经建立起来的联合企业中，又开始表现出过度集中和统得过死等方面倾向，甚至合并了一些不应该被一起并入的企业。

为解决联合企业试点工作中出现的问题，中央规定除办好已经成立的联合企业外，暂不急于建立新的全国性联合企业，只试办一批区域性的联合企业，以进一步取得经验。原来决定在1965年内试办仪器仪表、石油、木材加工、黄金四个全国性联合企业，现在决定只继续保留已经建立的黄金工业公司、仪器仪表公司等，其余则延缓试办。对于决定1965年开始做试办准备工作的电力机械等三个全国性联合企业，也重新决定先建立区域性的联合企业。

试办工业、交通联合企业，是我国的一次经济管理体制改革，这一改革是达到一定规模和水平的经济发展后进行的，也是一种优化配置资源的方式，而这种方式是在计划经济体制的前提下进行的。联合企业在本质上是解决盲目性和分散性的经济工作，进一步合理化我国的经济结构。联合企业是经济发展上一个大的进步，相对小生产式的经营管理分散模式来说，联合企业在解决这一时期经济的突出问题上有积极的作用。但从其内在实质看，它仍是在坚持计划经济体制下而出现的，这也一定程度表明它是强化这一体制的举措，这使它不仅受到该体制的制约，也会带来新的相关问题。

六、整顿工业管理体制

1966—1976年的"文化大革命"使我国经济遭受到重大的损失，之前经济调整做出的所有努力和成果毁于一旦，并且也不能按期推进"三五"计划。"文化大革命"期间，全国上下专注于政治斗争，造反狂潮全面扩展到工农业领域，大部分国企员工离开各自的工作岗位，热衷参与"革命"，"工业七十条"等不再是企业日常运作所执行的制度章程，而是被当作修正主义进行"管卡压"，同时，具有创新性的制度，如厂长责任制、按劳分配制等被当作"资产阶级"法权，由于此种无政府主义状态的持续，工业企业多次陷入瘫痪状态。

1970年，我国对工业企业管理体制进行了放权改革，3月，根据《"四五"计划纲要（草案）》的精神，国务院拟定了《关于国务院工业交通各部直属企业下放地方管理的通知（草案）》，明确指出向地方下放部分属于中央的企业管理权限，这意味着地方政府又重掌了曾经收回的管理权。此次实施的放权改革仍是在计划经济体制约束下进行的，并没有改变计划管理体制的内在特征，只是暂时缓解了由于高度集中管理体制产生的中央和地方、国家和企业之间的矛盾。同时，由于"左"倾错误思想浪潮的影响，虽然国民经济的支柱仍是国有经济，但在某种程度上，国有经济的发展也是需要为政治服务的。

1975年，第四届全国人民代表大会第一次会议在北京举行。周恩来在政府工作报告中重申，在20世纪内全面实现农业、工业、国防和科学技术四个现代化的宏伟目标，把全国人民的注意力再次引到发展经济、振兴国家的事业上来。中央关于国营企业的整顿从钢铁企业开始，同年5月中央召开了全国钢铁工业座谈会，并颁布调整钢铁生产计划的13号文件。国务院还成立了

专门的工作小组带头整顿钢铁工业，在历经大约一个月的努力之后，整个行业的生产状况开始朝好的方向发展。为了解决整个工业的根本问题，国务院于6月16日召开相关会议，会议决定全面整顿工业并颁发相关文件。7月，国家计委起草《关于加快工业发展的若干问题》，即后来的"工业二十条"，这成为"文化大革命"期间解决工业领域混合体制的一个纲领，在经济整顿和工业发展过程中，产生了非常积极的影响。

至"文化大革命"结束，1977年中共中央又着手对工业管理体制进行了局部性的调整，将"文化大革命"中下放的一批关系整个国家经济命脉的大型工业企业不断收回，实施双重领导的模式，即采取中央为主导、企业部门为辅的方式；对仍然归由地方管理的未收回的大中型企业则规定应服从国家统一计划，保证产品配套和调出任务的完成，国有企业又陆续收归中央管理。

七、改革国有企业领导体制

（一）改革工业管理的一长制

俄国革命胜利后，列宁提出采用一长制替代工业管理方面过去实行的集体管理制，以此改变革命时期经济建设的混乱局面。列宁的主张当时并没有得到支持甚至受到各方面的反对乃至批评，也引发了党内的一场大争论。一直到俄共九大，才正式确定了列宁的这一提议。俄共九大决议《关于经济建设的当前任务》表示："工业管理方面必须逐步采用一长制，即在生产行政机构的中上层环节建立简化的集体领导体制，在各工厂管理处推行一长制，在各工厂和各车间必须建立完整的、绝对的一长制。"政府通过任命或委派的形式，让干部担任企业的领导者，同时，政府通过制订各种生产计划指导企业生产，企业领导者的生产经营和管理必须遵从国家的意愿，以保证当时国家的经济政策能够顺利实施。"一长制"的领导管理体制运用行政管理的方式，具有高度的集权性、组织性和政府性。

1949年中华人民共和国成立后，我国各级企业开始在企业内部推行一长制的管理体制，这也是我国进一步全面借鉴和学习苏联的成果。事实表明，

第二章　改革开放前的工业企业制度

一长制的管理体制在逐步向全国推广实行的过程中效果日益显著，如：生产责任制的落实，不断明确和细分了各个职能部门的职责；企业内党、政、工、团关系进一步理清，明确分工，提高效率；企业内管理制度不断修改完善，行政方面的力量逐步加强。但也随之产生了一系列问题，如：厂长等领导干部由于文化以及业务水平低在厂内不能树立威信；一长制由于无法有效结合民主管理而导致群众不能积极参加企业管理和企业建设；一长制常相悖于党委领导，党委领导工作不能开展。鉴于以上问题，党中央也快速进行调研，党中央意识到生产建设在规章制度和专家指导的基础上，更需要广泛参与并提出建议的人民群众，最终总结出"两参一改三结合"管理制度。

1958年4月18日，党中央审批并准允了黑龙江省委的《关于企业干部参加劳动工人、参加管理及实行业务改革的报告》，党中央指出北安国庆庆华工具厂的管理改革，是从社会主义新时期企业管理原则及制度出发进行的改革，这一管理改革具有深远的意义。从全国角度看，所有具备这种改革条件的企业都应该借鉴庆华工具厂的经验，在企业内部逐步施行相关改革。具体来看，庆华工具厂的管理改革是抓住关键、逐步展开的。第一步，对于厂内的经营管理科施行业务方面的改革。经营管理科领头，厂内其他科室的业务改革逐步展开，一时期形成了全厂的改革热潮。第二步，定机构和人员。有了先前的业务改革，机构和人员的重新确定也更加顺利，用时很少但收到了非常明显的效果。整个工具厂减少也简单化了在原有表报中占据50%的共计263种表报。而在权力分配上，对于一些车间能够解决的问题便将这一权力给予车间。同时，关于厂内的规章制度也进行了相应修订。"经营管理服务生产"思想逐步在厂内树立，创造了材料、资金和医药直接送上门的方法，也得到了群众的极大认可。此外，其他企业还实行干部工人化、劳动经常化、生活群众化；同吃、同学习、同劳动、同娱乐、同住。"三化五同"也更加完善了这一改革经验。

1958年9月，党中央和国务院联合发布了《关于干部参加体力劳动的决定》。这一决定提出：自党中央去年5月10日发布的《关于各级领导人员参加体力劳动的指示》和今年2月28日发布《关于下放干部进行劳动锻炼的指

示》这两个指示之后，全国各地有将近百万干部去到农村以及工矿业企业参与体力劳动锻炼。与此同时，对于在职干部，则在下班或者业余时间主动去参与各种体力劳动。运用这种方式，从党、政府、军队和人民团体，到企业和事业机关，与劳动群众之间的联系愈发加强了，干部的思想作风方面也有了很大的改进。正是因为干部以一个普通劳动者的身份参与劳动群众的体力劳动，干部和劳动群众关系更加紧密了，更能从劳动群众的角度出发，这也使群众更加相信和爱戴干部，劳动群众的革命积极性自然也提高了。基于此，党中央、国务院指出，对于剩下的还未到农村以及工矿业企业进行体力劳动的所有在职干部，之后要逐步地每年空出一段时间去参与农业等相关方面劳动生产。1958年11月，吉林长春第一汽车厂开始实行让工人参与厂内行政管理、全面参与设计以及技术方面管理，同时，对于设计生产工作和技术方面不符合当前实际的规章制度等进行修订。所谓"两参一改"，这种方式让管理人员、生产工人和技术职员联合起来，使他们之间的关系更加密切，逐步形成了"两参一改三结合"这一党委统一领导下的管理制度。

随后，鞍钢也创造出了自己的一套新经验，不仅能适应国家倡导的"大跃进"精神，而且能展现鞍钢工人的政治思想觉悟，被誉为"鞍钢特色"。具体来看，例如取消津贴和基建工资等，鞍钢工人也提出了多达几十万条的"合理化建议"，这些建议都致力于技术上的革新或技术革命，被誉为"鞍钢宪法"。此后，我国许多大型企业开始陆续试行了"两参一改三结合"制度，这一制度快速地在全国各地的工矿业企业中推行开来。而在推行的过程中，全国各地结合实际情况对这一制度进一步地加以调整，企业的管理工作也进入一个新阶段。但又因为后期"大跃进"运动，这些全国推行总结的改革经验或改革探索取得的成果也受到了很大的影响。

1960年10月4日，将"两参一改三结合"运用在企业中进而提高企业管理效率的指示也由党中央正式发布。"两参一改三结合"，是在改革我国沿用的苏联企业管理制度的过程中提出的，是我国国营企业一次生产力的革命。

（二）厂长负责制

1956年中共八大召开，正式公布我国国营企业领导体制的新选择，即党

第二章 改革开放前的工业企业制度

委领导下的厂长负责制,这一制度替代了以往的一长制。厂长负责制是以国家为领导核心,并结合个人负责的领导体制。该制度要求,集体讨论生产经营中的重大问题,并共同做决定,以保证决策的有效性;同时,生产中的每部分工作都由专人负责,将每部分责任落实到个人头上。1957年,党中央决定,除实行厂长责任制外,又主张实行职工代表大会制度,其前身为工会主持的职工代表会议。职工代表大会具有一定的职权,是通过职工群众的力量对企业进行管理和监督的制度,为行政组织的一种形式。

厂长负责制是一种新型的领导体制,由厂长对企业的生产、经营、行政管理进行统一领导。厂长在企业的生产经营活动中,作为总的领导人和负责人,要对企业进行负责,不仅是对职工负责,同时也要对国家进行负责。厂长对企业进行领导,并且行使企业的权利和义务,根本就是为了让企业在社会中增加相应的经济活力、保障企业的基本运行。根据当时我国的企业领导体制的状况,可以说,实行厂长责任制,可以划清党政不同职能,可以做到厂长全面负责、党委进行监督和职工民主管理。实行厂长责任制,不仅仅是当时经济体制改革的重要内容,更是政治体制改革的重要内容。其主要原因有:第一,厂长责任制,是和企业经济行为相关的,同时也是为了使党政分离的一种改革。党政的分离,一定程度上可以起到一种良好的监督作用,同时使工作的效率提高和企业责任感增强。第二,厂长负责、党委监督,这已经实现了党政分离,也是制度上的合理分工。第三,实行厂长责任制之后,厂长便是企业的法人代表,代表了企业的基本利益和基本责任,加强了法律在企业的地位和作用。第四,厂长责任制和企业职工民主管理相辅相成,职工可以以主人翁意识参与到民主管理中来,方便了企业的管理,因为职工的主人翁意识必须通过阶级的意志和领导者的权威来实现,这是社会主义民主在企业中的充分体现。第五,厂长对于企业的所有经济生产活动导致的后果负责,可以实现统一的指挥系统,企业的凝聚力会由此提高,同时,企业的工作效率也会由此提高,企业的活力也会由此上升,这和权力下放、克服官僚主义是一致的,都能够提高生产效率。

但在"大跃进"行动中,由于受到"左"倾思想的严重影响,各企业并

没有真正贯彻执行由党委领导的厂长负责制和职工代表大会制度，而是各种生产经营中的各种事务都强调"书记挂帅"，因此，实际上形成了"书记一长制"的企业领导体制。另外，由于对企业管理制度不恰当的改革，废除了很多合理有效的管理制度和责任制度，各个党委委员承包了行政工作，称为"分片包干"，厂长不再负责生产的统一指挥和管理，也停止了正要全面实行的职工代表大会制度。

1961年的《国营工业企业工作条例（草案）》重申了实行党委领导下的行政管理上的厂长负责制，把党的集体领导和个人负责结合起来，党政主要领导一般由一人兼任，规定党委是企业的领导核心，由企业党委讨论并决定企业的重大问题。所有干部都按照党政机关干部的单一模式进行集中管理，国有企业领导人员同样如此，具有高度的集权性、组织性和政府性。

另外，该草案对党委领导厂长负责制进行了总结，做出了一系列的具体规定。为了克服企业日常事务被党委包揽的现象，草案明确了党委在生产、行政上的工作、领导责任：①贯彻党的路线、方针和政策。将国家计划及上级行政机关布置的任务充分、全面、超额地完成。②讨论解决企业工作中暴露出来的重大问题。③监督、检查各级领导对于国家计划、上级任务、企业党委下达的命令的执行。草案中还明确了哪一些问题属于重大问题。规定了厂长、副厂长、总工程师等，完全负责企业的日常指挥工作及生产行政工作。为了让厂长贯彻执行厂长负责制，草案还规定了本单位的生产行政工作的完成受车间、工段、支部委员的监督。车间和工段，不实行车间主任、工段长责任制。

"文化大革命"期间，在党委领导下的厂长责任制也被迫中断。地方和企业都必须成立"革命委员会"，"革命委员会"将各种规章制度视为猛兽，进行"管、卡、压"，在这种强压下，规章制度荡然无存。没有规章制度的企业，实际由"革命委员会"主任一个人负责，而在大中型企业里，相当多由军代表负责。"文化大革命"结束后，厂长责任制得以恢复。当时，中央政府颁发了《中共中央关于加快工业发展若干问题的决定（草案）》，草案总结了我国企业管理的优缺点，指出必须在企业中建立、健全党委领导下的厂长

第二章 改革开放前的工业企业制度

分工责任制和党委领导下的职工代表大会制。但是在当时,由于"左"倾思想没有完全得到纠正,制度中依旧存在党政不分、以党为政的诸多问题。具体的生产中,虽然强调所谓的"厂长分工责任制",但是实际上是厂长、副厂长各自工作,都是直接对党委负责,没有形成以厂长为首、统一指导的指挥系统。

1978年,党中央召开了十一届三中全会,会议纠正了经济工作中的"左"倾错误思想,我国的企业制度开始走上了健康发展的道路。3年后,也就是1981年,党中央连续颁布了一系列暂行条例。这些暂行条例,着重规定了企业中依旧需要贯彻执行党委领导下的厂长责任制和职工代表大会制,强调党委在企业生产行政上,要抓重大问题,对于生产和行政事务不能直接指挥,这也是为了避免执行中出现以党代政的倾向。暂行条例的颁布,对企业中进行拨乱反正、恢复秩序、发展生产起到了积极的作用。党委领导下的厂长责任制在我国企业发展中,是实行最久的一种领导制度。分析这种制度、总结相关的经验,对于探讨我国进一步发展企业领导制度的方向,有着相当重要的启发。

从国有企业领导体制改革的历程来看,由于经济以公有制为主以及实施计划经济体制的影响,企业领导的选拔任用机制具有强烈的政治干预倾向,进入企业担任领导的前提是要有国家或地方干部的身份,这种情况下,由于领导干部不一定对企业有充分的了解,以及不对称的权力和责任,很难保证领导任命的最优化。随着改革开放后现代企业制度的建立和完善,这一问题逐步得到了解决。

旧的领导制度不再适应经济体制改革的新形势。虽然党委领导下的厂长责任制对于我国企业的发展起到了一定的积极作用,但这种体制和以前的"以阶级斗争为纲""政治挂帅"的形式是相适应的。而在党的十一届三中全会之后,党、国家的工作重心进行了转移,党委领导的厂长责任制弊端暴露了出来,经济体制的改革已迫在眉睫。其存在的主要问题有:第一,党对企业思想、政治工作的领导在一定程度上被削弱。企业的党委直接管理企业里面的所有事务,这样反而形成了"党不管党""以党代政"的反常情况,而且当时党组织也没有足够的时间和精力去做思想政治工作和组织建设工作，结果就导致了这种现象的出现。这也是当时各大企业反馈的普遍存在的现象。第二，企业的管理不利于当时职工的民主管理。当时，国家的企业管理政策为党委领导下的厂长责任制和职工代表大会制，这两者在一些问题上面有较大的分歧。虽然按照规定，职工代表大会是企业的权力机构，但是在当时，党委对企业的一切重大问题都有决策权，职工代表大会只能流于表面，做做样子。"党委决议、厂长报告、职工举手"就是当时的真实写照，职工没有了民主，厂长没有了权力，就成了一切问题的根源。尽管当时这两个制度在20世纪50年代就被提出来了，但是碍于社会的流程和体制本身的弊端，过分地强调了要在企业中发展党的群众路线基础，这让职工的民主管理难以实现。第三，无法建立一个真正意义上的统一生产经营指挥系统。虽然名义上是党委领导下的厂长责任制，但是在真实的管理过程中，厂长没有权力、说不上话，党委实际上既起到了决策作用，又起到了组织指挥作用，还要发挥监督保证作用，权力的没有下放和政策的没有良好实施，使得在当时的企业里面，一直没有建立一个统一的生产经营指挥系统，往往都是把决策、指挥、监督混淆、杂糅到一起，形成了多头领导、多头管理、多头指挥的混乱局面。尽管规章强调厂长责任制必须有统一的指挥系统，但是由于这一制度的本身缺陷和本身的问题所在，统一的指挥系统一直无法建立起来。厂长和党委书记分工不明确、做事不彻底、监督没方向。书记和厂长的关系一般有三种情况。第一种是交替性，书记、厂长不明确分工，谁有精力谁去抓、谁有能力谁出马。第二种是替代性，书记和厂长虽然有明确的分工，但是一旦出现问题，书记就会以一把手的身份插手，让厂长使不开拳脚。第三种是包揽性，企业的管理中，无论什么事情，都需要向书记请示，书记不拍板，事情就办不了。这三种情况在当时非常普遍，使得大大小小的企业效率低、生产能力低。这也充分证明了，这种制度难以满足现代大型工业生产的基本要求，难以保证生产经营的统一指挥。第四，无法实现内行和专家来管理。企业的党委作为党的基层组织，有其自己的政治标准和组织原则。虽然可以从技术专家和管理专家里面选拔合适的人才来担任党组织书记，但是由于党委组织的特殊性

第二章　改革开放前的工业企业制度

和背景意义，不可能把党委组织成一个专家团队，这是不符合政治标准和组织原则的，这样党委基层的性质就变了，由一个政治组织变成了经济组织，工作任务也将带来新的变化，由政治任务变成了经济任务。同时，由于制度上实行的是党委领导下的厂长责任制，就充分表明了，干部的管理在党委，生产任务在厂长。使用人和管理人进行了分离。这种情况，是无法实现由内行和专家来进行管理生产的。第五，企业难以实现以法人的身份进行自主经营。随着经济体制的改革，企业的自主权有了一定程度的扩大，同时，企业对于国家和人民的义务与责任也有了扩大。在当时的生产活动中，既然已经很明确地知道企业是法人，那么企业的领导人就应该承担相应的法律责任。在当时的制度下，党委领导下的厂长责任制，权利和责任是分离的，党委可以行使决策权，却不能够以政治组织去承担经济活动的法律责任，而对于党委书记来说，虽然是党委基层组织的负责人，但是也不能够成为企业的法人代表。所以在当时的制度下，难以找到相应的承担责任的对象，这种情况下，把厂长拉出来作为法人代表来承担企业经济活动中应该承受的法律责任，这是相当不合理的，就是变相地代人受过，实际上这也是不可能实现的。然而，企业要在社会中进行生产经营活动，就必须明确其相应责任的承担方，企业才能够在真正意义上实现自主经营。第六，企业难以开展横向经济联系。根据客观经济规律，随着体制改革的深入，企业将不由自主也开展横向经济的联系，这也是客观经济规律决定的。跨部门、跨区域的企业组建成集团，对于当时的经济体制有了新的要求和新的需求。如果依旧沿用旧制度——党委领导下的厂长责任制，势必会要求党委成为一个跨部门、跨地区的更大集合的"联合党委"，这当然是不可能实现的，因为作为党的基层组织，只能够隶属于某个地方的党委组织，"联合党委"的上级是无法确定的。更何况，企业的这种横向经济联系，在市场中更多的是为了生存和发展，部分只具备了相对的稳定性，"联合党委"的隶属关系无法确定，内部矛盾产生之日，就会是企业的崩塌之时。

八、改革利润分配制度

(一) 奖励基金制度和超计划利润分成

中华人民共和国成立之初，国有企业所获取的利润，首先提取出一小部分作为奖励基金，余下部分则全部交予国家财政，这一分配制度也称为"统收统支"。在这一制度下，国有企业生产所需要的投资资金和生产中所产生的资金等方面亏损均由国家财政全权负责。进一步地，1950年国家颁布了《中央人民政府政务院关于统一国家财政经济工作的决定》，这一决定中明确指出中央或地方政府负责经营的工厂企业，其提取的折旧金和实现的利润必须按照规定时间定期上缴国家财政。在这一规定的严格和逐步实施下，国家财政收入中国有企业缴纳的利润所占比重日益增加，国企上缴的折旧金和利润也成为我国投资各个重点建设项目所需资金的主要来源。这一阶段，国家对国有企业实行的这一利润分配体制表现为高度集中统一，该利润分配体制框架的最初形成也表现为"统收统支"。

在高度集中统一的利润分配体制下，虽然国企所实现的利润很大一部分都上缴国家财政，但为了提高企业员工生产的积极性和主动性，奖励基金制度开始逐步在国有企业中实行，奖励基金制度是企业内部进行计划，上缴财政的同时留取部分利润，留取的这部分利润主要用在员工集体福利方面的投资、个别贫困员工的补助以及给予优秀员工的奖励等。这一奖励基金的留取比例也有相关的规定，不同类型的企业，其留取奖励基金的比例也是不一样的，这一比例的范围为 2.5%~15%。按这一比例范围，企业所提取的奖励基金并不多，但从这一时期来看，留取奖励基金一定程度上是在集中统一的利润分配体制下国企拥有部分自主权的有效举措。奖励基金在提高员工工作积极性、增加员工生活幸福感以及增强员工对企业的责任感等方面有重要的作用。

进一步地，高度集中的利润分配体制下，国企生产运营中逐渐出现弱化甚至缺乏激励机制的情形，为了解决这一问题，国务院颁布了《国营企业1954年超计划利润分成和使用办法》，这一办法中明确规定将1954年60%的超计划利润解除上缴国家财政预算，剩下的40%部分留在企业各主管部门使用。这部分资金主要用在修建企业办公楼、置办办公设施、修建企业员工宿

第二章　改革开放前的工业企业制度

舍和购买家具、修建员工俱乐部以及补充企业的流动资金等。1956 年，国务院继续颁发了《关于 1956 年国营企业超计划利润分成和使用的规定》，这一规定旨在对于超计划利润分成的计算和使用上进行进一步规范化。

总体来看，这一阶段国有企业利润分配体制是适应于"一五"期间我国的经济状况的。在这种利润分配体制下，国家在企业中占据着主导地位，国家掌握着企业的投资权、积累权、财产权以及分配权，国家的这种集权或主导地位是适应于这一历史阶段的，它一方面有利于集中资金等各种资源进行大规模的经济建设，确保国家主要建设项目的有序进行，另一方面，它也使国有经济在我国经济中的主导地位得到了进一步巩固和强化，国企利润在短时间内实现快速增长的同时，企业以及内部员工的物质利益也得到了保障。但是，从更长远角度来看，这种利润分配体制对于员工生产积极性的调动是不利的，对于企业本身来说也不利于其创新机制的生成。这也主要归因于国有企业只是实现国家经济计划的一个工具，国企生产运营并没有压力，企业出现的亏损由国家承担，所以，国企员工也缺乏积极主动工作的有效激励，这种现象长期对企业发展不利，必须进行进一步调整和加以完善。

（二）利润全额留成制度和企业奖励基金制度

（1）利润全额留成制度。

1958 年 2 月，国务院颁布了《关于实行企业利润留成制度的几项规定》。这一规定的主要内容如下：第一，主管部门结合各自企业的实际情况各自确定留成比例，而且这一留成比例保持 5 年不变。第二，允许主管部门可按一定程度提取部分留成，集中把握并可随时调整。企业留成的计算是将 1957 年作为基期，并结合应规定提取的社会主义竞赛资金、预算拨付的技术组织措施费用和劳动安全保护费用以及超计划利润留成部分来计算。第三，企业留成不能用于企业的行政关系方面支出，而是主要用于生产，同时也兼顾职工福利。具体来说，这一部分资金主要用在四个方面，即流动资金紧缺时补充、基础设施建设费用、竞赛和职工福利。但用于竞赛和职工福利的留成部分不能超过总职工工资的 5%。第四，结合企业的利润、价格和税率，企业最初确定的留成比例可以相应进行调整，但调整的幅度也有一定限制。

在这期间，我国的国有企业利润留成制度改革方向是正确的。事实证明，

这一制度进一步促进了各地方政府和企业的自主经营管理，使管理模式从以往的高度集中开始转变，进而提高了职工的生产积极性。但因为我国又处于"大跃进"这一特殊历史时期，为了做出成绩和超额完成指标，各地方政府对于中央允许的管理权限使用混乱，进行大量基础设施建设以及一些不必需的投资，对于国家资金过度占用，进而动用企业的利润留成，导致了企业管理上的混乱，给企业的经济效益带来负面影响，进一步使我国的经济形势严峻程度加剧。统计数据显示，我国国有企业1961年的亏损额达到103.2亿元，其中工业企业总亏损额为46.5亿元。这一巨大亏损主要归咎于特别时期经济建设的指导方向错误，与国企利润留成制度改革没有关系，错在地方政府和企业的落实和执行上。

（2）企业奖励基金制度。

从1961年开始，我国进入国民经济调整时期，对于过去给予国有企业的管理权限中央也再一次收回，企业奖励基金制度替代了企业利润全额留成制度。1961年国家财政部发布《关于调低企业利润留成比例加强企业利润留成资金管理的报告》，报告指出将国营企业留成资金在利润中所占比例调整为6.9%，而过去这一比例平均在13.2%。1962年1月，国家财政部和国家计委联合公布《国营企业四项费用管理办法》，其中对企业利润留成方面给出了新的规定：利润留成只在商业部门中实行，其他部门则开始采用提取企业奖金的方式。此外，过去企业留成资金用在企业生产和职工福利相关四个方面的费用，统一通过国家财政拨款来解决，结合国家拨款范围的分配，各企业的主管部门来确定具体的拨款指标。同月，国家财政部和国家经委联合发布《1962年国营企业提取企业奖金的临时办法》，这一办法的发布也是恢复企业奖励基金制度的标志。新恢复的企业奖励基金制度和"一五"时期实行的制度存在一些差别。具体来看，规定提取企业奖励基金的比例在工资总额中只能占3.5%，这较过去有一定降低，而且各企业如果不能完成制定的计划指标，奖励基金还要减提1/6。对于提取的企业奖金的使用，首先用在发放各类奖金包括先进集体奖金、劳动竞赛奖金和先进工作者个人奖金，随后再用于员工集体福利设施建设方面。

"文化大革命"时期，国有经济遭到严重破坏，国企实行的利润分配制度有的被破坏，有的被简化，有的被直接取消，国家与国企的利润分配变得紊乱。1967年，国务院发文规定，国有企业拥有的固定资产及其基本折旧基金不再上缴给国家预算，而是将其全都留在企业以及主管部门。但两年后国企的奖励基金制度就被取消了，而又开始实行企业利润全部上缴国家。过去用来解决职工福利的奖励资金开支也开始由国家财政部统一拨款，由中央提取作为福利基金，提取按照总工资的相应比例（3%、8%）进行，用于医疗卫生费用和福利费用。1973年，国家财政部颁发《国营工业交通企业若干费用开支办法》，其中也再一次强调要从生产成本中计提员工的福利基金，而对于福利基金的使用上，主要涵盖直系亲属医药费、开展农副业生产和建设职工浴室以及购买食堂炊具等。至此，国企的利润分配走向了"统收统支"。

1978年7月，中央开始着力收回以往给予各地方企事业单位的经济管理权限，目标在于为快速发展国民经济集中力量。此外，中央也发布了《中共中央关于加快工业发展若干问题的决定（草案）》，规定重新实行企业奖励基金制度和计件工资制度，对于国家统一分配的物资产品范围也进一步扩大了。

第四节 改革成效及问题

1956年年底，全国基本完成了对具有资本主义性质的工商业的社会主义改造。在生产资料由私有制变为公有制的同时，当时的工业化建设在全国范围内也如火如荼地进行，顺利完成"第一个五年计划"，国营经济在全国经济中的主导地位开始初步确立，形成计划经济体制，恢复了国民经济，保证了这一时期繁重的经济、社会任务的顺利完成。为调整"大跃进"时期建立的很多不适当的工业体系，同时为了解决计划经济体制的弊端，我国进行了一系列的探索，出台相关条例改进计划管理体制，几收几放管理权，改革企业利润分配制度和企业领导体制，建立协作区，试办联合企业等，收到一定成

效。"文化大革命"后，为重建国有企业的管理制度，1975年开始，我国对工业领域管理进行重新整顿，恢复经济战线，发展工业，使社会主义中国进入新的历史发展时期。

总体上看，改革开放前，在权力高度集中的计划经济体制下进行的国有企业制度调整，经历了严重曲折。虽然中央出台了不少政策，也进行了很多相关探索，对于国有企业的发展有收有放，但在计划经济下又受当时"左"倾思想和政治运动的影响，这些调整始终没有触及政府与企业关系的改革，加之宏观管理体制排斥市场机制，因而否定了国有企业作为经济活动主体的基本属性，截至1978年之前，政府在企业中实行的统一计划、统一收支、统一分配和直接管理体制在力度上不断增强，国有企业没有独立的权力、没有独立的利益，经营机制僵化而效率低下，且员工积极性和主动性缺乏。国企成为政府部门的附属，本来应该生机盎然的社会主义经济在很大程度上失去了活力。只有发展社会主义市场经济，让市场对资源配置起基础性作用，同时国家进行宏观调控，才能突破以往改革中"一管就死""一放就乱"，循环往复，永无尽头的历史怪圈，找出社会主义国家经济体制改革方面的根本方法或根本出路。

国家与国企之间的这种财政分配关系是与政治经济发展形势和经济管理体制相适应而产生的，这种制度的顶层设计可能更多还是当时"左"倾思想和政治运动的产物，或者说是经济形势严峻之下的无奈举措，而不是考察和衡量经济发展而必需的。所以，管理权限可以给予后又重新收回，企业奖金制度可以实行了而又被取消。这个阶段，国有企业没有独立的投资政策、没有独立的管理制度、没有利润分配政策，有的只是低效率且高成本的经营模式，以及在政治斗争下的朝令夕改，这也是这一历史时期而出现的特殊局面。

在这一特殊的历史局面下，高度集中的计划经济体制抑制了企业的生产积极性、主动性和创造性，从而阻碍了生产力的快速解放和发展，导致生产力水平低下。因此，要想彻底改变这种尴尬的局面，解放和发展生产力，需要进一步进行体制的改革，以邓小平为核心的党的第二代中央领导集体吸取这一时期的经验教训，积极推行社会主义市场经济体制，发展有计划的商品经济，并在企业制度的建立方面进行了一系列有利的、影响深远的探索。

参考文献

[1] 杜育华. 中国国有企业公司治理制度变迁研究 [J]. 行政事业资产与财务, 2014 (11): 11-12.

[2] 顾龙生. 中国共产党经济思想史 (1921—2011) [M]. 太原: 山西经济出版社, 2014: 396-402.

[3] 郭锦杭. 论建国初期中国现代企业制度的建构:《公司合营工业企业暂行条例》的公司法结构 [J]. 嘉应学院学报, 2017, 35 (9): 37.

[4] 韩奇. 毛泽东对计划经济的改革探索及其价值审视 [J]. 现代哲学, 2018 (3): 56-58.

[5] 胡晶. 企业一长制:"兴"与"废"的变奏曲 [D]. 北京: 中共中央党校, 2011.

[6] 林裕宏. 改革开放前国有企业 利润分配制度的演进 [J]. 产权导刊, 2013, 2013 (7): 36-40.

[7] 刘岸冰. 公司合营后中国企业制度的历史性转折:上海工业企业的产权、治理结构与经营 [D]. 上海: 上海社会科学院, 2011.

[8] 刘仲蔡. 新中国经济 60 年 [M]. 北京: 中国财政经济出版社, 2009.

[9] 毛泽东. 毛泽东选集: 第四卷 [M]. 北京: 人民出版社, 1991: 1431.

[10] 彭华岗. 国有企业改革前景及治理模式 [J]. 经济导刊, 2017 (1): 65-66.

[11] 上海社会科学院经济研究所. 上海资本主义工商业的社会主义改造 [M]. 上海: 上海人民出版社, 1980: 59-60.

[12] 田毅鹏, 苗延义. 单位制形成过程中的苏联元素:以建国初期国企一长制为中心 [J]. 吉林大学社会科学学报, 2016 (3): 80.

[13] 汪海波. 中国现代产业经济史 [M]. 太原：山西经济出版社，2006：13.

[14] 王永华."工业七十条"争论始末 [J]. 党史博采（纪实），2010（2）：17-20.

[15] 萧冬连. 筚路维艰：中国社会主义路径的五次选择 [M]. 北京：社会科学文献出版社，2014：34-36.

[16] 张宏志. 六十年代初我国试办工业、交通托拉斯的历史回顾 [J]. 党的文献，1993（2）：22-28.

[17] 张树德. 列宁斯大林关于"一长制"思想的理论与实践 [J]. 当代世界与社会主义，2008（1）：144.

[18] 郑有贵. 中华人民共和国经济史（1949—2012）[M]. 北京：当代中国出版社，2016：60-61.

[19] 周树立. 建国初期经济发展模式的回顾和认识 [J]. 洛阳师范学院学报，2001（3）：42.

第三章
党的十一届三中全会至邓小平南方谈话前的工业企业制度

1978年党的十一届三中全会开启了改革开放历史新时期，我国开始从计划经济体制向社会主义市场经济体制转变，上一阶段工业企业制度所遗留的问题也随着改革开放逐步得到解决，从党的十一届三中全会至邓小平南方谈话前这段时期是工业企业制度改革的起步期。在此阶段，国有资本几乎涵盖国民经济特别是工业经济的各个方面，工业企业制度的改革实质上就是国有企业制度改革的初步探索。国家主要通过"放权让利"来探索工业企业制度改革的路径，具体改革措施则包括：扩大企业自主权、实行经济责任制、两步利改税、承包经营责任制、租赁经营制、股份制试点、发展企业集团等。

根据改革深度的不同可将"放权让利"改革划分为两大阶段：一是扩大工业企业自主权阶段（1978—1984年），这一阶段改革的层面尚浅，下放的权、出让的利都还不够，只是一个让国营工业企业从国家计划的执行者向市场竞争主体转变的过渡阶段；二是两权分离阶段（1984—1992年），这一阶段以承包经营责任制作为推进改革的主要形式，给予了企业比较完全的经营权和一定意义上的收益权，使国有工业企业的责、权、利三者也得到了有效的结合。

第一节 放权让利改革的时代背景

正如上一章节所说，截至1978年前，政府在企业中实行的统一计划、统一收支、统一分配和直接管理体制在力度上不断增强，国有企业没有独立的权力和利益、经营机制僵化，进一步导致企业效率低下以及员工缺乏积极性和主动性，国企成为政府部门的附属。在进行"放权让利"改革前，国有工业企业在具有以上问题的同时表现出三个主要特点：一是统一领导、分级管理的管理模式；二是政府指令、严格执行的生产经营模式；三是统收统支、高度集权的分配制度。在中央对国有工业企业进行高度统一管理的制度下，国有工业企业的生产成本被限定在一定范围内，并且企业没有辞退员工与增加工资的权力，利润不归企业，亏损也不用企业承担，国有工业企业扮演的角色只是政府经济计划的实现工具。总的来说，中央管得过多、统得过死的制度随着社会与经济的发展暴露出愈发严重的弊端，导致国有工业企业的活力与生产积极性都大打折扣。因此，随着党和国家将工作重心转移到经济建设上来，经济体制逐渐由计划经济体制向市场经济体制过渡，占据经济半壁江山的国有工业企业成为关注的焦点，"放权让利"改革应运而生。

一、放权让利改革前国有企业的主要特征

（一）管理模式：统一领导，分级管理

在1949—1957年的社会主义改造阶段，中央对国有企业实行高度集中管理，截至1957年年末，由中央管理的国有企业已有9 000多家，其工业总产值已经占到全国工业总产值的半壁江山。但这种取自苏联的高度集中计划经济管理体制和国营企业制度，在随着其规模日益扩大的同时，也为日后产生的一系列问题埋下了隐患。

1957年年底，社会主义改造基本完成，由中央进行高度统一管理的制度

第三章 党的十一届三中全会至邓小平南方谈话前的工业企业制度

逐渐暴露出了它的弊端，中央不得不将国家高度集中管理的权利让渡给地方政府，扩大地方和企业的权限，国有工业企业的管理权力向地方政府转移。这本是一个正确的探索方向，然而在1958年开始的"大跃进"时期，普遍存在的高指标、瞎指挥等问题使得权力下放并未取得预期的成效，这些下放的管理权限不仅没有起到调动国有工业企业活力的作用，反而为地方政府"搞跃进"提供了便利，最终的结果是国企的管理体系与归属关系越来越难理清，企业的活力与生产积极性也大打折扣，大大拖了经济的后腿。

1960年，中央收回了大部分下放到地方政府的管理权限，这一次的改革以中央重新集中统一管理企业而画上句号。1970年，新一轮的权力让渡又开始在中央政府与地方政府之间进行，相比之前，此次的权力让渡范围更广而且力度更大。但这次放权改革仍然是在计划经济体制基本框架内进行的，虽然中央高度集中管理的状况有所缓解，但是很难有根本性的改变。

总的来说，1949年至1978年，两次的权力下放都仅是改变了中央与地方政府在管理国有工业企业方面的关系，并没有真正改变政府和企业之间的关系，更没有改变国有工业企业的基本制度。并且由于特殊的历史时期与计划经济体制背景，国家向地方政府进行的两轮权力让渡未能提升国有工业企业的绩效。但不可否认的是，下放权力的改革方向是正确的，为之后的扩大企业自主权、两权分离改革指明了方向。

(二) 生产经营：政府指令，严格执行

事实上，在计划经济时代，国有企业这个叫法是不准确的。计划经济时期没有真正的企业，只有所、厂、局、部、生产联合体等。在这个时期，国有企业严格按照国家下达的十二项指令性生产指标安排生产活动，即总产值、主要产品产量、新种类产品试制、重要的技术经济定额、成本降低率与降低额、职工总数、年底工人到达数、工资总额、平均工资、劳动生产率、利润。

从这十二项指令性生产指标中可以看出，政府对企业的指令不仅仅局限于生产管理方面，还包括了成本管理、人事管理方面。企业的生产成本被限定在一定范围内，而且企业没有辞退员工与增加工资的权力，都由国家进行统一调配、统一管理。

(三) 分配制度：统收统支，高度集权

统收，是指国有企业实现的利润，除提取一小部分作为企业的奖励基金留存之外，其余部分全部上交给国家。而其中留存下来的奖励基金，用于给员工发放奖金，从而调动员工的生产积极性，这部分奖励基金按照企业的类别不同，提取的比例从 2.5% 到 15% 不等。统支，是指国有企业生产活动所需资金由政府全额拨款。在这样的统收统支制度下，当国有企业发生亏损时由国家财政全额补贴，这也是统收统支制度最大的一个弊端。

中华人民共和国成立初期国有工业企业的高度集权型利润分配制度依托于当时的基本国情。依靠着国有企业特别是国有工业企业大量的利润上缴，国家进行了大范围的基础项目、重点项目的建设，对中华人民共和国成立初期的经济发展起到了良好的推动作用，与此同时，企业留存下来的奖励基金也兼顾了企业和员工的利益。在当时看来，这是一条正确的道路，但从长远的角度来看，其弊端逐渐显现。对于国有工业企业来说，利润不归自己，亏损也不用自己承担，其承担的角色只是政府经济计划的实现工具。激励不足导致"吃大锅饭"的现象严重。因此，随着时代的进步和经济的不断发展，这种统收统支制度需要进一步调整。

遗憾的是，在接下来的近 30 年里，虽然政府对统收统支制度的改革进行了多方位的探索，如"大跃进"时期的利润分成制度、国民经济调整时期的新一轮企业奖励金制度、"文化大革命"时期的收支包干制度等，但均未达到预期的改革效果。直至 1978 年，中央发布了《中共中央关于加快工业发展若干问题的决定（草案）》，恢复企业奖励基金制度，兜兜转转而又回到原地，始终都没有跳出统收统支制度的框架。

二、放权让利改革的必要性与可行性

(一) 旧时代向新时代转变

1949 年至 1978 年，我国政府虽然也一直积极地在进行国营工业企业的改革与转型，但由于两个特殊历史时期的存在，其努力未发挥出成效，并且使

第三章　党的十一届三中全会至邓小平南方谈话前的工业企业制度

得国民经济蒙受损失。

第一个特殊时期是"大跃进"时期，这一时期，我国所实行的国营企业利润留成制度是有其内在合理性的，但"大跃进"时期的高指标、瞎指挥等行为严重妨碍了其有效性的发挥。最终不仅造成企业管理、生产效率低下，还造成我国经济的倒退。

第二个特殊时期是"文化大革命"时期，其间，国家工作重心转移到阶级斗争上，大批国营工业企业的员工离开岗位，投身于"革命"，一些正确的制度反而被打压，使得国营工业企业的管理与生产一度停滞，国民经济甚至到达崩溃的生死边缘。好在1976年，"四人帮"被粉碎，10年动荡结束，挽救了危难中的党和国家。在这样的背景下，经济恢复成为我国的绝对重心，而占据我国经济半壁江山的国营工业企业成为调整与改革的核心。

(二) 社会主义市场经济制度开始建立

1978年12月，党的十一届三中全会召开，针对社会主义经济体制提出"计划经济和市场经济相结合"的建设目标。特别是社会主义市场经济理论的逐步创立，打破了原本的"计划经济等于社会主义，市场经济等于资本主义"的传统教条，进一步向人们揭示了社会主义与市场经济之间的关系和逻辑联系，人们的思想束缚得到解放。如此一来，严格遵循计划经济体制，并按照国家指令性计划进行生产的国营工业企业也必然跟随经济体制的改革而改革。正是由于此次的改革开放浪潮，从最初的放权让利试探性调整到1992年开始建立现代企业制度，国有工业企业制度改革步伐逐渐加快。改革的关键在于将国家牢牢紧握的权力下放给企业，发挥企业的市场主体作用，这样才能真正让国有工业企业焕发活力。

(三) 市场开放初期供不应求格局

国民经济的恢复与调整、经济体制的转型构成了扩大企业自主权改革的必要条件，而改革开放初期国内市场的逐步形成也为工业企业扩大生产奠定了基础。1978年以来，改革开放为国内市场发展开辟了前所未有的广阔空间，消费需求强劲，购销活跃，消费总量持续扩大。当时卖方市场主导着国民经济，市场供求格局还未发生根本性转变，直到20世纪90年代以后供求关系

才实现由卖方市场向买方市场的转变。随着市场经济的进一步扩大,在计划经济体制下人们被压抑的需求纷纷爆发出来,这就决定了当时是一个供不应求和对企业扩大生产极为有利的市场。如此一来,当时只要是企业现有的生产能力能够生产出来的产品,就能在市场上找到需求,企业还可以根据市场的需求情况去不断拓展自己的生产能力。将足够的、合理的经营自主权下放给企业,便是给企业注入了活力,企业就能在市场上焕发生机。

三、制度变革的外部环境

(一) 世界掀起国企改革浪潮

20世纪80年代左右,世界各国都掀起一股国有企业改革的浪潮。包括美国、英国、法国、德国等西方国家以及日本、新加坡、马来西亚等在内的亚洲国家都陆续开始根据国内具体情况对国有企业进行改革。例如,美国政府通过放松规制、冻结有关规制法令颁布的方法使国有企业从过度规制的沉重枷锁中解脱出来,重新恢复活力;日本政府逐步开始进行国有企业的民营化改革,一是将部分国有企业转为民营企业,二是放松规制,有效解决了国有企业的亏损问题。普遍来说,这些国家此时进行的改革都或多或少解决了国有企业的部分弊端,提高了经济效益,缓解了政府的财政压力。我国的国有企业在20世纪80年代之前也存在诸多弊端,在世界范围内的国企改革浪潮席卷下,我国国有企业也迎来了改革的成熟时机。

(二) 经济全球化与贸易一体化程度加深

20世纪80年代以来,世界贸易发展到了一个新的高度,世界各国的贸易关系以及经济的相互影响进一步加深。随着改革开放的启动,我国经济更开放,贸易壁垒也逐渐削减,已成为世界经济与贸易的一个重要组成部分。在这样开放经济的条件下,我国国有企业必然受到国际贸易竞争的冲击。首先,走在世界前列的跨国公司的进入,把全球化的竞争带给了中国企业,给国有企业带来了很大的冲击与压力;其次,20世纪80年代我国的生产水平有限,我国国有企业在开放贸易条件下直接面临与发达国家先进生产水平的竞争,而且政府能给予的保护有限，其经营发展面临异常艰难的困境。总而言之，我国的国有企业必然需要进行各方面的升级，提高自身的竞争力。因此，一场国有企业的改革迫在眉睫。

第二节　放权让利改革的历程及内在逻辑

一、扩大企业自主权（1978—1984年）

1978年10月，四川的6家国营工业企业试点工作的展开，标志着放权让利第一阶段——扩大企业自主权改革正式开始。在试点工作顺利展开的基础上，国家跟进推行经济责任制，实行利改税，并且开始对国有资产进行管控。这一阶段的扩大企业自主权改革使国有工业企业开始发生两方面的转变：一是从国家计划的执行者向真正的市场竞争主体转变；二是从独立生产逐渐向横向经济联合转变。但这两方面的转变也存在较大的局限性：首先，改革层面尚浅，企业仍受到国家计划与市场关系的双重调节，下放的权、出让的利都还不够；其次，权责不统一阻碍了改革的步伐，原有的党委领导下的厂长负责制难以与现在的改革背景相适应；最后，下放的自主权落实存在偏差，出现下放给企业的权力被地方政府截留和企业滥用自主权等问题。

（一）扩大企业自主权改革的内涵

扩大国有工业企业自主权的改革最早始于1978年党的十一届三中全会，1979年7月，国家颁布了《关于扩大国营工业企业经济管理自主权的规定》，旨在改变过去国家在国有工业企业生产经营方面管得过多、统得过死等弊端。同时把独立处理人、财、物等问题的权利逐渐下放给企业，提高企业的生产和管理效率与职工的积极性，增强企业活力和经济效益。扩大国有工业自主权改革的具体内涵可从以下两个方面理解：

1. 国有工业企业从国家计划的执行者向真正的市场竞争主体过渡

在计划经济体制下，企业没有生产经营的自主权，从产量、成本到人员管理全部严格按照国家的指令安排。1978年召开的党的十一届三中全会，确定了改革开放政策，标志着我国由计划经济开始逐步向市场经济转变。相对应地，国有工业企业也从国家计划的执行者开始逐渐向真正的市场竞争主体进行转变。

扩大企业自主权改革过程中，一部分权力被下放到了企业，但国家仍然保留了一部分决策权。可见企业享有的自主权是不充分的，主要体现在三个方面：一是在生产过程中，一部分产品的生产完全由工业企业自行安排，不必再受国家指令性计划的约束，但还有一部分产品的生产仍然参照以前的模式，由国家指令进行安排；二是在投资决策上，工业企业能自行决定一部分中小项目的投资，但大型项目的投资需要上报给相关部门，得到批准后方可进行；三是在资金来源上，一部分是工业企业自筹，另一部分仍然依靠国家的拨付。

2. 国有企业从独立生产逐渐向横向经济联合转变

在国有工业企业严格按照国家指令进行生产经营的年代，各个企业独立生产，相互之间不会发生任何的交易关系。在扩大企业自主权改革后，市场机制参与进来，各个工业企业之间开始发生横向的交易关系，这给企业的生产效率带来大幅度的提升，于是各种形式的经济联合便逐渐诞生。如原材料生产企业与加工企业的联合、生产企业与生产企业的联合、生产企业与销售企业的联合，这些经济联合正是日后形成的各种企业集团的雏形。

在企业向横向经济联合转变的过程中，不仅仅是市场在发挥着作用，更重要的是政府也在不断推动。1980年，国务院发布《关于推动横向经济联合的暂行规定》，肯定了企业之间的经济联合行为。1981年5月，在国家的推动下，东风汽车联营公司成立，成为一个跨省、区的大型汽车工业联合体；同年11月，由7家工厂与1家研究所联合而成的上海高桥石油化工公司成立，成为我国第一个跨行业大型企业联合体，这在我国国有工业企改革历程中是一个重要的里程碑。

第三章　党的十一届三中全会至邓小平南方谈话前的工业企业制度

(二) 扩大企业自主权改革的具体实施

扩大企业自主权改革的序幕随着党的十一届三中全会的召开而正式拉开，这一次改革的具体实施可以再细分为以下三个阶段：扩大企业自主权改革的试点、推行经济责任制和实行两步利改税。

1. 扩大企业自主权改革的试点

在此次改革中率先走上试点之路的不是中央企业，而是地方企业。1978 年 10 月，经过国务院批准，包括四川重庆钢铁公司在内的 6 家四川国营工业企业①在全国范围内率先实行试点工作；1979 年 2 月，四川省政府又将试点企业从 6 家扩大到 100 家；1979 年 7 月，国务院就逐步扩大国营工业企业经营自主权连续下达了包括《关于扩大国营工业企业经营管理自主权的若干规定》等在内的 5 个文件②，对扩大企业经营自主权后企业拥有的责权利进行了较为明确的说明，并且又在全国范围内 1 590 家企业推行了试点工作。至 1980 年年底，全国范围内的试点工作已经初具规模，加入试点的国营工业企业已有 6 000 多家，虽然只占全国工业企业总数的 15%，但产值占比高达 60%，利润占比甚至达到 70%。

试点工作中除了要将生产经营的自主权下放给企业，还有一个重要的内容——利润留存。每一个试点企业都有一个年度考核指标，这个指标与企业年度的产值、收入和利润等挂钩，当企业完成了当年的指标，就被允许留存少量利润给员工发放奖金。从试点工作的实践来看，这样的利润留存方式一方面取得了良好的激励作用，当员工的奖金收入直接与企业生产经营活动的好坏挂钩，员工的生产积极性大大提高，企业的盈利效率也得到进一步的改善；但另一方面，弄虚作假、滥发奖金等问题暴露出来，利润留成办法仍然亟待完善。

---

① 四川 6 家试点企业包括：四川重庆钢铁公司、成都无缝钢管厂、宁江机械厂、四川化工厂、新都县氮肥厂、南充钢铁厂。
② 5 个文件分别是：《关于扩大国营工业企业经营管理自主权的若干规定》《关于国营企业实行利润留成的规定》《关于开征国营工业企业固定资产税的暂行规定》《关于提高国营工业企业固定资产折旧率和改进折旧费使用办法的暂行规定》《关于国营工业企业实行流动资金全额信贷的暂行规定》。

1978年至1980年的扩大企业自主权改革试点工作，确实取得了较为显著的经济成效。据1980年对5 777家试点工业企业的统计，当年实现总产值增长6.89%，利润增长11.8%，上缴国家的利润增长7.4%，国家、企业、员工都实现了收入的增加。

2. 推行经济责任制

随着扩权改革的进一步深化，"工业经济责任制"在试点工作的基础上发展起来。山东省率先在一部分工业企业中将"利润留成制度"转变为"利润包干制度"，即企业只要完成国家上缴利润任务，余下的部分即可全部在企业留存下来或者在国家与企业之间进行分成。这种制度弥补了一部分试点工作中利润留成制度的不足，并且对弥补财政赤字、增加政府收入起了较大的作用，因此被各个地区广泛采纳，经济责任制由此渐渐演变而来。

国务院建立和实行"工业经济责任制"的要求第一次被明确提出，是在1981年4月召开的全国工业交通会议上；同年10月，国家经贸委和国家体改办下达了《关于实行工业生产经济责任制若干问题的意见》，经济责任制的要求及内容得到进一步明确与完善，并且在全国范围内迅速推广。至1982年年底，全国已经有80%的国营工业企业实行了经济责任制。

国家对企业实行的经济责任制，从分配方面可以分成三种类型：一是利润留成；二是盈亏包干；三是以税代利，盈亏自负。[1] 当经济责任制落实到企业内部，则表现为将员工的工资收入与一定的岗位考核指标挂钩，实行按劳分配。经济责任制的推行取得了较好的效果，企业的生产经营效率得到提高，职工的积极性得到促进，解决了一部分平均主义、"吃大锅饭"的问题，使企业恢复了生机。

3. 实行两步利改税

（1）第一步利改税。在1978年至1980年的扩大企业自主权试点阶段，企业采取利润留成制度，这种制度本身的缺陷导致"鞭打快牛"[2] 现象的出

---

[1] 出自国务院〔1981〕159号文件《关于实行工业生产经济责任制若干问题的意见》。
[2] "鞭打快牛"，是因为不同企业利润增长的潜力不同。原来利润交得多的企业，增长潜力就小，留成也少；原来利润交得少的企业，增长潜力大，留成反而多。

第三章　党的十一届三中全会至邓小平南方谈话前的工业企业制度

现，即企业盈利越多则上缴得越多，这就导致企业隐匿利润，最终造成1980年我国财政出现了大额赤字，利改税制度便是在这样的背景下被提出来的。1980年开始，已有400多家工业企业实行了以税代利试点，总体上来看取得了良好的效果。在此基础上，1983年4月，以税利并存制度为主要内容的第一步利改税开始在全国范围内广泛推行。税利并存制度的具体内容，则是指对盈利的国营企业征收所得税或地方税，即将企业过去上交的利润改为税收的形式上交给国家。对于税后剩余部分的利润，再采取合理的方式在国家与企业之间进行分配。至1983年年底，已有26500家国营工业企业实行了第一步利改税。

相比之前的利润留成、利润包干等制度，税利并存制度在国家与企业的利润分配上显得更为合理和稳定。"国家得大头、企业得中头、个人得小头"的原则得到充分体现。但不可否认，第一步利改税制度仍然存在很多弊端，其对于亏损的企业仍然实行补贴政策，使得企业难以成为自主经营、自负盈亏的责任主体；税后利润国家仍然要求分成，难以对企业与职工起到较大的激励作用。因此，虽然利改税制度的提出是国家为了缓解财政赤字，提高财政收入，但结果并不如国家预期的那样，不仅没有缓解赤字，反而加剧了财政的紧张程度。

（2）第二步利改税。1984年10月，第二步利改税正式试行，其核心是由第一步利改税中的"税利并存"转向完全的"以税代利"。据此，其主要的实施办法是：大中型国企按55%的比例缴纳所得税，并根据具体情况征收调节税；小型国企则按新的八级超额累进税缴纳所得税；大中小型国企的税后利润都归自己所有，不再上缴国家。第二步利改税的初衷，本是对第一步利改税的进一步完善，将所有权与经营权进行分离，提高国家的财政收入，但实际运行时并没有取得期待中的效果。无论是第一步利改税还是第二步利改税，都混淆了税利的概念和功能，且无法从根本上解决政企不分的问题。从结果来看，55%的所得税税率过高，加上调节税等各项税种，导致企业大部分营收还是上缴给了国家，降低了企业的生产积极性，企业盈利下降，又导致国家财政收入下降。这样的连锁反应随着时间的推移日益严重。总之，

两步利改税期间，国家财政收入持续低迷，改革没有取得好的成果。

4. 国有资产管理开始起步

除了以上三个阶段的主要改革外，国有资产管理也开始起步。国有工业企业经营自主权的一定程度下放，使得国家对国有资产管理无法做到之前的统一、严密。为适应改革的步伐，国家开始想办法在企业获得一定自主权的基础上对国有资产进行管控。

1979年，国家开始对国营工业企业的固定资产实行有偿调拨，目的在于解决企业资产使用效率低下、闲置和浪费等问题。1980年，国家开始对国营工业企业征收固定资产占用费。这些措施力度较小、不够完善，且明显滞后于企业体制的改革，最终还是导致了一部分国有资产受到侵蚀。但其显示出国家管理国有资产的决心，为后期国有资产管理改革奠定了基础。

二、两权分离（1984—1992年）

放权让利改革的第二阶段是"两权分离"改革，这是从1978年开始的几十年里贯穿国有工业企业改革的主线，也是放权让利改革的最终目标之一。两权分离改革阶段的重点是转换工业企业经营机制，围绕着这个重点，国家开始实行"承包经营责任制"与"租赁经营责任制"。同时，其他改革也开始进行试点和推动，包括股份制企业试点、推动发展企业集团、党委领导下的厂长负责制转变为厂长（经理）负责制以及推动国有资产管理体制改革起步等。

但两权分离改革在取得成效的同时始终存在一定的困境：一是在以承包责任制为基础的两权分离模式下，企业的经营权只是一定时期内对企业资产的使用权，意味着这种经营权是有限的，同时也是不稳定、不统一、不充分的；二是国家这个股东拥有所有权与行政权双重职能，是一个抽象的主体，这意味着所有权的行使往往依附于行政权的行使，并且在官员或经营者代理的过程中，外部性的问题也难以避免。

第三章　党的十一届三中全会至邓小平南方谈话前的工业企业制度

（一）两权分离改革的内涵

扩大企业自主权的改革，其核心是在保持国家对国营工业企业所有权不变的同时，将经营自主权下放给工业企业，这本来也是一种对所有权与经营权的分离，只是程度尚浅。我国的两权分离改革实践早在1978年10月四川的6家国营工业企业开始扩大经营自主权的试点时，就已经开始了，并在接下来的几十年里一直是贯穿国企改革的一条主线。但在我国的国企改革中，"两权分离"上升到制度层面是1984年《中共中央关于经济体制改革的决定》中首次提出——"所有权同经营权是可以适当分开的"。

从理论渊源上讲，两权分离理论最早可以追溯到马克思在《资本论》中对资本的论述："资本可以分离为法律上的所有权与经济上的所有权"。19世纪30年代，美国经济学家阿道夫·A.伯利和加德纳·C.米恩斯又对公司所有权与经营权分离进行了明确阐述："公司制度的兴起，以及伴之而来的由于工业在公司形式下的集中而产生的所有权与管理权的分离，乃是20世纪中头一个重要变化。"[1] 然而我国长期的国企改革实践，无法照搬、套用马克思的论述或者西方公司的结论，我国两权分离改革的重点是转换企业的经营机制。在第一阶段的扩大自主权改革中，国家在保持对国营企业所有权不变的前提下，对企业的经营自主权开始试探性地下放，并取得了较好的效果。因此，在此基础上，国家应该更大胆地前进一步，转变企业的经营机制，实行承包经营责任制。

（二）两权分离改革的困境

1. 有限的经营权

从生产资料的视角看，经营权与所有权的分离是从最基本的生产资料——土地开始的。封建社会中，地主拥有土地的所有权，佃户租赁地主的土地后可以进行生产经营活动，便拥有了土地的经营权，这种经营权具体表现为一定时期内的使用权。但这样的经营权按照权利范围划分为两种模式：

---

[1] 阿道夫·A.伯利，加德纳·C.米恩斯. 现代公司与私有财产［M］. 甘华鸣，罗锐韧，蔡如海，译. 北京：商务印书馆，2005.

第一种是有限的经营权，即佃户只能在地主要求的范围内进行生产经营活动，如地主要求只能在土地上种植水稻，那么佃户便不能进行其他诸如种植果树、建设房屋等经营活动，且租金通常以上缴部分水稻收成的实物方式来体现，同时租赁的期限时效性短；第二种可以称为无限的经营权，即租赁者只要交给地主足额的租金，地主就无权对租赁者的生产经营活动进行限制，即租赁者可以在土地上进行任何活动，可以种植水稻也可以种植果树，还可以盖房子、挖渠、开采等，这种经营权对应的租赁期限时效性往往很长，租赁者有绝对的权力和时间对土地进行经营。

类似地，在以承包责任制为基础的两权分离模式下，企业的经营权则是一定时期内对企业资产的使用权。那么企业拥有的经营权是倾向于有限的还是无限的呢？答案显而易见，企业拥有的经营权更倾向于第一种有限的经营权。原因在于：一是20世纪80年代，计划经济还没有实现向市场经济的完全过渡，企业仍处于计划与市场的双重调节下，难以完全自主地进行经营决策；二是当时承包经营中实行的"包死基数，超收全留"和"超收分成"的制度意味着其"租金"仍与"收成"挂钩，这与第一种有限经营权的租金上缴方式异曲同工；三是企业的承包时间往往也较短。

这样的有限经营权意味着这样的改革措施是不稳定、不统一、不充分的。所谓不稳定，是指国家到期收回或随时收回的权力使得国有工业企业拥有的经营权随时面临丧失的风险，并且极其不稳定，妨碍了工业企业的经营决策，特别是长期的生产决策。不统一，则是指不同规模、不同类型、不同地方的国有工业企业，签订的承包合同都是不同的，国家没有一个统一的规范，而且主动权几乎全部掌握在国家的手里。不充分，是指国家相对于国有工业企业而言拥有更大的话语权，经营权给与不给、给多少都是由国家决定，而且国有工业企业的生产经营仍然受到国家的干涉，难以拥有充分的经营权。

2. 股东的抽象性

在两权分离改革中，政府与国有工业企业都是组织机构而非可以思考的自然人。在现实生活中政府具体化为工作人员，其所有权的职能行使也是由相应的工作人员来行使。这会导致两方面的弊端：一是由于国家在经济活动

第三章　党的十一届三中全会至邓小平南方谈话前的工业企业制度

中同时拥有国有工业企业的所有权和行政的管理权，政府工作人员往往会混杂使用政府的行政管理职能和所有者职能，最后导致的结果是所有权的行使依附于行政权的行使。二是政府与国有工业企业这样无生命、无意志的组织机构无法直接进行决策，而需要政府工作人员或经营者这样的自然人进行代理。在"委托-代理"的过程中，代理人难免会面临组织利益与个体利益相悖的局面，这就产生了外部性的问题。

（三）两权分离改革的具体实施

1. 承包经营责任制

（1）承包经营责任制的实施过程。1987年3月，国务院在六届全国人大五次会议上发布的《政府工作报告》中提出，改革的重点要放在完善企业经营机制上，根据所有权与经营权适当分离的原则，认真实行多种形式的承包经营责任制。同年4月，在全国承包经营责任制座谈会上，原国家经委决定从该年6月起，在全国范围内推行承包经营责任制。8月，《关于深化企业改革、完善承包经营责任制的意见》发布，重申了实施承包经营责任制"包死基数、确保上交、超收多留、欠收自补"的原则，以及兼顾国家、企业、职工三者利益的要求。1988年2月，国务院又发布了《全民所有制工业企业承包经营责任制暂行条例》，进一步规范了国有工业企业实施承包经营责任，并且引进了企业的盈亏机制、风险机制及承包责任人的竞争机制和奖惩机制，促进了企业承包经营制的进一步发展。该年已经有9 021个大中型国有工业企业实行了承包经营责任制，超过了总数的90%。至1990年，第一批实行承包经营责任制的企业普遍面临三年承包期到期，第二轮承包合同的签订工作要马上开展衔接的局面。1991年年初，签订了新一轮承包合同的国有工业企业达到了95%。第二轮承包合同对承包经营责任制度进行了再一次的完善，包括对承包指标体系的调整和各项机制的加强。

（2）承包经营责任制的主要形式。对于国有工业企业来说，承包经营责任制的主要形式是"两保一挂"。"两保"中的第一"保"主要保证的是国家的利益，即保证国有工业企业上交的利润和应纳的税额。其中利润的上交额以承包经营合同中规定的为准，并且按照"包死基数、确保上交、超收多留、欠收自补"的原则，无论国有工业企业完成多少利润，甚至亏损，都必须上交规定的利润基数额给国家。"两保"中的第二"保"是国有工业企业保证完成国家下达的技术改造任务，而在技术改造的过程中企业必然面临资金的问题，这样一来，银行的角色便被引入了。企业技术改造的资金，一小部分是自筹，更大一部分通过银行贷款，而这些贷款都需要企业自己偿还。"一挂"是针对企业而言的，即国有工业企业的工资总额与其经济效益挂钩。

"两保一挂"的形式有利有弊。从利的方面来讲，第一，在"超收多留、欠收自补"的原则下，不管国有工业企业自身盈利与否或者盈利多少，国家的财政收入都是持续稳定的。第二，国家除下达上缴利润的任务给国有工业企业外，还下达了技术改造的任务，这对于企业、社会甚至国家的长远发展都具有积极作用与重大意义。第三，在国有工业企业技术改造任务中，银行加入进来，一方面，企业的技术改造有了一个庞大而有力的资金支持者，使得企业能够按时而圆满地完成改造任务；另一方面，银行通过贷款获得一定的利息收入，打破了原有的只有国家与国有工业企业两方的利润分配机制，使利润分配机制更加合理、有效。第四，企业的工资总额与经济效益挂钩，并且即使亏损也要保证完成利润上交任务，这使得"混吃等死""吃大锅饭"等局面被打破，国有工业企业的管理体制趋于合理，生产积极性与活力进一步提高。从弊的方面来讲，第一，在上缴利润与技术改造的双重任务下，规模较大或较成熟的国有工业企业尚能承受，但对于规模稍小或刚起步的国有工业企业，难以做到两头兼顾，反而阻碍了企业的发展。第二，国家只明确规定，无论国有工业企业的盈利状况如何都必须完成一定数额的利润上交任务，但对是否必须按时偿还银行贷款并没有做明确规定，这样一来，若国有工业企业在上缴利润后没有多余的利润留成，银行的利益就难以得到保证。第三，银行的利益不仅仅是在国有工业企业没有多余利润留成的情况下难以保证，即使国有工业企业在完成上缴利润任务后仍有留成，其利益也很难得到保证。因为当企业有利润留成时，它必然面临两个选择：发工资还是还贷款。当国家对是否必须按时偿还银行贷款没有明确且硬性的规定时，或者有其他国有工业企业开了不还贷款、拖欠贷款的先河时，很多国有工业企业都

第三章　党的十一届三中全会至邓小平南方谈话前的工业企业制度

会选择满足自己的利益,将利润留成用于发工资而拖欠银行贷款。

2. 租赁经营责任制

租赁经营责任制主要是针对小型国有工业企业的改革,与大中型国有工业企业承包经营责任制的主要区别在于企业获得的自主权的大小。小型国有工业企业的优势就在于"小"而"轻",因此其盈利给国家带来的收入或者其亏损给国家带来的损失都是相对"小"而"轻"的。这样一来,国家可以比较放心大胆地给予其相比于大型国有工业企业更多的自主权,让其成为先锋,为大中型国有工业企业改革探路。小型国有工业企业租赁经营责任制的推行与大中型国有工业企业承包经营责任制的推行几乎是同步进行的。至1987年年底,实行租赁经营承包制的小型国有工业企业达到了40 000个,占总量的46%,总体上看都取得了良好的效果。

3. 相关改革试点

(1) 进行股份制企业试点。我国股份制企业的雏形,是一部分通过"以资代劳、带股就业"等形式筹措资金建立起来的乡村企业。股份制企业按持股类型不同可分为三类,分别是社会公开持股、法人相互持股、企业内部员工持股。我国第一家规范的工业行业股份制企业是上海飞乐音响股份公司,该公司于1984年11月向社会公开发行股票,筹集组建企业的资金。1990—1991年上海证券交易所和深圳证券交易所分别成立并开始营业,标志着我国股票市场正式建立。1991年年底,全国各种类型的股份制试点企业已经突破3 220家,这3 000多家股份制试点企业按行业划分,工业企业有1 700多家,占到了一半以上,成为股份制试点的主力军。从成果来看,我国两权分离改革中的股份制试点工作取得了良好的效果。首先,股份制的出现,国家这个大股东的股权被稀释,不再一家独大,有利于进行两权分离;其次,员工持股等方式使得其收入分红与企业经营成果密切相关,大大提高了员工积极性与企业活力;最后,企业股权被划分成较小的份额,不仅容易在社会上流通,企业筹措资金更容易,还使企业从只受政府的监督与鞭策扩大到受到全社会范围的监督与鞭策,对企业的生产经营也有促进作用。

（2）推动发展企业集团。国有工业企业间横向经济联合的工作，国家在扩大国有工业企业自主权阶段就已经开展，而且取得了一定的成效。在此基础上，1986年3月出台的《关于进一步推动横向经济联合若干问题的规定》，第一次提出了"企业集团"的概念。由此，国有工业企业间的横向经济联合逐步向国有工业企业集团方向发展。1987年4月，国务院批准了《关于大型工业联营企业在国家计划中实行单列的暂行规定》。同年，一批实现从研发、生产到贸易一体化的稳定工业企业联合体在全国范围内出现，国有工业企业横向经济联合再次取得实质性的进展。1987年年底，国务院发布《关于组建和发展企业集团的几点意见》，提出了企业集团的含义、组建原则、组建条件、内部管理原则、发展的外部条件五项内容，企业集团迅速发展。1989年年底，国家体改委在企业集团组织与管理座谈会上，再次充分肯定了发展国有工业企业集团的重大意义。1991年年底，国务院开始对55家企业集团进行试点。组建国有工业企业集团，对于生产力的发展和进行两权分离改革都具有重要的促进作用。首先，在发展生产力方面，国有工业企业集团有利于促进企业结构合理化，形成合理的规模经济和范围经济效应，并且有利于将科学技术迅速转化为生产力。其次，在促进改革方面，国有工业企业集团有利于实行政企职责分开，转变政府管理经济的职能，深化国有工业企业内部改革，完善企业经营机制。

（3）党委领导下的厂长负责制转变为厂长（经理）负责制。1984年，党的十二届三中全会通过了《关于经济体制改革的决定》，提出"只有实行厂长（经理）负责制，才能适应现代企业生产经营特点的要求"。该决定同时提出"要积极支持厂长行使统一指挥生产经营活动的职权，保证和监督党和国家各项方针政策的贯彻执行，加强企业党的思想建设和组织建设，加强对企业工会、共青团组织的领导，做好职工思想政治工作"。厂长（经理）负责制的推行使党的职能、作用等产生了明显的变化，从以前的领导生产行政工作开始转变为监督工作生产和组织思想建设等。1986年9月发布的《中国共产党全民所有制工业企业基层组织工作条例》和1987年10月党的十三大报告中，

第三章　党的十一届三中全会至邓小平南方谈话前的工业企业制度

都对党委的思政、监督职能和厂长的生产行政职能做了明确的说明和规定。1988年，《全民所有制工业企业法》颁布，厂长（经理）负责制正式在国有工业企业中实行。事实上，党委领导下的厂长负责制，从1961年通过《国营工业企业工作条例（草案）》后就一直作为我国国有工业企业管理的根本制度，在扩大企业自主权改革期间也没有改变过，这样的制度早就难以与改革的背景相适应。厂长（经理）负责制实现了国有工业企业权责的统一，是推动经济体制和国有工业企业两权分离改革的一个重要保证。

（4）国有资产管理体制改革起步。两权分离改革期间，随着国有工业企业经营自主权的进一步扩大，国有资产的管控问题也变得日益复杂。为避免国有资产被进一步侵蚀，国有资产管理体制改革开始展开。1988年11月，国有资产管理局正式成立，从此国有资产管理职能从政府一般经济管理职能中分离出来，由国有资产管理局单独进行管理[1]。国有资产管理局的成立是我国国有资产管理体制改革中的里程碑事件，对国有资产的良好运用与保值增值有重要意义。但国有经济主导地位的进一步加强却使得国有工业企业的市场性进一步弱化，这与改革初衷是相悖的。因此，国有资产管理体制的改革亟待寻找一条新的出路。

三、放权让利改革的内在逻辑

工业企业制度改革的历程是随着市场经济制度的演进和发展，工业企业逐渐成长为市场独立主体的一个过程。从制度变迁的过程来看，"放权让利"这一诱致性因素，促使政府推行经济责任制、利改税和承包经营责任制等举措，并随着政府"强制性因素"的推动，工业企业制度变迁逐渐加速。从产权制度演变逻辑来看，改革开放初期的国企产权制度改革分为两大阶段：一是在1978年至1986年，国家开始承认国有企业的使用权与收益权；二是

---

[1] 国有资产管理局拥有的具体权利包括国有资产所有者的代表权、国有资产监督管理权、国家投资和收益权、国有资产处置权等。

1987年至1992年，国有企业具有较为完全的使用权和不完全的收益权。从绩效评价变化路径来看，相比改革开放前仅以"产品产量"为中心的单一企业绩效评价制度，"放权让利"阶段的绩效评价开始将企业利润、技术进步、经济效益以及质量安全等指标纳入在内，取得了较大的进步。从激励机制的发展来看，对工业企业的激励机制由改革开放前的注重精神激励到改革开放初的偏重物质激励转变。

(一) 制度变迁过程

在经济学家诺斯（2001）看来，制度变迁的诱致因素是，经济主体期望通过制度创新来获取在已有制度安排中无法取得的最大的潜在利润，潜在利润越大，驱动制度变迁的启动时间越短。而在现实经济制度变迁的过程中，都会受到来自诱致性因素和强制性因素[①]的影响。而由这两个因素推动的工业企业制度改革过程，也是一个企业经营者和政府多次博弈的过程，从均衡博弈向另一个均衡不断演进。计划经济时代工业企业生产效率低下，政府不仅要负担企业的全部盈亏和承担高昂的监督成本，还要获得更多的财政收入，原本制度无法取得的潜在利润可以通过企业改革来获取。于是"放权让利"遂成为诱致性因素，促使政府推行经济责任制、利改税和承包经营责任制等举措。而随着政府"强制性因素"的推动，国有工业企业制度变迁逐渐加速。

初期的"放权让利"只是国家开始承认国有工业企业的使用权与收益权，企业也并未得到完全的使用权和确定的收益权。随着这一改革措施的边际效用快速递减，政府只好进一步扩大企业自主权，如开始推行经济责任制，并不断转换改革的手段和思路。而扩大企业自主权并没能够划清企业和政府的利益界限，企业乱发奖金等短期寻租行为经常出现。为确保足够的财政收入和降低企业的监督成本，之后陆续出台了"两步利改税""拨改贷"和"承包经营责任制"等措施。这一阶段的改革措施在使国有工业企业经营者获得部

---

① 诱致性变迁指新制度安排的创造，它由个人或一群人在响应获利机会时自发倡导、组织和实行，是一种自下而上的制度变迁；强制性变迁是由政府命令和法律引入来施行，它是一种自上而下的依靠国家权威来实现的强制性要求。

第三章　党的十一届三中全会至邓小平南方谈话前的工业企业制度

分剩余索取权和经营自主权的同时，也增加了国家的财政收入。但是，这种局部性的探索改革很容易就暴露出问题，如企业苦乐不均和"鞭打快牛"、工资侵蚀利润、自发涨价、奖励及福利基金侵蚀企业发展基金等。因此，"抓大放小"、股份制改造等措施顺其自然地成为下一阶段的策略选择，同时也要求建设现代企业制度。

（二）产权制度演变逻辑

在改革开放初期，中国工业企业制度改革历程也就是国有企业改革的过程，而国有企业改革的实质是产权制度的改革。为解决国有企业运行低效率和"委托-代理"等问题，我国逐渐调整国家与企业责、权、利的关系，如推行厂长负责制、经济责任制、利改税和承包经营责任制等。这一时期的放权让利两阶段"扩大企业自主权"和"两权分离"便成为委托人在面临代理人参与约束和激励相容约束条件下最优化效用的明智选择。由于现实实践中资产专用性和机会主义的存在，确定一个"委托-代理理论"所讲的完全契约很困难。在一定程度上，解决剩余索取权与剩余控制权[①]两者之间的矛盾成为放权让利两阶段的根本性问题。一方面，剩余索取权的拥有者是作为全民代理人的政府，而实际的剩余控制权则被国企高管或上级主管官员掌控。两权分离造成的结果便是，国企高管没有足够的动力去努力工作来获得剩余收益，与此同时业绩压力缺失，实际激励不相容。另一方面，执行成本过高的名义剩余控制权和剩余索取权进一步强化了两权分离的负面效果，国企产权制度改革迫在眉睫。

具体来讲，改革开放初期的国企产权制度改革分为两大阶段：一是在1978年至1986年，国家开始承认国有企业的使用权与收益权。此阶段主要实行的举措包括前面第二节所讲的"扩大企业自主权"、实行"利润留成制""经济责任制"等。第一阶段的放权让利对企业的资源使用权和收益权开始逐

---

① 剩余索取权：对扣除补偿性成本之后的剩余的要求权，其对于促进资产的所有者充分发挥工作潜能、避免团队中的偷懒现象具有较强的激励；剩余控制权：事后可更改的对企业资产任意处置的权利，有利于鼓励资产的所有者开展专用性投资。

步承认，可是这种资源使用权是有限制的，企业并未得到完全的使用权和确定的收益权。此次的国企产权制度改革也只是对所有权和经营权的分离进行了初步的探索，关于企业的产权关系未能取得实质性的进展。第二阶段是1987年至1992年国有企业具有较为完全的使用权和不完全的收益权。在这个阶段主要推行的措施则包括承包经营责任制、租赁经营责任制、股份制改革等。从产权经济学理论来看，承包经营责任制在明确企业的责权利的同时，使企业拥有了较为完全的资源使用权和不完全的收益权，增强了企业的经营活力。但是，在承包制实际运行中，承包基数和利润分成比例等指标的确定，取决于政府发包部门和承包的国有企业间的一对一谈判，操作起来不但缺乏科学依据和统一标准，而且也不能够对市场进行快速的反映。如此一来便增加了企业与国家之间的交易成本，不完全收益权则造成企业的实际收益取决于努力生产和谈判。

总的说来，从1978年开始的我国工业企业制度改革，在产权方面是先界定国家与企业的使用权与收益权，并未触动所有权。但是"放权让利""利改税"和"承包责任制"等措施带来的如"鞭打快牛"的负面影响没有得到根本改变。此种情况诱发了企业与政府讨价还价来增加收益的寻租行为，同时还导致了交易成本的增加。由于这些问题的产生和取得的经验成果，到了1993年，"产权清晰"被首次提出来，我国工业企业改革开始进入现代企业制度阶段。

（三）绩效评价变化路径

在改革开放之前，也即计划经济时期，我国主要通过核定实物产量来对企业绩效进行考核和评价。从前文提及的计划经济时代的"十二项指令性生产指标"和1975年国家制定的"工业企业八项技术经济考核指标"[①] 来看，工业企业绩效考核的主体内容便是产量和产品质量，考核的方法则是实际产出与计划产出/行业生产技术标准进行比较。而到了"扩权让利"和"两权分

---

① 该指标包括产量、品种、质量、成本、利润以及劳动生产率、流动资金、原材料燃料动力消耗等。

第三章　党的十一届三中全会至邓小平南方谈话前的工业企业制度

离"的阶段（1978—1992年），对于工业企业绩效考核重点强调的是企业所取得的经济效益，包括企业实际产值和利润。于是，注重利润创造的承包指标成为企业绩效评价的主要内容，该指标具体包括：①指令性计划中产品调拨指标、出口任务指标；②工资总额与经济效益挂钩指标；③科技进步、技术改造；④上缴利润和实现利润；⑤物耗降低率；⑥资金利润率；⑦质量指标；⑧安全指标等。除此之外，1982年原国家经济委员会、国家计划委员会等六部委联合制定了"企业16项主要经济效益指标"，考核的内容在常规的产值产量基础上增加了资金使用情况等多项评价指标，评价指标变得多样。

相比改革开放前仅以"产品产量"为中心的单一企业绩效评价制度，1978年至1992年这一阶段的绩效评价开始将企业利润、技术进步、经济效益以及质量安全等指标纳入在内，取得了较大的进步。同时，这阶段的绩效评价改革也为以后的综合型绩效评价（1992—2003年）、价值型绩效评价（2003—2013年）和分类绩效评价（2013年至今）做出了有益的探索。[①] 但总体而言，科学系统的企业绩效评价体系依旧没能建立起来，相对而言还是较为单一。为了能跟上国企改革的进程，探索并建立更为科学、系统、全面的工业企业绩效评价体系势在必行。

（四）激励机制的发展

纵观我国改革开放40多年，对于工业企业的激励机制经历了从注重精神激励到偏重物质激励，再到兼顾精神激励和物质激励的综合激励阶段的发展过程。在改革开放之前，工业企业属于政府机构的附属物，没有独立的经济生产经营能力。对于企业经营者的考核通常按照行政干部的考核标准进行，如此一来企业经营者的激励内容也和行政干部一样：注重精神激励，以职务

[①] 国有企业绩效评价体系的改革特点：单一型绩效评价（1978—1992年），以单一指标（实物量承包指标）考核为核心；综合型绩效评价（1992—2003年），从单一评价到多指标评价，绩效评价体系首次实现系统化，形成财务指标与非财务指标相结合的综合评价体系；价值型绩效评价（2003—2013年），"横向到边、纵向到底、激励有力、约束有方"的对企业负责人经营业绩的考核方式，充分体现企业价值增长的价值型绩效评价体系；分类绩效评价（2013年至今），基于企业功能定位进行分类评价，更具针对性和有效性。

晋升为主，评选先进工作者。在实际薪酬方面，企业经营者与企业员工按照各自的级别等级和制定的工资标准享受相应的工资水平和福利，但是取得的最终报酬和福利差别不大。

到了"放权让利"阶段，随着利润留成制和承包责任制等措施的施行，企业经营者拥有部分剩余索取权和资源使用权，其生产经营积极性得以调动起来。在这个阶段，对企业经营者的激励呈现出以下四个特点：①偏重物质激励，政治职务晋升等精神激励和物质激励同时存在。②激励的实际内容具有一定透明度，如"承包经营责任制"的"包死基数、确保上交、超收多留、欠收自补"原则，使经营者可预先知道该交多少，自己该留多少。企业经营者与职工的收入水平逐渐拉大，参照《全民所有制工业企业承包经营责任制暂行条例》（以下简称《暂行条例》）第三十三条，"企业经营者的年收入，视完成承包经营合同情况，可高于本企业职工年平均收入的 1 至 3 倍，贡献突出的，还可适当高一些。企业领导班子其他成员的收入要低于企业经营者。"如此一来，企业经营者的生产经营积极性被激励起来。④企业经营者的实际收入与企业经营效益挂钩。《暂行条例》第三十三条还补充道："完不成承包经营合同时，应当扣减企业经营者的收入，直至只保留其基本工资的一半。企业领导班子其他成员也要承担相应的经济责任。"

但是这一阶段的激励机制过于偏重对承包经营者的物质激励，缺乏与之对应的约束限制机制，从而造成企业经营者的短视化行为，只关心企业短期利润的最大化，忽视企业的长期利益。从现实实践效果来看，该阶段的激励机制并未达到预期目标，成效不大。

第三章 党的十一届三中全会至邓小平南方谈话前的工业企业制度

第三节 放权让利改革成效及存在的问题

1978—1992年的国有工业企业改革只是在原有计划经济体系框架下，对建立现代企业制度的初步探索。通过"扩大企业自主权"和"两权分离"的制度改革，国有工业企业发展取得了一定的成效。然而，两阶段的放权让利改革在给工业企业带来了诸多新变化的同时仍存在很多问题。

一、放权让利改革取得的成效

改革开放释放出巨大的生产潜力，使有企业经营者和生产者从高度集中的计划经济中解放出来，生产积极性和主动性得到明显的释放，企业经营开始向良好的方向转变。在1978年至1992年这10多年改革期间，国企的生产力得到提升，国家与企业间的权利分配格局得到改善，税收制度得以施行，中小企业的经营效益也不断提高，并且股份制的有益探索为1993年之后建立现代企业制度体系奠定了基础。

如图3.1所示，我国1992年的工业总产值达到10 284.5亿元，是1978年的1 607亿元的6.4倍，年均增速达到14.18%。随着国有工业企业制度改革的不断深入，工业企业的生产效率得以提升，放权让利改革释放出的企业生产能力是显而易见的。分阶段来讲，扩大企业自主权、推行经济责任制、两步利改税、实施承包经营制和租赁经营制等改革措施都在不同时期给国有工业企业带来了巨大的变化，取得了相应的成效，具体情况如下：

（一）扩大企业自主权试点，初步刺激国企的生产力

作为国有工业企业改革的启动环节，"放权让利"使国有工业企业获得了一定的自主权，并能保持部分份额的留利，对于企业盈利及发展意识的提高、国家生产计划的完成、职工增产增收积极性的激发等都发挥了显著作用。在

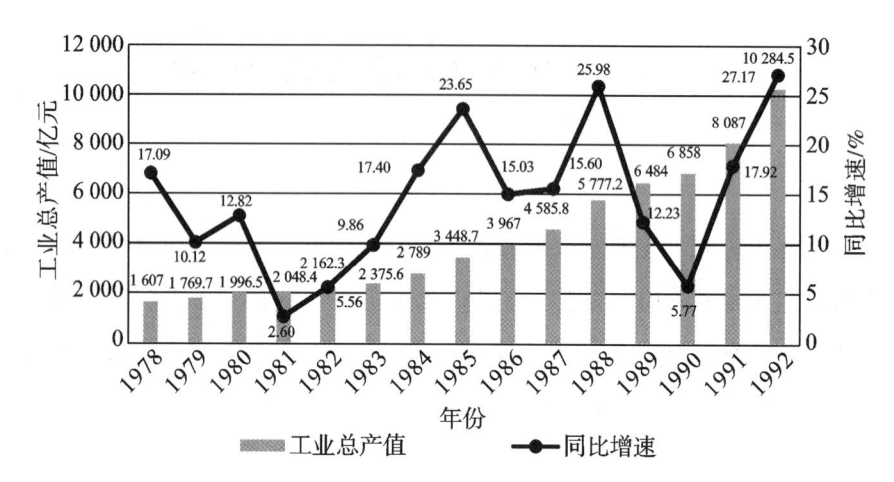

图 3.1　1978—1992 年工业总产值及增速变化情况

资料来源：中华人民共和国国家统计局. 新中国六十五年［M］. 北京：中国统计出版社，2014.

最初进行扩大企业自主权试点工作的四川省，试点开始后的第一年，统计中的 84 家地方国有工业企业，经营效益很明显地高于非试点工业企业，其工业总产值比上年增长近 15%，利润实现 33% 的增长，同时上缴利润也比上年增长 24% 左右。随着四川国有工业企业试点成功经验在全国范围内的推行，以及"扩权十条"① 的出台，国有工业企业经营者和生产者从高度集中的计划经济中解放出来，生产积极性和主动性得到明显的释放，企业经营开始向良好的方向转变。据 1980 年对 5 777 家试点工业企业（自负盈亏的试点企业不包含在内）的统计，当年实现工业总产值增长 6.89%，利润增长 11.8%，上缴国家的利润增长 7.4%。具体来讲，在全部实现的利润中，上缴国家的利润占比为 87%，企业留利占比为 10%，而剩下 3% 的利润则用于归还贷款和政府补贴等。

总的说来，初期的国有工业企业制度改革，以企业自主权的扩大和利润留成为突破口，让在原本计划经济体制约束下的国有企业，特别是以国有工业企业为典型代表的企业超额完成规定计划任务和增收增产，同时使企业的自我积累、自我发展的能力得到不断提升。在初期放权让利的刺激下，国家、

---

① "扩权十条"具体包括：补充计划权；企业利润留成权；企业拒绝随意抽调企业人员、资金、物资权；机构设置权；新产品试制权；产品出口权；择优录用员工权；惩罚奖励权；折旧基金使用权；企业经营状况优秀，职工提升工资可略高于行业平均水平等。随后，试点地政府让渡了生产自主权、产品销售权等十四项经营权。

第三章　党的十一届三中全会至邓小平南方谈话前的工业企业制度

企业、员工都实现了收入的增加，这也为未来的工业企业制度进一步改革提供了初步的经验。

（二）全面推行经济责任制，进一步改善国家与企业的权利分配格局

工业经济责任制的推行，是为了解决"扩权让利"初期产生的财政赤字和通货膨胀等问题。其主要内容包括如下两个方面：一是推广工业经济责任制度，是国家为处理和调整与国有工业企业两者间的利益分配等关系而产生的。以利润留成、盈亏包干、自负盈亏和以税代利等做法来实现权、责、利的统一，确保企业利润上缴的任务。二是建立起工业企业内部的经济责任制度，处理好企业和职工间的关系，从而解决职工吃企业"大锅饭"的问题。其中激发职工工作积极性的方式包括：经济责任制分解、计件工资、浮动工资、定包奖和超产奖等。工业经济责任制从1981年4月开始提出试点意见，六七月逐渐在全国推广，八九月便达到了高潮。据相关资料统计，在全国范围内的工业企业之中，实行工业经济责任制的企业达到70%左右，截至1981年年底实行工业经济责任制度的工业企业总计达到4.2万家。随着工业经济责任制的推行，国家财政赤字的问题短期内得到一定程度的缓解，如图3.2所示，1981年财政收支差额从上年的-68.9亿元缩减至37.38亿元，实现了财政盈余，并进一步改善了国家与企业的权利分配格局。

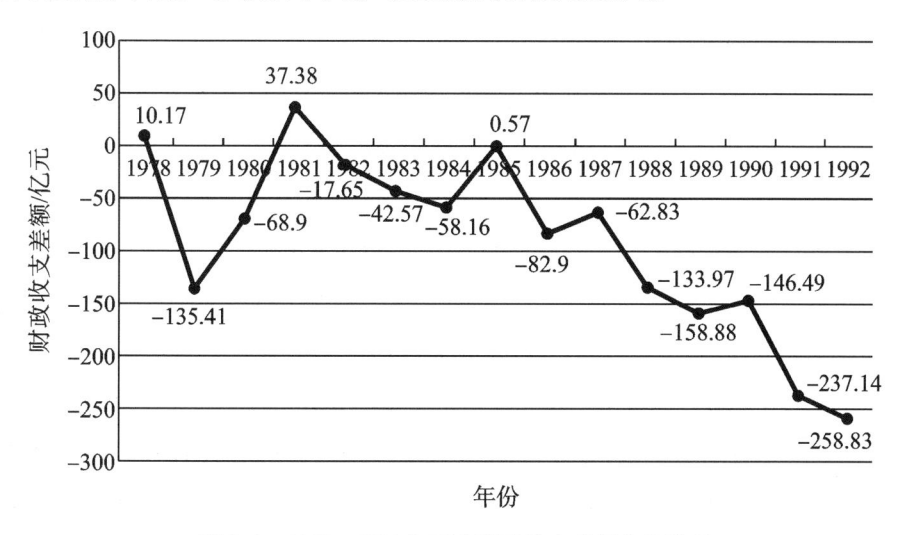

图3.2　1978—1992年国家财政收支差额变化情况

资料来源：中华人民共和国国家统计局. 新中国六十五年［M］. 北京：中国统计出版社，2014.

（三）第一步利改税，解决了利润留存制度的弊端

税收是国家为取得财政收入的一种具有法律强制力的形式，而"利改税"的实行便是利用税收的法律强制性来确定国家与国有工业企业之间的利益分配关系。这种最初想法是可行的，通过机制的改变来解决之前实行利润留成制时出现的企业在上缴利润比例上讨价还价的问题。利改税的实行，一方面能够稳定国家的收入来源；另一方面，也有利于减少政府对国有工业企业的行政干预，从而进一步稳定国有工业企业的生产和经营自主权。实践表明，第一步税利并存的"利改税"在确定国家和企业之间的利益分配关系、稳定国家税收来源方面，相比工业经济责任制中的利润留存制度确实是一个大的进步。它改变了国有工业企业只上缴企业利润不交纳所得税的传统模式，并且对确定国家与企业之间的关系做出了有益的尝试。据统计，截至1983年年底，实行第一步利改税的26 500户国营工业企业约占全国盈利企业总户数的95%；到了1984年，国有工业企业实现企业留利占比也逐步上升，从1980年的10%上升至25%。[①]

（四）第二步利改税，使税收制度进一步明晰

1984年10月开始实行的第二步利改税是从"以税代利"向"完全交税"的制度改变。从两年多的实践情况来看，第二步利改税取得了一定成效，主要体现在以下四个方面：一是国有工业企业上缴利润的形式改变，突破了行政隶属关系的限制，有利于解决中央和地方的经济利益关系；二是国有工业企业留利增多，企业经营改善，并进一步提高了增强经济效益的积极性；三是税收制度进一步明晰，税收杠杆的调节作用正不断发挥出来，缓解了当时价格体系不合理带来的矛盾；四是将国家和国有企业的关系以法律的形式初步固定下来，使国家财政收入与经济发展挂钩。

（五）承包经营责任制，大大激发企业活力且进一步完善权责利分配制度

作为推进两权分离改革的主要形式，承包经营责任制从1987年在全国范围内普遍推行以来，很大程度上激发了国有大中型工业企业的活力。其通过

---

① 中华人民共和国国家统计局. 中国经济统计年鉴 [M]. 北京：中国统计出版社，1989.

第三章 党的十一届三中全会至邓小平南方谈话前的工业企业制度

合同的形式将国家与国有大中型工业企业双方的责任、义务和分配关系给确定下来，给予了企业比较完全的经营权和一定意义上的收益权，从而使国有工业企业的责、权、利三者也得到了有效的结合。截至1987年年底，实行承包经营责任制的国有大中型工业企业数量已经达到8 800多家，约占国有大中型工业企业总数的78%。

从生产经营效果来看，1987年实行承包经营责任制的工业企业实现工业产值2 452亿元（同比增长11%）、销售收入2 797亿元（同比增长18%），实现利润291亿元（同比增长14%），且比未实行承包经营责任制的企业高出约10个百分点，上缴财政收入同比增长5%。与之形成鲜明对比的是未实行承包经营责任制的工业企业上缴的财政收入反而比1986年下降了22%左右。1987年政府财政收入比1986年增加60多亿元。到1988年年底，即全面推行承包经营责任制不到两年的时间，全国预算内工业企业创利税达369亿元，相当于1981—1986年利改税六年期间国有工业企业所创利税的总和。

从生产经营活力来看，如图3.3所示，在1978年调查统计的710家国有大中型企业中，活力较强、中等、偏弱的企业数量依次为113家（占总数比重为16%）、376家（占比53%）、221家（占比31%）。随着承包经营责任制的推行，到了1991年，活力强的企业数量增加至157家，比重上升至22.11%；活力中等和偏弱的企业数量都趋于减少，分别为358家（占比50.42%）、195家（占比27.47%）。其中，实行承包责任制经营的600家企业的活力度由1987年的62.7%上升至1991年的64.1%，明显好于未实施承包经营责任制的企业。以上数据较为明显地说明，承包责任制是能够增强国有大中型企业活力的。相关数据也进一步显示，与国有大中型工业实施承包前四年经营状况相比，1987—1990年，国有预算内的工业企业利税实现增长28%，上缴利税增长至26%，同时企业留利也增长了近28%，职工人均收入水平增长了近80%。国有大中型企业承包经营责任制调动了工业企业的生产活力和积极性，相比之前的国有工业企业改革措施，很大程度上改变了企业吃国家"大锅饭"和职工吃企业"大锅饭"的格局。

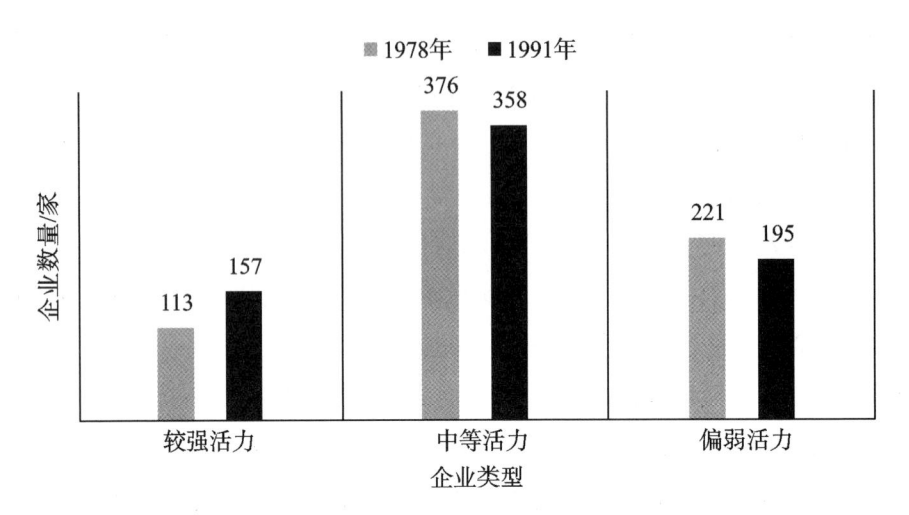

图 3.3　1978 年与 1991 年不同活力企业数量对比

资料来源：刘树人，张久达，张晓文. 中国企业活力定量评价［M］. 北京：中国国际广播出版社，1995.

(六) 租赁经营责任制，提高了中小企业的经营效益

相比承包经营责任制，租赁经营责任制主要是针对国有小型工业企业，使其通过租赁的形式获得一定的经营自主权。承包制和租赁制都实现了所有权与经营权两者在某种程度上的分离，而租赁制两权分离的程度更大，国有小型工业企业拥有更多的自主权。实践表明，经营租赁较好地增强了企业活力，使企业获得了一定的经济效益。资料显示，1988 年年底，在对 43 935 家国有小型工业企业的数据调查中，实行租赁经营责任制和其他经营方式的国有小型工业企业数量已经接近 25 000 家，占企业总数的 56%，企业经营效益也普遍趋好。1988 年 6 月的《全国所有制小型工业企业租赁经营暂行条例》的进一步出台，也促进了国有小型工业企业租赁经营的发展。

(七) 股份制的探索，为建立现代企业制度体系奠定了基础

除了承包责任制和租赁经营制外，部分国有工业企业在试行股份制上有了一定的探索。随着试点的铺开，作为实现"两权分离"的一种改革思路的股份制，其在界定产权、明晰责任和权利以及提高管理水平等方面显现出明显的优越性，也预示着未来国有工业企业改革的推进方向。这一时期的股份

第三章　党的十一届三中全会至邓小平南方谈话前的工业企业制度

制试点探索，显现出如下三个特点：一是实行的股份制并不规范；二是各级政府对实行股份制改革逐渐支持并开始形成共识；三是企业实行股份制多是为了筹资，较少考虑改变企业治理结构。通过这一时期的探索，坚定了推行股份制的信心，也为后来建立现代企业制度体系奠定了基础。

二、两阶段放权让利改革仍存在的问题

两个阶段的"放权让利"取得了相当多的成果和经验，但是由于很大程度上受长时间的计划经济体制影响，国家对企业的扩权并没能真正有效地实现责、权、利的结合，相关制度设计和实行也有着重大的缺陷与不足。因此，两阶段的制度改革就不可避免地带来了诸多问题。

（一）扩大企业自主权改革试点缺乏及时有效的约束机制

扩大企业自主权改革试点工作是放权让利改革迈出的第一步，此时工业企业制度的一系列改革都还处在探索阶段，初步的扩权让利还缺乏明确清晰的边界，放权后企业行为缺乏及时有效的机制进行约束，生产增长主要依靠投入的增加。随之而来的问题也开始暴露出来，如企业压低计划指标、为扩大企业自身销售比例而同国家讨价还价、不完成财政上缴任务等。这些问题集中反映在宏观经济状况上，便是财政赤字不断增加，通货膨胀也日趋严重。如图 3.2 所示，1979 年国家财政收支差额达到 -135.41 亿元，1980 年为 -68.9 亿元，两年的财政赤字达到历史前所未有的 200 多亿元。1980 年，社会零售物价总指数达到 6%。[①]

（二）全面推行经济责任制难使企业经济效益显著提高

本质上讲，工业经济责任制度仅仅是国有工业企业改革初期扩权让利的进一步深化，并不能充分保证企业独立生产经营的权利和地位，只是在短期内使部分工业企业获得增产增收，而大多数的企业经济效益并未显著提高。1983 年年初，更大范围的利润包干制在国内推行后，就引起了较为严重的物

---

① 资料来源：中华人民共和国国家统计局. 新中国六十五年 [M]. 北京：中国统计出版社，2014.

价上涨和经济秩序的混乱。一方面，扩大企业的自主权遇到了来自原有计划体制和上级主管部门的阻力，名义上的企业自主权的扩大，很难达到真正搞活工业企业的既定目标。另一方面，初步改革释放出来的企业活力和生产能力与国家宏观经济目标发生冲突，从而造成了一定程度上的经济混乱现象。由于工业经济责任制推行与计划管理结合并不好，国家与企业的利益不相一致，企业往往更多的是追求自身的利益，从而造成企业包干基数确定不合理，出现企业同国家在利润分成基数上讨价还价和缺乏科学性、"鞭打快牛"等现象。

（三）两步利改税仍混淆税利，难以使企业真正成为自主经营、自负盈亏的责任主体

第一步利改税的税利并存制度仍然存在很多弊端，其对于亏损的企业仍然实行补贴政策，使得国有工业企业难以成为自主经营、自负盈亏的责任主体；税后利润国家仍然要求分成，难以对企业与职工起到较大的激励作用。具体来讲，税利并存的第一步"利改税"存在的问题：一是国有工业企业的盈亏责任制还不能真正体现；二是鼓励先进、鞭策落后企业的作用效果不明显；三是行政领导依旧是真正的掌控者，企业难以削弱政府不必要的行政干预；四是政府过于强调增加财政收入，上缴所得税比例较高，对于国有工业企业后续进一步发展考虑不到位，从而增加了企业的发展压力和削弱了企业的投资能力。

第二步利改税的完全交税制度实践结果依然不够理想，1984年第四季度，也即在开始实行第二步利改税政策的初期阶段，出现了三大问题：投资、消费基金和信贷快速膨胀，同时国家财政收支也不断恶化。其中，1984年12月，银行的各项贷款增加总额占全年增加额的48%左右；1984年全国职工工资总额比上年增加近19%；1985年，全国全民所有制单位基本建设投资比上年增长43%左右。1985年国家财政收入得到短暂盈余后，连续22个月滑坡，财政赤字加剧。出现的这一系列问题让人们认识到，在经济市场化程度较低的阶段，单纯的税制改革作用并不明显。

总的说来，第一步利改税和第二步利改税都有混淆"利"和"税"的不

第三章　党的十一届三中全会至邓小平南方谈话前的工业企业制度

同功能，对于解决政企相分离、促使国有工业企业成长为自主经营和自负盈亏的市场主体等问题还未起到根本性的作用。从实行结果来看，所得税税率过高带来的国有工业企业积极性和后劲不足、国有资产流失、国家财政赤字加剧等问题使得国有工业企业改革不得不转向在当时看来易于接受的承包经营责任制。

（四）承包经营责任制缺乏统一标准，具有短期性与不稳定性

在实行承包责任制初期，其"一包就灵"的效果确实明显，但随着时间的推移和承包制的加快推行，弊端也逐渐暴露出来。相比1988年，全国预算内工业企业经营状况在1989年实现利润下降近19%，可比产品成本上升约22%，全员劳动生产率提升幅度很小，仅为1.6个百分点。这种处于下降状态的企业经营效益一直到了1993年建立现代企业制度后才有所改善，其间国有资产不断流失，企业负债也在加速增加。我们不难发现，"两权分离"阶段下的承包制与"放权让利"背景下的利改税相比，在理论上讲本质是相同的，都是通过契约的形式来合理调整政府和企业两者间的权利分配关系，具有短期化和不稳定性。承包制只不过是将利改税的统一税率变成"一户一率"，两者都不能拿来作为长期的企业改革和规范国家与国有企业经营、分配关系的主要形式。并且"税利合一"的承包经营责任制混淆了"税"和"利"的不同功能；税前还贷的方式也弱化了对国有大中型企业的约束作用。在承包制实际运行中，承包基数和利润分成的比例等指标的确定，取决于政府发包部门和承包的国有企业间的一对一谈判，操作起来不但缺乏科学依据和统一标准，而且也不能够对市场进行快速反应。如此一来，不可避免地会产生企业苦乐不均和鞭打快牛、工资侵蚀利润、自发涨价、奖励及福利基金侵蚀企业发展基金等倾向。

（五）租赁经营责任制难以真正搞活企业

由于"适当分离"原则的指导，租赁经营制这种企业经营方式本身就具有难以克服的弊端。一是在实行租赁经营的时候，风险的承担者是租赁企业而不是承租者，形成的后果就是承租者没有足够的动力去管理企业，特别是在企业经营不善时，将会给国家资产造成损失。二是作为出租方的行政管理

机构，无论是资产所有者还是行政管理者，租赁经营本身就隐含着受到行政干预的因素，租赁经营也并未真正解决所有权与经营权分离和搞活国有工业企业的问题。

（六）股份制的探索尚未得到足够的重视

探索阶段的股份制试点存在不少亟待解决的问题，具体来讲包括如下四个方面：一是企业资产评估不到位，国有资产面临流失的风险。如在国有工业企业内部员工持股改革试点企业中，折算股份并未计算土地使用价值、设备和厂房的重置价值以及企业无形资产等，而多是通过企业账面净产值进行折股。二是部分企业不按照股份制相关原则行事，如违背股权平等、同股同利等原则。三是管理方式未能及时转变，相关部门对企业管理仍旧采取老办法。四是供求关系的失衡导致股票发行和交易时，股价波动幅度较大，出现过度投机行为。

第四节 总结

"放权让利"改革通过"放权"，把独立处理人、财、物等问题的权利逐渐下放给企业；再通过"让利"，推行经济责任制、利改税以及承包经营责任制等来提高企业经济效益。这一探索改革的阶段性目标，便是实现国有企业所有权与经营权的分离，让其真正成为自主经营、自负盈亏的市场竞争主体。10多年的改革探索，取得了相应的成效：①扩大企业自主权试点初步刺激了国企的生产力；②全面推行经济责任制，进一步改善了国家与企业的权利分配格局；③两次利改税使税收制度进一步明晰；④承包经营责任制大大激发企业活力且进一步完善权责利分配制度；⑤租赁经营责任制提高了中小企业的经营效益；⑥股份制的探索为建立现代企业制度体系奠定了基础等。与此同时，这一阶段改革暴露出的问题也显而易见：①扩大企业自主权改革试点

第三章　党的十一届三中全会至邓小平南方谈话前的工业企业制度

缺乏及时有效的机制约束；②全面推行经济责任制难以使企业经济效益显著提高；③两步利改税仍混淆"税"和"利"，难以使企业真正成为自主经营、自负盈亏的责任主体；④承包经营责任制缺乏统一标准，具有短期性与不稳定性；⑤租赁经营责任制难以真正搞活企业以及股份制的探索尚未得到足够的重视等。

总的说来，1978—1992年的工业企业制度改革是具有过渡性质的探索，通过"扩权让利"和"两权分离"两大阶段改革，以及实行扩大企业自主权、实行经济责任制、两步利改税、承包责任制、租赁经营制、股份制、国有资产管理改革等一系列试点工作，在改革开放起步期总结了经验、取得了阶段性的成果，为下一阶段建立现代企业制度奠定了基础。

参考文献

[1] 本刊编辑部. 抚脉历程：中国改革开放30年大事记（1978—1982）[J]. 改革，2008（2）：16-29.

[2] 本刊编辑部. 抚脉历程：中国改革开放30年大事记（1983—1987）[J]. 改革，2008（3）：19-33.

[3] 本刊编辑部. 抚脉历程：中国改革开放30年大事记（1988—1992）[J]. 改革，2008（4）：15-31.

[4] 陈国恒，刘孔庆. 国企改革二十年回顾[J]. 东方论坛（青岛大学学报），2000（1）：1-7.

[5] 程俊杰，章敏，黄速建. 改革开放四十年国有企业产权改革的演进与创新[J]. 经济体制改革，2018（5）：85-92.

[6] 黄速建. 国有企业改革的实践演进与经验分析[J]. 经济与管理研究，2008（10）：20-31.

[7] 剧锦文. 改革开放40年国有企业所有权改革探索及其成效 [J]. 改革, 2018 (6): 38-48.

[8] 汪海波. 对国有经济改革的历史考察: 纪念改革开放40周年 [J]. 中国浦东干部学院学报, 2018, 12 (3): 102-119.

[9] 汪海波. 中国国有企业改革的实践进程 (1979—2003年) [J]. 中国经济史研究, 2005 (3): 103-112.

[10] 项安波. 重启新一轮实质性、有力度的国企改革: 纪念国企改革40年 [J]. 管理世界, 2018, 34 (10): 95-104.

[11] 萧冬连. 放权、让利和松绑: 中国经济改革的起步 [J]. 中共党史研究, 2018 (3): 19-35.

[12] 许保利. 国有企业改革的历程 (1978—2008) [J]. 国有资产管理, 2008 (9): 71-76.

[13] 袁正, 郑勇. 培育国有资产微观主体: 国企改革30年回顾 [J]. 宏观经济管理, 2008 (12): 39-41.

[14] 张文高. 国有企业改革问题研究 [D]. 武汉: 华中师范大学, 2003.

[15] 张正清. 国有企业产权制度改革研究 (1978—2005) [D]. 福州: 福建师范大学, 2006.

[16] 章迪诚. 中国国有企业改革的制度变迁研究 [D]. 上海: 复旦大学, 2008.

[17] 赵凌云. 1978—1998年间中国国有企业改革发生与推进过程的历史分析 [J]. 当代中国史研究, 1999 (Z1): 199-218.

第四章
邓小平南方谈话后至加入世贸组织前的工业企业制度

从1978年到1992年,是国企改革"摸着石头过河"的时期,在不涉及产权改革的情况下,以"放权让利""自主经营、自负盈亏"等为目标的国企改革取得了一定成效,但国企产权模糊、政企不分、权责不清而带来的效率低下的问题仍然没有得到根本解决。

早在20世纪80年代,就有学者提出股份制,并在1984年开始了股份制企业的试点,在此基础上,理论界提出了以现代企业制度深化国企改革的思路。但是,由于各方面条件尚不成熟,在理论和改革思想上,关于姓"资"还是姓"社"的争论也持续不断,股份制试点工作在较长时间内处于停滞状态。

1992年邓小平同志南方谈话为总体改革确定了方向,推动了新时期的改革进程;之后召开的党的十四大明确了"建立社会主义市场经济"的目标模式;

党的十四届三中全会提出了"建立现代企业制度"的国企改革目标。而2001年加入WTO，标志着我国社会主义市场经济体制的基本建立，并更全面地融入全球经济体系中。1992年到2001年，这十年是我国再次明确改革开放的大方向，大刀阔斧地进行经济体制改革，加速从计划经济体制转向市场经济体制，从而带来国民经济高速增长的十年。在这个过程中，除了民营企业的快速崛起和发展以外，我国经济体制改革的中心环节仍然是国有企业改革。这一时期国有企业改革有了重大突破，主要体现在：国有重点企业中基本建立现代企业制度框架，以产权制度为重点的股份制改革逐步推进，国有经济结构和布局有了较大调整，国有企业整体效益得到提高。

第一节 "建立现代企业制度"的企业改革目标

一、确立"建立和完善社会主义市场经济体制"的经济改革目标

1992年1月18日至2月21日，改革开放的总设计师邓小平，先后赴武昌、深圳、珠海和上海视察，在改革开放的前沿阵地，小平同志发表了重要谈话。3月26日，《深圳特区报》发表了"东方风来满眼春——邓小平同志在深圳纪实"的长篇通讯，集中阐述了邓小平南方谈话的要点内容。南方谈话，从上至下，确定了坚持改革开放不动摇，乃至继续加快和深化经济体制改革的信念，标志着我国的经济改革进入新的阶段。

邓小平南方谈话中提出很多重要思想，包括：

"社会主义基本制度确立以后，还要从根本上改变束缚生产力发展的经济体制……所以改革也是解放生产力。"

第四章　邓小平南方谈话后至加入世贸组织前的工业企业制度

"不坚持社会主义，不改革开放，不发展经济，不改善人民生活，只能是死路一条。"

"改革开放胆子要大一些，看准了的，就大胆地试、大胆地闯。对的就坚持，不对的就赶快改。"

"计划经济不等于社会主义，资本主义也有计划；市场经济不等于资本主义，社会主义也有市场。计划和市场都是经济手段。"

"社会主义要赢得与资本主义相比较的优势，必须大胆吸收和借鉴人类社会创造的一切文明成果，包括资本主义发达国家的一切反映现代社会化生产规律的先进经营管理方式。"

针对建立证券市场和股票市场的争论，他指出："允许看，但要坚决地试。"

小平同志的讲话，明确了坚持经济体制改革和继续深化改革的总体思想，明确了长久以来大家争论不休的一些核心问题，指出市场是经济手段，计划经济与市场经济的区别，并非社会主义与资本主义的区别；对于发达国家的先进经营管理方式，要吸收和借鉴；改革中要敢于试和闯；等等。小平讲话，对于统一思想、凝聚信心、深化改革，无疑具有极大的作用。

1992年10月12日至18日，中国共产党第十四次全国代表大会在北京举行。十四大报告题为《加快改革开放和现代化建设步伐，夺取有中国特色社会主义事业的更大胜利》，报告中明确提出了"建立和完善社会主义市场经济体制"的目标。

报告指出："我们要建立的社会主义市场经济体制，就是要使市场在社会主义国家宏观调控下对资源配置起基础性作用，使经济活动遵循价值规律的要求，适应供求关系的变化；通过价格杠杆和竞争机制的功能，把资源配置到效益较好的环节中去，并给企业以压力和动力，实现优胜劣汰。"

党的十四大报告，确立了我国从计划经济体制向市场经济体制转轨的根本改革目标，确立了社会的基本资源配置方式将从行政计划转化为市场，企业将从被动执行和服从经济计划转变为市场经济中自主配置资源和参与竞争的主体。为此，诞生和服务于原计划经济中的国有企业也必须尽快改革，以成为适应市场经济的独立主体，并通过自身的改革促进市场经济体制的建立。

二、以建立现代企业制度为国企改革目标

邓小平南方谈话，解放了思想，加快了经济体制改革的步伐，邓小平提出"要大胆吸收和借鉴资本主义发达国家的一切反映现代社会化生产规律的先进经营管理方式"，对于股份制改革，"允许看，但要坚决地试"。这在很大程度上也解除了国企改革的思想束缚。

1992年10月，党的十四大报告指出了要加速改革开放，推动经济发展和社会全面进步，明确了建立社会主义市场经济体制的改革目标，而国有企业改革是建立社会主义市场经济体制的中心环节。

报告提出，要理顺产权关系，政企分开，使企业成为"自主经营、自负盈亏、自我发展、自我约束"的法人实体和竞争主体。报告明确提出产权问题，表明国企改革将不再仅限于经营权的调整，而将进入更深层次的产权层面，以产权改革来增强企业活力，使其成为真正的市场主体。报告提出要积极试点股份制，从而总结经验，使其有序健康地发展。另外，报告鼓励兼并联合，提出可出租或出售国有小企业，反映出对国有经济存量调整的思路。

实际上，1988年颁布的《中华人民共和国全民所有制工业企业法》就正式确立了国有企业的法人地位，结束了全民所有制企业法律地位和市场地位不明确的状况。而党的十四大报告，又着重提出"法人财产权"的概念，还将过去"国营企业"的称呼改为"国有企业"，体现出"产权清晰、政企分开"、将国有企业的资本所有权与经营权加以区分的思路。

党的十四大报告为国企改革下一步的深化消除了思想和政策障碍，同时也对国企改革提出了更高的要求。因为只有计划经济体制下的国有企业转变成为真正的、独立的市场经营主体，我国才可能完成计划经济向市场经济的成功转轨。

1993年11月，党的十四届三中全会通过了《中共中央关于建立社会主义市场经济体制若干问题的决定》，指出"建立现代企业制度，是发展社会化大生产和市场经济的必然要求，是我国国有企业改革的方向"。该决定提出现代企业制度的特点是"产权清晰，权责明确，政企分开，管理科学"，认为国有

第四章 邓小平南方谈话后至加入世贸组织前的工业企业制度

企业实行公司制,是建立现代企业制度的有益探索。具备条件的国有大中型企业,单一投资主体的可以改组为独资公司,多个投资主体的可依法改为有限责任公司或股份有限公司。该决定为国有企业改革提供了纲领性指导。

三、建立现代企业制度的重要法规、政策与市场环境

(一)1992—1994 年

1990 年 11 月和 1991 年 4 月,国家先后批准了上海和深圳两市开办证券交易所,虽然到 1991 年年底,沪深交易所上市公司只有 13 家,但也为其后国企股份制改制的推进提供了市场条件与动力。

1992 年开始,国家体改委会同有关部门制定并发布了《股份制企业试点办法》《股份有限公司规范意见》《有限责任公司规范意见》以及股份制企业财会制度、人事管理制度等 14 个引导性文件,加强了对股份制试点工作的规范和推动。

1993 年 12 月《中华人民共和国公司法》(以下简称《公司法》)颁布,为建立现代企业制度提供了法律依据和规范。在 1993 年《公司法》中,第一条就指出,其颁布是"为了适应建立现代企业制度的需要,规范公司的组织和行为,保护公司、股东和债权人的合法权益,维护社会经济秩序,促进社会主义市场经济的发展"。

《公司法》将公司分为有限责任公司和股份有限公司,并指出有限责任公司和股份有限公司是企业法人,公司以其全部法人财产,依法自主经营,自负盈亏。国有企业改建为公司,必须依照法律、行政法规规定的条件和要求,转换经营机制,有步骤地清产核资、界定产权,清理债权债务,评估资产,建立规范的内部管理机构。

1993 年 12 月,国务院建立了现代企业制度试点工作协调会议制度,国家经贸委和国家体改委等 14 个部委、局参加,并由有关部委起草试点方案。

1994 年 7 月,《中华人民共和国劳动法》颁布,为国有企业改革配套的内部人事制度、分配制度、保险等改革以及劳动力市场的发展提供了重要依据。

1994年11月，国务院出台了《关于选择一批国有大中型企业进行现代企业制度试点的方案（草案）》，以此为标志，国有企业公司制改革的试点在我国全面推开。该方案提出："国有企业实行公司制，是建立现代企业制度的有益探索。公司制企业以清晰的产权关系为基础，以完善的法人制度为核心，以有限的责任制度为主要特征。"方案将试点的时间定为两年，分为三个阶段，要求从1995年1月开始实施，到1996年下半年总结完善。试点包括以下内容：①完善企业法人制度；②确定企业国有资产投资主体；③确立企业改建为公司的组织形式；④建立科学、规范的公司内部组织机构；⑤改革企业劳动人事工资制度；⑥健全企业财务会计制度；⑦发挥党组织的政治核心作用；⑧完善工会工作和职工民主管理。

（二）1995—2002年

1995年9月，党的十四届五中全会通过了《中共中央关于制定国民经济和社会发展"九五"计划和2010年远景目标的建议》，对"抓大放小"的改革战略进行了部署。这一战略性转变，对于加快现代企业制度建设起到了积极的促进作用。

1997年9月党的十五大报告提出，要把国有企业改革同改组、改造、加强管理结合起来；要着眼于搞好整个国有经济，抓好大的，放活小的，对国有企业实施战略性改组；要实行鼓励兼并、规范破产、下岗分流、减员增效和再就业工程，形成企业优胜劣汰的竞争机制；要从战略上调整国有经济布局。

1998年12月，第九届全国人大常委会以高票通过了《中华人民共和国证券法》，我国的股份制改革和企业上市从此有法可依。

1998年我国的政府机构进行重大改革，国务院部委由40个减少到29个，多数专业经济管理部门改为由国家经贸委下属的国家局，原国务院各部门的200多项职能交给企业、中介组织或地方承担。2000年年底，又撤销了轻工、纺织、冶金、机械、石化等9个国家经贸委下属的国家局，相关职能并入国家经贸委。这些举措为进一步转变政府职能、实现政企分开、促进国企改革，提供了更好的制度条件。

第四章　邓小平南方谈话后至加入世贸组织前的工业企业制度

1999年9月，党的十五届四中全会通过了《中共中央关于国有企业改革和发展若干重大问题的决定》，该决定鼓励解放思想，以有利于发展生产力、增强国力、提高人民生活水平为根本标准，大胆利用现代经营和组织方式，探索促进生产力发展的公有制的多种实现形式，深化国企改革；并要求到2010年，国企的改革和发展，要能适应经济体制改革、经济增长方式转变和扩大开放的要求，要建立比较完善的现代企业制度，基本完成战略性调整和改组，形成比较合理的国有经济布局和结构。

第二节　国有企业建立现代企业制度的实践

一、国企建立现代企业制度的内涵

经过多年的改革探索，人们已经逐渐认识到，市场经济才是实现资源优化配置最有效且基础的经济制度，而具备独立法人资格的企业是市场经济的微观基础和核心。国有企业有活力、有效率、有竞争力，才能促进资源的优化配置、国民经济的增长和社会财富的增加，否则可能成为经济发展的包袱，也无法实现国有资产的保值增值。

经过前阶段以扩权让利、简政放权为主要特征的国企改革，理论和实践都要求国有企业必须进行更深刻、更根本的产权改革，如此，方能真正做到"权责明确、政企分开"，方能使国企成为社会主义市场经济中真正意义上的企业。而产权改革的核心就是借鉴现代市场经济中的企业特征，将之前法人产权和控制权等都不清晰的国有企业按照现代企业的制度规范进行改造。

那么现代企业制度具有怎样的特征呢，国企要如何改造才能成为真正意义上的企业呢？从历史发展来看，市场中的企业有业主制、合伙制、有限责任公司和股份有限责任公司等形式。国有企业的产权特征以及国有企业的体

121

量，决定了它们不可能采纳业主制和合伙制，而只能是有限责任公司及股份有限公司的形式。

党的十四届三中全会通过的《中共中央关于建立社会主义市场经济体制若干问题的决定》中，将现代企业制度特点概括为"产权清晰，权责明确，政企分开，管理科学"，并提出国有企业实行公司制，是建立现代企业制度的有益探索。

具体而言，"产权清晰"，就是要清理核实企业作为经营实体的财产，明确企业法人财产权的独立和不可侵犯，明确股东的所有权份额及行为主体。"权责明确"就是根据公司制度，明确所有者的权利、义务和责任，明确经营者的权利、义务和责任，明确企业法人的权利、义务和责任。"政企分开"，是指当出资人与经营者和企业的责权利明确后，政府只作为股东依法行使其股东权利，而不能直接干涉企业的生产经营，其社会管理职能与国有资产出资者职能要分开。"管理科学"是指企业的内部管理制度和生产经营方针要科学先进，要适应市场经济的竞争。实际上，科学的管理需要选择优秀的管理者，而优秀的管理者要有权利和激励保障去为股东和企业的利益而勤勉工作，同时又要受到监督，这就要求具有良好的公司治理制度。而良好的公司治理必须建立在前面三个特征具备的基础上。

二、国有企业建立现代企业制度试点在全国推开

（一）1992年前的股份制试点

早在1984年，我国较正式的股份制企业试点就开始了。1984年7月，北京天桥百货股份有限公司成立，这是中国第一家正式注册的股份公司，也是第一家由国企改制的股份制企业；1984年11月，上海飞乐音响股份公司，成为国企改制的、工业领域的第一家向社会公开发行股票的股份有限公司。截至1991年年底，全国约有3 220家不同类型的企业进行了试点，其中大部分是职工内部持股形式，占企业总数的85%；仅法人持股的企业占12%，社会公开发行股票的占3%。63%为原集体所有制企业，22%为国有企业。虽然试

第四章　邓小平南方谈话后至加入世贸组织前的工业企业制度

点企业数目较多,但规模都不大,例如内部职工持股的企业虽然数量多,但总计金额约 3 亿元。另外,许多试点公司存在诸如资产评估、股东权利、组织结构及与管理体系等方面不规范的情况。

虽然 1992 年之前的股份制试点多为集体所有制企业,且在试点中出现许多问题和不规范之处,但这为之后国企的公司制和股份制改革提供了很好的经验,为建立现代企业制度奠定了较好的基础。

(二)(1992—1997 年)现代企业制度试点在全国推开

1992 年随着邓小平南方谈话、党的十四大的召开,国企改制面临一个思想解放、目标明确、环境宽松的良好局面,相关政策法规相继推出,国有企业的股份制试点在全国相继推开,而相关的配套环境逐渐改善,从而带来了大范围的以股份制改革及公司制改革为主要形式的国有企业产权改革和制度改革。仅仅在 1992 年,我国就新批准建立了近 400 家股份制试点企业,到 1992 年年底,全国股份制试点企业达到 3 700 多家,其中有 69 只股票分别在上海和深圳证券交易所公开上市。国务院还成立了证券委员会和证券监督管理委员会,加强对证券市场的统一协调和宏观管理工作,同时批准 9 家国有企业改组为股份公司,并到境外上市。

1994 年 11 月,国务院选定了 100 家大中型国有企业进行建立现代企业制度的试点;各地方政府也分别选择了一些企业,合计约 2 343 家地方企业,参照国务院试点办法,进行现代企业制度的试点。1995 年 6 月,保定变压器厂成为这百家试点企业中第一家通过方案论证的企业。

到 1997 年,百家试点企业中,由工厂制改造为股权多元化的股份有限公司的企业为 11 家;6 家改造为有限责任公司;69 家改造为国有独资公司(其中 29 家作为投资主体将其生产主体部分改制为股份有限公司或有限责任公司);另有一家解体,两家被兼并。这些改制的公司中,84 家企业组建了董事会,72 家企业建立了监事会。

至 1997 年,试点改制的地方企业中,有 1 989 家转为公司制企业,其中 540 家为股份有限公司,540 家为有限责任公司,909 家为国有独资公司,另有 307 家没有完成试点改造。据统计,这些转制的企业中有 71.9% 的企业组

建了董事会，63%的企业成立了监事会，总经理由董事会聘任的占61%。

（三）现代企业制度在国有骨干企业初步建立

一方面，数年来中央和地方现代企业制度的试点为国企改革积累了大量经验；另一方面，随着市场的成长、民营经济快速发展以及对外开放，国有企业面临的困难和压力在加大，而1997年爆发的亚洲金融危机使经济环境恶化，对国企改制的要求更为迫切。1997年9月党的十五大以后，中央提出到20世纪末，要用3年左右的时间在大多数国有大中型骨干企业初步建立现代企业制度。其后在抓大放小、国企脱困、国有经济布局调整等多项政策的配合下，国有重点企业建立现代企业制度的工作在全国快速铺开。

2000年10月，党的十五届五中全会通过的《中共中央关于制定国民经济和社会发展第十个五年计划的建议》对进一步深化国有大中型企业改革进行了部署，鼓励国有大中型企业通过规范上市、中外合资和相互参股等形式，实行股份制，同时进一步放开搞活国有中小企业。

到2001年年底，根据国家统计局调查总队的调查，所调查的4 371家重点企业已经有3 322家企业实行了公司制改造，改制企业中有74%采用股权多元化形式，没有采用国有独资公司形式。

三、抓大放小、三年脱困和国有经济战略性调整

1997年现代企业制度试点基本完成，但相对于当时数量庞大的国有企业、集体企业，这只是很小一部分。而即使大部分企业都明晰了产权、完成了改制，但面对数量庞大的国有企业，政府部门作为管理者和产权代理人，也难以有足够的精力和能力去有效管理所有的国有资产，使其保值增值。而国有产权作为共同产权，存在所有者缺位的问题，还可能存在国有产权代理人与国有资本利益激励不相容的问题，从而可能带来多层代理成本，影响国企的效率和竞争力。

实际上，随着市场的发展与竞争的激烈，国有企业亏损问题日益严重。面对这个困境，政府逐渐将改革思路从搞活单个国有企业扩大到调整和搞活

第四章　邓小平南方谈话后至加入世贸组织前的工业企业制度

国有经济，进而提出了"抓大放小"的方针和措施，以及国有经济布局战略性调整的方针，尤其"三年脱困"更是直面国企改革中的难点痛点，刮骨疗伤，为解决国有企业亏损难题、促进国民经济健康发展做出了重大贡献，同时也极大地促进了国企现代企业制度的建立和治理机制的完善。

（一）抓大放小

1995年9月，《中共中央关于制定国民经济和社会发展"九五"计划和2010年远景目标的建议》对实施"抓大放小"的改革战略进行了部署。

1996年3月，国家经贸委《关于1996年国有企业改革工作的实施意见》，提出抓好一千户国有大型企业和企业集团的改革和发展，加快国有小企业的改革改组步伐。

1996年6月国家体改委发布了《关于加快国有小企业改革的若干意见》，引导和推动各地从产权改革入手，通过改制、租赁承包、兼并、破产等多种形式加快国有小企业改革。

（二）三年脱困

1997年，我国国有及国有控股工业实现利润806.5亿元，年末重点监测的14个工业行业中有4个整体亏损，全国31个省区市有12个整体亏损，大中型亏损企业有6 599户。这些亏损企业不仅自身难以为继，而且给财政和银行带来巨大负担及隐患。

党的十五大和十五届一中全会提出了国企改革与脱困的三年目标，即"从1998年起，用三年左右的时间，通过改革、改组、改造和加强管理，使大多数国有大中型亏损企业摆脱困境；力争到本世纪末大多数国有大中型骨干企业初步建立起现代企业制度"。

"三年脱困"具体的措施，包括针对特定行业和特定企业，如纺织、煤炭、有色金属、冶金、军工等的落后产能淘汰、债转股、减员增效、技改贴息等，以及上百万国有中小型企业的改制，国有困难企业的关闭破产、再就业等。

"三年脱困"也是一个抓大放小的过程。国有中小型企业、集体企业，建立现代企业制度，改造为股权多元化公司的方式有几种，如把企业变成职工

持股、经营者持股的企业，其中经营者要多购买、持大股；或者引入外部投资者，并由其控股；或者是整体出售。而对难以继续经营、资不抵债、扭亏无望的国有企业，包括一些大型国企，则采用了关闭破产等方式。1999年，国务院对一些具备条件的国有企业又实施了债转股，将银行的债权转为这些企业的股权，以此减轻国有企业沉重的债务负担并化解银行风险。

数目庞大的国有企业，大量的就业职工，要改制破掉铁饭碗，要减员增效，或者被兼并，甚至要破产倒闭，这对国企员工、各级政府和相关人员，都是一个痛苦而困难的过程。但改革时机不能再延误，否则病痛会更加蔓延，腐蚀更多的机体，带来更严重的问题。因此即便处于市场经济发展初期，各类配套条件尚不完善的情况下，国企脱困也是不得不面对的阵痛。为此，原国家经贸委成立了企业脱困工作办公室主抓"三年脱困"，国务院专门成立了全国企业兼并破产和职工再就业工作领导小组，组成部门包括国家经贸委、财政部、劳动部、中国人民银行等，来处理"脱困"中的职工保障和再就业等问题。

2000年12月，时任原国家经济贸易委员会主任盛华仁宣布我国国有企业改革与脱困三年目标基本实现。包括纺织行业在内的五个重点行业整体扭亏，全国国有和国有控股工业企业实现利润恢复到2 000亿元以上，重点锁定的6 599户大中型亏损企业中有4 799户采取多种措施摆脱了困境。1997年年底，国有及国有控股大中型工业企业为16 874户，其中亏损的为6 599户，亏损面39.1%；到2000年，亏损户减为180户，亏损面下降到2.73%。

（三）国有经济战略性调整

抓大放小和国企三年脱困以及民营经济的快速发展，都会涉及国有经济在国民经济中的比重相对下降的状况。要整体提高国有经济的整体效率、有效管理国有资产，必须直面国有经济在国民经济中的比重和布局问题。

1999年9月，党的十五届四中全会通过《中共中央关于国有企业改革和发展若干重大问题的决定》，其中提出，到2010年，完成国有经济的战略性调整和改组，形成较合理的国有经济布局和结构，是国企改革和发展的主要目标之一。

第四章　邓小平南方谈话后至加入世贸组织前的工业企业制度

该决定提出了社会主义市场经济条件下，国有经济在国民经济中的主导作用主要体现在控制力上，要有所为有所不为。国有经济需要控制的行业和领域主要包括：涉及国家安全的行业，自然垄断的行业，提供重要公共产品和服务的行业，以及支柱产业和高新技术产业中的重要骨干企业。其他行业和领域，可以通过资产重组和结构调整，集中力量，加强重点，提高国有经济的整体素质。在坚持国有、集体等公有制经济为主体的前提下，鼓励和引导个体、私营等非公有制经济的发展。国有资本通过股份制可以吸引和组织更多的社会资本，放大国有资本的功能，提高国有经济的控制力、影响力和带动力。

第三节　我国国有工业企业的制度变迁

随着改革开放战略的不断推进，进入 20 世纪 90 年代，我国经济持续高速发展，人均 GDP 提前实现翻两番的第二步战略目标，同时工业化进程迅猛推进。作为国民经济的支柱产业和经济增长的主导力量，工业也是这段时期国企改革的核心领域。不论是现代企业制度的建立，还是"抓大放小""三年脱困"、国企布局战略性调整，在很大程度上，改革的主要对象都是国有工业企业。

一、工业企业是国企改革的核心领域

20 世纪 90 年代，我国工业快速增长，对经济和社会发展起到关键作用，工业企业的制度改革也伴随着国企改革的推进而不断深入。

（一）1992—2001 年，工业是我国经济增长的主要动力

随着改革开放的推进，国有工业企业效率逐步提高，非国有工业企业迅速发展，有力推动工业的高速增长，1992 年至 1997 年工业增加值的增速始终

高于GDP增速。1992年，全年完成工业增加值10 116亿元，比上年增长20.8%，是改革开放以来增长幅度最大的一年，占国内生产总值的42.3%，而农业和服务业的增加值比重分别为24.2%和27.7%。直至2001年，工业的增加值比重都保持在40%左右，在我国经济中占据主导地位，如图4.1所示。

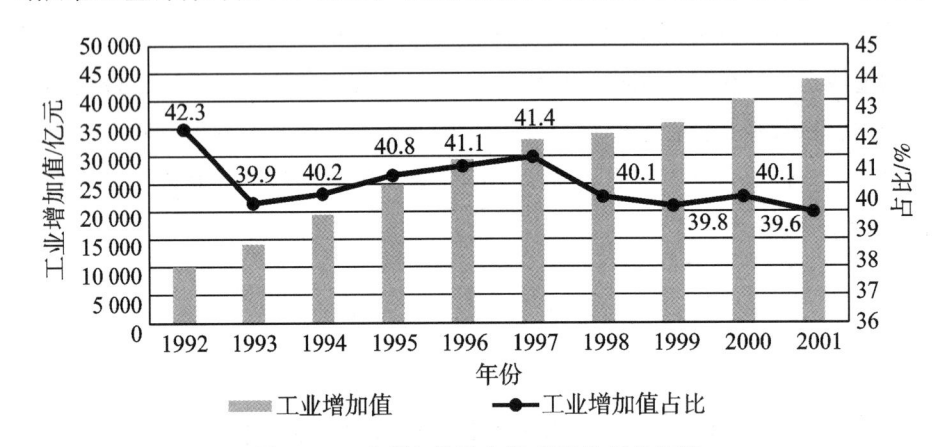

图4.1 工业增加值及占其GDP比重的变化

资料来源：国家统计局资料。

(二) 国企改革的重点领域是工业企业

1992年，国有经济类型的工业总产值为17 824亿元，在全部工业总产值中所占比重达到51.52%。参与改革的全部国有企业数量有10万多家，其中国有工业企业数量就有103 300个，所占比重最大。在1994年国务院批准的第一批试点工作的100家企业中，除上海一百、济南市大观园等13家公司以外，其余均为工业企业。国务院还将中国石化总公司、中国航空工业总公司、中国有色金属工业总公司等国家控股的大型工业企业纳入试点。因此，总体上工业企业是国企改革最主要的部分，国有企业的改革过程和结果也在很大程度上反映了我国工业企业的制度变迁。

(三) 抓大放小，布局调整，国有工业企业效益较大提升

1. 抓大放小，国有工业企业布局有较大调整

在制度改革、国企脱困、抓大放小、国有经济战略性调整等改革措施的推行下，工业领域国有经济的结构也在发生较大变化。一些成功改制、竞争

第四章　邓小平南方谈话后至加入世贸组织前的工业企业制度

力提升的国有企业效益提升,而部分长期亏损、扭亏无望的企业退出市场,从一些竞争性领域退出。国有工业企业的布局向涉及国家安全的行业、自然垄断性行业、提供重要公共产品和服务的行业等重要产业和重要资源方向集中,如电力、供水、石油、冶金等,形成主导力量,其他经济类型的企业向各自具有比较优势的方向发展壮大,如表4.1所示。国有企业在工业领域内的量大面广,但效益不佳的情况得到改善。

表4.1　2001年分行业的国有工业企业资本占工业全部实收资本的比重

行业分类	比重/%
总计	39
一般制造业	26
石油加工及炼焦业	37
金属与非金属加工制造业	46
电力、煤气及水的生产与供应业	56
采掘业	81

资料来源:由《中国工业统计年鉴2002》数据整理所得。

注:统计对象为全部国有与规模以上非国有工业企业。

2. 国有工业企业效益有较大提升

20世纪90年代中后期,国有工业企业面临普遍亏损、负债经营的局面,但在后期针对性改革和战略性调整之下,大多数国有工业企业的制度改革成效取得突破,经营机制得到改善,企业经营效率提高,市场竞争力增强,效益有明显改善。

1999年开始国有工业企业利润总额显著增加,亏损局面扭转,深入改革调整取得良好成效,如图4.2所示。

全国工业企业整体经营指标的变化趋势与国有工业企业几乎一致,如图4.3所示。由于大多数国有企业在改革与调整中扭亏增盈,摆脱困境,同时私营企业与外资企业快速发展,1998年以后,全国工业企业整体效益提高,利润总额显著增加,亏损逐步减少。

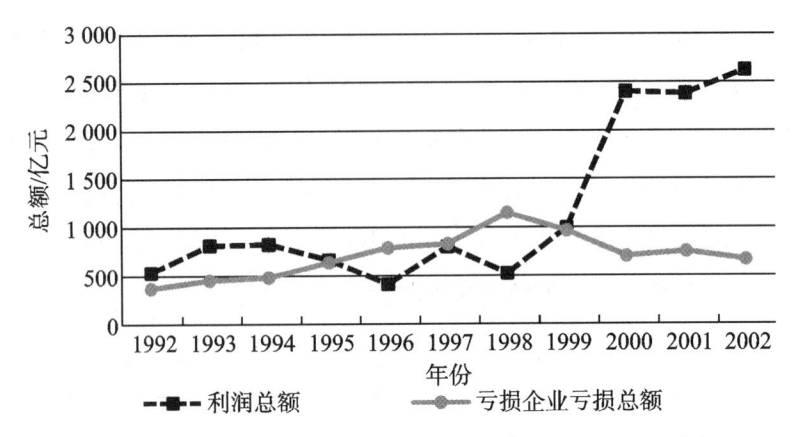

图 4.2　国有工业企业利润总额与亏损总额（1992—2001 年）

资料来源：国家统计局工业交通统计司. 中国工业经济统计年鉴［M］. 北京：中国统计出版社，2003.

注：1988 年及以后年份包括国有控股工业企业。

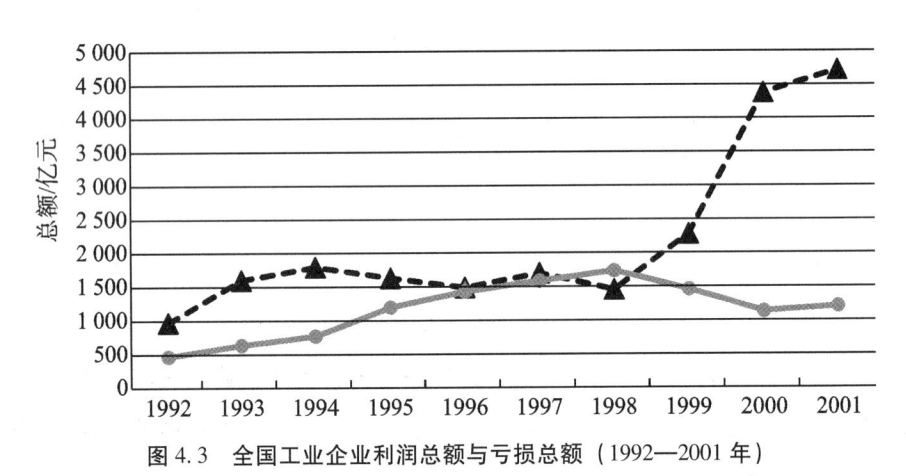

图 4.3　全国工业企业利润总额与亏损总额（1992—2001 年）

资料来源：国家统计局资料。

到 2000 年，国有工业企业改革和"三年脱困"的目标基本实现，全国工业企业经济效益明显改善，我国 GDP 超过 1 万亿元。特别是国有及国有控股工业企业的效益大幅度提升，全年实现利润 2 392 亿元，比上年增加 1.4 倍，亏损企业亏损额比上年下降 26.7%。全年工业企业经济效益综合指数为 117.8，比上年提高 16.1 个百分点。全年规模以上工业企业实现利润 4 262 亿元，达到 20 世纪 90 年代以来的最高水平。

第四章　邓小平南方谈话后至加入世贸组织前的工业企业制度

二、国有工业企业的公司治理改革

当国有工业企业改制为具有独立法人地位的有限责任公司和股份有限公司，就不可避免地要建立规范的治理结构来解决股权多元化及两权分离带来的委托代理问题。虽然，国有产权及其代理人之间本身就存在委托代理关系，在承包制企业中也存在所有权与经营权的分离，但是，在现代公司尤其是股份制公司中，由于股东多元化而必然出现的两权分离（俗称所有权与经营权分析），则是所有相关公司都必须面对，也必须规范建立和完善的。

实际上，国有企业的产权改革并不只是企业法人财产所有权的确立，或国有资本所有权转变为股权的变化，或者私人通过购买股权而获得原国有企业部分股权的改革，还有随之而来的，国有股股东及其他股东以及管理层之间在企业资本及财产所有权、经营权、收益权乃至转让权等权利上的分割、界定和制衡，以及相应的一整套机制，即在这里要讨论的现代公司治理结构。科学规范的公司治理结构，能通过对企业产权的合理界定和分配，较有效地实现政企分开，能对大股东及管理层进行有效监督和激励，使股东能选聘勤勉诚信有能力的管理层，使管理层能为公司的利益而勤勉诚实地工作。因此，国有企业产权改革、建立有限责任公司，其最终应形成一套合理有效的治理结构，方能使改制后的企业成为管理科学、有活力、有效益、有竞争力的市场主体，从而真正达到国企改革的目的。

因此，在重点国有大中型企业初步搭建现代企业制度架构后，1999年党的十五届四中全会审议通过的《中共中央关于国有企业改革和发展若干重大问题的决定》正式提出"公司治理"的概念，并提出公司法人治理结构是现代企业制度的核心，并要求形成"股东会、董事会、监事会、经理层各负其责、协调运转、有效制衡的法人治理结构"。

公司治理机制，可以分为内部治理和外部治理。内部治理现代企业制度构建初期，公司治理的重点通常放在内部治理上，但内部治理和外部治理是相互影响、互为补充的，要使内部治理机制顺利运行，弥补内部治理的不足，必须有较完善的外部治理。以下以改制为国有控股的股份有限公司为例，来

介绍本阶段公司治理构建的特点。

(一) 改制国企内部治理机制的建立

此前国有企业放权让利的改革，是国有企业所有权和经营权的逐渐分离，承包经营责任制，是企业所有者——国家将企业经营权以合同的方式，完全让渡给承包人的一种方式。国家根据合同获得一定的收益权，承包人根据合同独立管理和经营国企。这种方式能激发承包人的经营积极性，因为承包者可以获得剩余索取权，但也带来了较大弊端。一方面，这种产权的分配以每隔一段时期签订合同的方式确定，有较强的随意性，承包人对未来的产权分配没有确定的预期，经营行为容易短期化，而且出现盈利越多的企业承包基数越高的"鞭打快牛"的情况，不利于承包人积极性的充分发挥；另一方面，承包人不拥有企业所有权，而在承包期却拥有完全的企业控制权，企业亏损并未损害承包人自身的财产，承包人有侵吞企业财产或者掠夺性经营等可能。核心问题实际是企业的法人财产权没有得到切实保护，企业的各类产权安排和治理不科学、不合理，导致委托代理成本高，从而难以有效提高国企经营效率。

党的十四大以来，国企建立现代企业制度的改革得到不断推广和深入，重点大中型国企纷纷改制为有限公司或股份有限公司，其中股份公司因为可以引入民间资本参股，扩大企业实力，较好地解决国企债务负担沉重的问题，而被越来越多的国企在改制中采用。股份有限公司是现代企业制度的典型代表，有一套在全球通用的治理结构，但是不同于发达国家现代企业的治理结构是逐渐演进和发展的，我国的公司治理结构是在国企产权改革中配套建立的，虽然在形式上采纳了现代公司的治理结构，但是在具体的权利分配与制衡上，包括大股东与股份公司之间、各股东之间、股东与经营者之间的权责安排上，都有一个摸索、修正、发展的过程。

1. 国有控股、股东多元化与不同的权利

国企改革，尤其大中型骨干国企的改制，并不是为了改变其国有控制的产权属性。为了不陷于"姓资姓社"的争论，大多数国企的股份制改造中，都是国有股权占绝对控股地位，再吸纳其他法人入股，发行内部职工股（个

第四章 邓小平南方谈话后至加入世贸组织前的工业企业制度

人股），公众公司可面向社会公众发行一定的股票，上市公司首次公开募股（IPO）过程中还可面向投资者发行新股。因此股份公司通常有国有股、法人股、内部职工股，乃至社会公众股。这些不同股东获得股权所支付的价格不同。有些公司还有外资股，相关上市公司的外资股可以在 B 股或 H 股市场交易。

对于上市公司而言，其能在全国性的 A 股市场中流通的股权是公众股及内部职工股，而国有股及法人股不能在 A 股市场流通，虽然 1992 年建立了法人股交易市场 STAQ 市场，1993 年建立了 NET 市场，但这两个市场的参与机构较少，流动性差，同一家公司在法人股市场的交易价格与 A 股相差较大。

至 2001 年 9 月，我国 A 股上市公司数目 1 221 家，发行总股本为 3 800 多亿元，不能在 A 股市场流通的国有股数量 1 100 多亿股，法人股 1 400 多亿股。

2. 形成了股东大会、董事会、监事会各司其职的治理结构

根据 1993 年 12 月颁布的《公司法》，除一人有限责任公司（包括国有独资公司）不设股东会外，有限责任公司和股份有限公司都要设立股东会、董事会（或设 1 名执行董事）、监事会（或设 1~2 名监事）。

1997 年 12 月证监会发布的《上市公司指引章程》提出"公司根据需要，可以设立独立董事"；2000 年 11 月上交所在《上市公司治理指引（草案）》中要求，未来的上市公司应至少有 2 名独立董事，且独立董事人数要占董事人数的 20% 以上；2001 年 8 月证监会颁布《关于在上市公司建立独立董事制度的指导意见》，对沪深上市公司独立董事的人数和比例给出了硬性要求。独立董事制度成为我国规范上市公司内部治理的一个重要领域。

3. 董事长与总经理的委任

董事长是大股东（国有股东）的代表，代表国有资产管理部门行使对公司的控制权，因此是政府委派，由于此前的国有企业厂长（经理）也是由政府任命，改制后的董事长通常也是原国有企业的一把手，且董事长通常兼任总经理。因此，改制后国有控股公司的董事长和总经理仍然由政府委派，身份在官员和经营者之间转换。在这样国有股绝对控股、董事长由政府官员任

命和监督,董事长兼总经理的情况下,主要由内部职工组成的董事会和监事会的权力制衡作用无法有效发挥,公司内部人控制缺乏监督和激励,现代公司改革希望达到的增强企业活力的目的难以有效达成,而大股东利用控制权损害公司利益及中小股东利益的行为却时有发生。

(二) 外部治理机制的建立与发展

即使在现代公司制度不断发展和完善的发达国家,在公司的内部治理上也存在漏洞,此时,外部治理机制就发挥了较大的作用。一个有效而完整的外部治理,应该包括一个有效的产品市场、资本市场和经理人市场,以及有效维护公司法人及股东权益的法律环境等。

在从计划经济向市场经济转轨的变革中,产品市场开始逐步建立,产品市场的竞争和公司业绩对于企业经营者有一定的压力和约束。经理人市场则尚未成型,而国企董事长和总经理也主要通过政府委派,而非通过市场竞争来选择,因此国企经营者更为关注与大股东代表——政府相关部门的关系,而非其在市场中的经理人价值。

证券市场中公司股价的涨跌对其经营也有一定的压力,但是由于这段时期证券市场刚刚成立,市场容量很小,股价通常远远高于股票本身的价值,导致市场投机气氛浓厚,公司股价很多时候并不能反映企业的经营绩效,同时,由于国有股东的持股不能上市流通,因此,股价涨跌对国有股东没有实质性影响,除了极少数股权分散的上市公司外,股价的下跌也不会导致公司控制权的转移,因此,资本市场对企业大股东和经营者的激励与制衡作用难以发挥。

而在维护股东尤其中小股东权益、维护公司法人财产权等外部治理的法律法规方面,由于还处在发展初期,不论是法规本身的成熟和完备上,还是监督执行的有效和严格上,都还有较大的提升空间,如在上市公司信息披露、外部审计、股东隧道行为、内幕交易方面,还存在较大的不足。

这段时期,有关公司治理的重要法律法规有:1992 年国家体改委发布的《股份有限公司规范意见》《有限责任公司规范意见》,1993 年颁布的《公司法》,1997 年证监会发布的《上市公司章程指引》,1998 年证监会发布的《上

第四章　邓小平南方谈话后至加入世贸组织前的工业企业制度

市公司股东大会规范意见》，2001 年证监会颁布的《关于在上市公司建立独立董事制度的指导意见》等。

三、国有工业企业的改制案例——东方电机股份有限公司

东方电机股份有限公司（2008 年更名为东方电气集团东方电机有限公司），为中央企业东方电气集团的全资子公司，其前身为东方电机厂。东方电机厂创建于 1958 年，原为隶属于国家一机部的四川德阳水力发电设备厂，到 1966 年发展成为我国三大发电设备生产厂家之一，并改名为东方电机厂。当时的东方电机厂作为一家全国大型发电设备制造的重点骨干企业，不仅是一家生产经营单位，更是生活社区，包含了司法机关、医院、学校（从幼儿园到大学）。东方电机厂改制之前，其非经营性资产与使用这部分资产进行非经营活动的员工人数占其总数的比例均超过了 20%。

1992 年 9 月，东方电机厂被国务院确定为全国首批在境外上市的规范化股份制改制试点企业之一，并作为独家发起人以其主要的生产、科研和经营系统为基础，组建东方电机股份有限公司，其余则仍保留在东方电机厂内。于 1993 年 12 月 28 日实行重组分立，在上海和香港证券交易所分别发行 A 股与 H 股。改制后，原东方电机厂投入公司的资产（含土地使用权）折为 22 000 万股国有法人股，由东方电机厂持有且保留法人地位，行使法人股股权。重组后，股份公司与东方电机厂签订一份分立协议，以保障各自根据重组而享有的权益，同时签署服务协议，相互提供若干社会管理服务。

因此，东方电机厂作为存续企业（母公司），为股份公司提供与主营业务无直接关联的经营活动，以及司法、教育、卫生等后勤和专项事务。而东方电机股份有限公司则从事发电设备的生产和经营，同时建立起现代公司的组织架构，设立了股东大会、董事会、监事会，及下属多个分工部门。虽然新组建的股份公司建立起新的组织架构，但实际上相当多的高层任职人员与原东方电机厂存在交叉重合，12 个董事中有就 10 位是东方电机厂的党委成员，董事长、副董事长分别为东方电机厂的党委书记、党委常委，监事会主席和

工会主席均为东方电机厂的党委副书记。东方电机股份有限公司不设立党组织机构，仍由母公司党委领导，但设有一个与监事会平行的企业文化部，其中包括了党委办公室、党委组织部、党委宣传部、统战部、共青团、武装部等，以此弥合国有企业与现代公司间的制度差异。

东方电机股份有限公司于1994年5月19日在香港证券交易所发行1.7亿股，同年6月6日H股在香港联交所上市，扣除股票发行费用后共募集了5.18亿元。1995年10月10日在上海证券交易所发行6 000万股A股，最终募集资金2.35亿元。至此，公司股权分布如表4.2所示，东方电机厂即持有国家股48.9%，处于绝对控股地位。

表4.2 东方电机股份有限公司股权结构

股本分类	1994年	比例	1995年	比例
国家股（非流通）	2.20亿股	56.4%	2.20亿股	48.9%
H股（流通股）	1.70亿股	43.6%	1.70亿股	37.8%
A股（流通股）	—	—	0.6亿股	13.3%
总股本	3.90亿股	100%	4.50亿股	100%

资料来源：东方电机股份有限公司招股说明书（A股）。

东方电机股份有限公司在招股说明书中表明，公司在产品销售方面取得了良好的成绩。截至1994年12月31日，已取得的国内外发电设备制造合同甚至排到了1998年，合同金额超过人民币20亿元。但是，通过改组上市以后，东方电机股份公司的经营盈利却不容乐观，从1999年开始出现净亏损3 665.8万元，2001年亏损26 134.9万元。至2002年公司才扭亏为盈，每股收益0.045元/股，净资产收益率2.21%。[1]

事实上，东方电机厂虽然改制并上市，但其当时并未完全成为真正意义上的现代企业，公司治理存在较大问题。首先，东方电机股份有限公司从东方电机厂剥离后，本应成为两个独立实体，但两者的日常运营与管理实际难

---

[1] 数据来源于《东方电机股份有限公司2003年年度报告》。

第四章　邓小平南方谈话后至加入世贸组织前的工业企业制度

以区分，两个企业仍由同一批人控制，机构部门与高层管理人员相互交叉任职，而产生的费用成本则全部由股份公司支付，股份公司在财务和经营上都没有与母公司分开，没有成为真正独立的法人。其次，东方电机股份有限公司为母公司东方电机厂支付了后勤管理费用、员工退休费用、医疗保健费用、运输及维修费用造成了股份公司业绩亏损而母公司东方电机厂却盈利的局面。最后，东方电机股份有限公司实际上尚未形成市场化管理体制，在企业外部，政府的行政干预不断；企业内部，机构设置臃肿庞杂，闲杂人员和事务众多，造成生产与经营活动的效率损失。

因此，在公司改制的早期，东方电机股份有限公司虽然在形式上是一个股份有限公司，但其独立法人的权利并未得到有效保护，而在一定程度上成为东方电机厂到股票市场融资的一个工具。从这个案例，我们可以看到国企股份制改革初期所经历的探索与不足。之后，随着我国现代企业制度改革的不断深化和规范，东方电机股份公司逐渐成为真正意义上独立、规范经营的国有控股股份公司。2003年，公司新制定了《独立董事工作条例》《董事会审计与审核委员会工作条例》《董事会战略发展委员会工作条例》和《董事会资产管理委员会工作条例》等相关文件，进一步完善了公司治理结构。

第四节　理论背景与改革成效

一、本时期相关改革思想争论与创新

（一）国有企业产权改革的争论与创新

1. 产权制度、公司制与国企改革

国有企业之前被称为"国营企业"，大家都知道国营企业的财产归国家所有，管理人员也由政府任命，但是，如何将政府的经济管理职能与国有资产

所有者的职能分开，哪个机构代表国家行使所有者对国有资产的管理职能，经营管理国有资产的人应是政府工作人员还是企业家，国有资产的所有权、经营权、收益权、转让权等是怎么界定和分配的，国有企业自身有没有独立的财产权和其他法律权利，并承担相关的责任，国有企业和其他利益相关者的关系是怎样的，等等，这些问题，在此前的各类改革中，并没有得到较好的解决。理论源自实践，同时又指导实践。对于这些问题，这段时期，理论界对此有很多重要观点和讨论。

很多学者认为国有企业活力不够、经营效益不佳的重要原因在于产权制度。邓子基（1992）认为国有企业特别是大中型企业活力不够的原因有很多，但很重要的一个原因则在于国家所有制的产权关系不清，产权边界不明，这种模糊的产权关系是搞好国有企业最深层的障碍。董辅礽（1992）认为，国有企业的经营状况不能令人满意主要不是管理不善造成的，而是由体制因素决定的，首先是与国有资产处于无人负责的状态有关，因此产权制度改革是关键。吴敬琏（1993）认为，在计划经济体制下，国有企业的任务只是执行上级下达的计划指令，准确完成各项生产指标，因此，国有企业改革必须从产权改革入手，改革国有企业的产权结构，包括推进产权重组、组建新的国有产权管理部门等。王子军（1994）认为，由于国有企业委托层级过多，对具体企业来说，谁都可以凭借行政权力进行干预、从企业索取收益，谁又都可以不对企业负最终的责任，企业亏损、国有资产流失无人过问。

对于如何改革产权制度，提高国企效率，学者们也提出了自己的看法。刘国光（1995）指出产权明晰可以采取多种形式，对一些极其重要的行业，如涉及国家机密和安全的尖端技术的特殊工业，以及一些垄断性和公益性部门，国家可以采取独资形式；其他一些重要行业如能源、基础设施、交通运输等都不一定要独资，国家可以采取控股的形式；至于一般竞争性行业，国家不一定控股，可能通过投资经营公司、控制公司或企业集团的方式来经营，避免政府的干预，政府只从法律、宏观调控上给企业创造一个良好的投资和发展环境。何诚颖（1994）认为我国公司制由于缺乏出资者所有权的约束，加上资本市场竞争，并没有对以国有为基础的国有股份公司经理产生任何威

第四章　邓小平南方谈话后至加入世贸组织前的工业企业制度

胁。如果没有所有权制度改革，企图通过公司制来界定产权、提高效率，建立现代企业制度，是对公司制功能的误解，明确产权关系，是国有企业实行公司化改造、建立现代企业制度的先决条件而不是结果。

也有学者对于产权明晰能否解决目前国企的弊病提出了质疑，认为一旦将国有企业的产权分配给特定的主体，可能会使国有企业的性质发生动摇。有些人认为如果说产权明晰化，国有企业归全民所有，其明晰程度不亚于私有企业。也有人认为以科斯定理作为我国经济体制改革的理论依据，其结果必然是使国有企业蜕变为私有制企业，使我国社会主义经济制度蜕变为私有制的自由放任的原始资本主义制度，实际上是西方资本主义制度。

围绕国企产权改革的争论、试点推动相关理论和实践的创新，并以股份制等形式在一些企业试点，党的十四大及此后十四届三中全会等的相关决议，确认了这些创新，并推广到全国的国企改革中。如前所说，1992 年党的十四大提出要建立"产权清晰、责权分明、政企分开、管理科学"的现代企业制度；1993 年党的十四届三中全会明确国有企业改革的发展方向是建立现代企业制度，并指出"公司制是现代企业制度的一种有效组织形式"。

2. 股份制、产权多元化与国企改革

对于如何建立现代企业制度，许多学者认为，股份制是明晰产权、责权分离，实现政企分开和管理科学的有效手段，对于大中型国有企业，更是提高企业效率和增加企业资本金的有效改革。

厉以宁在 1980 年就提出了股份制改革的初步想法，他认为，相对于"承包制"，股份制能够较好地克服国有企业政企不分、企业"包盈不包亏"、行为短期化、国有资产易受侵蚀等缺陷。唐丰义等（1991）认为国有产权未形成商品，正是当时公有制经济改革的障碍所在，也是公有制经济发展成为商品经济的障碍所在，要发展社会主义商品经济，不能将公有产权制度创新排除在改革的视野之外，而是应该努力寻找与社会主义商品经济发展相适应的新的公有产权制度模式。黎学玲等（1993）认为从对我国目前企业现状及经济生活各层面的理性分析来看，如果仍固守传统观念，把国家所有权作为公有制的唯一表现形式，其结果必然造成国有企业运行的低效、无序状态，并

进而导致整个国民经济的停滞。

但是，一部分人对于国有企业股份制改革与产权多元化仍然存在疑虑，认为社会主义不适合采用股份制。有些人从分配制度的角度出发，认为肯定劳动价值论、肯定按劳分配原则，从而去积极探索按劳分配的具体形式，这是社会主义能够超过资本主义的最大优势所在。股份制恰恰以按资分配的方式破坏了社会主义的这一优势，所以对股份制的期望值不可过高，而且它不应当成为我们企业制度改革的方向。也有人指出如果对国有企业全面实行股份化是一种倒退。社会主义是资本主义发展的必然结果，资本主义许多遗产可以为我所用，但必须具体问题具体分析。

随着现代企业制度改革试点的推进，人们逐渐意识到股份制改革是大中型国企改制的有效形式，指出股份制不是私有化，而是建立现代企业制度的基本形式。王珏（1994）指出，股份制是公有制与市场经济结合的基本形式，股份制企业是建立现代企业制度的基本形式。实践证明，对国有企业进行股份制改造后，效益低下的问题明显缓解，有的企业更是步入佳境。何诚颖（1994）认为国有企业逐步改组为股份公司，不是说国有企业只要进行公司化改造就可以向现代企业制度转变，建立现代企业制度是项复杂的工程，除推进产权制度改革外，还需要发展非国有经济，只有在所有权多元化、产权分散的情况下，企业利益才能从原始所有者那里独立出来。周叔莲（1995）认为私有化首先是一个政治概念，私有化就是反对以公有经济为主体、以国有经济为主导的基本制度，因此，不能笼统地将出卖国有企业称作私有化，更不能将国有企业股份制改革当成私有化，只要改革的措施不违背公有经济为主体国有经济为主导的原则，不损害公有经济在国民经济中的主体地位和国有经济在国民经济中的主导地位就决不应扣上"私有化"的帽子。晓亮（1994）认为现在我们所试行的股份制改造，很多是不规范的。有些在指导思想上就有问题，例如，认为股份制必须以公有制为主，要求所有股份制企业一律是公有制为主，只在社会上或企业内部发行一点个人股作为陪衬。这会产生换汤不换药的问题。

最终，在1997年，党的十五大报告明确指出："股份制是现代企业的一

第四章 邓小平南方谈话后至加入世贸组织前的工业企业制度

种资本组织形式,有利于所有权和经营权的分离,有利于提高企业和资本的运作效率,资本主义可以用,社会主义也可以用。"

(二)社会主义初级阶段的所有制结构问题

20世纪80年代以前,主流观点认为个体经济是资本主义的产物,发展个体经济就是与社会主义相违背,认为一切非公有制经济与社会主义水火不容。随着改革开放,个体和民营经济快速成长,同时国有企业改革也绕不开产权多元化,以及经营失败退出市场等问题,因此在这段时期对于我国应该有怎样的所有制形式,产生了不同的观点和争论。

一些经济学家认为必须明确个体和私营经济的资产阶级属性,并且只能将其作为补充,公有制经济必须在社会主义市场经济中保持主体地位。蒋学模(1987)认为不管外部条件如何变化,个体经济的寡利或亏损,兴旺或失败,仍然只是个体劳动者的私事。这就是说,个体经济的根本性质并没有改变,把社会主义社会中的个体经济说成具有社会主义性质,是没有根据的,为保证我国经济发展的社会主义方向,从整体和长远看,公有制经济必须对私有制经济保持优势。还有一些人认为中华人民共和国宪法有明确规定,公有制为主,个体经济是补充。而有些经济学家利用一些舆论阵地,发表各色各样的言论,企图改变私营企业的补充地位,这是向"公有制为主体"进行挑战,对于私营企业主的资产阶级的属性,必须有正确的、清醒的认识。

同时,也有不少学者认为非公有制经济也能成为建设社会主义的力量,应该发展多种所有制形式,不能强行实施完全的公有制形式。宋瑞卿(1988)认为,所有制的改革,应该以结构变革为主,不是要彻底地摒弃完全全民所有制,而是要着重调整不同所有制经济的比重,大力发展各种所有制包括各种公有制和各种非公有制经济,让各种形式的所有制在市场上相互竞争,优胜劣汰,适者生存,从而在我国形成一种适合生产力发展并随之而改变的多层次、多形式、多元结构相互补充、相互渗透、共同发展的所有制结构新格局。王鹤(1989)认为中华人民共和国成立以来我们将私有制改造错误简化为消灭劳动者个人所有制,认为共同所有制的建设是通过彻底消灭个人所有制实现的,这正是中华人民共和国成立以来经济活动产生重大失误的深刻根

源。因此，当前产权改革的方向和重点是要完善甚至重新塑造社会主义所有制的新格局。

1992年党的十四大召开，明确了经济体制改革的目标是建立社会主义市场经济体制，1993年党的十四届三中全会通过的《中共中央关于建立社会主义市场经济体制若干问题的决定》提出，坚持以公有制为主体、多种经济成分共同发展的方针。同时，学术界对于社会主义市场经济的所有制结构、非公经济的发展以及股份制的所有制性质继续进行着更深入的探讨。

部分学者对于非公有制的发展还存在担忧，担心非公经济的过度发展可能否定公有制主体地位，带来两极分化，大量的人仍然摆脱不了贫困，激发社会矛盾。有学者认为，我们必须重视非公有制经济的负面效应，看到它对构建社会主义市场经济体制的锈蚀作用，非公有制经济固然在经济转轨过程中充当了先导，但决不能就此误把先导作为主体，对非公有制经济的发展应加强研究，国家要在宏观上把握其发展的规模、速度、方向，坚持适度原则，个别地区部门可以适当加快非公有制经济的发展，但推而广之恐怕就未必妥当。

另一些学者认为，非公经济和国企产权改革如果有利于发展生产力，就应属于社会主义经济，是建设社会主义的力量。周叔莲和郭克莎（1993）认为社会主义的所有制结构以公有制为主体，以国有制为主导，有其客观必然性，但是在这个前提下，各种所有制的关系、国有制和其他公有制的内部结构及其实现形式，只有根据有利于发展生产力的要求来调整和改革，包括明确国有企业的产权，才能真正有利于生产力的发展。何伟（1995）指出小平同志的社会主义本质定义是"解放生产力，发展生产力，消灭剥削，消除两极分化，最终达到共同富裕"，这个定义是一个整体，其中任何一句话，都不能单独理解为社会主义的本质，凡符合这一定义要求的所有制，都应属于社会主义性质的经济，也是建设社会主义的力量，其中就包括民办公有经济、私人经济和个体经济。

在国有经济占主导地位这项原则上，学者们认为主导作用应体现在国有资产集中到关系到国家命脉以及关键的领域中。王珏（1994）的观点是：国

第四章　邓小平南方谈话后至加入世贸组织前的工业企业制度

有企业的改革要与国有资产结构调整相结合，具体讲就是：抽出非国家经济命脉的产业、企业的国有资产，将其集中到关系国家经济命脉的产业和企业中去，使国有企业发挥主导作用。胡钧（1995）则认为国有企业进行资产结构的调整，逐步退出一般竞争性领域，将国有资产集中在基础产业关键领域和公用事业领域，其他的实行民有民营化。

这些研究和讨论，为党的改革政策提供了很好的理论参考和依据。1997年召开的党的十五大报告提出："公有制为主体、多种所有制经济共同发展，是我国社会主义初级阶段的一项基本经济制度"。报告明确了非公经济是我国社会主义市场经济的重要组成部分，多种所有制经济共同发展，只要是符合"三个有利于"，非公经济都可以为实现现代化服务。报告也指出："只要坚持公有制为主体，国家控制国民经济命脉……国有经济比重减少一些，不会影响我国的社会主义性质"。

二、改革成效

（一）现代企业制度逐步完善

在1992—2001年这一轮国有企业改制过程中，国有企业的产权逐步明晰，现代企业制度在大中型国企中初步建立，改制企业法人治理结构进一步完善，上市公司运作逐步规范。据统计，截至2000年年底，2 919户国有大中型企业中，已经按照《公司法》进行了公司制改造的企业有2 005户，改制面达到68.7%；同时，在已完成改制的企业中，董事会按照法定程序聘任总经理的有1 144户，占已改制企业的57.1%。

在建立现代企业制度的过程中，政府采取了一系列促进政企分开、转变政府职能的措施，将政府的经济政治管理职能和国有资产经营管理职能分开，部分国企转变为不具有政府职能的经济实体，逐步纠正政府过多干预企业经营管理的问题，政府职能向着为市场经济创造良好运行环境的方向转变。改制后的国有企业，也逐渐成为"四自"的独立法人。

随着1993年《公司法》的正式颁布和实施，改制企业开始按照要求逐步

建立健全法人治理结构，形成了股权结构较清晰，所有权和经营权较明确，股东会、董事会、经理层和监事会层次分明、各司其职、相对独立、相互制约的架构与关系，企业内部也逐步开始建立较为规范、科学的管理体系和管理方法，国有企业权责不清、大锅饭、铁饭碗、行为短期化、激励不相容等情况逐渐得到改善，改制后的国有企业逐步融入市场经济环境中，企业活力有较大提升，效率和竞争力逐步增强。

（二）国有企业经营绩效显著改善

如前所说，"三年脱困"前，国有企业不能适应市场经济的发展，国有资产低效运转，国有企业陷入大面积亏损，不仅造成国有资产持续损失，财政和银行承受沉重负担，而且降低社会的资源配置效率，给国民经济的增长带来较大的负面影响。随着国有企业建立现代企业制度的改革，随着"三年脱困""抓大放小""国有经济布局战略性调整"等战略的实施，到2000年年底，通过资产重组、冲销呆账坏账以及债务重组等方法，"三年脱困"的目标已基本实现。截至1997年年底，国有及国有控股大中型工业企业为16 874户，其中亏损的为6 599户，亏损面为39.1%。到2000年，亏损户减为1 800户，减少近3/4，国有经济逐步从许多竞争性行业退出，改变了国有企业数量过多且分散的问题。

如表4.3及图4.4所示，到2002年，国有企业销售收入已达85 326亿元，销售利润率提升到4.4%，国有及国有控股的非金融类企业总资产达到180 219亿元。有研究表明，在"抓大放小"期间，国企虽然加总生产率水平低于民营和外资企业，但国企改革使得国企加总全要素生产率增长很快，显著缩小了同民营和外资的差距。

表4.3 国有企业发展经济指标

指标	1998年	1999年	2000年	2001年	2002年
国有企业户数/万户	23.8	21.7	19.1	17.4	15.9
销售收入/亿元	64 685	69 137	75 082	76 356	85 326
利润总额/亿元	800				

第四章 邓小平南方谈话后至加入世贸组织前的工业企业制度

表4.3(续)

指标	1998年	1999年	2000年	2001年	2002年
销售利润率/%	0.3	1.7	3.8	3.7	4.4
职工人数/万人	6 394	5 998	5 564	5 017	4 446
国有及国有控股的非金融类企业总资产/亿元	134 780	145 288	160 068	179 245	180 219
国有及国有控股的非金融类企业净资产/亿元	50 371	53 813	57 976	61 436	66 543

资料来源：中国工商行政管理年鉴。

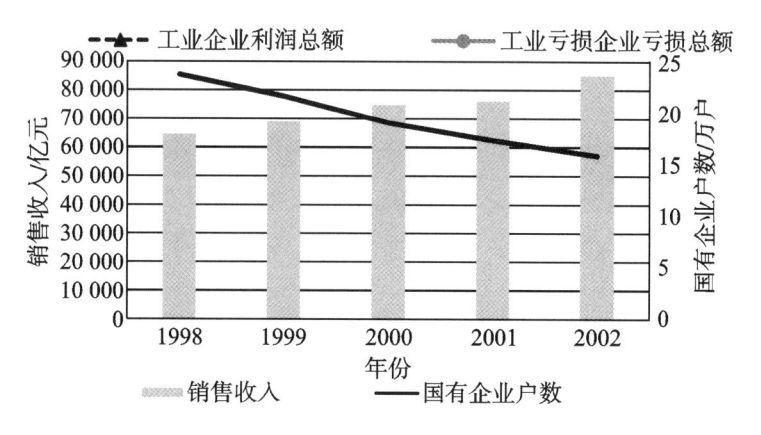

图4.4 国有企业数量及总销售收入

资料来源：中国工商行政管理年鉴。

三、改革中存在的问题

（一）现代企业制度尚不健全

自从党的十四大以来，国有大中型企业初步改制为有限公司或者股份有限公司，从形式上搭建起现代企业制度的框架，企业建立了股东会、董事会、监事会，并明确各自的权利。但是，不论在企业内部的产权结构、公司治理结构上，还是外部的法律监督和保障上，都未能真正运行起"产权明晰、权责明确、政企分开、管理科学"的现代企业制度，在公司法人财产权、股东

权利、剩余索取权、剩余控制权等的明确和保障上，都存在较大的问题。

首先，国有独资公司仍占较大比重，股份制企业国有股一股独大。据统计，2000年国有独资工商企业仍达14.5万个，占国有工商企业总数的3/4左右；股份制企业股权多元化程度低，普遍存在"一股独大"的局面，2000年，在3.2万个国有控股工商企业中，国有股占总股本的平均比重高达63.5%。因此，国企产权改革希望达到的产权制衡，希望降低国有资产多层代理、所有者缺位带来的代理成本，从而提高企业效率的目的，都没有得到较好的实现。其次，国有企业的管理者大部分还是由政府委派，管理者在政府工作人员和企业管理者之间转换，因此管理者决策仍然是向上负责，没有将企业的利益作为主要的考量，政企不分问题仍然严重。再次，控股股东明目张胆地侵占股份公司资金和财产，或通过"隧道行为"等形式侵害股份公司及其他股东权益的行为时有发生，甚至还打着"国企解困"的旗号。最后，由于缺乏其他股东监督，监事会和独立董事起到的监管作用也微乎其微。"内部人控制"的程度较为严重，违规运作、披露虚假信息、管理层侵犯公司利益等情况时有发生。

这些问题的存在，说明国有企业不仅形式上要改制成现代公司，还应该通过深化内外部的配套改革，使企业在实质上成为真正的现代公司，通过规范的产权安排和公司治理，在制度上保证公司股东、管理层能为企业的经营管理和长远发展而积极行动。

（二）国有资产流失现象

1992年到2001年，是国有经济在整体布局和规模上，国有企业在整体数量上大调整的时期，也是国有企业在产权结构、治理结构、企业制度方面发生较大变化的时期。如此规模和数量的调整与改革，加上转轨时期没有成功的改革先例和经验可循，没有发达透明的产权和要素市场为基础，再加上内部人控制、外部环境监督不足等因素，改革中的确存在国有资产流失的情况。

尤其在各地的"放小"过程中，有些国有资产的管理者或经营者利用拥有的控制权和经营权，利用信息不对称，将国有资产或国有股权贱卖；或者通过关联交易、暗箱操作等方式，大量侵吞国有资产；或者将国有资产的优

第四章　邓小平南方谈话后至加入世贸组织前的工业企业制度

质部分剥离出来成立股份制公司,却调降企业利润,由私人低价收购;等等。

有调查估计,20世纪80年代以来我国国有资产平均每年流失500亿元左右,相当于国家财政收入的19.5%;也有调查估计平均每年流失1 000亿元左右;还有估计国有资产以每天3.3亿元的速度流失。相关机构对全国5万户国有工业企业进行抽样统计,发现截至1992年年末,国有企业中资本金得到保值增值的只占15%,减值的占62%,已全部亏损的占23%。国有资产的流失增加了国有企业改革的成本,败坏了社会风气,也损害了改革的声誉,同时国企改制和"抓大放小"中产生了很多下岗职工,一些下岗职工未得到妥善安置,给个人和社会带来较大负担。这些问题的出现给国有企业改革的扩展与深化带来了阻碍。

(三) 上游国有企业垄断地位加强

"抓大"的过程,国有经济要掌握国民经济命脉和安全的指导思想,令国有资本更集中到一些基础性、关键性领域,在这些领域,国有企业的体量不断增大,通常形成一家垄断或几家寡占的结构,民营经济几无可能进入这些领域。垄断的市场结构和极高的进入壁垒,必然会带来垄断行为,带来高价格和低效率。而作为几乎所有产业都直接或间接需要的石油、电力、金融、电信等基础和命脉产业,这些行业的盈利不一定来自其自身经营管理能力的提升或其产品成本的下降和质量的提高,而可能来自其垄断高价和其独占的广大的市场需求。但其垄断行为和低效率会较大地损害下游和相关行业的竞争力,不公平地压缩下游行业的利润,对各个产业链的竞争力,对我国产业的健康发展和国民经济高质量增长都会带来较大损害。这个问题也逐渐被政府认识到,政府也希望通过业务分离、分拆、引入新竞争者等方式来增强这些行业内的竞争力,提升其效率。

参考文献

[1] 陈武明. 破坏公有制主体地位就不会有大局的稳定 [J]. 真理的追求, 1994 (6): 22-23.

[2] 邓伟根. 产权改革: 中国迈向市场经济的第一步 [M]. 广州: 广东经济出版社, 1996.

[3] 邓子基. 深化产权制度改革理顺产权关系 [J]. 中央财政金融学院学报, 1992 (4): 8-13.

[4] 董辅礽. 论把竞争性国有企业推入市场 [J]. 中国社会科学院研究生院学报, 1992 (1): 9-18.

[5] 杜伟立. 中国 GDP 超过 1 万亿 [J]. 中国经济信息, 2001 (6): 18-19.

[6] 高鸿业. 私有制、科斯定理和产权明晰化 [J]. 当代思潮, 1994 (5): 10-16.

[7] 何诚颖. 股份制、产权改革和国有企业制度创新 [J]. 财经论丛 (浙江财经学院报), 1994 (4): 7-12, 38.

[8] 贺建平. 关于国有企业改革制度创新的探讨 [J]. 中央财经大学学报, 2004 (9): 60-63.

[9] 胡凤斌. 资本结构与治理优化: 现代公司理论与国企改制实务 [M]. 北京: 中国法制出版社, 2005: 304-305.

[10] 胡钧. 国有企业是社会主义经济的主导力量 [J]. 教学与研究, 1995 (3): 22-26+42.

[11] 黄慧群. "新国企"是怎样炼成的: 中国国有企业改革40年回顾 [J], China Economics, 2018 (1): 58-83.

[12] 蒋学模. 论我国社会主义初级阶段的私有制经济 [J]. 社会科学, 1987 (11): 9-14.

第四章　邓小平南方谈话后至加入世贸组织前的工业企业制度

［13］茅于轼，张玉仁.中国民营经济的发展与前景［J］.国家行政学院学报，2001（6）：43-49.

［14］秦柳方.私营企业主的阶级属性不能含糊［J］.真理的追求，1994（11）：21-23.

［15］邱晓华，郑京平.90年代中后期国有工业企业改革展望［J］.经济学动态，1995（2）：9-12.

［16］宋瑞卿.所有制：以结构变革为主，形成"百花齐放、百家争鸣"的局面［J］.经济问题，1988（11）：7.10.

［17］汪海波.中国国有企业改革的实践进程（1979—2003年）［J］.中国经济史研究，2005（3）

［18］王鹤.产权改革与社会主义所有制的重建［J］.经济问题探索，1989（4）：3-8.

［19］王珏.建立现代企业制度的几个问题［J］.市场经济导报，1994（5）：5-9.

［20］王子军.产权、竞争与国有大中型企业改革：与高鸿业同志商榷［J］.内部稿，1994（23）：12-15.

［21］高渊.问答邵宁：回看"国企三年脱困"那些日子［N］.解放日报，2016-08-25（6）.

［22］吴敬琏.大中型企业改革：建立现代企业制度［M］.天津：天津人民出版社，1993.

［23］严亚明.略论非公有制经济的负面效应［J］.孝感师专学报，1997（2）：54-57.

［24］杨德明.评西方新自由主义经济学［J］.当代思潮，1995（5）：31-40.

［25］杨瑞龙，现代企业产权制度［M］.北京：中国人民大学出版社，1996.

［26］叶刘刚，黄静波.国有企业"抓大放小"改革与加总全要素生产率的变化分解［J］.产经评论，2016，7（5）：100-114.

[27] 俞卫国. 对股份制的期望值不可过高 [J]. 内部文稿, 1994 (23): 16-18.

[28] 张同廷. 试论社会主义时期的个体经济 [J]. 经济问题, 1980 (9): 51-54.

[29] 张卓元. 中国国有企业改革三十年重大进展、基本经验和攻坚展望 [J]. 经济与管理研究, 2008 (10): 5-19.

[30] 郑红亮, 王利民, 詹小洪, 等. 中国经济大论战 [M]. 经济管理出版社, 2000.

[31] 中国社会科学院经济研究所微观室. 20世纪90年代中国公有企业的民营化演变 [M]. 北京: 社会科学文献出版社, 2005.

[32] 周叔莲, 郭克莎. 资源配置方式与我国经济体制改革 [J]. 中国社会科学, 1993 (3): 19-32.

[33] 朱绍文. 对国有企业全面实行股份制是一种倒退 [J]. 高校理论战线, 1994 (4): 10.

第五章
加入世贸组织后至"经济新常态"出现前的工业企业制度

2001年11月,我国正式加入世界贸易组织,这是中国经济自21世纪以来的又一重要历史转折,直至2014年5月习近平总书记提出中国进入"经济新常态",该时期(2001年11月至2014年5月)中国经济,特别是工业经济持续高速增长,为中国完成社会主义新型工业化奠定了基石。本章将首先从外部环境变化、国内经济发展需求以及上一阶段遗留问题三个方面剖析该时期的改革背景,明确阶段性的改革思路与政企关系定位,从政企关系、产权变化等多角度剖析国有工业企业的制度变迁,肯定该时期的改革成效并总结改革中的遗留问题。

第一节　阶段改革背景

（一）外部环境变化对国有工业企业的定位影响

20世纪90年代以来，知识、人才和科技实力与资本相比逐步在投资中占有更重要的地位，成为国际分工和国际贸易的决定性因素。在发达国家，许多跨国公司为保持技术领先优势并防止技术外溢，将研发等高附加值环节放在国内。对此，我国国有工业企业必须起到积极的作用。我国在重工业化的过程中，很多领域处于较为低端的产业链中，低技术含量、低附加值，并没有办法掌握核心的技术，这也是重工业化速度过快带来的弊端。我国虽然工业化程度高，但是工业化的水平并不高。发达国家在很多领域给我们设置了"技术壁垒"，我们仅仅靠着自发的模仿和吸收，并不能有效地发挥后发优势，实现弯道超越。而自主研发需要大量各类学科的科研人员与大规模的研发投入，私人部门的资源整合能力没有国家强大，强行投入还面临巨大的风险，因而国有工业企业的重要责任则是集中各方力量在关键领域进行突破。另外，我国的工业应朝着集约化和高级化的方向发展，这要求国有工业企业能够在关键时刻引领发展战略新兴产业，从而带动我国其他各类产业部门的转型升级。世界上许多发达国家都在进行大量的研发投入，布局战略新兴行业，把争夺下一轮的技术先机作为发展的目标。而战略新兴产业往往对资本、人力、知识有着很高的要求，并且项目回收期长、风险巨大。这些即将可能发展起来的产业，需要国有工业企业提供引领，带动整个工业部门的逐步转型升级。在全球经济一体化的背景下，国有工业企业是最有可能与国际跨国工业企业相抗衡的力量，这为保障我国的产业发展、企业生存和国民经济稳定发展起到不可或缺的作用。

（二）国内经济发展需求对国有工业企业的定位影响

21世纪初期，我国经济以年均10%左右的速度高速增长，但是经济周期性较为明显，起伏较大，同时经济发展质量不高，技术进步较慢，我国国有

第五章 加入世贸组织后至"经济新常态"出现前的工业企业制度

工业企业承担了较大部分经济发展的重任。

国有工业企业是国家实施宏观调控的重要手段之一,由于外部性等问题会导致市场失灵,需要国家这个"看得见的手"来进行调控,减少市场逐利的盲目性和自发性。国有工业企业在社会主义市场经济条件下,实现了生产资料的公有制与生产社会化的统一,使得国家对经济的宏观调控更为有效、精确。我国实现稳定宏观经济的重要方式之一是实行在工业行业的关键领域或部门采取国营或者政府供应。国民经济中的军工、能源、信息等重要领域都属于风险高、作用广、影响深远的经济部门,一旦出现问题将会给社会带来极大的损失,甚至危及国家的安全。国有工业企业在基础设施和公用事业的建设以及自然垄断性行业都发挥着重要的作用。这些领域通常具有以下特征:第一,投资的规模巨大,且回收期长、盈利较低,私人资本往往无法进入或者不愿进入,很多自然垄断的行业,如电力、铁路、石油天然气管道等更是国民经济的重要命脉,关系到国家安全,这些行业需要国有工业企业来承担相应的责任。第二,由于私人资本逐利的天性,如果这类垄断行业由私人部门运营,会导致定价权的丧失,私人资本可以从中谋取巨大的垄断利润,危害社会的利益,造成不稳定因素。而国有工业企业会使得此类行业的工业产品和服务达到一个更优的水平,从而保障社会的稳定发展。第三,由于外部性的存在,国有工业企业提供的很多物品属于公共产品,此类产品的社会效益大于私人效益,私人部门若没有足够的补贴则无法产生持续不断供应的动力,因而这些公共产品应该由国有工业企业来主导,以推动基础设施建设及公用事业的发展。

(三)上一阶段遗留问题对国有工业企业的战略定位影响

在国有企业改革的突破阶段,企业改革都多少留下了现代企业制度不健全、国有资产流失严重、上游国有企业垄断等问题。国有企业在该时期不断完善。2002 年,有一批国有企业通过规范上市、中外合资和相互参股,实行了公司制改革。2003 年,党的十六届三中全会通过了《中共中央关于完善社会主义市场经济体制若干问题的决定》,表示要建立"归属清晰、权责明确、保护严格、流转顺畅"的现代产权制度。至此,我国国有企业改革初步实现

了投资主体多元化的格局，我国国家政策的颁布推动国有企业递推式的发展，在权利和权益方面适当放权，国有企业和民营企业竞争机制不断调节，显示出改革过程中的辩证性发展。2003年3月，国务院成立国有资产监督管理委员会，主要完成了规范中央企业负责人薪酬制度、完善央企考评体系和启动央企人事制度改革等任务。

为了使国有企业在改革过程中能够达到快速、稳健发展的目标，2004年年初，公司制和董事会制度在部分被选拔的央企建立的独资公司作为试点迅速展开，之后，公司的董事会制度得到不断完善，我国的企业发展逐步进入正常的现代化发展轨道。监事会的设立成为国有企业公司治理结构的重要组成部分，根据《公司法》的相关规定，股东大会、董事会和经理以及监事会构成中国有限责任公司和股份有限公司的治理结构，从而实现制度化发展，使企业在发展中实现各种部门相互监督管理、相互制衡，使企业稳健发展。

第二节 改革思路和战略定位

一、整体布局的改革思路

自1978年改革开放起，国有工业企业改革至今已进行40余年。在改革初期，政府采用过放权让利、把生产责任制同经济效益结合起来的租赁制以及以"包死基数、确保上交、超收多留、歉收自补"为主要内容的承包制等多种方式来促进国有工业企业市场化。这些措施在改革初期取得了较好的效果，但随着时间的推移，改革过程中的漏洞逐渐显现出来，当时的国企改革普遍存在转变观念困难、政企关系不清、债务负担过重等问题。随后政府又采用了转换经营机制让企业自负盈亏、与外资合资、上市以及建立现代企业制度的方式，进一步推动国有工业企业的市场化进程，但并没有从根本上解

第五章　加入世贸组织后至"经济新常态"出现前的工业企业制度

决问题。

总结历史经验教训，我党在十五届四中全会提出，要完善国有资本有进有退、有所为与有所不为，国有经济必须在关系国民经济命脉的重要行业、关键领域占支配地位。这其中就包括了很多涉及国家安全的领域及高新技术企业中的国有工业企业，而其他行业和领域则需要提高国有经济素质，鼓励非公有制经济发展。我党提出的上述改革方针，逐步为我国国有工业企业改革找到了自己的道路。

2002—2013年，以党的十六大为开端，到党的十八届三中全会之前，总共经历了12年时间，我国国企改革的"规范治理"得到了深入推进，这是在国有资产管理体制改革带动下，国有企业改革的重要阶段。

针对长期制约国有工业企业改革发展的体制性矛盾和问题，2002年11月，党的十六大提出，除少数必须由国家独资经营的企业外，国有企业要积极推行股份制，要进一步放开搞活国有中小企业，同时，国家要制定法律法规，建立中央政府和地方政府分别代表国家履行出资人职责，享有所有者权益，权利、义务和责任相统一，管资产和管人、管事相结合的国有资产管理制度。从此，建立符合市场经济要求的新的国有资产管理体制的改革全面启动。

2003年3月，国务院国有资产监督管理委员会（简称国资委）成立，国有企业市场化改革步入在出资人进一步推动和加强监管下实现市场化改革目标的新阶段，国有资产管理体制的创新，激发了国有企业活力，国有企业的改革取得了重要的进展。同年10月，党的十六届三中全会指出要大力发展混合所有制经济，使股份制成为公有制的主要实现形式，加快调整国有经济布局和结构，同时提出建立归属清晰、权责明确、保护严格、流转顺畅的现代产权制度是构建现代企业制度的重要基础，进一步推动国有资本投向关系国家安全和国民经济命脉的重要行业与领域。

随着国有企业的改革逐步取得成效，国有工业企业的社会定位、结构布局优化、市场竞争力都得到了增强。一些大型的骨干企业真正成为我国工业发展的支柱，担负起综合国力竞争的重任。2007年10月，党的十七大指出，

要坚持和完善公有制为主体、多种所有制经济共同发展的基本经济制度，毫不动摇地巩固和发展公有制经济，毫不动摇地鼓励、支持、引导非公有制经济，深化国有企业公司制、股份制改革，健全现代企业制度，优化国有经济布局和结构，增强国有经济活力、控制力、影响力。以现代产权制度为基础，发展混合所有制经济。2009年9月，党的十七届四中全会中提出，改革进入深层次，就是要从整体上实现一个转变。要想真正实现放权，就必须认识到党的历史方位的巨大变化，必须自觉地推动和全面实现从革命党到执政党的转变。2012年11月党的十八大进一步提出，要推动国有资本更多投向关系国家安全和国民经济命脉的重要行业与关键领域。

从这30余年的政策变化可以看出，国家上层对国有工业企业改革的总体思路依然是下放所有权和经营权。与国企改革第一阶段（1978—1992年）、第二阶段（1992—2002年）不同，第三阶段（2002—2013年）下放权力的对象由国有工业企业的管理层转向了非国有投资者。这样的突破源于思想上的变革，国有企业的经营权和管理权是可以适当分离的，这种两权分离形成的股份制，能在保持国有经济控制力的前提下，不影响社会主义性质。这项变革有效解决了国有经济不适应市场经济的要求，推进了国有工业企业公司制股份制改革。从现实中来看，公司制股份制改革取得了两个明显效果：一是完善了基本经济制度，在增强了国有资本控制力的同时，形成了多种经济成分共同发展的局面。二是完善了企业体制机制，企业管理上了一个很大的台阶，为企业发展注入活力，使一批在计划经济体制中成立的老国有企业焕发出了新的生机。这也是国有经济实现快速健康发展，国民经济多年保持中高速增长的一个根本原因。

二、政府定位与政企关系定位再认识

在我国，国企改革始终是影响市场经济建设进程的关键因素之一。纵观我国30余年的国企改革历程，改革始终无法离开"政企关系"四个字。2002年，政府对当时国有企业改革中政府定位的现状进行了反思，并从制度

第五章　加入世贸组织后至"经济新常态"出现前的工业企业制度

层面上对国有企业与政府之间的权责利关系进行了深刻阐述。

（一）政府定位的困惑

在国有企业改革中，政府同时具有"出资人""监管者""经济人"和"准政治人"的多重身份，这样的现状加大了政府合理定位的难度。

就政府而言，一方面它要维护社会稳定，另一方面，它还要推动国有企业完成经济目标，使国有资产经济效益最大化。就国有企业而言，其同时具备"公益性"与"企业性"的双重属性，一方面，作为企业，其终极目标是追求利润最大化；另一方面，国有企业作为国有资本的载体，其又承担着生产提供公共物品的职责。政府的双重身份以及国有企业的双重属性，使得国有企业在经营中迷失方向，也使得政府在面对国有企业时，在"放权"与"收权"间摇摆不定。

同时，国有企业在公共事业领域常常表现出高利润、低服务的特征，时常引发民众对国有企业行为正当性的质疑。为此，政府又希望国有企业明确"准政治人"角色要求，令其提供"质美价廉"的公共服务。政府在处理国有企业关系时时常陷入两难：放得过多，担心不能控制国有企业；放得太少，又会限制企业市场化进度的推进。这种窘境可以说是当时政府处理与国有企业关系时的主要难题。

（二）政企关系的重新审视

自党的十四大提出建立中国特色社会主义市场经济体制以来，我国政府一直都在致力于探索合适的政府在市场中的角色定位问题。党的十六大会议又一次提出这一话题，会议的最终定调可以概括为十六个字，即"经济调节、市场监督、社会管理、公共服务"。

重新审视政府与国有企业的关系，必须围绕"政企分开"展开。在经济转轨时期，国有企业改革的目标是强调国有企业"企业"的性质，弱化其"公共性"特征，因此，"政企分开"作为一种改革方向毫无疑问是正确的。然而，经过多年的市场化改革，再审视我国政企关系，此时市场经济主体已基本确立，民营企业快速发展，若继续坚持以往一味强调市场化的改革方向便会显得不合时宜。此时"政企分开"需强调分开"度"的把握。

从本质来看，国有企业是经济与政治的混合物，它一方面有追求利益最大化的动力，另一方面也肩负提供社会产品、保证国有资产增值的责任。正是这种职责的二元性，出现了政府机关工作人员与国有企业领导人之间的交叉，诱发了政府在面对国有企业时"收权"与"放权"间的摇摆不定。

在此等背景下，国家借鉴国外的成熟经验对国有企业进行分类管理。我国依据国有企业所处领域和主要功能的不同，将其分为公益性国有企业与营利性国有企业。公益性国有企业主要是为了解决市场失灵而存在，此种国有企业不以营利为主，目标在于保证经济安全、国家安全和社会安定。这类国有企业职能的特殊性决定了它们无法做到完全的"政企分开"。而营利性国有企业则不同，这类企业是以经济效益为指导，基本目标是国有资本整体保值增值。因此，对于此类国有企业政府应放心地放权，给予其最大的自由度。如此一来，不同类型国有企业的功能和定位变得清晰，为真正的"政企分开"打下基础。

第三节 国有工业企业改革与制度变迁

一、经济体制的变迁

对中国的经济体制改革历程进行梳理，可以将其大致分为五个阶段：①1979—1982年的思想解放阶段。该阶段的进入标志为党的十一届三中全会的召开，主要特点是以"实践是检验真理的唯一标准"为指导思想，冲破了"市场经济是资本主义的产物，计划经济才是社会主义的基本特征"这一错误的思想牢笼。②1983—1986年的计划经济阶段。该阶段的进入标志为党的十二届三中全会的顺利召开，改革率先在城市中展开，改革范围逐渐从经济延伸到政治、生活和文化等方面，党的十二届三中全会提出了"中国社会主义

第五章　加入世贸组织后至"经济新常态"出现前的工业企业制度

经济是公有制基础上有计划的商品经济"这一新论断。③1987—1992年的"国家调节市场，市场引导企业"阶段。这一阶段的进入的主要标志是党的十三大召开，提出了"国家调节市场，市场引导企业"的模式。④1992—2003年社会主义市场经济体制形成阶段。该阶段主要解决了如何构建社会主义市场经济体制的基本框架和如何结合社会主义与市场这两大问题。党的十五大提出了"坚持和完善社会主义公有制为主体，多种所有制经济共同发展的经济制度"这一论断。⑤2003年至今的社会主义市场经济体制的完善阶段。该阶段以党的十六大召开为进入标志，主要特点是着手解决体制的深层矛盾，在国有资产管理体制改革和收入分配改革方面重点发力，党的十八届三中全会还创造性地提出"令市场在资源配置中起决定性作用"这一改革方向。

本节侧重剖析2002—2013年这一时段的改革，此阶段的改革是以党的十六大召开为标志的。党的十六大提出"21世纪前二十年改革的主要任务是完善社会主义市场经济体制，以国有企业为落脚点，进一步探索公有制的有效实现形式，鼓励在国有企业内部推行股份制，促进混合所有制经济的发展"。此次会议旨在通过强调集体企业内部的改革，促进企业从垄断化到竞争化的过渡，最终实现高度市场化。

2003年，党的十六届三中全会通过了《中共中央关于完善社会主义市场经济体制若干问题的决定》，指明了国企改革的新方向。此次会议有三大贡献：一是提出了股份制是公有制的主要实现形式这一论断；二是提出了对公有制和非公有制一视同仁，在市场化背景下更加不能忽视非公有制经济对国民经济的重要性；三是深刻诠释了现代产权制度的重要意义，改革要进一步释放公有制经济的活力，同时大力发展集体经济和其他非公有制经济，建立和发展混合所有制经济，争取实现国有企业投资主体的多元化，最终建立"产权清晰、权责明确、政企分开"的现代产权制度。此外，中共中央也强调了科学发展观的重要性，这一新时代的观念为完善社会主义市场经济体制提供了理论指导。

二、政府与企业关系变迁

1949年以来政府与企业的关系变迁历程大致可划分为五个阶段：一是1949—1978年的计划经济阶段。该阶段两者的关系主要体现为国有企业是政府机构的附属物，没有独立的生产经营自主权。二是1978—1986年的国有企业改革起点阶段。该阶段的关系变迁表现形式为政府对企业的"放权让利"，其间的重大事件是"两步利改税"①，但该阶段的改革仍然以集中的计划产权为主。三是1986—1992年的双轨经济体制阶段。该阶段的国有企业改革具有浓重的社会主义色彩，此阶段深化发展了我国的经济体制。四是1992—2002年的国有企业改革发展阶段。这一阶段里，政府与企业的关系由计划经济体制下的国家经营逐步转化为国家出资、企业独立运营的新模式，将国家对企业的所有权和经营权相互分离。五是2002年至今的国有企业改革深化阶段。此间重要的事件是国资委的成立，该机构将政府政治管理和经济管理的职能相分离，作为国家出资的代表，国资委行使普通股东监督建议和享受收益的权利。

通过梳理我国有企业改革的历程可以看出，从1949年以来我国经历了计划经济时期、放权让利时期、经济双轨制时期、现代企业制度建立时期这四个阶段。阶段的演进始终伴随着国家对市场认识的加深，甚至可以说是改革开放推动了政企关系的变迁。改革开放程度越高，我国市场化进度越快。在政府与市场的关系演变中，已经由最初简单的放权让利、增加企业自主权逐步扩大到企业与政府分离，所有权与经营权分离，让市场主导企业经营，政府只负责宏观把控。

具体看国有企业改革的最近一个阶段。2003年为完成党的十六届三中全会提出的"改革国有资产管理体制"的新任务，专门成立了国资委。该机构以核定主业和推进联合重组为主线，重点推进对国有经济布局的调整，进一步使未完成改制的国有企业公司化；而那些已经实现改制的国有控股、参股

---

① 所谓的"利改税"是指交完规定税费后，剩下利润可以由企业自行支配。这种以税代利的体制改革在我国是通过两步来进行的。

第五章 加入世贸组织后至"经济新常态"出现前的工业企业制度

和独资公司则履行所有者权利,不再直接干预企业的生产经营活动,改变了一直以来职能分散的局面,进一步提高了企业的生产效率。

在 2002—2013 年这一阶段,我国主要针对以下三方面进行改革:

(一) 调整并优化国有经济布局

国有经济布局指国有企业和资本在国民经济中的分布情况,它涉及多个层面的内容,如国有企业内部资源的分布以及在各行业、各区域之间的分布。国有经济布局的特征一方面取决于社会生产方式,同时受自然、人口社会等方面因素的影响,另一方面也取决于国家的宏观把控。我国国有经济布局改革主要围绕解决"在哪里分布"以及"分布多少"这两个问题而展开。

改革开放之前,由于我国的社会制度,国有经济的身影显现在各行各业。改革开放之后,包括外资在内的多种所有制企业纷纷开始建立,与此同时,国有经济的比重则在逐渐降低,且逐渐集中于关系国家安全和国民经济命脉的重要行业和关键领域。2003—2013 年,中央企业、国有企业布局结构调整遵循了"有进有退"的规律,在一些市场化程度高的领域退出,而进入另一些领域进一步拓展和发展,如国资委在 2006 年出台的《关于推进国有资本调整和国有企业重组的指导意见》指出,我国的改革方向是将国有资本向关键行业集中,其中包括电信、能源、军工以及航运,对于控制国民经济的领域要重点把控,发挥主导力量。该意见还指出,在机械、汽车、电子、钢铁、有色金属等行业中的中央企业要发挥带头作用,做好科研技术的转化以及创新,带动整个行业的发展。

一方面,政府在宏观经济布局中要做"加减法";另一方面也要深入推进国有企业公司制股份制改革,这会使得国有企业自主创新能力进一步提高。与此同时,国家强调整顿中小国有企业,提倡关闭那些资不抵债、无法扭亏为盈的国有企业,也就是现在俗称的"僵尸企业"。通过这一系列的改革,各地方逐渐发展形成了一批对地方经济具有影响力和带动力的优势企业,我国国有经济布局也更加合理。

此外,政府还通过国有中小企业改革和中央企业重组,进一步优化国有经济布局。优化方式主要是借助改制、租赁和出售等形式完成。一方面,通

过以上途径使得国有中小企业退出市场，逐渐集中到大企业层面；另一方面，对于国有大型企业，尤其是关乎国计民生的行业，则实施兼并重组，压缩大型国企的数量，提高其质量。仅在2002—2012年，大型国有企业的数量就缩减至154家，资产总额从7.13万亿元增加到28万亿元，税后利润由3 006亿元增加到9 173亿元。

（二）优化国有资本管理机制

国有资本管理①是指实行国有资本的优化配置，健全国有资本支配、调动的功能和建立国有资本的进入退出机制，规范筹资和投资行为及方式。它是完善社会主义市场经济体制的一项重大制度创新，是深化国有资产管理体制改革，实现政企分开、政资分开的重要举措。

2002—2013年是建立健全以"出资人监管"为特征的国有资产管理体制改革的阶段，着力解决"政资"不分的问题。

党的十六大召开以来，国有企业改革的进程发展得如火如荼。为进一步搞活、搞好国有企业，实现国有资产的保值增值，国务院于2003年3月成立了国有资产监督管理委员会（简称国资委），该机构由国务院授权，对归属中央的国有企业（不含金融业）的资产进行监督，当时国资委直接监管的企业多达196家，这也标志着我国国有企业改革进入"深水区"。此外，国务院于同年5月颁布了《企业国有资产管理监督暂行条例》，该条例指出，国有资产监督管理机构的主要责任是推进国有资产的合理流动和优化配置，推动国有经济布局和结构的调整。此后，各地方政府也相继成立了与中央国有资产监督管理机构相配套的地方机关，全国范围内的国有资产监督管理体制开始形成。2008年10月，《中华人民共和国企业国有资产法》（以下简称《企业国有资产法》）在全国人大常委会上的通过，标志着国有资产管理体制在法律层

---

① 国有资本管理主要内容包括核定、布局、规划国有资本；参与企业制度改革，负责国有资本的设置，特别是公司制改组中国有资产折股和国有股权的设置与管理；监管国有资本的增加和减少变动事宜；制定国有资本保全和增值的原则；实施国有资产重组中的产权变动及其财务状况变化、企业合并分立，对外投资、转让、质押担保、国有股减持、关闭破产等国有资本的变动管理；明确筹资和投资的报批程序和执行中的管理原则。

第五章　加入世贸组织后至"经济新常态"出现前的工业企业制度

面上被认可。到目前为止，国有资产改革基本实现了国有资产所有权归国家，对资产的监管权利归各级政府所有，国有资产的具体使用权归各企业的目标。

（三）改革垄断行业

随着党的十六大对国有资产改革目标的定位，即实现资本增值的最大化，国有企业的改革方向也逐渐清晰，即有选择性地打破垄断，实现国有企业市场化。此阶段，国家始终坚持"有进有退"的原则，在不影响国民经济的前提下进行国有企业的战略性重组。在这10多年中，我国垄断行业国有企业改革在市场化大背景下摸索前进。

此阶段，我国打破垄断的主要方式是引入竞争者，对于由行政原因形成的垄断行业，政府开始放松管制，甚至积极鼓励私人部门进入该领域，最具代表性的应该是电力行业的改革，在发电端完全放开管制，私人部门只要有获益空间便会进入该领域，一定程度上倒逼原有垄断企业提高效率进行竞争。此阶段，我国垄断性国有企业改革有了重大突破，具体表现在如下三方面：

第一，多数垄断行业实现了政企分开的改革，同时也形成了比较规范的产权结构。如电信、民航和石油等行业都完成了产权治理改革。中石油、四大国有银行纷纷上市，邮政业和铁路业开始形成改革的雏形。

第二，电信、石油和电力等行业通过分拆的方式初步打破垄断，形成弱竞争性的格局，不过此时完善的市场化竞争机制并没有形成，大部分的垄断行业继续保持着一体化垄断的局面。

第三，一些垄断性行业进行了价格改革，石油和民航的价格开始逐步放开，定价机制由原来的政府定价转向企业定价。不过，多数的垄断行业仍然坚持使用成本加成定价法，使得价格不能完全反映市场真实的供需状况，这也无法进一步提高市场运行的效率。

三、产权变迁

产权是市场经济的产物，是市场交易的主体，是所有制的核心和主要内容。国有产权制度改革是从党的十一届三中全会提出进行全面经济体制改革开始的，发展到2003年，现代企业制度也已有了雏形，在国有企业经营取得更大独立性后，2003年国资委的成立标志着国资管理体系从"五龙治水"[①]时代的模式平稳过渡到现代化企业形式的出资人模式。国资委以占股形式参与董事会决议进而参与国有企业的管理，这也从侧面体现了国家的意愿。截至2013年年底，国资委通过规范国有企业MBO[②]规则和监督国有资产运营使得国有资产的保值增值率达到了145%。实践证明，不论是完善国有企业产权制度，还是健全出资人制度，对于经济的发展以及国有资本的增值都有积极促进作用。

2003—2013年，国有企业产权改革的内容可以概括为八个字"全面配套，重点突破"。"全面配套"是指以国有企业改革为中心，对税收、财政、投资、金融和外贸等方面的体制进行全面改革，配套国有企业改革全面实施。"重点突破"是指国有企业改革以产权改革为核心，积极转换企业的经营机制，完善现代企业制度。

在这10多年来，国家主要从以下两点对国有企业产权进行了改革：

（一）建立规范的法人治理结构

一方面，通过建立法人财产权来明确国有企业的产权界限。将多元化的投资主体和企业法人独立开来，有助于明确公司管理者的职责。2008年，《企业国有资产法》指出，所谓的"国有企业"实质为国家出资而建立的企业，这说明国家已经逐步形成国有企业法人地位的观点。国家作为国有企业的出资人，仅享有企业经营效益的分享权，而不能直接指导和管理企业的正常经营。不论国有资本占比多少（控股抑或是参股），国有企业所有的出资人的市场地位一律平等，均有企业经营效益的分享权。这与之前政府对国有企业的经营大包大揽的状况形成了鲜明的对比。

[①] 五龙治水：国资委掌管资产、财政部掌管产权、国家计委掌管投资权、经贸委掌管日常经营以及企业工委掌管人事权。

[②] MBO是指管理层收购，是公司管理层利用高负债融资买断本公司的股权，使公司为私人所有，进而达到控制、重组公司的目的，并获得超常收益的并购交易。它属于杠杆收购的范畴，但其收购主体是管理层。

第五章　加入世贸组织后至"经济新常态"出现前的工业企业制度

另一方面，国家在《公司法》中明确了治理层（股东、董事、监事）和管理层（各级职业经理人）的权利和责任，形成了合理的分权制衡机制，有利于现代企业制度的高效运转。2003年11月国资委发布的《关于规范国有企业改制工作的意见》规定，若国有企业的管理层有意进行企业的并购，则必须由该国有企业产权持有者出面进行，且管理层不得参与整个收购过程，这实际上是为了避免管理者利用信息不对称对国有资本进行蚕食的不良行为。

（二）投资主体多元化

党的十六届三中全会提出了"大力发展国有资本、集体资本和非公有制资本等参股的混合所有制经济，实现投资主体多元化，使股份制成为公有制的主要实现形式"。现实中，能够引入的不同形式的资本形式大致可以分为两类：一类是企业内部的资本，如国有企业的管理层以及普通职工持股；另一类是企业外部的资本，如外资资本、民营资本以及社会法人资本，这里的社会法人资本主要指已经经过产权改革，确立了独立法人地位的企业，此时，就可作为独立投资人参与国有企业的改制。

第一类的资本是小型国有企业改革的主要依凭，由于企业原有规模较小，内部人员大多彼此熟悉，因此容易通过倡导管理人员和职工持股，形成互相信任、有一致性的管理层。再者，由于小企业的规模有限，员工可通过积极认股达到控股，此时国有企业顺利改制成为非国有企业，明确了企业的所有权后更有利于激励原管理人员积极治理公司，利于企业的长久发展。

第二类的资本更适用于引入到大中型的国有企业中。当然也不排除此时也会有内部人持股，不过其目的不是控制企业，而是使内部人和外部相关者的利益趋同。通过引入外部资本，形成了开放式的股权结构，一定程度上有助于国有企业向市场化方向发展。

四、国有工业企业的内部管理、分配与绩效考核

（一）公司治理改革

2002—2013年这12年间，我国国有企业公司治理改革主要从以下四点展开：

（1）建立一套完善的规章制度。国家要求中央企业在参照《公司法》和《企业国有资产监督管理暂行条例》等法律法规内容的基础上来制定或修改本公司的章程。在制定企业章程时会以企业自身情况为前提，结合国家法规而确定。

（2）设立职工董事职位。职工董事由公司职工民主选举产生，在国资委获批的前提下，代表职工行使董事的权利，并承担相应的义务。

（3）完善董事会等机构。在国企内部建立董事会和董事会内部专业委员会，同时设立董事会办事机构——董事会办公室，其实质是董事会的秘书。此外，完善董事会内部结构，设立常务委员会、战略委员会、提名委员会、风险控制委员会和审计委员会等多个专业委员部。

（4）实施并建立外部董事制度。外部董事是指本公司以外的人员担任的董事，外部董事的主要责任是监督，并非执行事务。

（二）收入分配改革

党的十八大报告指出："要毫不动摇巩固和发展公有制经济，推行公有制多种实现形式，深化国有企业改革，完善各类国有资本管理体制。"作为国有资本的载体，国有企业的利润分配方式直接关系着国家和人民的切身利益。回顾我国国有企业改革的历史，可以看出，我国国有企业内部利润分配制度是在实践中逐步探索出的，是一个能顺应国有企业改革潮流的利润分配方式。

计划经济初期，国有企业高管的薪酬是完全意义上的按劳分配，此时的国有企业统一实行"统收统支"制度。直到1956年，国有企业高管工资才开始改革。虽然此时的改革力度不算太大，不过通过此次工资调整，形成了以职位级别为基础的国有企业管理工资制度，这一制度也成为持续了26年之久的国有企业工资制度的主导模式。2003年党的十六届三中全会召开以后，不论是企业内部职工还是国有企业本身，在享受利润分配时，分配所参考的指标更多地表现为个人或者企业的业绩。

从国有企业高管角度看，分配方式改革的表现形式是"高管年薪制"[①]。

---

① 高管年薪制是指高管年薪由基本年薪加绩效年薪构成，职位决定基本年薪，企业经营业绩决定绩效年薪。

第五章 加入世贸组织后至"经济新常态"出现前的工业企业制度

具体来说,就是将企业高管一定时期内的经营业绩成果进行汇总评估,并将其分为五个档次,被归为 A 类档次的企业,其高管可获得相当于其基础年薪 2~3 倍的绩效年薪,而 B 类档次企业其绩效年薪为基础年薪的 1.5~2 倍,以此类推,C 类档次企业为 1~1.5 倍,D 类档次企业为 0~1 倍,而考核结果为 E 类的企业,其高管只能获得基础年薪而没有绩效年薪。

将高管薪酬与企业经营所得直接挂钩,一定程度上使得国有企业高管更有动力去更好地管理和经营国有资产。随着市场化改革的不断深入,国有企业高管薪酬改革政策频繁出台,如为建立有效的中央企业负责人激励与约束机制,完善中央企业业绩考核体系,2004 年国资委制定了《中央企业负责人薪酬管理暂行办法》,这一办法也促进了年薪制发展。不过,也正是由于国有企业高管年薪市场化的改革,在某些领域出现了国有企业高管年薪偏高的现象。此后,为了确定较为合理的国有企业高管薪酬奖励比例,国家也做了一定的调整。2009 年为了遏制国有企业高管薪酬过快增长的态势,中央颁发了《政府限薪令》,其主要内容是"高管薪酬增长与分配与经济整体形势相关联,确保国有企业高管薪酬的水平、结构和管理更加合理化"。2013 年中央又发布了《国务院办公厅关于深化收入分配制度改革重点工作分工的通知》,一方面是为了控制国有企业高管薪酬过高的问题,另一方面也是为了明确国有企业高管薪酬和普通职工薪酬之间的比例,并在一定程度上缩小两者差距。

国家统计局数据显示,2002—2013 年,中央企业职工平均工资的平均增长率为 14%,其他类企业职工的平均工资平均增长率为 16%。同时,也显示出中央企业行业间人员人均工资差异正在逐步缩小。从总体上看,此阶段中央企业职工工资与经济效益呈现相适应的趋势。

从国有企业自身角度看,分配方式改革的表现形式是"利改税"的深化。2010 年 12 月,国家颁发了《关于完善中央国有资本经营预算有关事项的通知》,通知规定根据税后利润上缴的不同比例,可将国有企业分为四类:①资源垄断型国有企业,如中石化,其向国家上缴利润比例为 15%;②垄断性竞争型国有企业,如一汽和宝钢企业等,向国家上缴利润比例为 10%;③军工类企业,如中国核工业集团,其上缴比例为 5%;④一些特殊行业,如中储粮

总公司，该类企业可以免交利润分成。

综上所述，我国国有企业收入分配制度的改革是以政府为主导，自上而下进行的改革。手段是通过对企业内部人员进行激励，提高企业效益，在此基础上通过国家规定来协调国有企业与国家的分享利益关系。

（三）绩效考核改革

我国国有企业经营绩效考核是伴随着我国国有企业管理体制的发展而发展的，我国国有企业的业绩考核工作大致经历三个阶段：一是计划管理和考核期；二是放权让利期；三是现代企业制度建设期。不同的阶段有着与该时期适应的考核重心。计划经济时期以任务完成度为考核重点，放权让利时期以利润为考核重点，现代企业制度建设期以综合指标为考核特点。为了避免国有企业为追求短期利润而导致经营问题，国务院国资委对国有企业考核指标进行了一定的调整，也尝试通过调整绩效指标而完成管理目标的进一步拓展。

1992年，国家计委针对工业国有企业提出了六项考核指标，同时，针对指标的重要性程度赋予不同的权重，最终形成统一的评价体系。分析此阶段国有企业业绩评价指标，可以看出评价指标已经从重视产值转为重视企业的经营效益，但是，评价指标无法反映出企业的成长性，计划经济色彩依然存在。

伴随着国有企业改革工作的持续开展，国有企业绩效评价由原单一指标考核方式过渡到综合且全方位的绩效评价。为建立我国科学规范的国有企业绩效评价体系，1999年财政部联合国家经贸委、人事部和国家计委等有关部门共同颁布了《国有资本效绩评价规则》，这标志着我国国有企业业绩效评价指标首次实现体系化，一套全新的企业绩效评价体系开始在我国建立。2002年，财政部会同国家经贸委、中央企业工委和国家计委等部门在原有体系基础上进行了修订，新增了技术投入比例率、综合社会贡献率和发展创新能力（如产品创新、技术创新和服务创新）等偏向评价企业社会贡献能力的指标，重新颁布了《企业绩效评价操作细则（修订）》，使原考核指标数由32项调整为28项。不过，此次修订后的体系也存在一定问题，如指标很多，不利于计算和衡量，且各指标对不同行业的企业重要性不同，不能单一地赋予权重。

第五章　加入世贸组织后至"经济新常态"出现前的工业企业制度

党的十六大提出要建立权责明确、责任义务相统一、管资产和管人管事相结合的国有资产管理体制。为贯彻十六大精神，中央、省、市（地）三级国家资产监督管理机构相继出台了与《企业国有资产监督管理条例》有关的法律法规。

为规范中央企业综合绩效评价工作，有效发挥综合评判的作用，2006年，国务院国有资产监督管理委员会颁布《中央企业综合绩效评价管理暂行办法》及其实施细则。细则明确指出综合绩效评价的核心是投入产出比，同时也规定了企业综合绩效评价指标由"22+8"的形式构成。22个指标代表定量的财务绩效，8个指标代表定性的管理绩效。其中，财务绩效指标可反映包括企业盈利能力、资产质量状况、债务风险状况和经营增长状况在内的四方面成果。而8个管理绩效指标包括基础管理、战略管理、经营风险、发展创新、人力资源、行业影响、风险控制和社会贡献。这30个指标综合起来反映了企业财务状况和经营成果。

此阶段的国有企业绩效评价考核指标体系以"综合"为特色，是在出资人监督管理框架初步建立的背景下，出资人进一步深化财务监督工作的成果。整体来看，此阶段的评价指标体系主要体现了如下四个特点：

1. 强调国有企业盈利能力

在对国有企业进行四个方位（盈利能力、债务风险状况、资产质量状况和经营增长状况）的财务指标评价时，代表国有企业盈利能力的指标所设定的权重最高，为34%。这说明，国有企业已正确定位，即国有企业不仅是代表国家资产的，更多地也表现为一个自负盈亏的企业。只有企业能自给自足并产生正向收益，此时的国有企业对于国家和人民才是有利的。强调国有企业盈利能力其实也是对国有资产管理的有力保障。

2. 重视国有企业债务风险

《中央企业综合绩效评价管理暂行办法》在原评价指标体系中加入了"带息负债比率"和"或有负债比率"两个指标，这两个指标都能分析国有企业潜在的经营风险。同时，在对国有企业资产质量状况进行评价的时候，运用了"不良资产比率"这一指标来衡量国有企业的潜在风险。

3. 关注国有企业增长潜力

强调国有企业盈利能力的同时,《中央企业综合绩效评价管理暂行办法》也关注盈利能力增长速度,其采用的指标主要有"主营业务收入""主营业务成本",在关注利润绝对值的前提下,更加关注利润增长速度以及资产总额的增长情况。

4. 突出财务指标而非会计指标

以往的会计指标采用"权责发生制",一定程度上反映权利义务的配比,但是财务指标是以"收付实现制"为基础建立的,相比会计指标,现金流量指标能更好地反映企业的流动性、财务安全性以及一段时间的经营成果。例如,对国有企业盈利能力进行评价时,采用"盈余现金保障倍数"指标。

五、国有工业企业改革案例——中国中化集团公司改革

中国中化集团是一个跨地域、跨领域、多元化的经营企业集团,在国有企业改革发展的大背景下,中化集团经历了两次蜕变:一是 1988 年的"再造中化",主要原因是国家在此阶段的放权让利和市场化的不断深化;二是 2008 年的金融危机冲击。2008 年的金融危机席卷全球,中化集团也无法幸免,不过基于 1998 年的改革,中化集团建立了高效的人力资源管理体系,这在一定程度上增强了抵御 2008 年经济危机冲击的能力,为原有的管理变革注入了新动力。在第二次改革中,中化集团主要围绕以下三方面展开:

(一)人事管理改革

中化集团始终坚持以人为本的管理理念,强调人才的重要性。在人才引进方面,主张采用市场化手段积极从各方面引入优秀人才,集团始终坚持"唯才是用"的用人原则,有效地充实了人才储备。在人力资源管理角度,构建了分层级的管理体系,总部只保留对集团关键岗位的管理权和薪酬总额的配置权,将招聘、绩效管理、薪酬激励和部门员工管理的权利下放至人力资源管理部,积极推行人才一体化管理。

在梳理中化集团改革实践事件的基础上,学者周雪在《国有企业构建人

第五章　加入世贸组织后至"经济新常态"出现前的工业企业制度

力资源管控模式的有效途径研究》一文中指出，中化集团的人事改革可以简单地概括为"三步走"战略：一是战略执行为纲；二是模式驱动体系为骨；三是信息化建设为基。按照周雪的思路步骤，可以看出中化集团在人事管理改革方面取得了巨大进步。

（1）在战略执行方面，中化集团坚持"一体化"战略，即集团所有二级单位的人力资源经理都归总部统一任命，定期培训、集中考核、统一任免，各级单位的人事任命都处于平等地位。为此，中化集团总部成立了一个专门管控人事任命的机构——集团人力资源部，其主要负责集团各层级的人事任命，以及人力资源政策的制定与修改，旨在通过指导和监督各级人力资源管理，促使集团上层政策的快速执行。

（2）在模式驱动方面，中化集团在综合考虑集团所处战略发展的阶段、经营业务、组织构架以及人力资源管理现状的基础上，结合了直管型、监管型和顾问型三种模式的特点，形成了适合集团自身发展的战略管理模式，即以直管型为主体、以监管型为补充的混合模式，旨在通过较为集权的直管型模式加快决策一致性的达成以及决策执行的速度；同时，以监管的补充方式，保证决策在执行过程中的准确度和规范度。为此，中化集团特意成立了集团人力资源委员会这一决策机构，该机构在人力资源部之上，主要负责对集团重要的人力资源事项进行表决。同时，人力资源部门也会配合该机构执行上层指令。

中化集团的人力资源管理模式体现了高度集权与适度放权相结合的原则。集团人力资源部的职能不再单一化。一方面，其负责执行集团人力资源委员会的指令；另一方面，它也负责集团各级部门的人力资源管理工作。除此以外，它还对其他经营机构进行监督和检查。在此模式的基础上，中化集团针对不同经营部门的人事也做了相应调整，以此形成了中化集团特有的人力资源管理体系。

（3）在信息化建设方面，为了适应时代信息化变革的潮流，中化集团以解决管理难题为切入点将信息技术引入集团人力资源管理中来，其对信息技术的运用主要从以下两个方面展开：

一方面，中化集团将"EHR 系统"①引入集团内部，试图通过引入信息化技术提升企业人力资源管理的效率，从而达到提升集团业务能力的目的。在该系统引入的过程中，中化集团始终强调信息技术人才的重要性，始终将技术人才摆在首要的位置，其认为只有拥有专业的信息技术人才团队，才能保证方便快捷的 EHR 信息系统在集团内部的顺利使用，也只有人才是技术变革的根本力量。

另一方面，中化集团从企业自身的角度出发，在将信息技术引入集团内部的同时，注重 EHR 系统在各部门的投资回报率，在投资回报率高的部门，集团引入该信息化系统，对于投资回报率低于市场平均值的部门，集团则不再引入信息化技术，仍旧维持其原有人力资源管理系统，从而达到资本效益最大化的目的。

（二）收入分配改革

随着市场化的不断深化，中化集团在收入分配制度方面的规定也逐步向市场分配靠拢，改革打破了"铁饭碗"，改革了劳动制度，取消了终身雇佣制，实现全员聘任制；打破了"铁工资"，改革了薪酬制度，取消待遇终身制，实施市场化薪酬，让工资能高能低，将员工酬劳和绩效联系更为紧密。

在工资分配方面，集团的改革强调业绩的重要性，按劳分配中的"劳"更多地体现为劳动成果，也就是绩效。员工一段时期的绩效越高，其个人工资也就越高，反之越低。中化集团的改革以公正绩效评价为前提，逐步建立了以投入产出比为基础，以市场化和按绩分酬为原则，岗位职能、个人能力和绩效评价相结合的薪酬管理体系，形成了公司业绩和员工收入良好互动的格局。

近年来，随着国有企业主体产权的明晰，以及国有资本管理机制的不断完善，中化集团也逐渐完成了从"管企业"到"管资本"的平稳过渡。这种转变既是国有企业产权制度改革的必然趋势，又是优化国有经济布局的内在

---

① EHR 系统是建立在先进的软件系统和高速、大容量的硬件基础上的新型人力资源管理模式，它通过集中式的人事核心信息库、自动化的信息处理、员工自助服务桌面、内外业务协同以及服务共享，从而达到降低管理成本、提高管理效率、改进员工服务模式以及提升组织人才管理的战略地位等目的。

第五章　加入世贸组织后至"经济新常态"出现前的工业企业制度

要求，旨在通过职能优化和机构调整，使国资监管工作更加聚焦管好资本布局、规范资本运作、提高资本回报和维护资本安全。

通过明确国有资本的管理权限，一方面，提高了企业管理的灵活性；另一方面，也在集团内部实现了收入分配与绩效考核制度的高效连接，这有利于员工价值的充分体现，也利于公司业绩与员工收入的协同发展。

（三）绩效考核改革

在绩效考核改革方面，中化集团始终坚持"能者上、劣者下"的各类管理人员的管理原则，搭建了以绩效考核、民主测评、人才盘点为主要手段，定量考核与定性评价相结合的系统化干部综合考评体系。其中绩效考核采取的是评分等级制，优差强制分类。在此基础上，企业内部也引入末尾淘汰制，避免企业内部过于慵懒，没有紧迫性，让那些得过且过的干部感到压力。具体来说，干部和员工的奖励、晋升和培训的机会都直接与绩效相挂钩，员工考核由好到坏可以依次分为 A、B、C、D 四个类别，上自集团总经理，下至每个分公司的小职员，每个人都会在入职初期签订一份绩效合同，合同中明确指出：若员工严重违反集团的管理制度，将在当年被评为 D 类，若员工连续两年都被评为 C 类，则视同在第二年被划归为 D 类，对于表现优异的员工会被评为 A 类，此类员工可以获得更多晋升的机会以及与之相匹配的更高的薪酬，而 D 类员将会面临降薪降职，甚至离开公司的风险。与此同时，中化集团的人力资源管理部随时都会对绩效评估的过程进行监督，以及对评估结果进行审核，这也保证了评估结果的真实有效性。

中化集团立足于市场化，通过以上三方面的改革，在内部管理上形成了"能上能下、能进能出、能增能减"的"中化模式"，这也使得员工和企业共同成长，形成了国有企业效益与社会效益共同增收的良好局面，同时也给许多国有企业深化内部改革提供了许多可参照的启示。

第四节 改革成效和遗留问题

一、改革成效

（一）我国工业与国有工业企业发展情况

2002—2013年我国工业增加值呈逐年增长的趋势。图5.1反映了我国工业整体发展的情况，从增长速度来看，2002—2013年我国工业增速明显提高，2014年之后趋于平缓。2008年受金融危机影响工业增加值的增长速度明显减缓，但并未影响到整体上升趋势。2013年我国工业增加值为222 337.6亿元，较2002年工业增加值47 776.3亿元上升3.65倍，年均增长率为13.67%。我国的工业化进程在此期间实现了飞速发展。

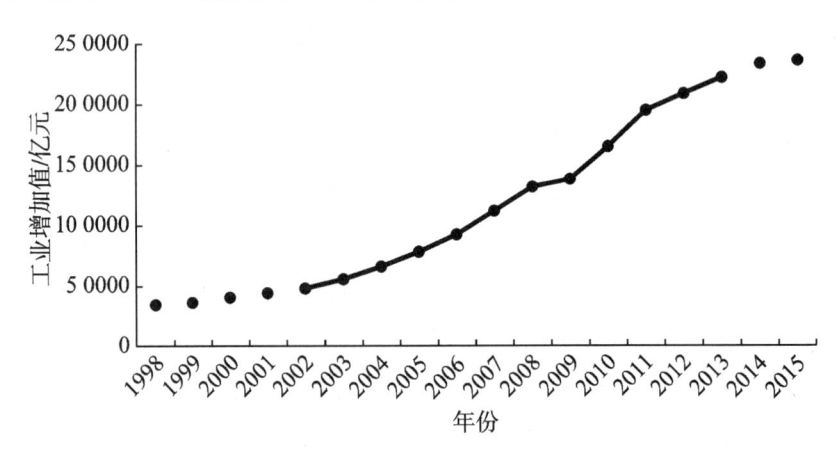

图5.1 中国工业增加值（1998—2015年）

资料来源：Wind数据库。

国有工业企业作为我国工业企业的重要组成部分，其对我国工业发展做出了重要的贡献。如图5.2所示，可以看出，我国国有工业企业的变化趋势与我国工业增加值变化趋势基本一致。2002年我国的国有工业企业工业总产值为45 178.96亿元，而其工业增加值为15 935.03亿元，占总体工业增加值

第五章 加入世贸组织后至"经济新常态"出现前的工业企业制度

的1/3，这一份额在未来10余年里逐步由35%下降至25%左右。到2013年国有工业企业总产值为240 315.31亿元，12年间年均增幅为14.94%。可见国有工业企业为我国的经济发展提供了重要支持。

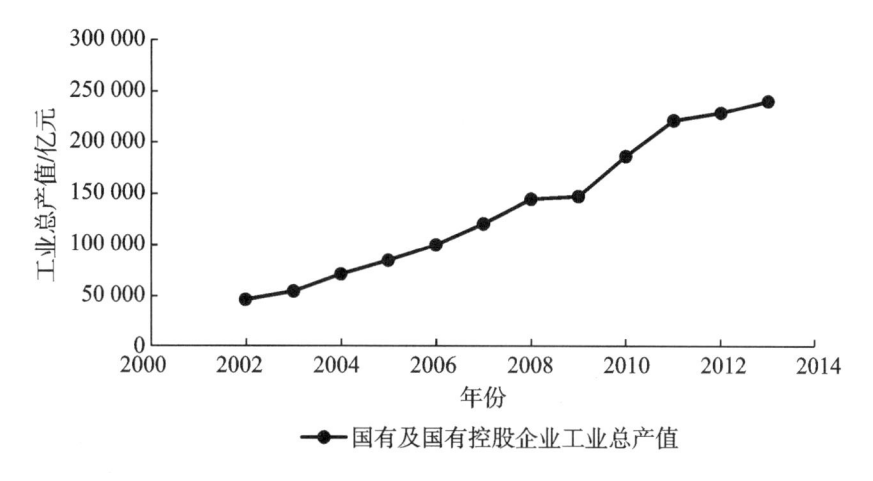

图5.2 国有工业企业总产值（2002—2013年）

资料来源：中国工业经济统计年鉴（2003—2012年），中国工业统计年鉴（2013—2014年）。

党的十五大之后，尽管国有企业改革的速度不断加快，国有工业企业的工业总产值依然在持续增长，但是增速有所放缓。整个工业行业的企业规模和国有工业企业的规模都开始缩减。这与我国积极推行公有制的多种有效实现形式，加快调整国有经济布局和结构，完善国有资本有进有退、合理流动的机制，进一步推动国有资本更多地投向关系国家安全和国民经济命脉的重要行业和关键领域的政策是密不可分的。数据层面来看，国有工业企业工业总产值从2002年的45 178.96亿元增长到2012年的312 094.37亿元，年均增幅21.67%。而同期内国有工业企业单位数在不断减少，从2002年的41 125户下降到2012年的17 851户，占比从22.65%下降到5.19%。

同时，由图5.3可以看出国有工业企业在2002—2013年数量不断减少，在中国工业企业数量中的占比也不断降低。结合图5.1与图5.2可以看出，这段时期国有工业企业对第二产业生产总值依然有较高的贡献，这表明虽然有其他所有制经济的加入，但国有工业企业在我国第二产业中仍然居于较为重要的地位。这样的现象与国有资本战略调整布局有较大关系，以公有制为主体，多种所有制经济共同发展的战略，推动国有资本更多地投向关系国家安全和国民经济命脉的重要行业和关键领域。总体改革的走向是国家放松对国有工业企业的经营权控制和所有权控制，从向管理层释放经营权不断过渡到向非国有投资者释放所有权，导致在这期间国有经济虽然占比减少，但是控制力和竞争力得到增强，国有工业企业的经济效益和工业产值也在不断提升。

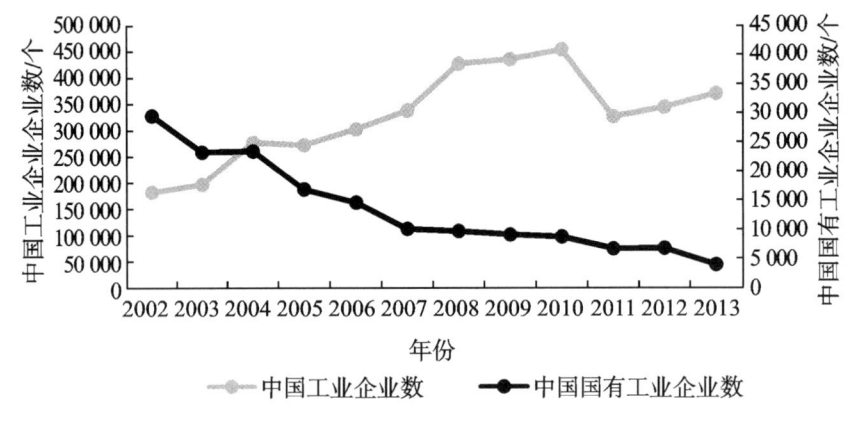

图 5.3 中国工业企业数和中国国有工业企业数

资料来源：CEIC 数据。

随着我国所有制结构的不断优化和经济体制改革的不断深化，我国国有工业企业所占比重逐渐下降，同时混合所有制经济所占比重逐年提升，此间国有工业企业的经济效益不断提升。图 5.4 选取了中国工业企业的利润总额和国有工业企业的利润总额对比，两者都呈明显的上升趋势。但国有工业企业的利润总额的上升幅度小于工业企业利润总额的上升幅度。

图 5.4 反映出在 2002 年至 2013 年我国的工业企业与国有工业企业的主要经济效益情况。工业企业的利润总额从 2002 年的 5 784.48 亿元上升至 2013 年 68 378.91 亿元，年均增长率为 25.17%。国有工业企业的利润总额在工业企业的利润总额的占比由 2002 年的 45.54% 下降至 2013 年的 17.36%。但国有工业企业的利润总额在 2002 年到 2011 年总体处于上升趋势，在 2011 年

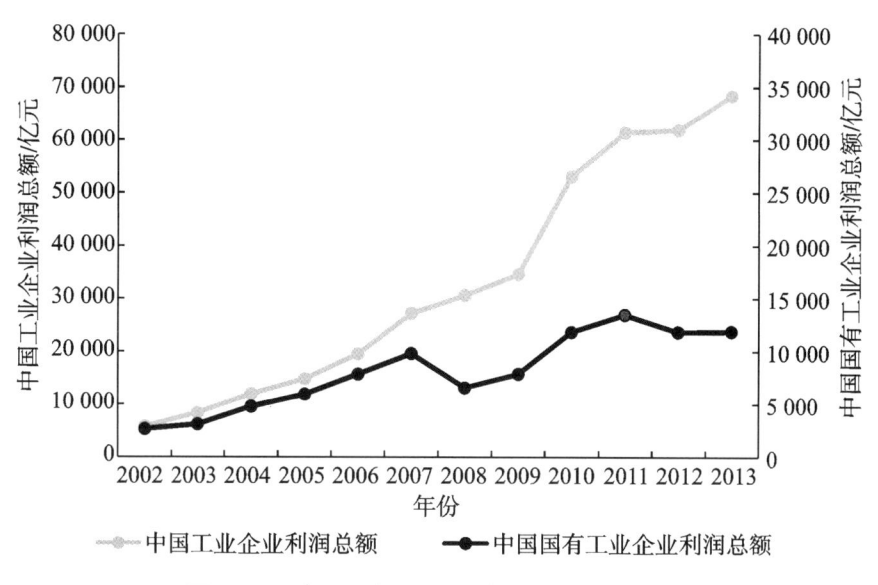

第五章 加入世贸组织后至"经济新常态"出现前的工业企业制度

图 5.4 国有工业企业利润总额（2002—2013 年）

资料来源：Wind 数据库，CEIC 数据。

达到峰值 13 448.5 亿元后在 11 500 亿元上下浮动。这与我国优化国有经济布局和结构，增强国有经济活力、控制力、影响力，毫不动摇地鼓励、支持、引导非公有制经济发展的政策变化的情形是相符合的，国有经济不仅仅注重量的大小，更注重质的控制。国有工业企业在数量大量减少的情况下，依然保持着较为稳定的利润总额。

影响经济发展的因素主要有劳动要素、资本要素的投入及技术进步。全要素生产率（Total Factor Production，TFP）作为衡量技术进步的重要指标，其变化规律可较好地反映推动我国国有经济包括工业发展的根本原因。

从图 5.5 中可以看出，2002 年至 2013 年国有工业企业全要素生产率的增长率除特殊年份外均为正，且年均增长率为 5.23%，全要素生产率总体呈上升趋势。回看国有工业企业全要素发展历程，这 12 年处于国有工业企业全要素生产率增长的黄金时期。虽然 2008—2009 年，全要素生产率有小幅下降，2012—2013 年的全要素生产率增长有所停滞，但是其余时间全要素生产率都保持较为稳定的增长。

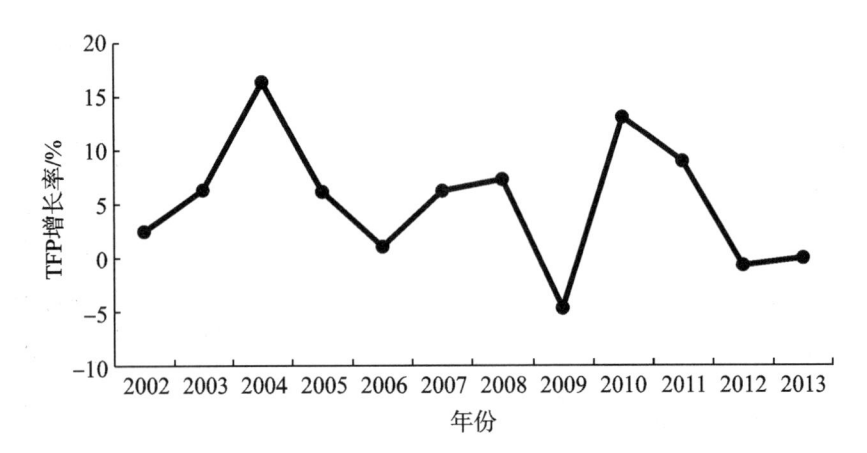

图 5.5　国有及国有控股工业企业 TFP 增长率（2002—2013 年）

资料来源：冯娜. 国企改革的关键在于提升全要素生产率［D］. 北京：中国财政科学研究院，2016.

这一时期全要素生产率增长的主要驱动因素是国有资产管理体制的改革，2003 年国资委的成立标志着国企改革进入深水区，为这一时期国有工业企业的发展奠定了基础。其中，2008—2009 年全要素生产率的下降主要原因是美国次贷危机引发的全球经济危机，国有工业企业的生产经营受到很大冲击。而 2012—2013 年全要素生产率的增长停滞的原因，一方面是国企改革中政企分离不彻底，影响国有工业企业的组织管理；另一方面是国有资本在前期没有合理分配投资结构，导致以制造业为代表的工业企业陷入产能过剩的僵局。

总体来说，这一时期全要素生产率的增长得益于国有企业改革的经济布局调整，多种所有制共同发展使得许多企业积极性提高，改革步伐加快，但发展上的许多问题也随着时间的推移逐渐暴露出来，导致国有工业企业的发展后劲不足，缺乏内生增长的动力，制约了全要素生产率的增长。

（二）轻、重工业调整

在 2002 年到 2013 年，我国的工业结构变化主要呈现两个特点：其一，重工业产出份额逐步上升，而轻工业的产出份额呈下降趋势，整体工业结构向重工业化发展。自 2002 年新的一轮经济高速增长之后，重工业化发展的带动作用非常明显，2004 年之后重工业产出份额逐步超过轻工业产出份额，

第五章 加入世贸组织后至"经济新常态"出现前的工业企业制度

2012年重工业产出份额达到66.66%，轻工业的产出份额仅为33.34%。其二，虽然其间轻重工业产出份额发生了较大的变化，但是劳动与资本的份额变化较小。从数据来看，1998年重工业产出份额为35%，2008年重工业产出份额为68.5%，但是重工业的劳动份额与资本份额都远高于轻工业，从而相对稳定。

这与轻重工业自身的性质有关，轻工业大多为劳动密集型产业，重工业大多为资本密集型产业。长期来看，技术进步是一个影响工业结构变动的很重要的因素，在技术进步的条件下，重工业的劳动边际报酬和劳动生产率的提升都强于轻工业。数据显示，2000年后，重工业技术进步率高于轻工业技术进步率，该时期重工业的产出份额逐步上升，中国的工业结构呈重工业化趋势。同时，由于重工业产出的增加，带来例如机器设备等产品的增多和改进，作用于轻工业，带动轻工业的产出提升。

从图5.6中可见，从1998年开始，我国霍夫曼系数[①]数值逐年下降，这

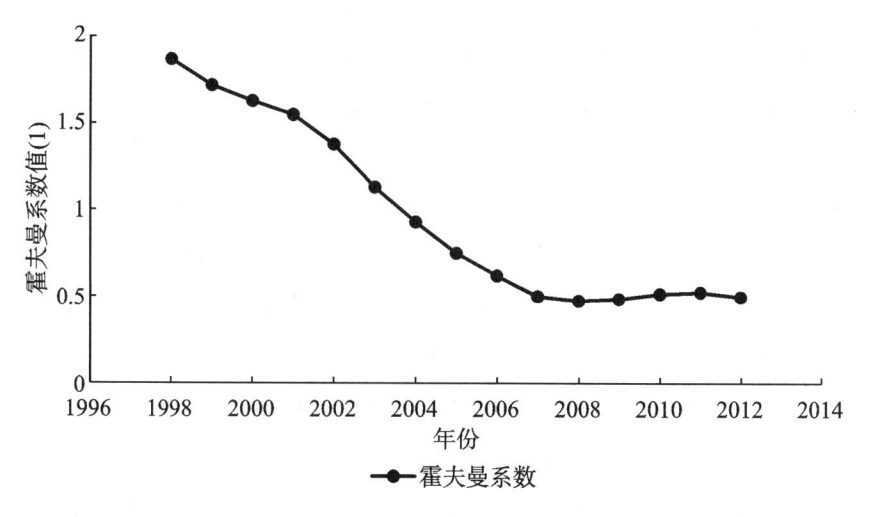

图5.6 中国霍夫曼系数变化

资料来源：中国工业统计年鉴。

[①] 德国经济学家霍夫曼在《工业化的阶段和类型》中提出霍夫曼系数。霍夫曼系数=消费资料工业的净产值/资本资料工业的净产值。整个工业化过程，就是资本资料工业在制造业中所占比重不断增加的过程，后者的净产值将大于前者。随着工业品的升级，其比率是逐步下降的。

与轻重工业结构的变化刚好相互印证，工业结构向重工业化方向转变，霍夫曼系数在2002年到2008年期间下降速度明显加快，也意味着中国重工业化的速度在此期间逐渐加快。

把我国的资料与发达国家的数据资料比较，英国的霍夫曼系数从1.12降到0.46花费102年的时间，美国的霍夫曼系数从1.5下降到0.522花费85年，而我国的霍夫曼系数从1.5降至0.5仅用10年左右时间。从国际比较中可以看出，我国的轻重工业转换的周期大大小于很多资本主义国家，可见我国工业结构重工业化超前，轻工业早衰。

（三）地理布局调整

国有企业改革的政策在很大程度上影响了国有企业的地理布局。从国家层面来看，随着党的十六大的召开，政府采取一系列措施对国有经济布局和结构进行调整，使得在不同的区域，不同程度的民营和外资资本进入，同时混合所有制改革的推行，使得国有经济产业的地理布局发生了重大变化。从区域层面来看，我国对不同的区域结合实际情况，实行了针对特定区域的改革战略，如在改革开放后，经济条件较好的沿海地区优先发展，大量资金和劳动力为东部地区的发展提供了良好的助力。之后东部地区加快产业结构升级，提升第三产业比重，非公有制工业的进入，导致国有工业的比重迅速下降。与之类似，国家的"西部大开发战略"的提出，西部基础设施建设投资加大，结合自身自然资源丰富和劳动力价格低的优势，大量国有重工业企业在此进行发展，同样"老东北工业基地振兴战略"和"中部崛起战略"的提出，都对国有企业深化改革、缩小国有工业企业规模、促进传统工业升级转型、建立现代制造业基地发挥了积极的作用。

区位的因素对工业企业布局有着重大的影响，拥有着丰富自然资源、充足劳动力、完善的基础设施以及配套优惠的产业政策的地区更加吸引工业企业的进入。从四大经济板块来看，我国东部地区交通发达、港口众多，科学技术人才充足，因而传统工业与新型工业发展水平都较为发达，产业结构比较均衡。西部地区自然资源丰富、劳动力充足，以能源化工工业与冶金工业

第五章　加入世贸组织后至"经济新常态"出现前的工业企业制度

等产业为主要产业。但是地处内陆,交通较为不便,很大程度上制约了西部地区的工业发展和与区外的经济联系。中部地区是东部和西部地区的纽带,虽然与东部发达地区连接,交通方便,但是工业化水平较低,多是资源加工型企业,如山西的煤炭产业与武汉的钢铁产业。东北地区与西部地区相似,拥有丰富的自然资源,东北地区是我国的重工业基地。但是与西部地区不同的是,东北地区与俄罗斯、韩国等国外市场相互连接,铁路、管道、航空等运输系统较为完善,成为东北地区工业产品出口的保证。这为东北地区工业发展提供了极好的条件。

市场化程度的因素对地区发展有着很大的影响。我国的经济体制改革是以公有制为主体的多种所有制共同发展,随着外资和民营企业的不断进入,国民经济中的非国有经济所占的比重在逐步上升。如东部地区市场化程度较高,非公有制经济发展较好,国有工业企业只集中在石化和能源等重要行业,工业其他部门中,私营、外资等占有较大的份额。相较于东部地区,西部地区的市场化程度不高,国有经济所占比重大,不仅分布在一些重要的行业,在一般性的竞争行业,如纺织、橡胶等也是如此,但是总体经济效益偏低。东北地区是我国传统的工业基地,计划经济的传统保持导致市场调节较少,市场化程度不高,国有工业总产值长期保持在50%以上,非国有工业企业占比较小。中部地区处于比较居中的位置,有着较为完善的基础设施,除山西之外大部分省份的国有工业企业的产值占比低于40%,市场化程度高于西部地区,在一定程度上能吸引其他所有制体制企业。

我国经济在2002—2013年保持稳定增长,三次产业结构也随之发生变化,但是第二产业占比始终稳定在45%左右,工业产值保持在40%左右。表5.1为我国四大经济区域的国有工业企业对第二产业总产值贡献率的统计。

表 5.1 国有工业企业对第二产业总产值的贡献率　　　　单位:%

年份	东部	中部	西部	东北
2002	30.09	68.33	78.64	75.93
2003	65.02	87.21	77.47	141.77
2004	—	—	—	—
2005	—	—	—	—
2006	66.49	74.75	115.64	111.33
2007	62.01	128.52	112.96	128.61
2008	82.07	76.28	94.26	93.61
2009	15.94	28.49	45.95	-122.35
2010	102.58	93.29	91.23	100.82
2011	68.07	82	100.97	79.06

资料来源：新中国六十年统计资料汇编。

如表 5.1 可见，四个地区的国有工业企业对于第二产业总产值的贡献率总体较高，且较为稳定。横向来看，西部地区的国有工业企业对第二产业总产值的贡献率最高，这与西部地区自然资源丰富、大量国有重工业企业在此进行投资有关。西部大开发战略提出后，西部地区按照政策调整区域内产业结构，利用自身资源优势发展重工业部门，导致国有工业企业对第二产业的总产值贡献率较高，成为第二产业总产值的主要来源。

四大经济区域中国有工业部门的产业结构发生了较大变化，东部地区向资本密集型产业过渡，主要集中在化工、电力等工业部门，中部和东北地区则集中在石化、能源工业部门，而西部地区集中在原料的开采工业上。在四大经济区域，国有工业企业都为第二产业总产值做出了重要的贡献。

从税收角度来看，在东、中、西、东北四大经济板块的每一个经济板块，国有工业企业的税收都是区域财政收入的重要来源，税收对地方的建设发展起到重要的作用，为地方经济建设提供保障。但是由于国有工业企业在我国的不同行业和地区的分布情况不相同，因而采用国有工业企业在不同地区的

第五章 加入世贸组织后至"经济新常态"出现前的工业企业制度

税收占比来衡量国有工业企业对我国不同区域经济发展的作用情况。表5.2为四大区域国有工业企业的税收贡献。

表5.2 四大区域国有工业企业的税收贡献　　　　单位:%

年份	东部	中部	西部	东北
2002	24	78.98	62.65	55.19
2003	36.23	68.48	51.53	81.23
2004	23.96	49.39	45.69	78.98
2005	16.92	39.27	39.93	55.66
2006	30.97	40.27	35.18	58.90
2007	18.77	65.46	32.88	48.26
2008	22.56	49.49	39.97	27.28
2009	42.94	45.83	91.81	245.35
2010	34.58	55.16	42.88	108.54
2011	13.36	15.09	23.24	27.45
2012	19.01	12.16	34.92	32.05

资料来源:中国财政统计年鉴,中国统计年鉴.

从2002年起,我国的国有工业企业的户数和规模一直在不断减少,但从表5.2中我们可以看出,各地区国有工业企业的税收贡献却并未有大幅下降。总体来看,东部地区由于市场化程度较高,税收贡献率在四个经济板块处于较低地位,中部地区较西部和东北部地区下降速度更快,而西部和东北保持在较高的水平。这与我国国有工业企业的结构分布有着密切的关系,东北部和西部地区有着我国大部分大中型国有工业企业,是国有工业企业税收贡献较大的地区。例如,在2012年我国多数省份的国有大中型工业企业的税收贡献率在90%以上,并且保持上升趋势,辽宁、陕西等地的国有大中型工业企业的税收占全省国有工业企业税收的比重甚至达到了97.5%以上。从区域的角度来看,无论在哪个板块国有工业企业都为地方经济发展贡献了巨大的力量,在东北部和西部地区的表现尤为明显。

(四) 一批大规模、国际型工业企业的诞生

20世纪90年代中期起，我国在经历了轻工业的快速发展之后，"二次重工业化"初步呈现，经济高速发展的同时国家对能源资源的需求不断快速扩张，大量聚集在产业上游的资源型国有企业全面复苏。2002年，国有企业实现净利润3 786亿元，相较于1998年增长了18倍。企业效益的恢复，为国有企业的整合提供了较好的市场氛围。2003年3月，国务院宣布成立国有资产管理委员会，目标是到2010年，将央企调整和重组到80~100家，其中30~50家具有国际竞争力。2003年7月，国资委公布5对中央大企业的合并案：中国科学器材进出口总公司被并入中国生物技术集团，中煤建设集团公司被并入中国中煤能源集团公司，中国药材集团公司并入中国医药集团总公司，中国食品发酵工业研究院被并入中国轻工集团公司，中国华轻实业公司被并入中国工艺美术集团公司。经过一系列的国企调整和重组，我国的大型工业企业规模扩张，企业整理实力有所提升，诞生了一批大规模、国际型工业企业。2002年在世界500强企业名单中仅有11家中国企业上榜，到2013年则有95家中国企业进入世界500强，这些企业中绝大部分属于钢铁、汽车、资源、化工领域的国有企业，中石油、中石化、国家电网三大国有能源巨头公司则位列前10强。

二、遗留问题

(一) 产权与市场化、民营化改革

2004年7月31日，经济学家郎咸平教授质疑海尔借香港的上市公司海尔中建进行"曲线MBO"，以稀释海尔的国有股权。同年8月9日，其又在复旦大学中美财经媒体高级研修班的毕业典礼上发表了题为《格林柯尔：在"国退民进"的盛宴中狂欢》的演讲，同时不断痛斥某些国企领导人借产权改革之机侵吞国有资产。但也有包括吴敬琏、张文魁、张维迎和许小年在内的许多经济学家都表示，产权改革不能停。事实上，我国的国企产权改革是在20余年探索与实践之后才定下的基本方针，是理论与实践的高度结合，如张

第五章　加入世贸组织后至"经济新常态"出现前的工业企业制度

维迎所说,我们的改革都是在寻求尽量对大家都有益的结果,好多改革措施不是说政府工作人员、经济学家"拍脑袋"就能出来的,而是各个地方自己在发展时迫于压力自己摸索、创造出来的路子,是不同地区之间、不同所有制之间竞争的结果。

党的十六大提出,要积极推行股份制,发展混合所有制,实行投资主体多元化,进一步放开搞活国有中小企业。党的十六届三中全会提出要大力发展国有资本、集体资本和非公有制资本等参股的混合所有制经济,实现投资主体多元化,使股份制成为公有制的主要实现形式。在此类政策的指引下,国有工业企业的改革不断推进,2002—2013年,国有工业企业在工业企业产出的比重已经从35%降至25%左右,政府对产业的干预已经大为减少。同时企业发展壮大,职工收入提升,政府税收增加也成为国企改革的战利品。

但是,在国企改革的过程中,还遗留了一些问题需要去解决。如国有资产的流失问题。在国有企业改革的过程中,造成国有资产流失的原因是多方面的:第一,国有资产的内部交易形式。内部交易是指国有企业由内部管理层和职工进行收购。这样的行为难免会造成竞价的不公平,同时,国有资产的账面价值和公允价值可能存在差距,会计制度在处置时无法有效核算。尽管国资委出台了如《企业国有产权转让暂行办法》等一系列文件来处理国有资产的清算定价问题,但是效果并不是非常明显。海尔集团11亿元的国有资产去向,给我们敲响了国有资产流失的警钟。第二,改革动力不足。21世纪以来,我国的所有权改革逐步加快,在2003年时已经有许多重化工领域的大型国企通过拆分的方式进行改制或者上市,一般母公司继续保持国有,而拆分出的子公司进行改制或上市,由此完成混合所有制改革,混合所有制的工业企业已经在工业生产中占据了重要地位。但是,2003年我国也开始进入重化工业时期,许多大型国有工业企业,尤其是重化工企业利润持续增加,规模不断扩大。同时2003年国资委创立之后针对国企改革制定了一系列的措施规范,使得许多本身经营压力不大的国有工业企业失去了产权改革的动力。

(二) 制造业产能过剩

产能过剩实际上是因为实际生产能力产出大于社会需求,导致产品积压、

价格下降以至于企业无法获得利润而亏损。根据经验和大多数研究，通常认为产能利用率的适当范围在79%~83%。经济快速发展带来的制造业产能过剩的负效应也在2012年逐渐显露。2012年年底，中国钢铁、水泥、电解铝、平板玻璃的产能利用效率分别仅为72%、73.7%、71.9%、73.1%，产能矛盾相对突出。除此之外，光伏电池、风电设备等新兴行业也在不同程度上呈现出产能过剩的迹象。

一方面，我国的制造业存在较为普遍的设备闲置问题，在2000年，设备闲置率过高的只有家居制造、化学纤维和运输设备制造这三个行业，但是在2013年，只有橡胶、有色金属等为数不多的行业不存在设备闲置情况。另一方面，根据统计数据来看，我国制造业整体的产能利用率在2002年到2013年呈先缓慢上升后迅速下降的趋势。在2008年和2011年出现产能利用率下滑，并且在2011年之后产能过剩的问题变得非常严重。

从国有工业企业角度来看，其自身的国有属性会对整个行业的产能水平有很大的影响。一方面，少数行业如石油加工业等关系国家安全与资源的行业，市场化程度较低，国有工业企业垄断整个行业，其管理者与企业所有者存在"委托-代理"问题，管理者容易为了获得更高的资源控制力和满足自身需求，不顾市场真实需求情况，不断扩大企业规模、生产规模，并不重视对成本和利润的把控，只求对资源和行业的控制力。这类行业的国有工业企业盲目扩大生产的结果是产能过剩和企业财务逐步陷入困境。另一方面，国有工业企业承担着社会就业和引导市场的责任，国有工业企业在提供地方就业机会上起到了重要作用，同时在关键行业和领域的生产上，别的企业都会以国有工业企业为自身生产的衡量标准。这意味国有工业企业在出现财务等问题时很难破产，必须由政府和银行不断地补助，来维持国有工业企业的生存以保证员工的就业问题，同时由于国有工业企业对行业有重要的引导作用，使得国有工业企业很难做出减产的决策，导致产能过剩问题加剧。产能过剩作为2002年到2013年遗留下的重要问题，是我国国有工业企业进一步改革的重点。

第五章 加入世贸组织后至"经济新常态"出现前的工业企业制度

（三）生态环境变化要求国有工业企业绿色发展

2002年至2013年是我国经济发展重工业化的重要时期，实现了工业经济的飞速发展。但是，工业化的水平与环境污染及工业污染排放往往存在"倒U"形关系，环境质量随着工业化的进程呈先恶化后改善的趋势。

我国工业化程度由2002年的47%快速上升至2011年的51.89%，在2012年之后又轻微下降至2014年的48.13%。表5.3选取中国工业环境污染指数（Environmental Pollution Index，EPI）来衡量工业对环境污染造成的影响，该指数采用"熵值法"将细颗粒物、可吸入颗粒物、二氧化硫、二氧化氮、臭氧、一氧化碳六项主要污染物指标整合为单一指标计算得出。

表5.3 2002—2013中国工业环境污染指数（EPI）

年份	平均值	最大值	最小值	标准差
2002	3.73	4.41	3.45	0.19
2003	3.72	4.01	3.31	0.16
2004	3.8	4.22	3.35	0.2
2005	3.93	4.51	3.48	0.26
2006	4.01	4.38	3.45	0.25
2007	4.12	4.71	3.55	0.29
2008	4.12	4.52	3.51	0.3
2009	4.18	4.65	3.57	0.31
2010	4.33	5.06	3.5	0.4
2011	4.56	5.07	3.73	0.28
2012	4.48	4.88	3.87	0.24
2013	4.47	4.9	3.85	0.25

资料来源：崔峰. 工业化进程对环境污染的影响研究［D］. 重庆：重庆大学，2017.

从表5.3中可以看出，从2002年至2011年我国工业环境污染指数逐步增加，2012年后轻微下降，这与我国的工业化程度的趋势相符合，我国整体工业环境污染不断恶化，工业环境污染排放逐年加重。我国处于大规模工业化阶段，规模效应超过技术进步和结构效应，环境随着工业化进程逐步恶化。环境的恶化引起了一系列问题，如2003年，三门峡大坝上游一些工业企业污水直接排放至黄河，导致黄河发生了有实测以来最严重的污染，三门峡水库的泄水呈"酱油色"，水质恶化为V类，市民不得不花钱买运来的山泉水，"守着黄河买水吃"成为三门峡市的一大奇观；2007年，太湖、巢湖、滇池爆发蓝藻危机。上述类似案例还有许多，纷纷反映了这些年我国在工业化的道路上为环境付出的巨大代价。重工业阶段的工业企业的生产不仅加剧了不可再生资源的消耗，还对环境造成了巨大的破坏，工业水平的提升伴随着环境污染与工业排放超标，日益突出的环境污染问题与经济增长方式与当前的经济发展不契合的问题已经不容忽视。绿色国有工业企业[①]需要将绿色技术创新发展定为新的发展目标，即将环境产出纳入国有工业企业的技术创新中，让绿色技术创新逐渐成为技术创新领域理论的发展趋势。由此构建新的研究框架，逐步探索国有工业企业如何引领绿色技术创新，引导绿色发展方式转变，促进经济与人口、资源、环境和谐发展。

（四）科技与创新竞争对国企的新要求

对每个国家来说，国有资本的主要来源都是财政资金，属于全社会人民的共同财富，有着明确的社会属性，因此也决定了国有经济必须以提供公共产品为基本目的，并且保障国家政治、经济和国防安全。国有工业企业作为国有经济在工业行业的代表者，不仅需要完成提供公共物品的责任，还需要从长远和全局利益出发，支撑我国的社会主义经济发展：第一，国有工业企业要成为我国对工业经济运行更为有效的实行宏观调控的经济手段。第二，国有工业企业代表了我国在工业行业的先进生产力，是国民经济的支柱。发展生产力、实现我国工业化和现代化始终需要依靠国有工业企业的重要作用。

---

① "绿色企业"一词是我国学者在绿色经济理论与绿色管理理念风靡全球时，结合中国特色社会主义道路提出的。绿色企业是指为实现企业自身可持续发展，提高企业经济效益的同时，注重保护和改善生态环境，使企业所处的环境同经济协调发展的企业。与传统工业企业相比，绿色工业企业对环境资源更加友好，采用绿色生产工艺，生产的废弃物少，产品一般可以回收利用，并且以服务为最大追求。工业的绿色转型、绿色发展，需要依靠工业企业的绿色发展，而国有工业企业则是担起工业绿色转型的重要角色。

第五章　加入世贸组织后至"经济新常态"出现前的工业企业制度

第三，国有工业企业是保障我国经济独立和国家安全、应对国际竞争和突发事件，保障国家安全的重要支柱。

前文提及，2002—2013年，我国的国有工业企业在大飞机、核电站等关键领域有重要突破，为我国的国家安全和经济发展都提供了巨大的帮助，但是在其他许多领域我国与发达国家依然有着一定的差距，也因此给国家经济发展带来了阻碍。

2018年中美贸易战的打响为国有工业企业在科技创新方面敲响了警钟。自改革开放以来，中美贸易保持高速增长势头，中国对美国贸易顺差巨大也是一个不争的事实，但是，应该看到，中国出口给美国等发达国家的工业品整体处于低端水平。我国虽然有着产业政策和资金的支持，但是在一些关键技术领域的发展与发达国家依然有着较大的差距。这次贸易战作为警钟，对国有工业企业提出了引领技术和技术创新发展的要求。

对于科技研发，国有工业企业具有资金雄厚、科研人员齐全、承担风险能力强的优势，这些条件是私营工业企业不具备的。国有工业企业应在重要的行业和关键领域发挥带动作用，保证我国政治、经济、社会有序地发展。

参考文献

[1] 白永秀，王颂吉.我国经济体制改革核心重构：政府与市场关系[J].改革，2013（7）：14.21.

[2] 保罗·A.萨缪尔森，威廉·D.诺德豪斯.经济学第12版[M].高鸿业，等译.北京：中国发展出版社，1992：1194.

[3] 崔峰.工业化进程对环境污染的影响研究[D].重庆：重庆大学，2017.

[4] 邸伟，刘民.经济发达国家国有资产管理模式及借鉴意义[J].辽宁经济，2006（5）：130.

[5] 冯娜.国企改革的关键在于提升全要素生产率[D].北京：中国财政科学研究院，2016.

[6] 龚红，宁向东.国有企业转型过程中宏观与微观权力关系的渐进式变革[J].财经学，2007（1）：81-88.

[7] 江剑平.中国国有企业收入分配制度改革效果评估研究[D].湘潭：湘潭大学，2016.

[8] 赖宝君.我国国有企业利润分配制度的回顾与展望[J].福建商业高等专科学校学报，2014（4）：49-54.

[9] 厉以宁，林毅夫，周其仁.读懂中国改革[M].北京：中信出版社，2015.

[10] 李铁伦.中国制造业产能过剩的测度及其影响因素分析[D].济南：山东大学，2016.

[11] 李煜萍.国企改革若干问题研究[M].北京：中国经济出版社，2017.

[12] 林温环.我国轻重工业产值比重变迁及国际比较[J].现代商业，2010（3）：217，216.

第五章　加入世贸组织后至"经济新常态"出现前的工业企业制度

［13］吕剑龙. 结构安排与治理效率：关于国企改革中企业所有权问题的思考［J］. 兰州大学学报，2002（2）：118-123.

［14］盛明泉，金再华. 对当前国有企业改革的几点认识［J］. 商业研究，2002（17）：37.40.

［15］王天营. 我国工业结构变动的环境影响问题研究［D］. 南京：南京航空航天大学，2015.

［16］文艳艳. 改革开放以来政府与国企关系研究［D］. 太原：山西财经大学，2016.

［17］向梅. 中国国有工业企业地区分布演变研究［D］. 长春：吉林大学，2015.

［18］谢地，高鹤文. 中国国有经济角色的演进、反思与前瞻［J］. 国有经济评论，2010，2（2）：1-25.

［19］徐子棉. 透析我国国企产权制度改革［D］. 南昌：南昌大学，2006.

［20］严若森. 政府的治理边界与中国国有企业改革深化［J］. 人文杂志，2008（3）：81-85.

［21］张文魁. 解放国企［M］. 中信出版社，2014.

［22］周雪. 国有企业集团构建人力资源管控模式的有效路径研究：以中化集团为案例［J］. 中国人力资源开发，2014（7）：71-77.

［23］周学东. 我国国有企业产权改革最优路径研究［D］. 武汉：武汉大学，2013.

［24］ANTHONY E BOARDMAN, AIDAN R. Vining. Ownership and Performance in Competitive Environments: A Comparison of the Performance of Private, Mixed and State-Owned Enterprises［J］. Journal of Law and Economics, 1989, (32): 1.

［25］PETER H. Governance by Mutual Benchmarking in Postal Markets: How State-Owned Enterprises May Induce Private Competitors to Observe Policy Goals［J］. University of Dayton Law Review, 2007, 32.

第六章
集体工业企业制度变迁

集体所有制属于社会主义公有制经济的实现形式之一。集体工业企业在我国国民经济中曾经扮演了重要角色。在中华人民共和国成立初期、改革开放前的计划经济时期、改革开放后至邓小平南方谈话前,以及邓小平南方谈话之后等多个历史时期,集体工业企业经历了初创、曲折中发展、探索中改革、转型发展等历程。本章将首先对中华人民共和国成立以后集体工业的发展历程进行回顾,然后重点从管理体制、产权制度、组织与管理制度三个方面,论述集体工业企业的制度变迁轨迹。

第一节 概念界定及战略定位的演变

一、概念的演变

与全民所有制一样，集体所有制也被认为是社会主义公有制经济的主要实现形式。但是，对集体所有制的认识，无论是在宪法层面，还是在政府层面，都在发生变化。

在宪法层面，集体所有制的含义是不断发展和完善的。按照1954年制定的《中华人民共和国宪法》第七条的规定，合作社经济是劳动群众集体所有制的社会主义经济，或者是劳动群众部分集体所有制的半社会主义经济。在20世纪五六十年代，集体所有制主要指合作社经济。集体所有制也被认为是公有制的主要形式之一，属于社会主义或半社会主义的经济性质。20世纪70年代末以后，随着经济体制改革的深入推进，集体所有制概念在其范围和具体形式规定上发生了一些变化。按照1982年通过的《中华人民共和国宪法》的规定，存在于城镇中的手工业、工业、服务业等行业的各种类型的合作经济，都属于社会主义劳动群众集体所有制经济。1999年修订后的《中华人民共和国宪法》仍然肯定了集体所有制的社会主义经济性质，其中第八条规定："农村中的生产、供销、信用、消费等各种形式的合作经济，是社会主义劳动群众集体所有制经济。"可见，在20世纪80年代后，无论是城镇集体所有制经济，还是农村经济所有制经济，均被进一步明确为社会主义经济性质。

在政府层面，对集体所有制的界定以及政策也发生了一些变化。在改革开放以前，判断是否属于集体所有制的主要依据是：生产资料是否为集体所有；是否实行按劳分配、共同劳动；是否提取公共积累等。改革开放以后，界定集体所有制的依据逐步发生了变化：生产资料是否共同占有、按份入股；是否实行按劳分配与按股分红相结合的分配制度；是否共同劳动，民主管理等。因此，集体所有在传统意义上是指"共同占有，实际每人无份"，而新概念上的共同占用意思为"共同投资入股，每人有份"。因此新的界定认可了在集体所有制中进行投资入股，也允许了按劳分配与按股分红的结合，这与传统的集体所有制概念下只能实行按劳分配有所不同（赖少英，2001）。

随着改革开放的深入，集体企业的产权模式也有了新的突破。传统上，集体企业主要是合作制，后来允许了股份合作制、股份制等新模式。早在1983年，当年中共中央一号文件允许在合作经济中存在一定比例的按股分配。该文件规定："只要遵守劳动者之间自愿互利原则，接受国家的计划指导，有民主管理制度，有公共提留，积累归集体所有，实行按劳分配，或以按劳分配为主，同时有一定比例的按股分红，就都属于社会主义的合作经济。"至1985年，集体所有制的产权模式又有了新的发展，当年的中央一号文件明确提出，集体所有制也可以实行股份式合作经营。按照该文件的规定，合作经济可以采用合股经营、股金分红的方法，资金也可以入股，生产资料和投入基本建设的劳动同样可计价入股，经营所得利润的一部分采取按股分红。这样一种股份式合作经营，并没有改变入股者的财产所有权，还避免了合并财产和平调劳力的弊端，可将分散的生产要素组合起来，进而形成新的经营规模。

在1997年，中国共产党十五大又进一步肯定了集体所有制中的股份合作制，指出："目前城乡大量出现的多种多样的股份合作制经济，是改革中的新事物，要支持和引导，不断总结经验，使之逐步完善。劳动者的劳动联合和劳动者的资本联合为主的集体经济，尤其要提倡和鼓励。"这一表述继续认可了集体经济中劳动者可以拥有个人产权。进一步地，到2002年中国共产党十六大，政策又进一步放宽，"继续支持和帮助多种形式的集体经济的发展"。在政策放宽后，集体企业的组织形式更多样化，可以是劳动之间的合作，也可以是劳动与资本、实物、土地、技术等的合作。合作范围更加广泛和多元化，从而使得生产要素能够优化组合，有利于调动各方积极性。

随着集体经济的快速发展，为了保障集体所有制经济的巩固和发展，明确集体所有制企业的权利和义务，维护其合法权益，国家又陆续制定了一些规章制度。按照1990年国务院令第59号发布的《中华人民共和国乡村集体

所有制企业条例》的规定："乡村集体所有制企业是我国社会主义公有制经济的组成部分，主要是由乡（含镇）、村（含村民小组）农民集体举办的企业。而且，集体企业财产属于举办该企业的乡或者村范围内的全体农民集体所有，由农民大会（农民代表会议）或者代表全体农民的集体经济组织行使企业财产所有权。"1992年，《中华人民共和国城镇集体所有制企业条例》出台，其第四条规定了："城镇集体所有制企业是财产属于劳动群众集体所有、实行共同劳动、在分配方式上以按劳分配为主体的社会主义经济组织。该条例还提出集体企业应当遵循"自愿组合、自筹资金，独立核算、自负盈亏，自主经营、民主管理，集体积累、自主支配，按劳分配、入股分红"等原则。这些制度的出台保障了集体企业的权益，促进了集体企业的快速发展。

综上，目前的集体所有制是指劳动群众共同投资、享有股份、共同劳动和拥有生产资料，以及共同享有劳动成果的一种公有制形式。现阶段的集体所有制实现形式和经营方式呈现多样化特征。例如，共同劳动是股份合作制企业、合作制企业的基本特征，但并非所有的集体所有制企业都具有此特征，如基金所有制、混合所有制企业并不具备该特征，但仍然具有生产资料共同占有的性质，也实现了剩余价值的共同分享（赖少英，2001）。

市场经济条件下的集体所有制具有以下四个特点（赖少英，2001）：

第一，在产权关系上，生产资料为集体内所有成员共同所有或集体共有。集体产权可以量化和转让。虽然集体所有制和全民所有制一样，都是劳动者占有生产资料，但是集体所有制并不是全社会占有生产资料，而只是集体经济单位范围内的那一部分劳动者共同占有生产资料，因此集体所有制的产权关系明显不同于全民所有制。

第二，在经营体制上，集体所有制企业为独立核算、自负盈亏、自主经营的法人，实行政企分开体制。政府对企业依法监督和收税，但不能干涉集体企业的正常经营活动。

第三，在内部管理上，集体所有制企业由全体职工进行民主管理。集体企业的厂长或经理通过民主选举产生。集体企业的经营管理采取民主决策制。每个职工对企业承担共同的义务，执行职工大会或股东代表大会制度。

第六章　集体工业企业制度变迁

第四，在分配方面，集体所有制企业按照按劳分配与按股分配相结合的方式进行分配。职工的劳动收入直接取决于所在单位的生产和经营的成果。集体企业在所有制、分配制度方面的特征，决定其具有广泛的群众性、高度的民主性、较大的灵活性。

二、战略定位的变化

新中国的集体工业主要由手工业改造而来。中华人民共和国成立以后，集体工业企业从无到有，从弱到强，历经了多个发展阶段，其在国民经济中的战略定位也经历了数次变化和调整。

中华人民共和国成立初期，百废待兴，国家需要大力恢复和发展国民经济。政府针对手工业的主要措施是帮助手工业劳动者恢复生产，采取的政策包括给予银行贷款、订单，帮助成立生产互助组织、合作组织。到1952年年底，全国手工业的生产总值和从业人员已恢复到1936年的水平（季龙，1991）。特别是，当时全国手工业从业人数超过了700万人，若加上乡村兼营手工业的1 200多万人，总计超过2 000万人。很多中小城市的私营工业中，大部分是手工业。手工业的发展不但吸纳了大量就业，而且提供了大量的生产资料和生活资料，以及出口商品，在国民经济中发挥了重要作用。

在经过短暂的国民经济恢复时期以后，我国集体工业在手工业的合作化运动中正式诞生了。对手工业进行社会主义改造，是从建立生产资料公有制、解放生产力、加快建设社会主义等要求出发的。对手工业的社会主义改造的目的：一是要改变其私有制，二是要将其纳入国家计划的轨道，三是要将手工业的传统生产方式改造为现代生产方式，提升其生产能力。当时，国家对手工业的社会主义改造采取的主要方式是合作化，建立起生产资料归劳动群众的集体所有制。至1957年，个体手工业的社会主义改造基本完成，集体工业占工业总产值的比重由1953年的3%左右上升到19%，意味着集体工业已成长为工业经济部门的重要组成部分（黄荣健，2010）。到1958年止，生产合作社和合作工厂等城镇集体工业组织超过33 700多个，职工人数达46.2万

人，工业总产值272.56亿元（洪远朋 等，1980）。这一数据仅仅包括了城镇的集体工业组织，未将乡村的集体工业组织包括在内。由此可见，中华人民共和国成立不到10年时间里，集体工业在国民经济中已占据不容忽视的重要位置，对推动国民经济恢复和社会主义经济的成长扮演了重要角色。这一时期，集体工业快速发展，特别是城镇集体工业不断壮大，已成为社会主义经济中的重要组织形式，国家开始探索建立集体工业企业的经济管理体制。

"大跃进"和"文化大革命"时期，集体工业在国民经济中的战略定位虽然出现了反复变化，但总体上受到的重视程度不够，发展出现了一些波折。"大跃进"运动开展以后，由于"左"倾思想的干扰，集体经济被视为社会主义公有制的低级形式，而全民所有制才是公有制的高级形式，这导致集体工业企业被"升级""过渡""平调"和"改造"。各地纷纷将手工业合作社转为地方国营工厂或联社经营的合作工厂，形成了高度集中的管理体制，并在事实上改变了生产资料由合作社成员集体所有的集体所有制性质。仅至1959年年底，全国范围内的10万多个手工业集体经济组织中出现"转厂过渡"的占86.7%，其中有37.8%过渡为地方国营企业，还有13.6%转为合作工厂（黄荣健，2010）。这种不顾实际地推行集体所有制向全民所有制"升级"的做法，在很大程度上并不符合当时的生产力要求，阻碍了集体工业企业的发展，导致小商品普遍减产停产。

"大跃进"以后的国民经济调整时期（1961—1965年），国家逐步纠正了"大跃进"时期对集体经济的错误认识，重点强调了手工业应坚持集体所有制为主，反对过早地过渡到全民所有制，并从中央到地方各级建立和健全了手工业的管理机构。经过调整，大部分被"转厂过渡"的原手工业合作社又退回为集体合作组织，手工业合作组织重新焕发了生机。由于手工业经过多年发展已经在某些行业占据了优势，1965年年初，中央手工业管理总局被撤销，第二轻工业局成立，并统一管理全国的手工业部门。至1965年年底，全国集体工业产值达到138亿元，相比1961年的117亿元增长了18%（季龙，1991）。

然而，不久以后，"文化大革命"的爆发又使集体工业的发展受到了一定

第六章 集体工业企业制度变迁

程度的干扰。这一期间,集体经济往往被视为"资本主义尾巴",许多地区再次强行对集体工业企业进行"升级过渡",转为全民所有制企业。在实际工作中,一些部门采用管理国营企业的办法来管理集体工业企业,严重破坏了集体企业的所有权和自主权,使得集体工业企业变成了所谓的"二国营"企业。并且,集体工业企业往往承担了较重的税负,工资偏低,集体福利难以得到保障,挫伤了职工积极性。种种因素导致不少集体工业企业生产停滞,盈利减少,甚至产生了亏损。不过,"文化大革命"后期,由于商品短缺和就业的压力,各地出现了兴办集体企业的热潮,使得集体工业企业成为丰富市场商品供应和吸纳就业的重要渠道,集体工业企业再度实现了较快发展。据统计,1977 年集体工业企业的数量占全国工业企业总数量的 3/4 左右,其工业总产值占全部工业总产值的 20%左右。相比 1965 年,集体工业在企业数量、职工人数和工业总产值中的比重上均实现了较大幅度提高(戎文佐,1979)。

改革开放以后,通过全面拨乱反正,"左"倾错误思想得到纠正。那些认为集体所有制是"资本主义尾巴"的荒谬观点得到深刻批判。随着工作重点转移到经济建设上来,集体所有制经济的地位和作用逐渐得到了重新认识与评价,即集体经济是社会主义公有制的重要组成部分,在国民经济中占有重要地位和作用。在生产力水平比较低的阶段,盲目追求全民所有制是错误的,应当大力发展集体所有制经济(季龙,1991)。因此,国家逐步调整了对集体工业企业的政策,强调了发展集体企业的重要性,在政策上、法律上不仅明确规定了集体经济的地位和作用,还制定了一系列鼓励和扶持措施。各地也从实际出发,制定了促进集体工业发展的政策措施。由于坚持按照集体所有的性质和特点兴办集体企业,集体工业企业得到了蓬勃发展。

特别是在改革开放的前期(1978—1992 年),集体工业发展迅猛,在国民经济中的地位直追国营工业,成为社会主义现代化建设的重要力量。随着国家对集体工业企业管理体制的调整,集体工业企业有了更大的经营自主权和更强的经济活力。随着承包经营责任制、厂长负责制、股份合作制、租赁制等改革措施的推进,集体工业企业得到了"松绑",发展十分迅速。这一时期,集体工业快速发展的一个显著特征是乡镇集体工业企业的异军突起。在国家政策鼓励下，从社队企业演变而来的乡镇集体工业企业出现了爆发式增长。至1992年年底，集体工业企业超过了38万个，职工超过1 860万人，工业总产值超过了9 000亿元，分别比1978年增长了约42%、40%和590%（黄荣健，2010）。1992年，集体工业比重由1990年的35.7%上升为38%，年均上升幅度超过1个百分点，而国有工业比重已经由54.7%降为48.1%，年均下降3.3个百分点（戎文佐，1994）。虽然集体工业的比重还赶不上国有工业，但一升一降，使得两者比重越来越接近。

1992年邓小平南方谈话以后，中国的改革开放进入构建和完善社会主义市场经济体制的新阶段，而经济体制改革的重点，在于培养和巩固企业的市场主体地位，让企业能够在公平公开的市场环境中竞争。对于集体工业企业来说，在社会主义市场经济转轨时期的改革目标，就是在坚持基本经济制度的前提下，实现其与其他多种所有制企业在市场中的平等竞争，成为真正的市场主体。在计划经济时期集体工业企业长期被当作"二国营"对待，导致其产权关系复杂、模糊不清，所有者缺位，存在体制僵化的弊病。不少集体工业企业无法适应市场经济的要求，难以直面市场竞争，经济效益不佳，甚至资不抵债，困难重重，其根源在于产权制度不适应市场经济的要求。为推进集体所有制企业的改革，中共十六届三中全会明确提出，集体所有制企业改革的重点是明晰产权，鼓励产权制度创新，发展多种形式的集体所有制，努力改变产权关系模糊的状况，去除"人人所有，人人没有"的所有制缺位弊端。这一时期，各地积极推动集体工业企业建立现代企业制度，在理顺产权关系、明确产权归属的基础上，采取了股份合作制、股份制和有限责任公司等产权模式，实现了股份合作、共同共有、混合所有、集体资本参股或控股等多样化的组织形式。集体工业企业在改革中焕发了新的面貌。传统类型的集体工业企业急剧减少，而以"劳动者的劳动联合"和"劳动者的资本联合"为特征的新型集体工业企业能够适应生产力发展和市场的需要，得到了快速发展。集体工业企业无论在资本结构、资产形态、管理机制、组织形式上，还是在分配制度上，都发生了深刻的变革，极大地提升了生产者和经营者的积极性，使新型集体工业企业充满了活力和发展潜能。

第二节　管理体制的变迁

集体工业企业管理体制指的是政府与集体工业企业之间的管理关系，这种关系的演变是与经济管理体制紧密相连并受其左右的。集体工业企业的管理体制可分为中华人民共和国成立初期、"大跃进"与"调整"时期、"文化大革命"时期、改革开放前期和确立市场经济体制以来五个历史时期，这与集体工业企业的发展历程大致上是相对应的。

一、党的十一届三中全会前管理体制的变化

（一）中华人民共和国成立初期集体工业管理体制的形成

1949—1957年，我国国民经济逐步恢复，并逐步建立起了高度集中的、统一的计划经济体制。在这一阶段，城镇手工业的合作化改造造就了大量的城镇集体工业企业。在计划经济体制下，针对城镇集体工业企业的经济管理体制也得以初步建立。

一是垂直的管理系统。1949年11月，根据中央决定，轻工业部、食品工业部与中央合作事业管理局先后分别成立。1952年7月，中央决定将财政部盐务总局和所辖制盐业，划归轻工业部管理，1954年4月又决定将商业部的中国盐业公司并入轻工业部。1954年11月成立中央手工业管理局统管全国的手工业合作事业。此后，各级地方政府相继建立地区的手工业管理局（处），统管地区的手工业合作事业。由此，国家在全国范围内建立起了统一领导、分级管理的手工业行政管理系统，统一领导和管理全国手工业合作事业的发展。

二是按所有制性质分工管理。1957年以前的手工业部门由于门类不多，行业分类较少，国家对这类城镇集体经济的管理，基本上实行的是按所有制性质进行集中统一管理的方式。在此时期，手工业合作社代表着城镇集体经济的多数，因而，国家对手工业合作社的管理具有城镇集体经济管理体制的

典型意义。

三是成立了城镇集体经济联合组织。随着手工业合作组织的壮大，为加强管理，从1956年开始，手工业合作社与供销合作社正式分离，单独设立了中华全国手工业合作总社，成为全国手工业合作事业的主管部门。在地方层面上，各地也相继成立了手工业合作联社。总社和联社担负了指导生产、提供服务、开展互助合作、促进共同发展的职责。

四是以间接管理为主。从整体上看，当时的城镇集体经济管理机构并不直接组织集体企业的生产和经营，而是采用加工订货、收购成品，以及财政和信贷等方法，对集体企业的生产经营进行间接的计划指导。虽然是"间接管理"，但并不是指集体企业的生产经营完全通过市场来调节。这是因为，集体企业生产所需的外购原材料必须经主管部门批准，而且只有加工订货和收购包销之外的产品，企业才能自行销售。另外，企业也无法自行决定产品价格。也就是说，城镇集体企业并不拥有完全的自主经营的权利。因此，我国城镇集体经济的管理体制从一开始就带有高度集中的计划经济体制色彩。

这一时期，乡村集体工业企业尚处于集体副业的形态，主要为农业经济服务，无论是就业人数规模还是产值均较小，还未成长为工业部门的重要组成部分。因此，这一时期还未形成针对乡村集体工业企业的单独的管理体系和制度，副业队或副业组同其他从事农田作业的生产队、作业组一样，一般实行包产到队或组，超产奖励。有的合作社采取了统一经营，农业与副业收入统一计算后再分配的办法，有的合作社则要求副业队、副业组自负盈亏、单独计酬，按一定比例上缴合作社公积金、公益金（张荐华，1995）。

（二）"大跃进"与"调整"时期集体工业管理体制的改变

从1958年开始，受"左"倾盲进错误思想的影响，我国开始了"大跃进"运动，并直接导致了此后三年国民经济的严重困难。在此期间，整个集体企业管理体制也发生了较大变化。

在"一大二公""集中统一管理"思想的指导下，全国范围内掀起了对城镇集体经济向国营经济强制性的"升级""过渡"的运动。在该运动中，超过86%的手工业合作社被转为地方国营企业。城市人民公社工厂、合作工厂由

第六章　集体工业企业制度变迁

自负盈亏改为主管局的统负盈亏。1958年5月，中央手工业管理局与轻工业部合并，地方各级政府的集体经济管理机构也相继被撤销，整个城镇集体经济的管理体制遭到了较大的破坏。在"一大二公"思想指导下产生的集体经济管理体制否定了劳动者个人产权，剥夺了劳动者的劳动要素的收益权，使劳动者丧失了对经营者、企业经营的选择权，使集体企业丧失了自主经营、自负盈亏的自主权（李长根，2011）。在这样的企业管理体制下，集体企业失去了活力，这是造成国民经济运行困难、市场供应日趋紧张、人民生活必需品严重缺乏的重要原因。

1961年后，我国进入"国民经济调整时期"。在"调整、整顿、充实、提高"方针的指引下，国家采取了一系列措施来恢复城镇整体经济。例如，将大部分转为国营企业的集体企业恢复为集体企业；在国家层面上，中央手工业管理局得到恢复，并被划出轻工业部，成为国务院直属机构。在地方层面上，地方政府也相继恢复城镇集体经济的管理机构。与1958年以前相比，"调整"时期的城镇集体经济管理体制有了一些新的变化。

第一，倾向于按国营化的模式进行管理。1958年后兴起的城市街道工业，最初实行的是自负盈亏，在此时期逐渐演变成为街道统负盈亏。由主管局（联社）根据企业上交的合作基金投资举办的合作工厂，也实行了主管局统负盈亏，并统一调度人、财、物，统一工资标准的国营化管理模式。并且，城镇集体工业的生产和经营逐渐被纳入国家和地方的计划管理，企业生产所需的原材料和生产的产品，除一定的自购自销外，基本上由各级地方计划供应和商业部门统购包销。

第二，由所有制的分工管理向行业管理转变，逐步形成了第二轻工业体系。随着城镇集体企业产量不断增加，规模不断扩大，行业逐渐增多，从有利于计划管理的角度出发，各地将原来按所有制集中的、由手工业管理局管理的部分集体企业，按行业划分到工业、商业、城市服务等各部门实施行业管理，形成了按行业管生产、按所有制管政策的管理格局。1965年2月，中央手工业管理局被中央撤销。同时，第二轻工业部成立，与全国手工业合作总社合署办公（原轻工业部被改为第一轻工业部）。从此，城镇集体工业企业

被归入第二轻工业系统。

在社队企业方面，虽然其在这一时期开始成为独立的产业形态，但由于经历了鼓励发展到限制发展的反复，其经济实力较弱，在国民经济中的地位也较低，因此未被国家纳入国民经济计划体系中进行管理。因此，在国家层面尚未对社队企业设立专门的部门进行管理，对社队企业行使管理职能的是其所属的人民公社政权。

随着人民公社管理体制的变动，社队企业的管理体制也相应地发生变动。最初，人民公社对社队企业实行统一经营和管理，收入分配实行供给制，但由于经济效益很差，很快就终止了。1960年至1961年，人民公社实行公社大队两级管理，以大队为基本核算单位，社队企业也分别由公社、大队管理。1962年以后，人民公社实行三级所有、队为基础，以生产队为基本核算单位。公社、大队所有企业在使用生产队的劳动力时，一般要按劳动力在企业中完成任务及劳动贡献情况确定工资收入，将这些工资收入转给生产队。参加社队企业工作的社员，回生产队参加统一分配。此外，社队企业也分配给生产队一定量的利润。

(三)"文化大革命"时期集体工业管理体制的变化

在城镇集体工业企业的管理体制方面，十年动乱带来了破坏性的影响。其集中表现为：一是城镇集体所有制再次向全民所有制的急剧"升级""过渡"，导致城镇集体经济管理体制的基础被削弱。二是取缔城镇集体经济的管理机构，将集体企业纳入各级政府主管部门的统一管理。1970年，中央决定成立新的轻工业部，该部由原来的第一轻工业部、第二轻工业部和纺织工业部合并而成。这意味着集体所有制企业被纳入与国营企业相同的管理机构。

因此，这一时期，受"左"的思想影响，各级政府对城镇集体企业的管理已基本上套用了国营模式。在高度集中的计划经济体制下，城镇集体企业已经基本丧失了其自身的性质和特点，被称为"二国营"。原来集体企业享有自主经营权，国家对集体企业的管理仅起指导作用。但是，地方政府的主管部门对城镇集体工业企业按照国营企业的方式进行管理，破坏了集体企业的自主权。集体企业生产资料的所有权只是在名义上归属于集体，而实际支配

第六章　集体工业企业制度变迁

权被各级政府主管部门收走。城镇集体企业的生产经营活动主要掌握在主管部门手中。集体企业的资产被主管部门任意"平调";凡是涉及集体企业经营规模扩张或者基本建设等事务,都需报地方主管部门审核批准后才能进行;集体企业的劳动力、工资和福利待遇等均由劳动部门统一分配,干部也由上级主管部门指定。虽然各集体企业名义上为独立核算,但实际上是由主管部门统负盈亏,而非自负盈亏;集体企业实现的利润也要统一上缴,由地方政府及其派出机构统一支配和使用,企业无从过问(李述仁 等,1979)。

然而,城镇集体工业企业虽然得到了"二国营"的身份,但却未得到同国营企业平等的待遇。一方面,集体工业企业被各地主管部门按照地方国营工业企业进行管理,而另一方面,集体工业企业又被认为是"小生产",在各方面都遭受了一些歧视。例如,在政治待遇方面,集体工业企业的干部往往无法获得国营企业干部所能接触的报告和文件。集体工业企业干部不能与国营企业干部互相调换任职。国家干部调到集体企业任职之后,其国家干部的政治待遇就被取消了。在经济待遇方面,城镇集体工业的原材料供应,大体有1/3没有纳入计划,只能自行解决;不分配技术人员,对集体企业的招工常常被限定于素质低下的闲散人员或病残青年;集体企业职工的工资待遇普遍低于同行业的国营企业,连粮食补助也更低。

在社队企业的管理体制方面,1975年前社队企业所属的人民公社仍然是社队企业的主管单位。在"三级所有、队为基础"的人民公社体制下,社队企业基本上实行的是独立经营、独立核算,但在企业的干部管理、收益分配、资金使用等方面,一般仍由公社或大队统一管理。与城镇集体企业不同,社队企业一直缺乏自上而下的专门管理体系。随着20世纪70年代社队企业的发展,为加强对社队企业的管理,国家农林部于1975年11月向中央提出了成立农村人民公社企业管理局的建议,并为其拟定了基本任务,即调查研究社队企业发展情况和关于社队企业的方针政策,总结交流社队企业发展的经验,协助有关部委解决社队企业产供销问题等。次年4月,农林部人民公社企业管理局正式成立。随后,全国县以上层级的人民公社企业管理局陆续成立,由此形成了一个关于社队企业的垂直的、专门化的管理系统。

二、党的十一届三中全会至邓小平南方谈话前管理体制的变迁

改革开放的前期，国家在城镇集体工业的管理体制方面进行了一些调整。改变集中表现在两个方面：一是拨乱反正，清除"左"倾思想的干扰，逐步建立适合城镇集体经济性质和特点的管理体制；二是各种类型的城镇集体经济管理体制模式涌现。

在第一个方面的主要做法是还权于城镇集体工业企业。国家明确规定，城镇集体工业企业在计划指导下有独立进行经营活动的自主权，任何部门和任何组织不得以任何借口平调、侵吞集体企业的资产。

首先，改变了由部门统负盈亏、统收统支的管理体制，使企业真正享有自主经营、独立核算、自负盈亏的权利。其中，部分技术水平较高、规模较大的集体工业企业，还实行了车间、班组的分级核算。

其次，尝试了多种形式的经济责任制。一些集体所有制企业搞承包主要有两种方式：一种是企业对主管部门承包，完成或超额完成承包指标者可以获得奖励，而完不成者将受到处罚。另一种是企业内部采取多种形式的承包责任制，有的按照个人、班组、车间向厂部逐级承包，有的按照专业专项进行承包。经过改革，城镇集体企业同国家的关系主要是通过依法纳税来实现。

再次，恢复了民主管理制度，规定集体所有制企业的最高权力机关是职工大会或职工代表大会。凡是涉及企业内部重大问题，都必须经过职工大会或职工代表大会讨论决定。企业领导干部也由主管部门指派改为采用民主选举、招聘等办法产生。

最后，改革不合理的工资奖励办法。其主要是把固定工资改为计件、分成、浮动工资等多种工资形式，实行按劳分配，实行入股和按股分红，使职工劳动报酬同企业经营状况挂钩，克服平均主义倾向。上述改革，使得城镇集体企业长期受国营化管理的弊端逐步得以纠正和克服（张锡山 等，1986）。

从第二个方面来看，改革开放后，在国家鼓励、支持大力发展城镇集体经济的情况下，各行各业纷纷办了大量的城镇集体企业，从而形成了城镇集体经济管理体制上的多样化特征。这中间，有机关、国营企业和社会团体举

第六章　集体工业企业制度变迁

办与管理的集体企业，也有不同的部门与部门之间、地区与地区之间、企业与企业之间合办并管理的集体企业。还有一些是城镇群众集资兴办的集体企业。这类城镇集体企业虽然占的比重不大，但它是真正由群众自愿组织、自筹资金、自找场地、自谋出路、多劳多得、民主管理的城镇集体企业，是名副其实的集体经济。

改革开放以后，在管理体制方面，社队或乡镇集体工业企业也发生了一些与城镇集体工业企业相似的变化。由于社队企业绝大多数是在社区政府的直接推动下建立起来的，因此名义上属农民集体所有的社队企业，实际上处处受制于社区政府。因此，在原有的管理体制中，社队企业缺少自主权，经济核算薄弱，职工收入分配在一定程度上存在平均主义等问题，这些都制约了社队企业的发展。

在改革开放的新形势下，随着人民公社体制的瓦解，社队企业也相应地改名为乡镇企业，其管理体制也出现了一些松动。社区政府逐步地改变了过去那种对社队企业的经营决策和人事、财力、物资的安排调配全部由社区政府决定的状况，使企业有了一定的经营自主权。此时，乡镇企业的主管部门，是各级乡镇企业管理局，在中央层面是农业部乡镇企业局，在地方县以上层面有各级乡镇企业局，在乡镇有企业办公室。它们是各级政府一个行政管理部门，但却不同于政府其他各行政管理部门，没有钱财分配权，并不直接管理企业，而只是制定长期指导性计划。乡镇企业管理机构的主要职能是：引导发展方向，协调发展关系，改善发展环境，规范发展行为。其职责主要为：制定规划计划，提供信息服务，严格行政执法，指导结构调整，监督企业管理，促进科技进步。换句话说，各级乡镇企业局的任务不是管理企业，而是为企业服务。

通过经济责任制、承包经营责任制、租赁制等体制改革，乡镇集体企业的经营自主权得到了增强，在一定程度上限制了基层政府的干预。但是，这些改革措施主要停留在放开企业经营权层面上，未涉及所有权等深层次的改革，因此仍然没有让乡镇企业成为真正独立的市场主体。事实上，受限于当时的历史条件，许多乡镇企业主管机构将政府主管部门对国营企业的管理方

式套用于乡镇企业，导致僵化的体制模式的影响依然挥之不去。由于主管机构不该管的管得过多过细，而该管的方面未能管住、管好，乡镇企业的经营自主权被限制和削弱了，这在很大程度上束缚了乡镇企业的手脚。

三、邓小平南方谈话后管理体制的改革

虽然1978年改革开放后至1992年期间，集体工业的管理体制已经相比改革前僵化的体制做出了一些调整，但是仍然停留在计划经济的框架下。1992年以后，我国明确经济体制改革的目标是建设社会主义市场经济体制，原有的管理体制对于集体工业企业来说已不太适合。在市场经济体制下，中央政府主要着眼于宏观调控经济，而非直接干预微观经济主体的活动。

在市场经济体制下，在处理政府与集体企业的关系和管理架构方面，政府既不能将集体资产交由国资委管理，也没有必要成立专门的管理机构。这是因为，从产权角度讲，集体企业是独立法人实体，没有上级主管机构。按照建立社会主义市场经济的要求，所有企业一视同仁，也没有必要再按照所有制设置集体企业管理机构，以及采取不同的政策体系（李国强，1999）。

1998年，国家成立了中小企业专门管理机构，标志着按照社会主义市场经济要求建立了一个不按行业、部门、所有制分类的全社会中小企业管理体制和统筹协调机构，对中小企业政策的制定与实施统合，有组织地构筑新的、更为有效的政策体系。由于集体企业构成了我国中小企业最主要的群体，因此，经贸委中小企业管理机构制定的中小企业政策也应能代表和反映集体企业的政策要求。

在地方层面，一些地方先后撤销了在政府机构设立的城镇集体经济办公室以及手工业合作联社组织，把集体企业划归负责国民经济运行的宏观调控部门实行宏观管理和指导。还有一些地方虽然保留了手工业合作联社，但也进行了一些改革。其中重要的变化是，联社不再是集体企业的主管上级，其主要任务是提供咨询服务，搞好调查研究，强化政策服务，推进企业改制。其对于乡镇企业管理机构也做了一些调整，更名为中小企业局、经济贸易局等，淡化了所有制属性。

第三节　产权制度的变迁

产权制度决定了企业财产的组织形式和经营机制，是最为核心的企业制度。中华人民共和国成立以来，集体工业企业的产权制度变迁较为复杂，经历了产权制度的确立、模糊化、改革探索以及深入改革等时期，才最终确立了建立现代产权制度的改革方向。

一、党的十一届三中全会前产权制度的变迁

（一）中华人民共和国成立初期产权制度的确立

如前所述，中华人民共和国成立至1957年完成社会主义改造是我国建立城镇集体工业企业的初创时期，也是乡村集体工业企业的萌芽时期。这一时期城镇集体工业企业的产权制度得以初步建立，而乡村集体工业企业尚处于集体副业的形态，从属于农业社，还未获得独立的产权。

这一时期城镇集体工业企业的产权关系比较明晰。此时集体企业主要为若干生产者或经营者联合或组织起来的手工业合作社，按人缴纳股金，或以钱或以物入股，统一经营，统计盈亏，集中生产，共同劳动。其产权特征表现为所有权、经营权、财产权及其使用权的统一化，与国营企业的产权特征有本质不同。在这种产权结构下，企业的经营管理表现为民主经营和民主管理的有机结合，在很大程度上实现了劳动者与生产资料的直接结合，体现了劳动者"共有、共治、共享"的合作经济原则。因此，此阶段的产权制度和经营管理制度符合当时生产力发展水平较低的客观实际。

（二）"大跃进"时期至改革开放前产权的模糊化

1958年至"文化大革命"结束的这一时期，由于受到"左"的错误思想的影响，无论是城镇集体工业企业，还是乡村集体工业企业，在这段时期都经历了几次"过渡""平调"，产权难以得到保障。集体所有制企业资产变为

"集体共有"，致使产权关系变得模糊（叶新明，2005）。在这段时期，集体企业的资产除通过"低收入、高积累"的劳动共同积累外，还增加了从国家政策扶持、银行贷款、政府拨入等渠道来的部分资产，致使集体企业投入性质混杂、归属模糊，其产权关系变得越来越复杂。

粉碎"四人帮"以后，经济工作开始全面调整。在此期间，一些主管部门借口恢复实行"行业归口管理"，将部分经济效益良好或规模较大的集体企业又收归"己有"，使之成为部门所属的"国有"企业。此外还有各种形式的"平调"风也盛极多时。据统计，到党的十一届三中全会召开以前，各地"平调"集体企业（主要是工业企业）的资金达4.8亿元，无偿冻结存款3.2亿元。若加上各地方、各部门对集体企业的种种"摊派"（实质上也是"平调"），集体企业被调走的资产就更多了（杨钢 等，1998）。

总而言之，这段时期由于"左"的错误思想，各种"共产风"将集体企业的产权关系搅得十分复杂和混乱。其主要体现为以下四点（杨钢 等，1998）：第一，不顾集体企业的产权归于其劳动者共有的性质和特点，多次上收、平调其资产，致使集体企业的产权得不到保障，损害了集体企业劳动者的权益。第二，由集体产权自有性决定的经营自主权被人为地剥夺了。政府及有关部门随意干预集体企业的生产经营活动，限制甚至剥夺了其经营的自主权。第三，集体企业劳动者应有的民主权被"干部任命制"剥夺了，且企业应享有的分配自主权也被"平均主义的固定工资制"否定了。第四，集体企业的税负待遇与国有企业差不多，相当一部分利润要上交主管部门，留给企业的利润很少，而且往往还不能自主使用。

二、党的十一届三中全会至邓小平南方谈话前产权制度改革的探索

改革开放后至中国共产党十四大召开以前，集体工业企业赢来了快速发展期。集体所有制产权形式在这段时期出现了多元化发展，表现为在传统的劳动者合作制基础上，逐步出现了股份合作制、股份制等新的产权成分。

第六章 集体工业企业制度变迁

1983 年的中央一号文件允许在合作经济中存在一定比例的按股分配。该文件指出:"合作经济的生产资料公有化程度、按劳分配方式以及合作的内容和形式,均可以根据实际情况而有所区别。集体企业可以实行劳动联合,也可以实行劳动、资金双联合。"该文件扩大了社会主义合作经济的范畴,规定只要遵守劳动者之间自愿互利的原则,并接受国家计划指导,采取民主管理制度,存在公共提留,积累为集体所有,采取按劳分配制度,或以按劳分配为主,同时有一定比例的股金分红,都属于社会主义性质的合作经济。该文件实际上成为股份合作企业这种新形式的集体企业的政策依据(孔祥智 等,2008)。而 1985 年的中央一号文件更进一步明确了集体所有制企业也可以搞股份合作经营,也就是允许了劳动和资本的结合。地方政府也响应文件精神,制定政策,为新出现的合作企业提供合法性依据。

在城镇集体工业企业方面,20 世纪 80 年代中期以后,为了加大经营自主权,城镇集体工业企业进行了各种改革,主要有利改税,推行了厂长、经理负责制,且按责权利相统一的原则建立了多种经济责任制。从 20 世纪 80 年代后期到 90 年代初期,承包经营责任制又成为分离城镇集体企业所有权与经营权的主要改革方式。这段时期,改革使得经营者分享了城镇集体企业的收益,为集体工业企业经营者提供了有效激励,极大促进了集体工业企业的发展。然而到了 1991 年,停留在变革经营制度层面的企业改制让城镇集体工业企业的发展开始徘徊不前。究其原因在于,承包经营责任制模糊了集体工业企业的产权,促使企业注重短期利益。在实行承包之前,集体工业企业产权模糊不清,看似"人人有份",实则"人人无份"。在承包之后,企业资产的经营使用权的归属仍然不清楚,到底归属于全体职工,还是归属于承包者,并没有统一的认识。另外,承包制使企业在承包期内既无意愿也无权力处置企业资产,这在很大程度上造成企业的短期化行为,也导致企业资产和产权不易在市场上交易,企业既不能被买卖或兼并,也不能破产,在很大程度上妨碍了生产要素的合理流动和优化组合(李德祥,1996)。

在乡村集体工业方面,企业产权结构也开始多元化,表现为企业的资产来源开始分散化。第一部分来自乡村集体经济组织以土地、房产、设备、资

金等作为原始投入,并追加投入的资产。第二部分来自部分企业职工投入的资产。第三部分来自国家各种优惠政策形成的资产。第四部分来自企业积累的资产。不过,总体上,乡村集体企业的资产主要还是来源于乡、村集体,并未违背集体所有制性质。作为所有者的集体成员,实际上只是集体企业名义上的所有者,无法真正享有其在集体企业中的份额和权利。乡村集体企业的控制权实际上掌握在作为社区集体代理人的乡村干部手里。这种模糊的产权结构,难以有效地激励和监督经营者,致使企业缺乏活力和效率。承包经营制使乡镇企业经营者获得了部分的剩余索取权和控制权,有助于减少产权模糊所导致的弊端。不过,由于承包经营制局限于经营权改革,未触及更深层次的所有权改革,所以仍难以在根本上解决由于产权模糊所导致的各种问题(郭振宗,2003)。

从20世纪80年代末开始,集体工业企业进入以股份合作制为改革形式的所有权改革探索阶段。股份合作制通过清产核资,承认"个人所有制",鼓励职工入股等形式,明确了所有权,落实了劳动群众的所有者地位。股份合作制改革,在承包制改革的基础上更进一步,使产权改革的方向从经营权转向所有权,使产权模糊及其产生的问题得到了更大程度的解决。然而,从本质上来讲,股份合作制也没有改变企业"集体所有"的性质。在股份合作制框架下,集体产权的封闭性,以及企业决策机制与产权制度的不相容等问题没有得到深入讨论。此外,企业职工持股制与"劳动力产权制"缺乏配套政策,相当多的改制集体企业没有建立规范的法人治理结构,等等。因此,股份合作制使集体企业的发展受到自身产权制度的制约而陷入新的困境(褚义景,2007)。

总之,这一阶段集体工业企业先后进行的承包制、股份合作制等改革方式,皆源于集体产权制度的内在缺陷,然而无论是承包制,还是股份合作制,均没有改变"集体所有"的产权特征,自然也难以从根本上解决集体企业内在的产权制度缺陷。不过,这段时期的改革为下一步的改革提供了必要的制度准备和思想准备,并为以后集体企业产权制度的根本变革探索了有益的经验(中国工业合作经济学会"城镇集体经济深化改革研究"课题组,2005)。

三、邓小平南方谈话后产权制度的变革

(一)传统产权制度的缺陷

从 20 世纪 80 年代开始，集体工业企业进行了一系列改革，主要包括：由统收统支、统负盈亏转向独立核算、自负盈亏；由单一的固定工资制改革为按劳分配的多种工资分配形式；采取多种承包经营责任制以及企业内部配套改革；调整政府和企业关系，落实企业经营自主权等。其中一些改革试图通过分离企业所有权与经营使用权，实现集体企业自主经营和自负盈亏，曾经一度改善了集体企业的经营绩效。虽然这些改革已经触及集体企业的产权问题，然而却回避了集体企业所有权问题，没有完全克服集体产权的内在缺陷，导致集体企业经营绩效改善的效果难以持续。

随着社会主义市场经济体制的不断发展和完善，特别是国有大中型企业改革的不断推进和深化，集体工业企业曾经一度引以为豪的灵活机制在新形势下已难以适应，而缺陷却不断显现出来，如经营规模小、业务分散、设备落后、技术人员短缺，以及职工整体素质较低等。特别是，部分采取承包经营的集体工业企业只能负盈，不能负亏，并且在分配方面出现福利化倾向，削弱了内部的激励机制、约束机制。这些问题的根本症结就在于集体工业企业产权制度的缺陷。在不触及"产权"这个核心问题的情况下，集体工业企业的改革成效往往难以持续，也不能令人满意。总结来看，集体工业企业产权制度主要存在以下五个方面的问题（何华梁，2007；杨钢，1998）：

第一，产权主体模糊不清。集体企业产权主体模糊主要体现为出资主体虚拟、收益主体虚空。按照法律规定，集体企业的产权归属于企业内部全体劳动群众集体所有。但是，"劳动群众集体"是一个模糊概念，并没有被人格化。它是指本单位内劳动群众集体或者联合经济组织范围内的劳动群众集体，而不是指劳动者个人所有的集合。1992 年 10 月，国家工商行政管理局颁发的《关于经济类型划分的暂行规定》指出："集体经济是指生产资料归公民集体所有的一种经济类型，包括了城乡所有使用集体投资举办的企业，以及部分个人通过集资自愿放弃所有权并依法经工商行政管理机关认定为集体所有制

的企业。"这个规定实际上强调了加入集体企业的职工不再拥有个人财产权益,从而剥夺了企业职工对本企业财产的支配权和对企业经营的剩余索取权,导致了"人人所有,而人人无权处置"的结果。

产权主体的模糊导致集体工业企业产权归属不明,容易导致责、权、利不清,以及集体资产流失等问题,既损害了资本所有者的权益,又给企业经营带来了不利影响。这都与集体工业企业的产权关系不清、产权没有人格化密切相关。如果集体工业企业产权明晰而且产权界定比较合理,无论是创业者,还是经营者,抑或企业职工,在产权方面都按照各自对企业资产积累所做的贡献进行界定,而且按各自的产权份额取得相应收入,以及按各自的产权份额表决企业厂长经理人选、企业重大经营决策和收入分配等重大事项,有了这样一套机制,那么,集体工业企业的上述矛盾就会得到相应解决。

第二,生产经营权与资产经营权的分离。在实施承包经营制等改革之后,集体工业企业获得了生产经营自主权,但未能获得资产经营自主权。凡是涉及企业设立、变更、租赁、兼并等重大处置事项,仍决定于政府管理机构。政府管理机构既承担国家赋予的行政职能,又是集体产权的实际代表者,不仅掌控了企业资产控制权,而且分享了剩余利润分配权。这种双重身份既有正面效应,也存在负面效应。正面效应在于,集体企业中的政府控制在一定程度上能够为集体企业提供生产保障。在经济转轨时期,市场还未发育成熟,政府仍承担着对资源进行配置的责任,而且也掌握了大量的经济资源。集体企业可以通过与政府的密切联系,获得企业发展所需要的各种经济资源。负面效应在于,企业中的政府控制会带给企业一系列的成本负担。当政府目标与企业目标不一致时,集体企业更容易偏离有效经营,造成基本建设摊子过大、利润上缴过多、忽视企业长期发展等短期行为,从而影响企业的经营绩效。这种生产经营权与资产经营权相分离的状况表明集体企业尚未完全成为独立的市场主体。

第三,集体产权的封闭性。集体企业的产权制度具有封闭性,这些是集体企业从合作社企业承继而来的固有制度缺陷。集体企业要求在劳动联合的基础上进行集资,而资源投入集体企业后不能自由流通,产权具有封闭性。

第六章 集体工业企业制度变迁

封闭性的产权阻碍了集体企业面向社会筹措资金的渠道，不利于集体企业筹措资金，不利于集体企业的发展壮大。集体企业职工对企业资产的封闭式占有，实质上体现了自然经济条件下小农的一种实物占有观。

第四，集体产权具有非流通性。产权的非流通性不利于资金在不同部门和企业之间的流动，妨碍了产业结构调整和资源配置优化。在非流通性产权下，职工对企业生产资料的占有过于注重其实物形态，而忽略了其价值形态。即便在本企业产品已经供大于求的情况下，也不允许将本企业生产资源调整到其他企业；反过来也是类似，即便在本企业产品严重供不应求的情况下，也不允许其他企业的生产资源注入本企业。由此可见，在非流通产权下，市场机制难以发挥作用，资源配置也难以得到优化调整。

第五，集体产权具有均等性。由于不加区分地强调劳动者"平等占有"集体资产，"大锅饭"的意识难以根除。不顾社会生产力发展水平和人们的觉悟程度，一味强调企业内部所有劳动者"平等所有"，是平均主义分配方式得以产生的根源。在实际中，无论职工是否投入过原始资产，也无论投入数量的多少，更不论职工是否对企业发展做出过贡献或者贡献的大小，一律平均地占有企业资产，并以此来杜绝"按资分配"，这是一种极端平均主义，实际上对绝大多数劳动者来说都是难以接受的。均等性的产权使得企业职工、经营者得不到有效激励。并且，企业的经营决策的做出需要集体职工的普遍参与，导致决策低效、分散，难以构建有效的决策机制（黄婷，2013）。

明晰产权是建立现代企业制度的关键。产权制度改革牵一发而动全身，涉及各方利益，是集体工业企业发展中深层次的矛盾和问题。产权制度改革要破除集体资产"人人有份，人人无份""人人做主，人人又不能做主"的产权现象。企业、职工和企业所有者形成利益共同体，职工既是劳动者又是所有者，既是收益的受益者又是风险的承担者。只有明晰产权，才能有效地防止集体资产流失，保障集体资产保值增值。

（二）市场经济体制下集体工业企业产权制度的改革

进入20世纪90年代后，集体工业企业于改革开放初期所具有的市场竞争优势逐渐消失，影响力也不断下降。为解决低下的企业效率问题，建立现代产权制度成为这一时期集体工业企业改革的主要目标（牛雷 等，2015）。自 20 世纪 90 年代中后期始，集体企业逐步推进了以明晰产权关系为核心的改革（张军 等，2000），并向着投资主体多元化等多种实现形式的方向推进，带来了集体经济的新发展（中国工业合作经济学会"城镇集体经济深化改革研究"课题组，2005）。

1996 年至 1997 年，为理顺集体企业内部复杂的产权关系，我国开展了集体企业的清产核资、产权界定等工作。在这期间，相当部分的集体企业完成了产权界定。不过，传统的集体企业，特别是原第二轻工业合作联社下属的集体企业，由于资产来源复杂，管理体制多次变更，在产权界定上存在不少困难。因而，按照《城镇集体所有制企业、单位清产核资产权界定暂行办法》的规定，这部分所有权关系复杂的资产，作为"待界定资产"，待今后由有关部门协商解决。随后，集体企业改制开始转变为以股份有限公司、有限责任公司等为形式的产权制度改革，其中还伴随着大量对集体企业进行拍卖转私使其私有化的情形。这场改革真正触及了集体企业的所有权问题，为彻底解决集体企业长期存在的产权模糊难题创造了条件（郭振宗，2003）。

在地方层面进行的集体企业改革实践得到了中央的肯定。2003 年，中共十六届三中全会提出了深化集体企业改革的重点在于明晰产权，而且鼓励发展多种形式的集体经济，从而更进一步地明确了集体企业的改革思路，包括以产权制度改革为核心，明晰企业产权，推动制度创新，实现产权主体多元化和人格化；建立以现代企业制度为主要特征，劳动联合和资本联合相结合、共同共有与按份共有相结合的新型集体企业，使集体企业自主经营、自负盈亏、自我发展、自我约束，成为真正的经济实体与市场竞争主体。

产权制度改革使传统集体工业企业的产权主体逐步得到明晰，推动集体企业由原来单一的产权结构向产权主体多元化的方向转变。经过改革，传统的集体工业企业大量减少，投资主体多元化的企业得到了快速发展。在理顺产权关系的基础上，集体企业的制度体系发生了巨大变化：由传统单一的企业组织形式逐步转向多种实现形式；由传统的产权制度逐步转为现代产权制度；由传统的企业制度逐步转向现代企业制度；由传统的分配方式演变为以按劳分配为主、多种生产要素相结合的分配方式；由传统的政企不分的管理体制转向政企分开的管理体制（中国工业合作经济学会"城镇集体经济深化改革研究"课题组，2005）。

第四节 组织形式与管理制度的变迁

企业制度包括企业产权制度、企业组织形式以及经营管理制度。其中，产权制度是企业制度的核心，而企业组织形式和管理制度均以产权制度为基础（于立 等，2003）。从上一节可见，中华人民共和国成立以来，集体企业的产权制度几经变迁，由此也决定了企业的组织形式和管理制度也必然经历了不断的变化。

一、组织形式的变化

企业组织形式是企业产权结构的外在表现，而产权结构又是组织形式的基础（于立 等，2003）。几十年来，中国的集体工业企业组织形式主要经历了合作制、股份合作制、股份制等形式（何华梁，2007）。

（一）合作制

一般来说，合作社是劳动群众通过自愿入股联合起来，从事各种经济活动的组织，其基本原则体现为职工入社和退社自由、民主管理、互助合作。合作社是由两个以上社员出资组成、以经营为目的的法人组织，也是一种互助的经济组织。合作社社员交纳股金入股，而且退股时可以返还股金，但不能向他人转让。显然，股份制与此不同。在股份制企业，股东可以转让股份，但不能要求返还股份。此外，成立合作社没有要求总资本额大小，而组建股份制企业则有总资本数量的法定要求。

在管理模式方面，合作社采取的是"民办、民管"。在决策层面上，合作社采取一人一票的表决机制，每个劳动者的权利相同，明显不同于股份制企业按股投票的表决机制。合作制企业一人一票的决策机制决定了其决策方式是职工集体决策，这虽然保证了企业内部职工的平等权利，但是可能会因过于注重过程的公平性，导致权利过于平均，进而使决策效率低下和决策成本提高。另外，劳动者并不一定具有专业能力，其决策的科学性、实行的有效性都可能存在问题。再有，随着企业规模的扩大，职工人数越来越多，再采取每人一票进行表决已经变得非常困难了。反过来说，合作制组织形式实际上限制了企业的规模发展。因此，在社会化大生产背景下，现代企业已经很少采用合作制这种组织形式了。

我国集体工业企业起源于城镇手工业合作社和农村人民公社企业，因此其最早的组织形式就是合作制。在我国集体工业企业特别是城镇集体工业企业的诞生之初，合作制曾经贯彻得较好，使得集体工业企业发展较快。但1958年"大跃进"之后，一直到改革开放之前，集体工业企业的产权制度遭到破坏，使集体工业企业丧失了经营自主权，丧失经营的灵活性和主动性，合作制也就名存实亡了。如前所述，集体企业往往被主管机构按照国营企业的方式进行管理，合作制企业要求的职工一人一票、民主管理在这种管理体制下也就无法实行了。

(二) 股份合作制

股份合作制企业不同于合作制企业。对于股份合作制企业来说，职工股东共同出资和共同劳动，实行民主管理，也共同承担风险；全部职工股东对企业承担的责任以各自所持股份为限，而企业则以全部资产为限承担责任。股份合作制企业是资本合作、劳动合作相结合的企业组织形式，这与合作社完全为劳动者的合作有所不同，也与股份制完全为资本的联合不同。股份合作制企业不是单纯的合作制，也并非完全的股份制，而是在劳动联合的基础上，实行了部分股份制的做法，因而可以视为合作制与股份制的中间形态，但相对更偏向于合作制。

股份合作制企业具有明确的法人地位，是独立的市场主体。这类企业一

第六章　集体工业企业制度变迁

般具有现代企业的公司治理结构,股东一般为本企业职工,不吸收非本企业职工入股,其组织结构包括了董事会、监事会、高层经理等。在企业管理和决策方面,企业职工主要通过职工股东大会进行民主管理和民主决策,采取一股一票与一人一票相结合的模式。在劳动分配方式上,由于股份合作制企业的职工具有劳动者和股东双重身份,所以股份合作制企业一般采取按劳分配和按股分红相结合的分配模式,体现了资本和劳动的有机结合。

20 世纪 80 年代末 90 年代初,国家曾经一度调整了集体企业(也包括国营企业)的管理体制,先后推行承包制、租赁制等方式,在一定程度上放开了集体企业的自主经营权,取得了提高集体企业经济效益的效果。但是,这种效果并没有持续太久。随着集体企业规模的扩大,企业缺乏资金的问题凸显。在此背景下,股份合作制形式出现了。实行股份合作制改革的企业,其做法存在多种形式。部分是采取增量扩股的办法,即首先清理和评估资产,然后将企业净资产作为集体股,吸收本企业的劳动者入股,或者引入企业外资金入股,进而形成多元化主体;还有部分采取了存量折股的方法,即将集体企业存量资产折算为股份,将部分或者全部股份出售或者无偿分配给多个主体,使得股份来源多元化。

虽然采取的股份合作制改革办法可能存在差异,但最终形成的股份合作制具有共同特点:一方面,企业由集体与企业职工共同所有;另一方面,企业成立了内部治理机构,如股东大会、董事会、监事会等。股份合作制使得集体企业劳动者获得了剩余索取权,极大地激励了劳动者,减少了监督成本,增强了企业活力。因此,股份合作制曾经一度成为集体企业改制的主要形式。股份合作制体现了劳动者的劳动联合和资本联合,是大量中小型集体企业进行制度创新的重要方式。股份合作制改革对于集体企业改善经营绩效曾经起了较大的积极作用(中国工业合作经济学会"城镇集体经济深化改革研究"课题组,2005)。

然而,理论及实践已经证明,股份合作制只是一种过渡性质的企业组织形式,其本身具有很大的局限性。首先,股份合作制的产权较为封闭,这一点继承了合作制的缺点。股份合作制企业股份多数属于内部职工,内部职工

股只是分红的依据,不能在社会上流转,从而限制了外部资金的流入,不利于企业扩大规模。其次,股份合作制企业职工既是股东,又是劳动者,自行管理,难以有效监督。最后,股份合作制采取的一股一票和一人一票混合模式较为复杂,难以平衡股份和人之间的权力关系,从而加大了决策难度。因此,股份合作制虽然触及了集体企业的所有权,但并没有真正改变"集体所有"的性质,这使得集体企业制度的进一步改革成为必然。

(三)股份制

股份制通常包括有限责任公司和股份有限公司,是两个或两个以上的利益主体,通过集股经营的方式自愿结合的一种现代企业组织形式。股份制适应了社会化大生产的要求,完成了所有权与经营权的两权分离,强化了企业经营管理职能。股份制企业通过发行股票,将不同类型、形式的资本组合在一起,有利于资本归集。在股份制企业中,资本的来源可以多种多样,因此可以存在不同性质的所有制成分。股份制企业通常建立了由股东代表大会、董事会、经理层、监事会等构成的治理结构,代表了所有权、决策权、执行权和监督权的"四权"分立。股份制企业利用委托代理关系管理企业运营,使企业资产所有权与经营权相分离,财产所有权收益或经营风险均按股东的股权份额进行分配或承担。

20世纪90年代中后期以来,在集体工业企业改革方面,不断突破了股份合作制的框架。大部分原来的集体企业对集体所有权进行了彻底改革,改革的主要方向是股份制改革,按照现代企业治理结构将集体工业企业改制为有限责任公司或股份有限公司,从而建立了以股份制为主要形式的企业组织形式,实现了企业剩余索取权和经营控制权的统一。股份制为建立现代企业制度奠定了良好基础,有利于形成良好的监督和激励运作机制,使企业可以独立运用和经营所有者投资形成的资本,依法自主经营,自负盈亏。

二、内部治理模式的变化

（一）党的十一届三中全会前集体工业企业的内部治理模式

改革开放以前，集体工业企业的治理结构类似于国营企业，一般由党委会、厂务会、工会等内部机构组成。从严格意义上讲，集体工业企业算不上是独立的经济实体，特别是"大跃进"和"文化大革命"期间，受"左"的错误思想的影响，集体工业企业几乎被当成了"二国营"对待，完全丧失了经营自主权。集体工业企业的生产和经营受地方政府与主管部门的直接管辖，无法自主地决定生产和经营的重大事项。并且，集体工业企业的厂长、经理一般由上级主管单位直接任命，招工也受到限制，收入分配方式往往也参照了国营企业。在内部管理机制方面，党委会、职代会、工会成为集体企业的决策和管理机构。在这种"企业+行政"管理模式下，集体工业企业仅仅是政府管理下的一个生产单位或者车间，而非独立的经济主体。

可以说，在传统计划经济条件下，集体工业企业几乎成了政府行政单位的附属物，其微观经营机制和内部治理结构僵化，从而导致集体企业激励不足、生产效率低下。在这种治理模式下，政府直接干预集体企业的生产经营，使得集体企业无法成为真正独立的经济实体。而且，由于"人人所有，而人人没有"的所有者虚置，企业缺乏有力和有效的监督。另外，由于集体企业丧失了经营自主权，难以建立适宜的激励机制与约束机制，其管理效率往往较低。

（二）党的十一届三中全会后集体工业企业内部治理模式的变迁

改革开放以后，集体工业企业产权制度的改革逐步推进，企业目标和组织形式也发生了相应的变化，这些都促使企业的内部治理模式也进行相应的变革。在集体企业改制为股份合作制、股份制企业时，通常需要按照现代企业制度的要求，建立起内部治理结构。根据集体工业企业内部治理模式的不同，可分为内部监控与股东主权两种模式（赖少英，2001）。

（1）内部监控模式。内部监控模式兼具合作制和股份制企业的部分特征，主要由原来的城镇集体企业、乡村集体企业改制为股份合作制企业后形成。

完整的内部治理结构应该包括董事会、监事会、职工股东大会等。但是,实践中往往依据企业的规模大小,由企业自主确定是否设立董事会、监事会。这类企业的主要特点在于:经营层仍然实行厂长(经理)负责制,经营者接受企业内部股东和劳动者的监督。采用内部监控模式的企业,其内部职工的股权份额比较高,而且实行一人一票制度,股东大会与职工大会实际上合二为一,为最高权力机构。比较之下,企业的法人股和外部个人股的份额较少,且通常为优先股,没有表决和决策的权利。这类企业中的大部分形成了职工自主管理的企业治理结构。从实践来看,内部监控模式主要适合于规模较小的股份合作制集体企业,而企业规模过大将导致内部监控难以有效,以及监督成本太高。当职工内部意见不一致时,这种治理结构难以产生及时、有效的决策。

(2)股东主权模式。这种治理模式主要是集体企业改制为股份制企业后形成的。集体企业改制为股份制公司后,需要按照《公司法》的要求,组建决策机构、执行机构及监督机构。一般来说,股东大会由股东组成,行使的是所有者对公司的最终所有权。股东大会选举产生董事会,董事会负责制定重大经营活动决策,并维护出资人的权益。监事会作为企业的监督机构,负责监督企业财务、董事和经营者的行为等;经营层是企业的执行机构,由董事会聘任(董宏宇 等,2015)。改制为股份制的集体企业一般规模较大。经过改制后,在这类企业的股权结构中,集体股的股权比例往往较小,对公司治理结构难以产生重大影响。

三、企业分配制度的变化

对企业来说,内部管理制度众多,其中收入分配制度占有重要地位。这是因为,收入分配是否合理,在很大程度上决定了企业员工能否得到足够的经济激励,对员工工作积极性具有重要影响,并最终对企业绩效产生作用。收入分配制度还与管理体制和产权制度的变化密切相关,因为后两者决定了

第六章 集体工业企业制度变迁

由谁掌握剩余控制权和剩余索取权。因此,收入分配制度的变化随管理体制和产权制度的变化而变化。

在集体工业企业创建之初,按照"自愿组合、独立核算、自主经营、自负盈亏、民主管理、集体积累、按劳分配、入股分红"的原则,各地组建了大量的手工业生产合作社。在早期,手工业生产合作社具备了自主经营的能力,也实行了独立核算、自负盈亏。劳动者按照按劳分配原则取得劳动报酬。在利润分配方面,合作社利润一部分用作扩大集体生产的积累,一部分按照入股数量分配给劳动者。因此,合作社职工不仅能够获得劳动收入,还能获得股份收入,这就将职工个人利益与自身劳动能力、合作社整体收益状况紧密结合在一起,提高了职工的劳动积极性。

但是,1958年以后,由于"左"的错误思想的影响,大批手工业生产合作社被"升级""过渡"为大集体合作社(市、区、县所属),逐步失去了集体企业的特点。在当时高度集中统一的管理体制作用下,逐步用管理国营企业的办法管理大集体企业。集体企业改自负盈亏为主管部门统负盈亏,除缴所得税外的利润全部上缴。这种"缴光拿净"的办法使集体企业失去了分配自主权,严重抑制了企业的积极性。若集体企业产生了亏损,也由主管部门拨补。"吃大锅饭"的平均主义使职工收入与企业经营成果之间的联系完全被割断了。

从原则上讲,集体企业生产资料属于企业全体职工集体所有,故而应该独立核算和自负盈亏。对大集体企业采取的统负盈亏管理方式,使集体企业的生产资料所有权与创造财富的分配权之间出现脱离,从根本上违背了集体企业的性质和特点(梁俊如,1979)。再有,职工的个人物质利益与企业利润毫无关系的分配制度也不利于调动职工的劳动积极性。

相对大集体企业而言,小集体企业(城镇街道和公社所属)的分配制度更符合独立核算、自负盈亏的原则,更好地兼顾了国家、企业、劳动者三方之间的利益。通常来说,小集体企业实现的利润中,一部分按规定上缴税收,剩下的部分除一部分上缴主管部门外,其余可以留作公积金、公益金,用于提高职工集体福利，或者奖励职工个人。若集体企业出现亏损，则由其自行负担。这样一来，集体企业经营得越好，创造的利润越多，不仅对国家有越大的贡献，而且企业发展越快，职工收入也越高。因而，集体企业的经营绩效不仅与国家和企业的利益有关，也与职工个人的利益联系紧密，这就能够发挥调动职工积极性的作用。不过，即使小集体企业能够做到自负盈亏，但是由于大部分利润被主管部门拿走，企业自身实际上得不到多少利益。

改革开放以来，在"放开搞活"的政策思路下，集体工业企业也逐渐抛弃了过去较为僵死的分配制度。20世纪80年代，国营和集体工业企业普遍推行了已经在农村改革中取得良好效果的承包责任制。在承包责任制下，集体工业企业有了更大的经营自主权，扩大了收入分配的权限，也有利于采取更为灵活的收入分配方式。例如，在实行承包责任制的集体企业中，一般实行了半浮动、全浮动工资制、超额计件工资等浮动工资制，而不是像以前那样平均分配。职工个人收入的高低不仅与自身劳动数量、质量有关，还和企业经营状况的好坏有关。

承包制虽然较之传统的体制来说，在一定程度上实现了责权利的结合，扩大了企业经营自主权和分配权，但承包制并没有从根本上改变集体企业产权不明晰的问题，没有真正使企业成为独立的市场主体。这是因为，企业承包人与企业主管部门之间仅仅是一种经济合同关系，主管部门通过调整发包权很容易控制企业的行为。而且，承包制一般都是短期的，这就很容易滋生承包人的短期行为，难以保证集体资产的保值增值。最终的结果很可能是少数个人发财，而集体利益受损。例如，在实践中就出现过少数承包者收入过高的现象。原因在于，在推行承包制的过程中，不少地方发包者对承包者设定的超承包基数奖励办法，通常实行了定额或定比例的死分配，因而一些承包者可能依靠市场调价的机遇，获得高收入和高额超利润的奖励。不过，要是市场不景气，企业也可能完不成承包任务，而此时承包者一般会强调存在的客观原因，要求调整承包基数。如此一来，企业实际上只能负盈，而不能负亏。

第六章 集体工业企业制度变迁

在 1983 年中央一号文件肯定了合作经济中可以存在一定比例的按股分配之后，大量集体工业企业进行了股份合作制改造。在采取股份合作制后，企业职工既是劳动者，又是股东，职工收入从过去工资收入的单一结构发展为包括工资收入和资本收入的多元化结构。一方面，职工作为劳动者，主要通过按劳分配取得工资收入；另一方面，职工作为企业资本所有者，有权按出资额的多少向企业索取红利、享有权益，这是将资本要素纳入按资分配范畴的结果。这种做法实际上是恢复了手工业合作社早期在分配上采取的按劳分配与按股分红相结合的方法。另外，涉及股份合作制企业可进行分配的部分税后利润，也是采取按劳动分红和按股分红相结合的分配方式，这与股份制企业税后利润全部按股分红有所不同。

20 世纪 90 年代中后期以后，许多集体工业企业进行了股份制改造，因此其收入分配方式主要遵循市场调节的原则，也变得更加多样化。劳动、资本、技术和管理等生产要素均可以按贡献参与分配。因此，知识、技术、经营才能与劳动、资本一样，都被当作生产要素，也有权获取相应的报酬，这事实上是将以前按劳分配和按股分红相结合的分配模式扩大为按劳分配与按生产要素分配相结合的模式。特别是允许劳动者个人的资本参与企业收益分配，使经营管理者的人力资本能够参与企业收益分配，极大地改善了对经营管理者的激励效果。在企业工资收入分配方面，已经改制的企业可以自主决定如何分配，通常采取经营者年薪制、劳动分红、技术入股、股权和期权激励、员工持股等多种分配方式（黄晓，2006）。

第五节 历史成就

中华人民共和国成立以来,城镇和农村的集体工业企业的演变过程主要经历了初创时期、初步发展时期、快速发展时期和转型发展时期四个阶段(何华梁,2007;黄鹏章,1998),分别对应于中华人民共和国成立初期(1949—1957年)、"大跃进"至改革开放前(1957—1978年)、党的十一届三中全会至邓小平南方谈话前(1978—1992年),以及邓小平南方谈话以后(1992年以来)。在不同的历史时期,集体工业企业经历了不同的发展过程,在国民经济中的地位也在不断变化。

一、中华人民共和国成立初期的初步创建

1949年至1957年为国民经济恢复和社会主义改造时期,这一期间集体工业企业,特别是城镇集体工业企业开始登上了历史舞台。

(一)城镇集体工业企业的初创

中华人民共和国成立后的合作化运动推动了集体工业企业的产生。1953年,中国开始推行过渡时期的总路线,实行社会主义改造。至1956年年底,手工业部门的社会主义改造基本上完成,全国90%的手工业者和工人加入合作经济组织,实现了由个体经济到集体经济的变革。至此,我国城镇集体工业拥有了一支数量庞大的、由手工业组织起来的集体所有制工业企业队伍,它们主要承担了城乡人民日常生活需要的日用工业品、小商品和工艺美术品的生产。在此阶段,城镇集体工业企业(手工业生产合作社)的建立遵循了"自愿组合、独立核算、自主经营、自负盈亏、民主管理、集体积累、按劳分配、入股分红"的基本原则。在集体工业企业建立的初期,由于产权关系和经营管理体制比较适应当时的生产力要求,集体工业企业发展迅速,促进了我国国民经济的快速发展。

第六章　集体工业企业制度变迁

（二）乡村集体工业企业的萌芽

我国的乡村集体工业企业的前身是社队企业，即农村人民公社、生产队社员集体创办的企业，而社队企业的前身为集体副业。1949年至1957年是中华人民共和国成立后国民经济的恢复时期和"一五"计划时期，此阶段我国乡镇（农村）工业开始萌芽，其表现形式为集体副业。

中华人民共和国成立初期，手工业在全国工业生产中占有相当重要的地位。据统计，中华人民共和国成立初期，个体手工业产值占工业总产值的23%左右。当时，农民兼营的手工业广泛存在，如农村手工业、农副产品加工业等，占据了农村手工业产值的60%以上。1951年12月，中共中央在《关于农业生产互助合作的决议（草案）》中提出："在适宜于当地的情况下，发展农业和副业相结合的互助。按照农业和副业的需要和个人的专长，实行合理的分工分业。"根据该决议，1 000多万手工业兼业者和分散于农村的部分专业手工业者，参加了农业合作社。这些手工业社属于农业社的范围，因而被称为集体副业（蔡养军，2004）。

1955—1957年，全国各地掀起了农业合作化运动。在这场运动中，部分农民和分散的专业手工业者被组建为农业生产合作社的副业队（组）。1957年，国务院提出，未加入副业生产队（组）的农村个体手工业者和兼业经营手工业的农民，应该加入进来，并不再建立县以上手工业联社的基层组织。据统计，农村集镇手工业社、农业社和农民家庭的手工业，以及农民自给性手工业和农产品的总产值于1957年达到了160亿元（张毅，1990）。可见，此时农村集体副业已初具规模。后来在"大跃进"运动中兴起的农村社队企业，就是脱胎于集体副业。

（三）集体工业成长为国民经济的重要组成部分

中华人民共和国成立初期，集体工业在国民经济中所占的比重是微不足道的。据统计，1949年全国集体工业产值仅为0.7亿元，占工业总产值的比重约为0.5%（季龙，1991）。随着个体手工业的社会主义改造的进行，集体工业经济产值不断提高，在工业总产值中所占的比重不断上升。1957年，集体工业产值达到了137.6亿元，相比1949年增长了195.5倍。1953—1957

年，全国集体工业经济年均增长率达到13.76%，到1957年集体工业总量为137.6亿元，占全国工业的19.55%，而个体工业产值的比重由20.6%下降到0.8%（黄荣健，2010）。可见，到1957年，集体工业已经成为国民经济的重要组成部分。

二、"大跃进"与"文化大革命"时期的曲折发展

（一）城镇集体工业企业的曲折发展

从1958年到改革开放前的20年间，我国集体工业企业遭受了"大跃进"和"文化大革命"极左路线的破坏，发展相对曲折。"大跃进"开始后，为鼓励和引导城镇妇女参加社会主义建设，各地普遍兴办了大量街道工厂和生产组，由此形成了许多的集体所有制街道工厂。但是，从1958年起，由于受"左"倾思想的影响，集体所有制被认为是社会主义公有制的初级形式，必然要过渡到高级的全民所有制。国家多次出现将城镇集体企业"升级""过渡""平调"和"改造"的浪潮。在"大跃进"期间，合作社要么过渡为地方国营的全民所有制企业，要么被归入由合作联社统负盈亏的合作工厂（大集体），或者被转为由人民公社管理的社办企业。到1959年年底，全国范围内10多万个手工业合作社，大约86.7%的合作社进行了转厂过渡，其中过渡为地方国营工厂或转为联社经营的分别占到了37.8%和13.6%（黄荣健，2010）。这种强制性的过渡和不适当的下放，挫伤了集体工业企业职工的积极性，使生产遭到破坏，造成了手工业品市场供应的紧张。

1960年年底，中共中央提出了"调整、巩固、充实、提高"的方针，我国国民经济进入调整时期。1961年6月，中共中央发布了《关于城乡手工业若干政策问题的规定（试行草案）》，该文件强调手工业必须坚持以集体为主。按照指示精神，在城镇集体企业管理体制方面，各地适当恢复了"大跃进"以前一些正确的做法，大部分被"转社并厂、升级过渡"为大集体甚至地方国营的企业又重新恢复、调整或退回为集体（合作）企业。通过调整，城镇集体手工业和集体企业焕发了新的生机。

第六章 集体工业企业制度变迁

然而时间不长,"文化大革命"期间,在极左思潮的干扰下,调整时期采取的一系列正确措施又被否定,城镇集体经济被诬蔑为"资本主义尾巴"和"旧社会的残余"。于是,许多地区刮起割"资本主义尾巴"的"共产风",否定集体工业企业的固有特点,再次大搞"升级过渡",使"小集体"(区、街企业)升级为"大集体"(市、局企业),"大集体"升级为国营企业。即使未被"过渡"为"国营"的集体工业企业也必须按国营企业的管理办法进行管理。这些企业在严格监管下完全丧失了独立自主性,由主管部门安排生产、统负盈亏,税后利润大部分要上缴主管部门。并且,在管理上,企业管理干部的民主选举制被取消,改为上级任命制。在分配方面,由按劳分配改为固定工资制,而且职工入股分红、劳动分红也均被取消。

这些盲目"升级过渡"的行为严重违背了生产关系必须适应生产力性质的客观规律,与集体工业企业自身性质、特点等不相符合,因而不利于调动集体企业职工的积极性,削弱了集体工业企业的活力,影响了集体工业企业的发展。虽然上述过左的做法曾经得到过一定程度的纠正,但总体而言,这一时期的集体工业企业遭受了沉重打击,发展较为缓慢。特别是由于纠正不够彻底,集体工业企业按"准国营"方式管理的状况未得到根本改变,制约了集体工业企业的发展。

(二) 乡村集体工业企业的起步

1958年,"大跃进"运动开始后,农村掀起了"人民公社化"运动。1958年年底,《关于人民公社若干问题的决议》在中共八届六中全会上被通过。该决议指出,农村人民公社制度的发展,为我国人民指出了农村逐步工业化的道路,并提出人民公社必须大办工业,以促进全民所有制的实现。这个决议意味着中央将社队工业视为农村一种相对独立的产业,而非农业副业。

由于过分强调以钢产量为主要指标的重工业增长速度,在"全党全民大办工业"的口号下,出现了社办企业的群众运动,兴办了各种工厂。另外,原有手工业联社领导的手工业社中有35 000多个划归人民公社,成为公社企业(季龙,1991)。据统计,到1958年年底,公社工业的从业人员达1 800多万人,产值达62.5亿元。据对17个省的调查,仅1958年就兴办农具制造厂、

修理厂 8 万多个，煤窑 5.9 万个，炼钢、炼铁厂 60 余万个。到 1959 年 6 月，全国已有社办企业 70 万个左右，产值达到了 71 亿元，约占全国工业总产值的 10%（于驰前 等，1991）。

但是，由于在兴办社队企业过程中受"左"的思想的影响和缺乏统一规划，发生了对集体和社员家庭资产的"平调"错误和盲目过渡，使社队企业生产效率低下，经济效益差，产销脱节，特别是不顾我国农村的实际情况，创办了如"土高炉"等企业，浪费了大量的人力物力。根据当时的"指示"，有些地方将农户家里的铁制厨具、锁具等都强行投入"土高炉"。然而，这种盲目发展社队企业的行为严重破坏了国民经济发展的比例关系，耽误了农业生产，可谓劳民又伤财，造成了极为严重的生产损失，成为导致 1958—1961 年的"三年困难时期"的三大重要原因之一。

在人民公社整顿过程中，国家逐渐改变了 1958 年提出的"人民公社必须大办工业"的政策，对社队工业进行清理、收缩和严格限制。1960 年 11 月 25 日，中共中央批转了《关于城乡人民公社工业的情况和整顿意见的报告》，该报告提出社办企业应主要生产经营为农业生产服务的生产资料产品加工业、农副产品加工业、传统的手工业产品和出口商品，并根据具体条件确定是否开展采掘、冶炼、建材等业务，而禁止社队企业生产纺织、皮革、日用化工等行业的轻工产品。1962 年下半年，中共中央八届十中全会通过了《农村人民公社工作条例（修正草案）》，要求农村人民公社和生产大队一般不办企业，已经举办的企业视情况停办，或转给手工业者经营，或下放给生产队经营，或改为个体工业和家庭副业。以上措施实质是不允许社队办企业，把农村集体工业退到附属于农业社的副业地位。从 1961 年开始，大批社队企业关停下马，在短时间内由 1959 年的 70 多万个减少到 1.1 万个。1961 年，全国社办工业产值下降至 19.8 亿元，1963 年又下降到 4.2 亿元。

1966 年"文化大革命"开始后，由于城市大量工厂停产"闹革命"，使生产大幅度萎缩，造成大批物资短缺。国家重新提出"公社也要由集体办些小工厂"后，农村社队企业又逐步地发展起来，其产品缓解了市场供应的紧缺。其间，在大批"资本主义"的风潮下，社队企业常被当作"资本主义尾巴"来割，因此，社队企业整体上发展仍十分缓慢。

进入20世纪70年代以后，在实现农业机械化、"农业学大寨"的任务和方针指导下，国家允许在社队发展农业机械以及为农业机械服务的"五小"工业，目的是建立县、社、队三级农机修造网（谭秋成，1999）。按照1975年全国农业学大寨会议的要求，发展社队企业，主要是为农业生产服务，有条件的，为大工业、为出口服务。

1976年"文化大革命"结束后，农村兴办和发展社队企业的积极性也进一步高涨起来。据1978年年底的统计，全国已有94.7%的公社和78.7%的大队办起社队企业，社队企业总数已达152.4万个，比1976年的111.5万个增加了40.9万个，社队工业产值达385.3亿元，比1976年增长58.2%；安置农村劳动力2 826.5万人，占农村总劳动力的9.5%（于驰前 等，1991）。社队企业的发展对于促进农业发展起到了积极作用。但是，由于"左"的思想路线的影响，开办社队企业往往被视为"走资本主义道路"，而且社队企业的经营范围也受到了限制，使得社队企业发展颇为艰难。此外，这一阶段的产权制度是人民公社制度的翻版：单一的社有、队有等公有产权结构，否定了产权的个人所有，将社员入股的资金强行退还甚至没收归社队所有，社队企业的财产被任意平调，经营自主权更得不到尊重，阻碍了社队企业经济效益的提高。

三、党的十一届三中全会至邓小平南方谈话前的快速发展

1978年至1992年邓小平南方谈话前为我国改革开放的前期，这一时期国家工作重心开始转移到社会主义现代化建设上来，国民经济逐步走出了困境，集体工业企业在这一时期也获得了快速发展，在国民经济中的地位显著增强。

（一）城镇集体工业企业的快速发展

这一时期集体工业企业得到快速发展。"文化大革命"结束后，为解决上千万返城知识青年的就业问题，在国家号召和税收优惠等政策支持下，国营厂矿、机关、事业单位以及社区、社团创办了大量的、各种形式的生产合作

社。从原始资金来源来看，资金主要来自上述主办单位，也有部分来自回城待业青年。从管理来看，扶持单位或主办单位对其所扶持或主办的集体工业企业（称"大集体"）一般都有直接的人事、分配等管理权限。

除上述"大集体"企业外，20世纪80年代中后期还产生了一些"民办"集体工业企业，这类企业的原始资金主要来源于创办者，以及创办者所在单位或企业所在地的地方政府。在管理上，这类企业没有明确的上级主管单位，多为创办人自主管理。

1988年年底，全国城镇集体工业企业大约16万个，职工人数达到1 850万人左右，产值高达2 293亿元。城镇集体工业企业的数量在全国工业企业的比重超过1/3，职工占比也在30%左右，而产值占比约为19%。

（二）乡村集体工业企业的快速发展

党的十一届三中全会召开后，思想上实现了拨乱反正，党的工作中心由阶级斗争向经济建设转变，极大地推动了农业的恢复和发展。国务院于1979年7月颁布了《关于社队企业若干问题的规定》，为社队企业存在的一些问题指出了方向，规定了应遵循的政策，使社队企业的发展有章可循。同年9月，《中共中央关于加快农业发展若干问题的决定》在党的十一届四中全会通过。该决定明确要求大力发展社队企业，特别是发展适于农村的农副产品加工社队企业。在税收方面，国家对社队企业也按不同情况给予某种程度的优惠。这些政策使社队企业得到迅速恢复和发展。1980年，社队企业增加到142.4万多个，职工人数达到3 000万人，总产值达到656.7亿元。同时，社队企业不仅涉足农机方面，还涉及化工、煤炭、丝绸等工业行业，以及建材、运输、商业服务等服务业（黄鹏章，1998）。

到1981年，国务院又颁布了《关于社队企业贯彻国民经济调整方针的若干规定》（简称《十六条》）。《十六条》明确指出社队企业已成为农村经济的重要部分，对社队企业在国民经济中的地位做了充分的肯定。1983年1月，中共中央发布一号文件《当前农村经济政策的若干问题》进一步指出，在体制改革中要认真保护社队企业，不能削弱，更不允许随意破坏社队企业；社队企业是合作经济，必须办好，要继续发展；可以建立多种形式的责任制等。

1984 年，中共中央又颁布了《中共中央关于 1984 年农村工作通知》，进一步指出，社队企业是农村经济的重要支柱，是城市大工业不可缺少的助手；农村工业应充分利用本地资源，面向国内和国外两个市场，特别是面向广大农村市场，发挥自身优势，与城市工业协调发展；社队企业发展的重点应该是饲料工业、食品工业、建筑工业和小能源工业等与人民生活密切相关的行业；各部门要积极指导和扶持，并提出要鼓励农民投资入股，兴办各种企业。

1984 年 3 月，中共中央、国务院转发了农牧渔业部和部党组《关于开创社队企业新局面的报告》的通知，指出："鉴于公社、大队将逐步转化为乡、村合作经济组织，近年来又出现许多联户合办、跨区联办等形式的合作性企业和各种联营、自营企业，并将逐步向小集镇集中。因此，以往所使用的'社队企业'这个名称已经不能反映此类企业新的发展状况，建议改称'乡镇企业'，各级管理机构的名称也应作相应改变。"该通知还要求各级党委和政府"对乡镇企业要和国营企业一样，一视同仁，给予必要的扶持"。至此，农村社队企业的名称不仅被改为乡镇企业，而且其内涵也得到了扩大。更重要的是，乡镇集体工业的重要地位得以确立，这对开创乡镇企业发展的新局面具有战略意义，使我国乡镇企业的发展进入一个快速发展时期。据统计，1984 年全国乡镇企业总产值比 1983 年增长了 68%，其中，乡镇工业产值增长了 66%，乡镇企业安置农村剩余劳动力 5 208 万人，新增 1 974 万人（张神根等，2008）。

1985 年 9 月，中共中央在《关于制定国民经济和社会发展第七个五年计划的建议》中，又进一步指出"发展乡镇企业是振兴我国农村经济的必由之路"，确立了"积极扶持，合理规划，正确引导，加强管理"的发展方针，提出"兴办乡镇企业要立足于农业、服务于农业，重点发展农产品加工业，发展农产品的储藏、包装、运输、供销等产前产后服务业"。该建议还指出，有条件的地方，要在遵守国家规定和保护资源的前提下，积极发展小型采矿业、小水电工业和建筑材料工业。在经济发达地区的农村，可以根据实际需要和自身的条件，发展为大工业配套和为出口服务的加工工业。各地兴办乡镇企业，应当主要依靠自身的资金积累，量力而行，稳步前进，减少盲目性。

1986年1月中共中央、国务院又颁布了《关于1986年农村工作的部署》。以上这些决定、规定使我国乡镇集体企业得到了进一步的政策鼓励和扶持，对乡镇企业发展成为国民经济的重要组成部分起到了极大的促进作用。据统计，1990年，乡镇企业吸纳了9 200万农民就业，年创产值9 500亿元，占全国社会总产值的1/4，占农村社会总产值的2/3。

四、邓小平南方谈话后的转型发展

1992年，在邓小平南方谈话和中共十四大召开之后，国家明确了建设社会主义市场经济的目标。从此，我国进入构建和逐步完善社会主义市场经济体制的阶段。

计划经济时代，集体经济，特别是城镇集体经济被称为"二国营"经济，其产权关系相当模糊，基本上违背了集体经济应该具备的合作经济原则，存在与国营企业类似的体制弊端。在市场经济的洗礼下，集体工业企业逐渐出现了经济效益不佳的状况，更有一些企业资不抵债，难以为继。为适应市场经济体制的要求，集体企业进行了大规模的改革，试图建立现代企业制度。

改革的重点在于产权制度方面的创新，改变传统集体工业企业"人人有份、人人无份"的产权状况，按照"尊重历史、面对现实、依法划分、合理确认"的原则，普遍开展了理顺产权关系、明确产权归属的改制工作，形成了产权多元化、形式多样化的局面，如股份制、股份合作制、合作制、承包制、公司制等。对不同类型的集体企业，采取的改制方式也有所不同（杨智峰，2005）。

第一，为建立现代企业制度，采取股份制形式改造了规模较大、效益较好的集体工业企业，建立股份有限公司或有限责任公司。

第二，采取了股份合作制、合作制等形式改造规模较小、基础较差的集体工业企业。通过资产量化或购买股份等办法，改革使职工成为集体企业的真正所有者，而政府则退出了集体企业。

第三，部分集体工业企业采取了基金、社团法人制，其操作办法主要是

第六章　集体工业企业制度变迁

通过资本市场，吸收社会个人闲散资金，将个人财产过渡为社会财产。

第四，还有部分濒临破产的集体工业企业，在各方不愿意购买股份，以及企业因故难以实施破产、兼并、重组的情况下，主要采用承包或租赁的办法继续经营。

在不断推进的改革中，集体工业企业的组织形式发生了深刻变化，出现了多样性的新形态。首先，经过产权制度改革，超过70%的集体企业成为资产归职工个人所有、企业集体占有、产权明晰的市场竞争主体，进而导致资本结构、资产形态以及分配制度方面也都发生了深刻变革，激发了企业活力。其次，集体企业组织形式多样化，包括了共同共有、股份合作、混合所有、集体资本参、控股，以及劳动者新办的合作企业等，能够适应于不同层次生产力的需要。最后，改革带来新变化，使以"劳动者的劳动联合"和"劳动者的资本联合"为重要特征的多种类型的新型集体经济充满了活力和发展潜力（黄荣健，2010）。

当然，不可否认的是，经过改制，传统的集体工业经济在国民经济中的地位下降了，无论是从企业数量、职工人数，还是从工业总产值来看，都出现了急剧下降。1997年的集体工业企业数量只与1984年持平。按照1998年调整后的统计口径计算，1998—2007年，集体工业企业数量从4.77万家锐减至1.3万家，企业数量仅为工业企业总数量的3.9%，远远低于最高峰的80.6%（1987年）。无论是从业人员的绝对数，还是相对比重，集体工业企业的下降幅度均较为严重。从业人员从1999年的超过1 000万人降至2007年的不到250万人，而比重从1999年的17.3%降至3.1%。在总产值方面，1999年集体工业企业达到了最高峰的15 131.3亿元，之后出现了断崖式下降，至2004年仅为2 476.5亿元，不及最高峰的17%。集体工业总产值占工业总产值的比重从最高峰的39.6%（1996年），降至2007年的2.51%，在国民经济中的地位已大不如前（李清彬，2011）。

参考文献

[1] 蔡养军.中国乡村集体企业经验的制度考察 [M].北京：中国法制出版社，2004.

[2] 褚义景.集体企业产权制度改革研究 [D].武汉：武汉理工大学，2007.

[3] 董宏宇，郝灵艳.基于产权与治理的集体企业监管形式创新 [J].中国集体经济，2015（9）：30-31.

[4] 郭振宗.乡村集体企业制度变迁：一个所有权视角的系统考察 [J].农村经济，2003，20（11）：53-55.

[5] 何华梁.我国集体企业产权制度改革研究 [D].武汉：武汉理工大学，2007.

[6] 洪远朋，翁其荃.试论城市集体所有制工业 [J].经济研究，1980（1）：62-67.

[7] 黄鹏章.中国乡镇企业运行机制与发展研究 [M].北京：中国财政经济出版社，1998.

[8] 黄荣健.集体工业经济的昨天 今天 明天 [J].中国集体经济，2010（1）：9-13.

[9] 黄婷.城镇集体企业产权制度改革的法律分析 [D].成都：西南财经大学，2013.

[10] 黄晓.中国股份制企业分配制度的改革与完善 [D].南宁：广西大学，2006.

[11] 季龙.当代中国的集体工业 [M].北京：当代中国出版社，1991.

[12] 孔祥智，史冰清.我国农民专业合作经济组织发展的制度变迁和政策评价 [J].农村经营管理，2008（11）：28-32.

[13] 赖少英.我国集体所有制产权变革研究 [D].厦门：厦门大

学，2001.

［14］李德祥.论产权交易在企业制度变革中的作用［J］.吉首大学学报（社会科学版），1996（3）：65-66.

［15］李国强.试论城镇集体企业管理体制改革［J］.上海集体经济，2000（2）：17-20.

［16］李清彬.中国的集体工业：规模、效率及其影响因素［J］.财经论丛（浙江财经大学学报），2011，159（4）：3-9.

［17］李述仁，黄银柱.发展城镇集体所有制工业急需解决的几个问题［J］.经济研究，1979（9）：27-32.

［18］李长根.福建城镇集体工业史研究（1949—1992）［D］.福州：福建师范大学，2011.

［19］梁俊如.搞好集体企业利润分配制度改革［J］.社会科学辑刊，1979（5）：57-61.

［20］牛雷，王玉华，陈琛.中国农村工业集体企业空间结构演变特征［J］.世界地理研究，2015（3）：134-142.

［21］戎文佐.积极发展集体所有制工业［J］.经济管理，1979（8）：9-12.

［22］戎文佐.对工业所有制结构的回顾、展望与探索［J］.学术月刊，1994（1）：49-50.

［23］谭秋成.乡镇集体企业在中国的历史起源：一个经济组织与产权制度相关的案例［J］.中国经济史研究，1999（2）：88-98.

［24］杨钢.产权制度改革：城镇集体企业刻不容缓的选择［J］.经济体制改革，1998（3）：74-83.

［25］杨钢，蓝定香.集体企业产权制度改革与股份合作制［M］.成都：四川人民出版社，1998.

［26］杨智峰.城镇集体所有制企业改制问题研究［D］.上海：上海财经大学，2005.

［27］叶新明.城镇集体企业存在的主要问题与产权制度改革［J］.特区

经济, 2005 (8).

[28] 于驰前, 黄海光. 当代中国的乡镇企业 [M]. 北京: 当代中国出版社, 1991.

[29] 于立, 孟韬. 乡镇企业组织形式演变的规律与问题 [J]. 中国经济问题, 2003 (4): 29-37.

[30] 张荐华. 乡镇企业的崛起与发展模式 [M]. 武汉: 湖北教育出版社, 1995.

[31] 张军, 冯曲. 集体所有制乡镇企业改制的一个分析框架 [J]. 经济研究, 2000 (8): 12-20.

[32] 张神根, 端木清华. 改革开放 30 年重大决策始末, 1978—2008 [M]. 成都: 四川人民出版社, 2008.

[33] 张锡山, 揭益寿, 韩永夫. 城镇集体企业经营管理 [M]. 北京: 劳动人事出版社, 1986.

[34] 张毅. 中国乡镇企业历史的必然 [M]. 北京: 法律出版社, 1990.

[35] 中国工业合作经济学会"城镇集体经济深化改革研究"课题组. 城镇集体经济深化改革研究 [J]. 经济研究参考, 2005 (3): 23-48.

第七章
民营企业制度变迁

2018年是我国实行改革开放40周年,无论是政府实践界还是学术研究界都对40年来我国取得的发展成就进行总结,其中最引人瞩目的是民营经济在改革开放之后的发展壮大。在现有的工业总产出中,非国有经济所占比重已经超过75%。习近平总书记在2018年民营企业座谈会上也指出,中国发展能够创造中国奇迹,民营经济功不可没。民营经济不仅对经济增长有重要贡献,而且也是稳定就业、实现技术创新的重要主体。

然而,近期社会上却出现了一些对民营经济发展不利的言论。有人提出民营经济的使命已经完成,必须退出市场。也有人对现阶段的混合所有制改革进行曲解,认为这是新时期的公私合营。这些言论违背了我国对民营经济的方针政策,淡化了民营经济在改革发展过程中取得的重大成就,严重抑制了民营企业的发展积极性,是极其不正确的。在不同的经济发展时期,民营

经济的管理体制、发展模式和内部治理结构存在差异，这会对民营经济发展产生不同程度的影响。此外，政府对民营经济的战略定位也会随着国民经济的发展状况而有所调整。研究民营企业的制度变迁，对于总结民营经济的发展成就和不足具有重要意义。因此，本章以民营企业制度变迁为研究内容，深入分析各时期制度变迁的历史背景，明确民营企业制度变迁历程，从而为民营经济在全面建成小康社会中更好地发挥主体作用提供理论支持。本章结构安排如下：第一节对民营经济的概念进行界定，并阐述其战略定位和发展成就；第二节对民营企业管理体制的变迁进行分析；第三节探讨民营企业的发展模式；第四节分析民营企业产权制度及管理制度的变化；第五节总结改革开放40年来民营企业的发展成就，进一步对民营经济在发展过程中存在的问题进行思考，在此基础上提出更具针对性的措施，为民营经济实现高质量发展提供有益参考。

第一节 民营经济的概念界定、战略定位及发展成就

研究民营经济问题，首先要明确民营经济的概念和范围。以往研究者对民营经济的概念存在不同的界定方法，最终也使得研究结论存在差异。本节首先对民营经济的概念进行界定，其次阐述现阶段我国政府对民营经济的战略定位，最后从市场主体、就业、税收贡献等角度全面地分析民营企业的发展状况。

一、民营企业的概念界定

虽然民营企业对于我国经济发展的重要作用已经得到学术研究界和政府

实践界的普遍认可，但是对于民营企业的具体界定标准，目前还没有形成一致的意见。民营企业是中国特有的经济学词汇。1931年王春圃在《经济救国论》中首次提出"民营"的概念，将民间私人经营的企业界定为民营企业（单东，1998）。之后，1942年毛泽东在《抗日时期的经济问题和财政问题》中提出"只有实事求是地发展公营和民营的经济，才能保障财政的供给"（毛泽东，1946）。由此可见最早的民营经济是相对于国营经济的一种经济形态。还有学者从生产资料所有制、资产经营方式以及将两者有机结合起来等多个角度，对民营企业的相关概念进行了系统梳理（孙林杰，2018）。此外，也有学者从广义、内资、狭义三个层次来定义民营企业，最后从狭义层面（把个体私营企业作为民营企业）对我国的民营企业发展状况进行了概括总结（林家彬 等，2014）。通过对以往关于民营企业研究的梳理，本章认为民营企业与国营企业相比，其核心特征在于由民间建立和经营，并且以利润最大化为根本目标，而国营企业往往会弱化盈利目标，在更多情况下会承担政策性负担，企业管理者也比较热衷于追求政治目标。中华人民共和国成立以后，随着我国经济改革的不断深化，民营经济的内涵也在不断变化。广义的民营企业包含除国有和国有控股企业以外的其他所有经济成分，如集体经济、个体私营经济、外商投资经济等；狭义的民营企业专指个体和私营企业（李清亮，2013）。本章对民营企业的分析是基于狭义的民营企业的概念，即只包含个体和私营企业。

二、民营经济的战略定位

2019年3月5日，李克强总理在所做的政府工作报告中再次强调要构建新型政商关系，激发企业家精神，促进民营经济发展升级，同时他也指出要灵活运用多种货币政策工具，保持流动性合理充裕，有效解决民营、小微企业融资难、融资贵的问题。这一举措充分体现了我国对民营经济发展的重视，其战略地位不容忽视。自1978年改革开放以来，中国经济体制改革取得了举世瞩目的成就。民营经济是改革和发展过程中一道亮丽的风景线，对经济发展起到了重要的推动作用。民营经济在现如今能够取得辉煌成就与我国政府的支持密不可分。党和政府高度关注民营经济的发展,在顶层设计方面也给予大力支持。过去40余年,我国宪法中有关民营经济的内容修改共有5次,从法律层面确定了民营经济与国营经济共同发展、公平竞争的地位,再加上有关民营经济发展政策的日益完善,使得民营经济经历了从无到有、从小到大的发展历程,由国有经济的"辅助部分"逐步成为推动国民经济发展的生力军。截至2016年年底,中国实际拥有企业数量2 596.11万户,其中私营企业达到2 309.20万户,占比88.95%,民营企业注册资金为134.94万亿元,民营企业数量同比增长了4倍。改革开放以来,民营经济发展迅速,在国民经济中的比重不断提高,在一些沿海省市,民营经济已经占据了主体地位(龚晓菊,2005)。此外,民营企业数量众多,覆盖面广,已经成为我国经济持续健康发展的重要基础,在推进我国市场化改革、加快产业结构调整和扩大就业等方面也做出了巨大贡献。

民营经济在推动国家经济增长方面发挥着重要作用。2016年我国民营企业对GDP的贡献超过60%,投资高达27万亿元,占比达到62%(孙林杰,2018)。我们通过对历年《中国统计年鉴》《中国科技统计年鉴》以及其他相关资料的整理,还可以发现:2017年我国民营经济税收额为2.58万亿元,在全部税收中所占比重为16%,对我国财富增长发挥着重要作用;就业是民生之本,而现如今民营企业已经成为就业岗位的主要提供者,2017年民营企业就业人员34 107万人,其中乡村就业11 432.3万人,城镇就业22 674.7万人;1980年我国个体私营投资占比为13%,而到了2017年我国民营投资占比为33.57%。在各大行业,民营企业投资也有着类似的特征。创新是带动经济增长的第一动力,也是企业快速发展的根本保证。进入21世纪以来,大量的民营企业把技术创新作为提升企业竞争力的根本途径,我国80%的专利申请是由民营企业完成的,其中发明专利为60%以上,新产品的提供约为70%(大成企业研究院,2018)。

基于以上经济事实描述,不难发现民营企业已经成为我国主要的市场主体以及技术创新的主要承担者,民营经济也成为我国社会主义市场经济的重要组成部分、国民经济发展的积极贡献者。民营经济发展为何如此迅速？它的发展历程如何？民营企业如何获得合法的地位从"资本主义尾巴"转变为"社会主义市场经济的重要组成部分"？本章基于制度变迁的视角描述民营经济的发展历程，探讨如何通过改善制度环境和经营环境来促进民营经济的发展。

三、民营企业的发展成就

（一）市场主体发育情况

改革开放以来，我国民营企业的发展虽然走过一段曲折的历程，但总量在不断上升。表7.1的数据显示，1992年我国民营企业的数量为1 547.87万户，注册资本仅为0.08万亿元，到2016年民营企业的数量上升至8 239.15万户，注册资本增加至134.94万亿元，注册户数和注册资本年均增长率分别为42.24%、22.67%。其中私营企业注册户数和注册资金年均增长率分别为34.67%、20.61%，个体工商户户数和注册资本的年均增长率也分别达到了38.08%、5.85%。由此可以看出，1992—2016年我国民营企业市场主体发展迅猛，在所有的微观市场主体中占有相当大的比重。同时，个体工商户户数无论是绝对量还是增长速度都高于私营企业，但是其注册资金远小于私营企业。

表7.1 1992—2016年我国民营企业注册数量和注册资金

年份	民营企业户数/万户	民营企业注册资金/万亿元	私营企业户数/万户	私营企业注册资金/万亿元	个体工商户户数/万户	个体工商户注册资金/万亿元
1992	1 547.87	0.08	13.96	0.02	1 533.91	0.06
1993	1 790.79	0.16	23.92	0.07	1 766.87	0.09
1994	2 229.82	0.27	43.22	0.14	2 186.60	0.13
1995	2 593.95	0.44	65.45	0.26	2 528.50	0.18
1996	2 785.61	0.6	81.93	0.38	2 703.68	0.22
1997	2 946.93	0.77	96.07	0.51	2 850.86	0.26
1998	3 240.3	1.03	120.10	0.72	3 120.20	0.31
1999	3 310.95	1.37	150.89	1.03	3 160.06	0.34

表7.1(续)

年份	民营企业户数/万户	民营企业注册资金/万亿元	私营企业户数/万户	私营企业注册资金/万亿元	个体工商户户数/万户	个体工商户注册资金/万亿元
2000	2 747.54	1.66	176.18	1.33	2 571.36	0.33
2001	2 635.84	2.16	202.85	1.82	2 432.99	0.34
2002	2 721.02	2.86	243.53	2.48	2 477.49	0.38
2003	2 653.74	3.95	300.55	3.53	2 353.19	0.42
2004	2 715.56	5.3	365.07	4.79	2 350.49	0.51
2005	2 893.98	6.71	430.09	6.13	2 463.89	0.58
2006	3 093.68	8.25	498.08	7.60	2 595.60	0.65
2007	3 292.84	10.13	551.31	9.39	2 741.53	0.74
2008	3 574.75	12.64	657.42	11.74	2 917.33	0.90
2009	3 937.52	15.73	740.15	14.64	3 197.37	1.09
2010	4 271.41	20.55	845.52	19.21	3 425.89	1.34
2011	4 724.15	27.41	967.68	25.79	3 756.47	1.62
2012	5 144.99	33.08	1 085.72	31.1	4 059.27	1.98
2013	5 754.74	41.71	1 318.45	39.28	4 436.29	2.43
2014	6 530.43	62.14	1 546.37	59.21	4 984.06	2.93
2015	7 316.17	94.25	1 908.23	90.55	5 407.94	3.70
2016	8 239.15	134.94	2 309.20	130.50	5 929.95	4.44

资料来源：1993—2017年《中国工商行政管理年鉴》。

(二) 民营企业就业状况

实现充分就业有助于维护社会安定，同时，它也是政府宏观管理的重要目标。民营企业在经历了从无到有、由弱到强的发展过程之后，对就业方面所发挥的作用也不容小觑。现如今民营企业提供了大量的就业岗位，详细结果如表7.2所示。1992年民营企业的从业人员为2 699.8万人，2017年全国大约3.4亿人就职于民营企业。城镇和乡村私营企业就业人数分别从1992年的97.78万人、134.06万人增长至2017年的13 327.2万人和6 554.5万人，分别增长了约135倍和47倍。城镇个体和乡村个体就业人数的年均增长率也分别达到了43.68%、38.02%。2002年之前，乡村个体就业人数多于城镇个体就业人数,但是在此之后,乡村个体就业人数开始下降,并且与城镇个体就业人数差距日益扩大,出现这种现象的原因可能是我国城市化进程的不断加快,吸引了大量的农民工到城市寻找工作。

表7.2 1992—2016年我国民营企业就业人数

单位:万人

年份	民营企业就业人数	城镇私营企业就业人数	乡村私营企业就业人数	城镇个体就业人数	乡村个体就业人数
1992	2 699.8	97.78	134.06	740.17	1 727.54
1993	3 311.6	186.14	186.48	929.52	2 009.78
1994	4 424.3	332.4	316.0	1 225.0	2 550.9
1995	5 570	485.4	470.6	1 559.6	3 054.0
1996	6 188.1	620.0	551.1	1 708.8	3 308.3
1997	6 791.3	749.6	599.7	1 919.4	3 522.4
1998	7 823.1	972.6	736.5	2 259.3	3 855.1
1999	8 262.5	1 052.6	968.9	2 414.2	3 826.7
2000	7 476.5	1 267.9	1 138.5	2 136.1	2 933.9
2001	7 473.9	1 526.8	1 187.1	2 131.2	2 629.1
2002	8 151.3	1 998.7	1 410.6	2 268.8	2 474.1
2003	8 598.1	2 545.2	1 754.0	2 377.0	2 259.6
2004	9 604.3	2 993.7	2 023.5	2 521.2	2 065.9
2005	10 724.1	3 458.4	2 365.6	2 777.7	2 122.8
2006	11 745.3	3 954.3	2 632.0	3 012.5	2 147.2
2007	12 749.1	4 581.0	2 672.1	3 309.5	2 186.6
2008	13 680	5 123.69	2 780.29	3 609.44	2 166.97
2009	15 239	5 544.33	3 062.64	4 244.55	2 340.83
2010	16 424.6	6 070.9	3 346.7	4 467.5	2 540.1
2011	18 298.6	6 911.9	3 441.7	5 226.9	2 718.4
2012	19 924.1	7 557.4	3 738.7	5 642.7	2 985.6
2013	21 856.6	8 242.3	4 279.2	6 142.3	3 193.5
2014	24 974.4	9 857.4	4 533.0	7 009.8	3 575.2
2015	28 076.9	11 179.7	5 215.2	7 799.9	3 882.3
2016	30 859.2	12 083.4	5 913.7	8 627.0	4 235.0
2017	34 107	13 327.2	6 554.5	9 347.5	4 877.8

(三) 民营企业税收情况

稳定的财政收入是我国政府进行宏观调控的重要基础，而税收是政府财政收入的主要来源，企业又是我国税收的主要贡献者。经过改革开放 40 多年来的快速发展，民营企业对增加我国税收所发挥的作用日益突出，截至 2017 年，我国民营企业的税收达到 25 807.1 亿元，所占比重达 16%以上。这与 1999 年民营企业税收所占比重相比，增长了 1 倍左右。详细结果如表 7.3 所示。

表 7.3　1999—2017 年我国民营企业税收情况

年份	税收收入合计/亿元	私营企业税收/亿元	个体经营税收/亿元	民营企业税收/亿元	民营企业税收所占比重/%
1999	9 687.9	255.0	575.8	830.8	8.58
2000	11 855.8	414.4	762.7	1 177.1	9.93
2001	14 910.7	660.9	917.6	1 578.5	10.59
2002	16 633.0	945.6	1 005.0	1 950.6	11.73
2003	19 991.8	1 388.3	1 047.5	2 435.8	12.18
2004	25 188.8	1 994.8	1 211.6	3 206.4	12.73
2005	30 308.8	2 716.0	1 385.7	4 101.7	13.53
2006	36 949.6	3 505.2	1 663.5	5 168.7	13.99
2007	48 574.9	4 789.9	1 950.6	6 740.5	13.88
2008	57 861.8	5 899.7	2 790.6	8 690.3	15.02
2009	63 103.6	6 402.3	2 635.1	9 037.4	14.32
2010	77 394.5	8 237.3	3 396.1	11 633.4	15.03
2011	95 729.5	10 152.4	4 051.5	14 203.9	14.84
2012	110 764.0	10 807.8	5 522.2	16 330	14.74
2013	119 959.9	11 684.5	6 781.6	18 466.1	15.39
2014	129 541.1	12 545.5	6 838.0	19 383.5	14.96
2015	136 021.8	13 012.2	6 846.7	19 858.9	14.60
2016	140 504.0	15 195.4	7 125.5	22 320.9	15.89
2017	155 734.7	20 121.3	5 680.4	25 801.7	16.57

注：1999 年之前，我国税收的所有制类型与 1999 年之后有所差异，所以本章只汇报 1999 年之后的税收所有制分布情况。

资料来源：1. 2000—2018 年《中国税务年鉴》；2. 大成企业研究院（2018）发布的《民营经济改变中国——改革开放 40 年民营经济主要数据简明分析》。

第七章 民营企业制度变迁

（四）工业总产值变化

改革开放40多年以来，民营企业从国有经济的辅助逐步发展成为国民经济的重要组成部分。表7.4对比了2000年到2016年期间国有企业和民营企业工业销售产值的变化趋势。由表7.4可见，这期间国有和民营企业的工业销售产值都有了大幅增加，国有企业的工业销售产值从2000年的19 855.44亿元，增加到了2016年的38 986.83亿元，翻了一番；民营企业2016年实现了工业销售产值415 238.28亿元，约为2000年工业销售产值的80倍，民企的增幅远远超过国有企业。由于民营企业的发展速度快于国有企业，从表7.4我们可以看到，2000年，民企的工业销售产值不到国企的1/3，但2016年民企的工业销售产值已经超过了国企。就民营企业内部而言，私营企业工业销售产值的占比远高于个体企业，2000—2016年，个体和私营企业的工业销售产值均出现了大幅增加。

表7.4 国有企业和民营企业的工业销售产值对比

单位：亿元

年份	国有工业企业工业销售产值（现价）	私营工业企业工业销售产值（现价）	个体工业企业工业销售产值（现价）	民营企业工业销售产值
2000	19 855.44	4 977.25	107.68	5 084.93
2001	16 946.64	8 403.82	101.91	8 505.73
2002	17 086.27	12 494.53	138.63	12 633.16
2003	18 330.6	20 372.91	191.63	20 564.54
2004	23 194.73	34 128.06	144.93	34 272.99
2005	27 326.4	46 484.25	652.43	47 136.68
2006	30 484.81	65 549.38	557.51	66 106.89
2007	36 149.38	91 651.92	1 306.66	92 958.58
2008	45 122.77	132 571.15	1 702.85	134 274
2009	45 114.45	157 755.79	2 133.35	159 889.14
2010	56 460.12	208 223.82	2 795.51	211 019.33
2011	65 802.25	246 609.74	10 136.98	256 746.72
2012	72 674.23	285 331.77	13 463.39	298 795.16

表7.4(续)

年份	国有工业企业工业销售产值（现价）	私营工业企业工业销售产值（现价）	个体工业企业工业销售产值（现价）	民营企业工业销售产值
2013	50 358.04	341 836.32	3 813.59	345 649.91
2014	46 285.81	375 088.65	3 126.93	378 215.58
2015	43 594.48	391 618.21	2 817.76	394 435.97
2016	38 986.83	413 614.49	1 623.79	415 238.28

资料来源：国家统计局数据。

（五）民营企业固定资产投资

表7.5描述了全社会、个体企业和私营企业固定资产投资变化。2006年到2017年，全社会固定资产投资大约增加了5倍，从109 998.2亿元增加至641 238.4亿元；相对于全社会的固定资产投资的增幅而言，私营企业的增幅更快，从19 267.18亿元增加到了203 474.9亿元；个体企业的固定资产投资规模增加相对较慢，仅扩大了1倍。民营企业全社会固定资产投资由2006年的24 431.05亿元增长至2017年的215 278.9亿元，所占比重的年均增长率为24.72%。

表7.5　2006—2017年民营企业全社会固定资产投资

年份	全社会固定资产投资/亿元	私营企业全社会固定资产投资/亿元	个体全社会固定资产投资/亿元	民营企业全社会固定资产投资/亿元	民营企业全社会固定资产投资占比/%
2006	109 998.2	19 267.18	5 163.87	24 431.05	22.21
2007	137 323.94	27 055.59	6 058.67	33 114.26	24.11
2008	172 828.4	35 575.62	7 190.8	42 766.42	24.75
2009	224 598.77	46 903.21	8 891.72	55 794.93	24.84
2010	251 683.77	60 572.3	9 506.7	70 079	27.84
2011	311 485.13	71 337.98	10 483.23	81 821.21	26.27
2012	374 694.74	91 422.35	11 588.67	103 011	27.49
2013	446 294.09	121 217.12	12 420.13	133 637.3	29.94
2014	512 020.65	149 539.31	12 602.54	162 141.9	31.67
2015	561 999.83	171 345.37	12 439.26	183 784.6	32.70

表7.5(续)

年份	全社会固定资产投资/亿元	私营企业全社会固定资产投资/亿元	个体全社会固定资产投资/亿元	民营企业全社会固定资产投资/亿元	民营企业全社会固定资产投资占比/%
2016	606 465.66	187 214.06	12 110.46	199 324.5	32.87
2017	641 238.4	203 474.9	11 804.0	215 278.9	33.57

资料来源：2007—2018年《中国统计年鉴》。

(六) 民营经济的三大产业分布

改革开放以来，民营企业在发展壮大的过程中，其产业结构也在变化。表7.6描述了1978年到2006年民营经济增加值中三大产业构成的变化情况。由表7.6可见，1978年改革开放之初，民营经济增加值中第一产业占比最高，占69.77%，其次是第二产业，占24.25%，第三产业仅占5.97%。随着民营经济的不断发展，第一产业的占比逐渐降低，到2006年，降至22.01%。与此同时，第二产业的占比从1978年的24.25%增加至2006年的41.21%；第三产业增幅最大，从5.97%增加至36.78%。另外，表7.6的数据显示，1997年之后，第二产业占比出现了大幅度的下滑，主要是因为1998年国家统计局对统计口径进行了调整，原先的工业统计只包含独立核算工业企业，调整后涵盖了所有主营业务收入在500万元以上的规模以上企业。

表7.6 1978—2006年中国民营经济增加值的三次产业构成

年份	民营经济增长值/亿元	第一产业 增长值/亿元	第一产业 增长率/%	第二产业 增长值/亿元	第二产业 增长率/%	第三产业 增长值/亿元	第三产业 增长率/%
1978	1 377.46	961.11	69.77	334.07	24.25	82.28	5.97
1979	1 665.79	1 195.18	71.75	382.42	22.96	88.19	5.29
1980	1 854.28	1 286.37	69.37	469.87	25.34	98.04	5.29
1981	2 104.62	1 471.05	69.90	512.87	24.37	120.70	5.73
1982	2 355.73	1 673.12	71.02	561.65	23.84	120.97	5.13
1983	2 670.35	1 862.76	69.76	664.51	24.88	143.08	5.36
1984	3 365.72	2 188.19	65.01	825.80	24.54	351.73	10.45
1985	4 122.57	2 438.42	59.15	1 079.89	26.19	604.26	14.66
1986	4 706.29	2 649.79	56.30	1 346.19	28.60	710.31	15.09
1987	5 554.55	3 021.20	54.39	1 650.93	29.72	882.42	15.89

表7.6(续)

年份	民营经济增长值/亿元	第一产业 增长值/亿元	增长率/%	第二产业 增长值/亿元	增长率/%	第三产业 增长值/亿元	增长率/%
1988	6 897.48	3 588.59	52.03	2 152.16	31.20	1 156.74	16.77
1989	7 612.38	3 941.93	51.78	2 380.84	31.28	1 289.61	16.94
1990	8 407.59	4 698.05	55.88	2 499.52	29.73	1 210.02	14.39
1991	9 729.98	4 967.07	51.05	3 135.22	32.22	1 627.70	16.73
1992	11 706.24	5 430.72	46.39	4 118.13	35.18	2 157.39	18.43
1993	16 000.97	6 661.64	41.63	6 369.57	39.81	2 969.76	18.56
1994	21 500.1	9 130.76	42.47	8 627.67	40.13	3 741.67	17.4
1995	26 029.94	10 986.96	42.21	9 616.62	36.94	5 426.36	20.85
1996	32 855.59	12 758.08	38.83	13 268.62	40.38	6 828.89	20.78
1997	35 139.83	13 060.49	37.17	14 678.35	41.77	7 401	21.06
1998	32 836.12	13 473.46	41.03	10 785.07	32.85	8 577.59	26.12
1999	34 475.01	13 452.54	39.02	11 077.97	32.13	9 944.5	28.85
2000	37 519.84	13 630	36.33	12 516.99	33.36	11 372.85	30.31
2001	43 558.88	14 497.83	33.28	14 364.88	32.98	14 696.17	33.74
2002	49 502.34	15 128.32	30.56	16 645.44	33.63	17 728.58	35.81
2003	59 180.9	15 759.97	26.63	20 559.53	34.74	22 861.4	38.63
2004	72 596.11	19 563.82	26.95	25 853.97	35.61	27 178.32	37.44
2005	88 029.06	21 152.69	24.03	33 793.94	38.39	33 082.46	37.58
2006	102 156.73	22 482.07	22.01	42 101.4	41.21	37 573.26	36.78

资料来源：张志民. 中国民营经济产业结构演进研究 [D]. 厦门：厦门大学，2009.

(七) 民营企业对外贸易

随着国家对民营企业市场准入的放宽，民营企业在国际贸易中发挥着越来越重要的作用（表7.7）。2006年到2017年民营企业的进出口额只有在2015年、2016年有所回落，其他年份都一直保持高速增长，2013年以后由于国内和国际经济形势的变化，出口额的增长出现回落，2016年甚至出现了负增长，2017年又继续保持快速增长的态势，增长速度达到9.3%。进口额在2013年以后也出现了下降，之后在2016年小幅反弹。从进出口额的比较而言，民营企业对我国长期保持的贸易顺差贡献显著，2006年至2017年期间，民营企业的出口额一直远远高于进口额。

第七章　民营企业制度变迁

表7.7　2006—2017年我国民营企业的对外贸易

年份	出口额/亿美元	出口额增长率/%	进口额/亿美元	进口额增长率/%	进出口总额/亿美元
2006	2 139:01	43.6	937.58	24.3	3 076.59
2007	2 976.8	39.2	1 266.9	35.1	4 243.7
2008	3 806.98	27.9	1 593.2	25.8	5 400.18
2009	3 384.4	−11.6	1 718.8	7.9	5 103.2
2010	4 812.7	42.2	2 692.8	56.6	7 505.5
2011	6 360.5	32.2	3 852.3	42.9	10 212.8
2012	7 699.1	21.1	4 511.1	17.2	12 210.2
2013	9 167.7	19.1	5 764.8	27.8	14 932.5
2014	10 115.2	10.4	5 599.3	−2.9	15 714.5
2015	10 278.3	1.6	4 442.2	−20.5	14 720.5
2016	9 650.9	−6.1	4 554.8	3	14 205.7
2017	10 547.2	9.3	5 419.7	19	15 966.9

资料来源：中国海关信息网、中华人民共和国商务部综合司发布的历年中国对外贸易发展情况。

（八）民企上市公司

一个行业上市公司的数量在一定程度上反映了该行业的发展状况，因为上市往往要求有较好的盈利能力和发展潜力。为了更加全面地分析民营企业发展状况，本章对1992—2018年沪深A股所有上市公司中的民营企业的数量、营业收入等指标进行了深入分析与刻画（表7.8）。1992年我国累计的上市公司仅有48家，其中民营企业就有17家，所占比重为35.42%。到了2018年，民营企业上市数量达到2 221家，占全部上市公司的比重为62.27%，年均增长速度高达34.46%。此外，我们从表7.8还可以发现，民营企业的营业总收入和净利润都保持稳定的增长趋势，与1992年相比，2018年民营企业的营业总收入和净利润分别增长了810倍和553倍。这进一步说明了民营企业在整个上市公司中无论是数量占比还是营业总收入、净利润都表现良好，逐渐成为推动行业发展的主导力量。

表 7.8　1992—2018 年我国民营企业上市状况分布

时间	累计全部上市数量/家	累计民企上市数量/家	民企上市数量占比/%	民企上市营业总收入/亿元	民企上市的净利润/亿元
1992	48	17	35.42	40.83	5.65
1993	154	41	26.62	114.80	18.95
1994	253	73	28.85	218.48	32.59
1995	274	82	29.93	75.22	7.51
1996	456	148	32.46	458.13	42.50
1997	650	209	32.15	743.67	73.92
1998	748	237	31.68	887.96	58.21
1999	840	262	31.19	1 110.67	89.59
2000	972	315	32.41	1 566.25	117.26
2001	1 051	341	32.45	1 829.44	41.81
2002	1 119	362	32.35	2 229.10	61.51
2003	1 185	388	32.74	2 968.88	78.02
2004	1 284	432	33.64	4 024.49	80.30
2005	1 298	440	33.90	4 685.25	5.96
2006	1 363	472	34.63	5 706.70	161.54
2007	1 489	542	36.40	7 878.88	538.28
2008	1 566	597	38.12	9 492.35	428.00
2009	1 664	672	40.38	10 365.12	812.55
2010	2 012	952	47.32	16 727.80	1 427.78
2011	2 293	1 198	52.25	25 825.22	2 029.85
2012	2 448	1 315	53.72	29 482.29	2 033.58
2013	2 450	1 316	53.71	35 530.90	2 429.81
2014	2 574	1 416	55.01	41 117.70	2 980.43
2015	2 797	1 593	56.95	49 645.13	3 597.92
2016	3 024	1 776	58.73	63 813.43	5 066.45
2017	3 462	2 146	61.99	84 687.41	6 183.67
2018	3 567	2 221	62.27	33 142.84	3 134.84

注：上市公司中民营企业的选取是根据证监会对企业性质的定义分类，这与本章对民营企业的定义有所差别，但是并不会影响整体的分析结果。

资料来源：依据 Wind 数据库、同花顺数据库整理。

(九) 民企 500 强

民企 500 强既是我国民营企业的标杆,又是推动我国经济发展的重要力量。随着改革开放的不断深入和加强,我国民营企业发展越来越迅速,核心竞争力不断提高。全国工商联每年公布的民企 500 强名单以及调研分析报告包含十分丰富的内容,包括民营企业的营业收入、资产总额、净利润、员工人数等指标,因此,它已经成为研究民营企业问题所必须重点关注的内容。本章着重从民企 500 强入围门槛的变化、营业收入、资产总额三个方面来分析。如表 7.9 所示,民企 500 强入围门槛不断提高,由 2001 年的 2.95 亿元上升至 2017 年 156.84 亿元,平均每年增长 37%,意味着我国民营企业发展潜力巨大,经营规模不断扩大,从而导致 500 强入围门槛不断提高。民营 500 强的营业收入从 2001 年的 4 947 亿元增长至 2017 年的 244 793.82 亿元,增长了 48 倍。2017 年民企 500 强资产总额为 281 932.21 亿元,相比于 2001 年增长了 63 倍,而对于 2016 年来说增长了近 1/5。

表 7.9 2001—2017 年我国民企 500 强情况

单位:亿元

时间	民企 500 强入围门槛	民企 500 强营业收入	民企 500 强资产总额
2001	2.95	4 947	4 346
2002	4.00	7 052	6 441
2003	6.08	10 767	9 259
2004	9.72	15 382	12 011
2005	13.36	20 807	15 157
2006	18.27	26 997	18 550
2007	25.83	35 523	25 130
2008	29.70	41 099.01	28 250.07
2009	36.60	47 363	38 982
2010	50.60	69 884	58 825
2011	65.69	93 072.37	77 703.52
2012	77.72	105 774.97	90 887.15
2013	91.22	132 122.46	110 227.03

表7.9(续)

时间	民企500强入围门槛	民企500强营业收入	民企500强资产总额
2014	95.09	146 915.71	138 227.40
2015	101.75	161 568.57	173 004.87
2016	120.52	193 616.14	233 926.22
2017	156.84	244 793.82	281 932.21

数据来源：1. 全国工商联经济部历年发布的中国民营企业500强调研分析报告；2. 根据大成企业研究院（2018）发布的《民营经济改变中国——改革开放40年民营经济主要数据简明分析》进行整理所得。

第二节　民营企业管理体制的变迁

中华人民共和国成立以来，我国民营经济的发展道路曲折，总体上呈"V"形先下降后上升轨迹。从中华人民共和国成立到1978年改革开放期间，代表民族资本的个体工商业经济和私营经济基本被消灭。1978年改革开放以后，民营经济重新崛起，不断发展壮大，逐渐成为国民经济发展的重要基础，民营经济发展进入新阶段。然而究竟是什么因素推动民营经济发展如此之快？本节按时间顺序回顾民营经济的发展历程，从而对上述问题做出尝试性探讨。

一、改革开放前早期发展阶段（1949—1977年）

中华人民共和国成立之初，党和国家的政策是允许和鼓励个体私营经济的发展的。1949年中国人民政治协商会议通过的《共同纲领》和1954年第一届全国人大第一次会议通过的新中国第一部《中华人民共和国宪法》（以下简称《宪法》）都明确规定了私营经济的合法地位以及对其采取鼓励扶持的方针政策。如《共同纲领》第三十条规定"凡有利于国计民生的私营经济事业，

第七章 民营企业制度变迁

人民政府应鼓励其经营的积极性，并扶助其发展"；《宪法》第十条规定"国家依照法律保护资本家的生产资料所有权和其他资本所有权"。在这样的历史背景下，私营经济在中华人民共和国成立初期呈现了短暂的繁荣。1952 年的工业总产值中个体和私营经济占到了 51.2%（林毅夫 等，1998）。

从 1953 年开始，国家开始对私人资本采取大规模的社会主义改造，主要方式包括加工订货、统购统销、公私合营等。到 1956 年年底，97.3% 的私营企业实现了全国全行业公私合营（李清亮，2013）。公私合营以后，原私营企业事实上转变为国营经济，中国基本上消除了个体经济和私营经济。1954 年的《宪法》承认个体和私营经济的合法性，但第二部《宪法》（1975 年《宪法》）只承认全民所有制和集体所有制两种所有制形式，否定了私有企业的合法性，如第二部《宪法》第五条规定"生产资料所有制现阶段主要有两种：社会主义全民所有制和社会主义劳动群众集体所有制。国家允许非农业的个体劳动者在城镇街道组织、农村人民公社的生产队统一安排下，从事在法律许可范围内的，不剥削他人的个体劳动。同时，要引导他们逐步走上社会主义集体化的道路"。1978 年《宪法》对私有经济的规定和 1975 年《宪法》基本一致。新民主主义革命时期个体和私营经济经历了短暂的发展，但很快沦为被消灭的对象，没有合法地位，不受法律保护。表 7.10 的数据显示 1949—1952 年个体和私营企业的产值大约翻了一番，但社会主义改造完成以后各类非公有制经济已经不复存在。

表 7.10　1949—1978 年不同所有制企业工业产值对比

单位：亿元

年份	全民所有	集体所有	公私合营	私营企业	个体企业
1949	36.8	0.7	2.2	68.3	32.3
1952	142.6	11.2	13.7	105.2	70.6
1957	421.5	149.2	206.3	0.4	6.5
1965	1 255.5	138.4	0	0	0
1978	3 416.4	814.4	0	0	0

资料来源：国家统计局. 中国统计摘要 1985 [M]. 北京：中国统计出版社，1985.

二、改革开放初期复兴阶段（1978—1984年）

1978年党的十一届三中全会以后，党和国家的工作重点从以阶级斗争为纲转移到了以经济建设为中心。党的十一届三中全会做出了改革开放的重大决策，明确指出"社员自留地、家庭副业和集市贸易是社会主义经济的必要补充部分，任何人不得乱加干涉"（中共中央文献研究室，1997）。1980年中共中央通过了《关于进一步做好城镇劳动就业工作》的文件，鼓励待业人员自谋职业和个体经营。1981年党的十一届六中全会通过了《关于建国以来党的若干历史问题的决议》，明确提出"国营经济和集体经济是我国基本的经济形式，一定范围的劳动者个体经济是公有制经济的必要补充。必须实行适合于各种经济成分的具体管理制度和分配制度。必须在公有制基础上实行计划经济，同时发挥市场调节的辅助作用"。同年，国务院发布了《关于城镇非农业个体经济若干政策性规定》，鼓励个体经济的发展。这一系列方针政策为个体和私营经济的发展消除了思想障碍。

（一）个体经济的复苏

1978年，安徽凤阳小岗村20户农民自发承包土地，促进了农业生产效率的提高。这一制度创新后演变为在全国农村普遍推广的家庭联产承包责任制。家庭联产承包责任制就是"在基本核算单位（通常是生产队）内，将土地、耕畜、农具、机械等主要生产资料，以人口（或人口与劳动占一定比例）为单位平均分包到户。同时，将农户应该承担的国家征购任务与集体提留，也以同样的单位平均分摊到户"（张厚义 等，1999）。家庭联产承包责任制的实行极大地促进了农村经济面貌的改变，为个体经济的复苏创造了条件。一方面，家庭联产承包责任制调动了广大农民的生产积极性，极大地提高了农业的生产效率；另一方面，实行联产承包责任制后农民"交够国家的，留足集体的，剩下都是自己的"。农村剩余资金和劳动的出现，为个体经济的复苏提供了条件。

家庭联产承包责任制的实行改变了农村原有集体资产的占有方式和分配方式。如土地，作为农业生产最基本的生产资料，实行所有权和经营权相分离。土地归集体所有，但农户拥有经营权。社队的固定资产很多也承包或折价变卖给个人。随着农户资金积累的增加，个人购买生产资料的农村家庭逐渐增多。截至 1985 年，很多重要的生产资料，农户私有的占比超过了公有的数量，如私有的大中型拖拉机占 61.8%，小型和手扶拖拉机占 89%（张厚义 等，1999）。家庭联产承包责任制取代人民公社管理体制以后，农民由单纯的劳动者变为独立的市场主体，拥有经营决策权、产品所有权等等。这一阶段，农村个体经济快速发展，1981 年到 1983 年期间，农村个体工商业的户数增加了 3.38 倍，从业人数增加了 3.42 倍，营业额增加了 12.58 倍（张厚义 等，1999）。有些个体工商户的规模不断扩大，发展为私营企业。

个体经济在城市得以发展的一种重要原因是城市面临严重的就业压力。在计划经济体制下城镇劳动力的就业是由国家统一安排的。1977 年恢复高考以后，大量知青返城，使得城市面临的就业压力进一步加重。1980 年，中央《关于进一步做好城镇劳动就业工作》的文件提出"解决城镇就业问题，必须实行劳动部门介绍就业、自愿组织起来就业和自谋职业相结合的方针"。之后，中央又颁布了一系列文件，承认个体工商户的合法地位，明确了对个体经济的扶持政策。这样，个体经济在城镇也迅速发展起来。1981—1984 年，全国个体工商户的数量从 182.9 万户增加到了 930.4 万户；从业人员从 227.4 万人增加到了 1 303.1 万人（王克忠，2003）。

（二）私营经济的萌芽

私营经济是在个体经济的基础上发展起来的。《中华人民共和国私营企业暂行条例》规定，"私营企业是指企业资产属于私人所有、雇工 8 人以上的盈利型经济组织"（龚晓菊，2005）。由于国家对个体经济采取了支持和鼓励的政策，一部分个体户的经营规模不断扩大，资金积累也日益增多。将雇工限制在 7 人以下的规定已经无法适应生产经营的需要，于是出现了雇工超过 7 人的大型个体户。这一时期，党和国家还没有出台相应的政策明确私营经济的合法地位，私营企业绝大部分挂靠在国营企业的名下，即所谓的"红帽子"。尽管如此，私营企业在解决就业、活跃城乡市场等方面作用日益显现。

三、快速成长阶段（1985—1988年）

1984年10月，中国共产党十二届三中全会通过了《中共中央关于经济体制改革的决定》，标志着经济改革的重心由农村全面转向城市。在此背景下个体工商业发展迅速，中国第一批城市民营经济也开始创业并快速发展。1987年10月，党的十三大明确提出"我们已进行的改革包括以公有制为主体发展多种所有制经济，以至允许私营经济的存在和发展，都是由社会主义初级阶段生产力的实际状况决定的，只有这样，才能促进生产力的发展"。大会还指出"目前全民所有制以外的其他经济成分，不是发展得太多了，而是很不够。对城乡个体经济和私营经济，都要鼓励它们发展"。党的十三大首次使用了"私营经济"的概念，肯定了私营企业存在的必要性。1988年通过的宪法修正案在《宪法》第十一条中增加了"国家允许私营经济在法律规定的范围内存在和发展。私营经济是社会主义公有制经济的补充。国家保护私营经济的合法权利和利益，对私营经济实行引导、监督和管理"。至此，国家确立了私营经济的合法地位以及发展私营经济的基本政策。私营企业的合法地位确立之前，私营企业不能称为私营企业，而是采用集体企业、个体大户、专业大户等名称代替。合法地位确定以后，大量的私营企业去工商行政管理机关办理登记。截至1988年年底，全国（除山西、黑龙江等少数还没开展私营企业登记注册的省份外）已注册的私营企业达到40 634家，从业人员723 782人，注册资金328 575.47万元（何金泉，2001）。

这一阶段中央出台了一系列有利于民营经济发展的政策，推动了个体和私营经济的快速发展。体制内一批高素质的人才选择下海加入民营企业，提高了民营企业从业人员的整体素质。此外，民营经济的区域模式开始形成，如集体经济的"苏南模式"和个体私营经济的"温州模式"，成为区域经济的亮点。

第七章 民营企业制度变迁

四、调整阶段（1989—1991 年）

自 1978 年改革开放以来，我国社会经济活力日益增强，市场日趋繁荣。进入 20 世纪 80 年代以后，经济增速加快的同时价格扭曲的问题也愈发严重。1988 年 5 月，邓小平提出要进行价格改革。1988 年 8 月，中央政治局讨论并原则通过了《关于价格、工资改革的初步方案》。人民日报刊登了《关于价格、工资改革的初步方案》的公报。公报指出"价格改革的总体方向是少数重要商品和劳务价格由国家管理，绝大多数商品价格放开，由市场调节，以转换价格形成机制，逐步实现国家调控市场、市场引导企业的格局"。但决策层对当时已经出现的通货膨胀分析不足，公报发表以后很快出现了全国范围的挤提银行存款和抢购商品的风潮。于是，国家暂停物价改革方案，整顿经济秩序。另外，1989 年政治风波之后，政治环境、舆论环境也发生了一些变化。社会上出现了对"资产阶级自由化""全盘西化"和"私有化"的批判，在这个过程中也产生了认为"民营经济的发展冲击了公有制的地位，不利于社会稳定"的错误的认识。一些部门采取了不利于民营经济生存发展的措施，如对个体和私营业主税收惩罚过重等。在这种不利的政治经济环境下，个体和私营经济的发展出现了回落。1988 年个体工商业的户数为 1 453 万户，从业人员为 2 305 万人，1989 年个体工商业的户数下降为 1 247 万户，从业人员下降为 1 941 万人（王克忠，2003）。

1989 年政治风波平息以后，党和国家调整了私营经济的发展方针，江泽民同志在讲话中明确指出，"对于私营经济我们的方针，一是要鼓励它们在国家允许的范围内积极发展；二是要利用经济的、行政的、法律的手段，加强管理和引导，做到既发挥它们的积极作用，又限制其不利于社会主义的消极作用"。"在我国现阶段，发展从属于社会主义的个体经济、私营经济，对于发展社会生产、方便人民生活、扩大劳动就业，具有重要的不可缺少的作用"。江泽民同志的讲话肯定了个体私营经济存在和发展的必要性，明确了党和国家对发展民营经济的方针，增强了人们对民营经济发展前景的信心。此后，个体和私营经济出现了缓慢回升。1991 年个体工商业的户数回升至 1 417

万户，从业人员增加至 2 258 万人（王克忠，2003）。全国登记的私营企业从 1989 年的 91 000 户增加至 1991 年的 107 843 户；1989 年私营企业的注册资金为 84.5 亿元，1991 年增加至 123 亿元（王克忠，2003）。这一阶段，受政治经济环境的影响，民营经济的发展呈现出先下降后上升的发展趋势。

五、全面发展阶段（1992 年至今）

1992 年邓小平南方谈话是中国改革开放的又一个重要转折点。邓小平同志指出，"计划多一点还是市场多一点，不是社会主义与资本主义的本质区别。计划经济不等于社会主义，资本主义也有计划；市场经济不等于资本主义，社会主义也有市场"。此外，邓小平提出了"三个有利于"的著名论断：有利于发展社会主义社会生产力，有利于增强社会主义国家的综合国力，有利于提高人民的生活水平，把它确立为判断是不是社会主义的标准。邓小平的讲话消除了姓"资"姓"社"的意识形态障碍，激发了民众的经商热情，民营经济的发展进入一个突飞猛进的时期。

同年，党的十四大报告指出"经济体制改革的目标，是在坚持公有制和按劳分配为主体、其他经济成分和分配方式为补充的基础上，建立和完善社会主义市场经济体制"。党的十四大将民营经济从公有制的"必要和有益补充"推进为"多种经济成分长期共同发展，不同经济成分还可以自愿实行多种形式的联合经营"。1993 年宪法修正案明确了"国家实行社会主义市场经济"，标志着计划经济时代的终结，为民营经济的发展开辟了更加广阔的道路。1997 年党的第十五次全国代表大会第一次把私营经济纳入社会主义的基本经济制度。党的十五大报告强调"公有制为主体、多种所有制经济共同发展，是我国社会主义初级阶段的一项基本经济制度"，至此民营经济实现了从社会主义经济的"必要补充"到"重要组成部分"的飞跃。

1992—1997 年，在一系列鼓励民营经济发展的政策的指导下，民营经济迎来了第二次发展高潮。这期间个体工商户、私营企业和外资企业的数量分别增长了 85.8%、309.1% 和 180.6%（阳小华 等，2000）。民营经济从传统

第七章 民营企业制度变迁

的劳动密集型产业逐步进入技术密集型行业，产权结构也逐渐多元化。与此同时，国有企业因效率低下，纷纷破产。在国有企业改制的过程中，兼并收购中小国有企业也极大地促进了民营企业的扩张。

2001年中国加入世界贸易组织（WTO），标志着中国的改革开放进入一个新的阶段，这也给我国经济发展带来了很多机遇，对于民营企业，亦是如此。董辅礽（2002）从产业分布、市场准入两个层面分析认为，我国加入WTO，给民营经济带来了更大的发展空间。到了2002年，民营企业的工业总产值所占比重已经超过了国有经济，且增速很快，但民营企业的市场准入等方面仍存在诸多的限制，如民营企业不能进入基础设施、金融、教育等领域。针对民营企业的市场准入问题，党的十六大报告明确指出"放宽国内民间资本的市场准入领域，在投融资、税收、土地使用和对外贸易等方面采取措施，实现公平竞争"。党的十六大还提出"在社会变革中出现的民营科技企业的创业人员和技术人员、自由职业人员等社会阶层，都是中国特色社会主义事业的建设者"。至此，国家对民营经济的性质、法律地位，以及从业人员的身份都有了明确的界定。2003年10月，党的十六届三中全会通过了《中共中央关于完善社会主义市场经济体制若干问题的决议》，再次明确要"大力发展国有资本、集团资本和非国有资本等参股的混合所有制经济，实现投资主体多元化，使股份制成为公有制的重要实现形式"；要"清理和修订限制非公有制经济发展的法律法规和政策，消除体制性障碍。放宽市场准入，允许非公有资本进入法律法规未禁止的基础设施、公用事业及其他行业和领域"。此后，2005年国务院发布了我国第一部关于非公有制经济发展的系统的政策性文件《关于鼓励支持和引导个体私营等非公有制经济发展的若干意见》（简称"非公经济36条"）。这些政策的制定消除了民营经济发展的制度障碍，为民营经济的发展开辟了广阔的道路。但是"非公经济36条"在实际的执行过程中还存在一些问题和不足，政策效果不佳，对民营经济的支持仍然有完善的空间。

2007年，党的十七大报告指出"毫不动摇地巩固和发展公有制经济，毫不动摇地鼓励、支持、引导非公有制经济发展，形成各种所有制经济平等竞争、相互促进新格局"。报告还强调"推进公平准入,改善融资条件,破除体制障碍,促进个体、私营经济和中小企业发展。以现代产权制度为基础,发展混合所有制经济"。党的十七大报告把促进民营经济和中小企业发展放到了同等重要的地位。之后,中央又从政策层面改善中小企业的经营环境,加大了财税、信贷的扶持力度。由于政策支持,市场准入放宽,民营经济开始进入重化工业、基础设施、公用事业等领域。随着国有资产管理体制的改革,民营经济积极参与国有资产的改造重组,跨地区的联合重组和混合所有制经济发展迅速。此外,私营企业的进出口经营权逐步放开,民营企业的进出口业务快速增加。

2008年随着美国次贷危机的影响蔓延,国际经济增速放缓,与此同时,国内经济工作的重点是宏观调控和抑制通货膨胀,民营企业的发展面临重大挑战。在严峻的国际国内经济形势下,政府出台了一系列政策促进民营经济的发展。2009年12月和2010年6月,国务院分别出台了《关于小型微利企业有关企业所得税政策的通知》和《关于进一步做好中小企业金融服务工作的若干意见》。进一步地,政府为了激发经济活力,实施了4万亿的投资刺激计划。该计划在短期内起到了拉动投资的作用,有利于经济的短期复苏,但是由于是向某些重点行业开放,造成行业间投资分布极不均衡,最终也为日后部分行业出现产能过剩埋下了隐患。政府实施4万亿投资计划也使得国有资本在一些行业严重挤占了民间资本投资。政府和学界普遍开始关注这一问题,引发了对"国进民退"的广泛讨论。为了打消人们对"国进民退"的顾虑,国务院于2010年5月颁布了《关于鼓励和引导民间投资健康发展的若干意见》(又称为"非公经济新36条"),明确"鼓励民间资本进入基础产业和基础设施、市政公用事业和政策性住房建设、社会事业、金融服务、商贸服务、商贸流通、国防科技工业六大领域",切实放宽市场准入,促进民营企业和国有企业的公平竞争。2011年11月1日起,财政部和国家税务总局提高了增值税和营业税的起征点。这一举措在很大程度上减轻了民营企业的税负压力,为民营经济的快速发展注入了新的动力。2012年11月,党的十八大报告提出,要"毫不动摇鼓励、支持、引导非公有制经济发展,保证各种所有

第七章　民营企业制度变迁

制经济依法平等使用生产要素，公平参与市场竞争、同等受到法律保护"。党的十八大报告进一步消除了民营企业发展的制度障碍，促进了市场的公平性和竞争性。至此之后，国家更高频率地出台了一系列扶持民营企业发展的政策措施，民营经济进入改革推动发展新阶段。

2014年11月国务院出台了"鼓励社会投资39条"，进一步打破行业垄断和市场壁垒，切实降低准入门槛，创造平等投资机会，鼓励社会投资特别是民间投资。2016年3月习近平在民建、工商联界委员联组会发表了关于"鼓励、支持和引导非公有制经济发展"的讲话，强调非公有制经济"在稳定增长、促进创新、增加就业、改善民生等方面发挥了重要作用。非公有制经济是稳定经济的重要基础，是国家税收的重要来源，是技术创新的重要主体，是金融发展的重要依托，是经济持续健康发展的重要力量"，"任何想把公有制经济否定掉或者想把非公有制经济否定掉的观点都不符合最广大人民根本利益的，都是不符合我国改革发展要求的，因此也都是错误的"。习总书记的讲话释放出了支持非公有制经济发展的重要信号。2016年11月，我国首次以中央名义出台的产权保护顶层设计《中共中央国务院关于完善产权保护制度依法保护产权的意见》正式对外公布，提出了完善产权保护的制度思路和基本原则。2017年10月党的十九大报告进一步为民营经济明确了发展方向，报告提出"要支持民营企业发展，激发各类市场主体活力，要努力实现更高质量、更有效率、更加公平、更可持续的发展"，要"深化科技体制改革，建立以企业为主体、市场为导向、产学研深度融合的技术创新体系，加强对中小企业创新的支持"。此外，党的十九大报告再一次强调了完善产权保护制度。党的十九大充分肯定了民营企业对社会主义经济建设的贡献，同时也为民营企业的发展创造了更为有利的制度环境。

民营经济的发展质量与我国的政策导向密切相关。我国政府在制定促进民营企业发展的政策方面体现出日趋细化、可操作性不断增强、对民营企业可进入的经济领域逐步放宽等特点，从而促进了民营经济蓬勃发展，增强了民营企业的市场主体地位，使民营企业的经营管理水平不断提高。但是民营企业在实际发展过程中仍然存在很多困难。宏观政策方面：市场准入壁垒，部分行业仍没有完全对民营企业开放；存在所有制歧视，民营企业融资渠道受阻，融资难、融资贵仍然是民营企业发展的主要瓶颈；各部门出台的政策实施效果与预期目标还存在一定的差距。企业主体方面：一些民营企业在发展中遇到了转型难题，缺乏创新能力，陷入竞争能力低下的困境（辜胜阻，2018）；民营企业自身管理能力薄弱、民营经济缺乏有效的监督机制（李新春等，2008）。为此，在实施拓展民营企业投资空间、放宽市场准入门槛等相关政策的同时，民营企业自身也要顺应时代发展趋势，进行自我革新，顺利实现转型升级，建立现代化的管理制度，不断提高自身的市场竞争力。

党的十八届三中全会对混合所有制经济的性质进行了明确界定[①]。依据该分类标准，本节通过分析相关的经济统计数据，发现混合所有制经济总体上约占整个国民经济的1/3。还有研究者预计到2020年，混合所有制经济占整个国民经济的比重将达到50%以上（陈永杰 等，2016）。在未来的经济发展过程中，我国经济将呈现出多元化的混合经济体系（孙林杰，2018）。对民营企业而言，实行混合所有制经济改革也是势在必行。民营企业参与混合所有制经济改革有内在的驱动力量，主要体现在：①民营企业参与混合所有制经济改革可以与国有企业实现优势互补、互利共赢；②民营企业通过混合所有制经济的形式进入到部分垄断性行业，可以满足企业发展、战略投资的需要等方面。然而民营企业参与混合所有制经济改革并不是一帆风顺的，会遇到一些难题。所有制歧视在部分国有企业以及社会中仍然存在，对民营企业的经营方式缺乏信任，常常担心民营企业会侵吞国家资产；国有企业有着强烈的行政干预色彩，这种氛围甚至蔓延到混合所有制经济中，国有企业管理者过多地追求以晋升为主的政治目标，而民营企业领导在乎的是企业的经济效益，两者所追求的目标存在差异，这会严重制约混合所有制经营效率的提高。因此，在民营企业参与混合所有制经济发展的过程中，政府要针对相应问题出台有效性措施，保证民营企业能够成功参与混合所有制经济改革，共享经

---

① 根据党的十八届三中全会决定的论断，只要是"国有资本、集体资本、非公有资本等交叉持股、相互融合"的经济都是混合所有制经济。

济发展成果。首先,政府要严格私有财产保护制度,在实际的执法过程中坚持司法公正,保障民营经济的合法权益不受侵犯,为民营经济发展创造稳定的环境;其次,解放思想,破除传统观念的束缚,尤其是一些金融信贷机构,更是要消除所有制信贷歧视观念,做到一视同仁,疏通民营企业融资渠道,解决融资难题;再次,混合所有制经济中的国有、民营主体要培养共同的发展理念,把握共同的价值取向,实现"国进民进";最后,对于混合所有制企业而言,不仅仅是投资主体发生了变化,其内在的经营治理机制也应该随着企业产权性质改变做出相应的变化,建立科学完善的治理机构和监督机制,将决策权、执行权、监督权相分离。

第三节 民营企业的发展模式

在改革开放的过程中,不同时期和不同地区民营经济的发展出现了不同特色的发展模式。这里的发展模式是指"在特定的地域和特定的历史条件下,具有特色的发展经济的方法"(陈建军,2000)。由于不同的历史背景、资源禀赋和制度约束,民营经济在各地的发展程度和发展方式不尽相同,典型的模式包括苏南模式、温州模式和珠江模式。

一、苏南模式

苏南模式产生在江苏省长江以南的地区,主要特征是在农村发展集体所有制非农产业,乡政府主导乡镇企业的发展、决定生产要素的配置。在工业化初期,政府能够有效调动社会资源,苏南乡镇企业的发展在全国处于领先水平。苏南模式在20世纪80年代发展最盛,1984年江苏省乡村工业产值达到了226.24亿元,占全省工业总产值的1/3;1989年江苏省乡镇企业总产值

在全国首先突破千亿元大关（阳小华 等，2000）。20世纪90年代以后，随着市场化改革的深入，乡镇企业的体制和机制优势逐渐减弱。一方面，市场竞争日益加剧，从卖方市场向买方市场转变；另一方面，随着企业规模的增大，以集体产权为主体的苏南乡镇企业产权模糊，导致了企业内部治理成本上升。经济环境变化以后，传统的苏南模式显示出一定的局限性，许多乡镇企业陷入困境，大量企业亏损。20世纪90年代中期，苏南乡镇企业相继进行了产权改革，企业的控制权逐渐从地方政府转向经营者。地方政府的撤出和现代企业制度的建立标志着传统苏南模式的终结和新苏南模式的诞生。

二、温州模式

温州位于浙江省东南部山区，改革开放前，温州农村集体经济薄弱，但温州人有从事家庭手工业的传统。改革开放以后，温州形成了其独具特色的家庭手工业和专业市场相结合的非农产业的发展模式。温州模式以私营经济为主体，其发展经历了三个阶段：最初是前店后厂的单个家庭手工业；然后出现了多个家庭企业联合的股份制合作企业；最后是建立了现代企业制度的公司制企业（孙明高，2005）。温州的企业是民营企业，企业主拥有决策权，可以根据市场的需求进行生产决策。由于温州模式起步于家庭手工业，温州的优势产品主要是服装、打火机、皮具等小商品。温州的多种小商品在全国占有较高的市场份额，充分体现了小商品大市场的经营理念。温州模式的另一特色就是专业化生产，形成了"一村一品""一乡一业"的专业化加工群和专业市场。很多产品，如汽车配件、灯具等，在温州的专业化分工程度很高，每家企业只专做一项。社会化分工和专业化合作，把分散的民营企业聚集起来，形成了产业集群和有地方特色的区域性市场。温州的民营企业是在个体工商户的基础上发展起来的，具有较强的家族企业的色彩。随着企业规模的扩大，大批的家族企业建立现代企业制度，转变为公司制企业。

第七章 民营企业制度变迁

三、珠江模式

珠江三角洲模式（以下简称"珠江模式"）主要指珠江经济开发区以外向型经济带动乡镇企业快速发展的一种模式。珠江三角洲毗邻港澳，交通便利，华侨和港澳同胞人数众多，具备发展外向型经济的有利条件。20世纪80年代中期，得益于国家的开放政策，珠江三角洲的东莞、宝安等地承接了东南亚制造业产业的东移，"三来一补"成为其乡镇企业发展的重要形式。珠江模式以乡（镇）村两级集体经济为主，主要采取"三来一补"、合资、合作等经营模式。随着产业升级，珠三角的民营企业逐渐从传统的服装、家电、玩具等生产加工业扩大到电子信息、生物制药、软件、通信等高新科技领域，创建了一批中国知名品牌。改革开放以来，珠三角自然形成了很多中小产业集群，如顺德乐从镇的家具、佛山张槎镇的针织品等。珠三角的经济是外向型经济，对国际市场的依存度很高，受国际经济波动的影响较大。此外，珠三角的大多数民营企业在国际分工中从事低附加值的生产环节，传统的民营企业产权模糊不清以及家族经营导致的管理体制落后，也在一定程度上制约了企业的发展。

受历史、文化、地理位置、社会经济等各种因素的影响，苏南模式、温州模式和珠江模式都有各自鲜明的特征。苏南模式以集体经济为主，地方政府对于苏南模式的形成起了重要的推动作用。苏南模式主要展示的是自上而下的制度变迁；温州模式以个体经济为主，是民众自我选择的结果，主要展示的是自下而上的制度变迁；珠江模式以集体经济为主，展示的是发展外向型经济的制度变迁。三种模式都是中国改革开放过程中经济发展的亮点，对于社会主义市场经济体制的建立贡献显著。

第四节 民营企业的产权及管理制度

民营企业不同的产权形式对其内部治理模式有决定性的影响,完善的管理制度对提高企业的经营效率具有重要意义。因此,本节重点从产权制度、管理制度两个方面对民营企业的重要制度进行分析。

一、民营企业的产权制度

我国的民营企业是在市场经济不完善的时代背景下产生并逐渐发展壮大的。关于民营企业产权的界定,有学者给出了较为系统的研究,将民营企业产权界定概括为两类:一类是遵循"谁投资,谁所有,谁受益"的原则,不支持全要素股本化;另一类主张对于民营企业产权界定应坚持兼顾性原则,提倡全要素股本化(谢小军,2007)。马金平(2011)将民营企业初始形态概括为乡镇背景民营企业、部门背景民营企业和家族式民营企业。本章在借鉴马金平(2011)对民营企业初始形态分类的基础上,将民营企业形成过程分为有背景和无背景两种类型,进而研究民营企业产权变化特征。

(一)有背景的民营企业

(1)乡镇背景民营企业。乡镇背景民营企业又分为两类:一类是产生于我国经济转轨的早期,由乡镇政府设立的集体企业;另外一类是私营企业所有者为了追求更快的发展,寻求与地方政府合作,共同注册为具有"集体性质"的企业。乡镇集体企业名义上是集体企业,所有权应该归乡镇全体成员所有,然而在当时的条件下还没有形成完善的村民代表大会制度,这就使得本属于全体成员所有的产权并未真正得到实施。在经济发展现实中,乡镇集体企业大多由地方政府领导,负责企业的投资方向、制订利润分配方案等,即便如此,也不能简单地理解为地方政府是乡镇企业的所有者,因为政府并没有承担应有的投资风险。乡镇集体企业包含了政府、企业以及当地居民的利益，这就容易造成乡镇集体企业所有者缺失，产权界定不清晰。第二类企业的产生具有很强的时代背景。20世纪70年代，我国民营企业开始出现，但是在市场经济还不发达的情况下，民营企业为了克服恶劣的生存环境，往往会与政府合作，获得政府支持和金融机构信贷资助，以寻求有利的发展条件，最终实现较快发展。对比两类企业可以发现，后者仅仅是依靠政府名义，但是企业的实际所有权和控制权仍然归私人所有，它们可以独自决定企业的投资决策以及利润分配。

（2）部门背景民营企业。按照马金平（2011）的分析，部门背景的民营企业是指在20世纪80年代后期发展起来的民营高科技企业。该类企业往往是由多个所有人共同设立的，企业产权和控制权共同所有。随着企业的不断发展，这种产权不确定性的弊端表现得更为明显，企业所有者对建立企业时所投入的无形资产界定不清，企业与主管部门之间也没有确定清晰的权责关系，最终势必会阻碍企业利润最大化目标的实现。

（二）无背景的民营企业——家族企业

家族企业是指"基于血缘关系的家族或个人全部拥有、控股拥有或相对控股拥有企业产权的企业"（孙明高，2005）。从家族企业的内涵可以看出，创业者在整个企业股份中占有绝对的数量，以获得企业的控制权，其他家族成员拥有少部分的股权。我国大多数民营企业都呈现出以"家族制"为核心特征的产权制度，主要是基于以下三方面因素考虑：①受我国传统文化的熏陶，家庭关系是最基本的社会关系，在整个社会中处于核心地位。家庭成员之间拥有浓厚的责任意识和很强的信任程度，最终这种意识观念也渗入到对企业的所有权控制中。②我国的民营企业在20世纪70年代开始建立，在政府没有出台完善的鼓励、保护民营企业发展政策的背景下，民营企业发展缺乏必要的要素和资本积累，此时采取"家族制"的产权制度，最大限度集合家族成员的物质资本、人力资本对促进企业发展具有很强的现实意义。③我国民营企业设立初期，采用"家族制"管理可以减少管理成本。目前，我国家族企业组合主要有父（母）子型、夫妻型、兄弟姐妹型和以朋友为核心的组合类型。每一种组合代表了不同的产权配置类型，然而通过对家族企业运

行机制的分析可以发现,家族企业的财产通常是共同所有,并不能确定具体的所有者,这使家族企业产权具有不确定性、公共性的特征。经济发展事实表明:家族企业产权不清晰容易使企业内部监督机制缺失,增加交易费用,造成企业经营效率低下,严重影响民营企业融资能力的提高,进而制约企业的长远发展。当家族企业发展到一定规模时,必须打破家族治理的束缚,引入社会治理模式,并建立清晰的产权制度和规范的管理制度,从而使企业的经营水平、管理效率有质的提高。

二、民营企业的管理制度

(一)民营企业的内部治理模式

规范的内部治理机制对民营企业的发展有重要影响,其中最重要的是决策机制、激励机制和约束机制(李亚,2006)。因此,研究民营企业的治理模式以及治理机制变迁,能为现代的民营企业治理提供一定的思路和方法借鉴,具有很强的现实意义。我国民营企业主要是通过国有企业的民营化改革、社会民间投资两种途径产生,产生方式的不同也会使民营企业产权性质存在差异。产权性质与产权结构分布是企业治理的基础,进而会决定民营企业的治理模式。我国民营企业产权制度具有产权集中、结构单一等核心特征。从注册角度来看,现阶段我国的民营企业主要有三种法律形式,包括个人独资、合伙企业、公司制企业,公司制企业又分为有限责任公司和股份有限公司。有限责任公司和非上市的股份有限公司内部治理以家族治理模式为主,上市的股份有限公司主要采用社会法人治理模式即现代公司管理制度(战颂,2006)。在我国,有限责任公司和股份有限公司是我国民营企业的主要法律形式,所以本节主要针对这两种形式的民营企业的治理模式进行分析和讨论。

1. 家族治理模式

家族治理模式和社会法人治理模式是中国民营企业广泛采用的两种治理模式。这两种治理模式又分别被称为非正式制度管理和正式制度管理,两者的产权结构演变路径与特征也存在显著差异(李新春 等,2008)。民营企业

第七章 民营企业制度变迁

很多是家族企业,创业之初,企业的资金主要来自家庭财产或者小范围内筹集的资金。家族治理模式是指在家族企业中,所有权与经营权为一体,企业的全部或主要管理职位都由家族成员掌控,"家长"拥有最终的决策权,企业内部实行集权化的专断领导方式。

就治理结构而言,实行家族治理模式的企业的股东会、董事会以及经理层都由家族成员组成,董事长和总经理的职务一般由家族中的权威成员兼任。家族治理的企业缺少来自企业外部的监督和约束,没有标准化的决策程序,"家长"拥有最高决策权。这种集权式的决策机制可以提高决策的效率,但决策的质量取决于决策者的能力和水平。家族治理模式的企业在用人方面呈现出任人唯亲的特点。企业的重要职位由家族成员担任,且家族中地位越高的成员担任的职位越重要。此外,家族治理模式还具有以实现家族利益为根本目标、企业文化很大程度上会受到经营者家族意识的影响等特征。

家族治理的优势表现在以下四个方面:首先,家族成员把企业视为家族的延伸,容易把家族内的情感融入企业,更可能为家族的利益团结奋斗,从而在企业内部形成较强的凝聚力;其次,家族治理模式下,家族成员拥有企业的所有权和经营权,企业的稳定性程度相对较高;再次,家族企业所特有的人际关系会逐渐发展成为企业之间的联系,更容易实现企业间的优势互补、共同发展;最后,家族治理的企业的最高决策权属于家族中威望最高的成员,其所做出的决策更容易被家族中其他人员接受,有助于提高决策效率。但随着企业的发展,家族管理的弊端也逐渐显现:一方面,大多数家族企业的资金来自家族成员,这种筹资方式限制了资金最大限度、最大优势的集合,制约了企业规模的扩大。另一方面,任人唯亲的用人机制使得企业的成败取决于家族成员的能力,企业难以从家族以外引进和留住真正的人才,且会削弱家族以外的员工的积极性,无法满足企业在更高的发展阶段对人才的需求;家族治理模式重人治、轻法治的特点会严重抑制整个企业的创新积极性。另外,企业规模扩大后,越来越多的非家族成员加入企业,需要建立科学的管理制度和监督激励机制,对家族企业的集权式的管理提出了挑战。

民营企业的家族治理模式既具有优势,也有不可避免的弊端,对待家族

治理模式的态度也不能一概而论。在民营企业创立之初，市场外部环境不完善的情况下，家族治理模式有利于降低企业的经营风险，但是随着企业的发展壮大和社会环境的不断改善，家族治理模式的弊端就会大于优势。此时，就应该采用现代化公司管理制度，逐渐引入职业经理人，建立新的激励和约束机制，否则就会限制民营企业的发展空间。

2. 社会法人治理模式

改革开放40多年来，我国民营经济取得了突飞猛进的发展，也出现了很多经营规模大、资产状况良好的民营企业。对于这些民营企业而言，家族治理模式已经不能满足自身发展的需要，需要从家族以外招聘优秀人才来经营管理企业，那么企业的所有权与经营权就会分离，此时为了解决经营者的激励和约束问题，建立社会法人治理模式很有必要。

我国民营企业中有很大一部分已经建立了现代企业制度，实行社会法人治理模式（也称作现代公司治理制度）。社会法人治理就是"通过一系列的制度和机制安排，实现企业内部的权利均衡和科学决策，最终达到高效运行、稳定发展，实现利润最大化的目标"（孙明高，2005）。社会法人治理模式一般实行"三会一经理"的组织机制，按公司法的要求设立股东会、董事会、监事会，实行所有权和经营权相分离，企业的日常运营由职业经理人负责。股东大会是公司的最高权力机构，享有知情权和监察权，拥有选择经营者和公司重大经营管理的决策权；董事会是公司的法定代表和最高决策机构，代表股东对经理人员进行监督；监事会是公司内部的专职监督机构，对股东大会负责，监督公司的一切经营活动。社会法人治理模式下的民营企业实现了所有权和经营权的分离，用人机制上采用职业经理人聘用制度，通过有效的监督、激励和约束机制解决委托代理关系所产生的一系列问题，促使经理人最大限度地为公司所有者谋利。常见的激励机制包括报酬激励、经营控制权激励、声誉激励、聘用与解聘激励等。

随着民营企业的发展，其内部治理机制也在不断改进，但仍需进一步完善。如对企业的内部产权进行清晰界定；股东大会、董事会和经理层的责、权、利的边界需要更加明确，提高公司治理效率；企业内部应建立科学的人才选拔、绩效考评和奖惩机制，从而对经理层和员工实行更为有效的监督和激励。

公司治理模式和企业所处的政治、经济、文化和法律环境紧密相关。社会经济水平的变化以及企业成长阶段的不同对企业的治理模式提出了不同的要求。因此，民营企业治理模式的选择和完善应因时因地制宜，基于民营企业的历史和现阶段的发展状况，结合我国的政治经济环境，建立科学的决策、监督和激励机制，以提高企业的运营效率，实现长期稳定发展。本节通过对家族民营企业发展的研究，发现其大致会经历三个阶段：从刚开始企业带有家族化性质，管理以人治化为主，发展到家族企业化，管理趋向制度化，最终企业会体现社会化、管理会以职业经理人为主（马金平，2011）。这就要求民营企业在发展的不同阶段，采取与之相适应的内部治理模式。若要实现民营企业做大做强的目标，就必须消除家族治理的弊端。然而针对我国民营企业所独有的特征，完全让职业经理人治理也不太现实，所以，由民营企业家族成员和职业经理人共同管理的模式日渐成为民营企业内部治理的发展趋势。

（二）民营企业的激励机制

激励机制是为了解决委托人与代理人之间信息不对称问题、增强代理人工作动力的机制。家族治理模式主要依靠家族内部成员进行治理，而社会法人治理模式将所有权与经营权相分离，引入社会经理人来行使企业的日常经营权。因此，激励机制在两种治理模式中所发挥的作用也有所差异。

我国民营企业能够取得巨大成就，实现快速发展的重要原因在于建立了有效的激励机制，使委托人与代理人利益共享、风险共担。但是，目前我国民营企业的激励机制仍存在一些缺陷：①过度强调报酬激励，而忽视了精神激励。根据马斯洛的需求理论，人有五个层次的需要：生理需要、安全需要、情感需要、地位和尊重需要、自我价值实现的需要。企业员工在获得物质满足后，会有更大的欲望追求精神层次的需要，如职务晋升、技能培训、学习深造等，而许多民营企业缺少相应的精神激励措施。②相关激励制度还不够完善。民营企业若要实现长期健康发展，明确的激励制度必不可少。在企业激励制度面前，所有员工一律平等，不能因为领导的偏好而在激励措施的具体实施上存在差异。一些民营企业在落实激励制度时,对家族成员和非家族成员采取差异化处理,这就使得激励机制的作用大打折扣,容易使优秀的企业管理人才流失。③实行家族治理模式的企业,常见的弊端在于容易忽视对家族内部成员的激励。在该种治理模式的主导下,家族内部成员工作的动力是出于对企业家族的家庭责任以及企业的利润分成。企业容易忽视后者的激励作用,主要利用家庭血缘、亲缘关系来调动家庭内部成员工作的积极性,然而给予企业员工的物质和精神激励对提升员工的工作效率有更大的激励作用。

在努力实现民营企业快速发展的时代背景下,面对民营企业激励机制存在的缺陷,创新民营企业的激励机制势在必行。首先,在丰富报酬激励的同时,也要注重精神激励。报酬激励不仅在于提高员工的基本工资、奖金等,更重要的是可以实行经营者股权激励。这对于职业经理人有很强的激励作用,股权激励将经营者的利益与企业利益紧密地联系在一起。同样,也可以给企业普通员工实行分红制度,根据企业的经营状况让员工获得额外收入。此外,精神激励也不容忽视。具体而言,精神激励包括两方面:一是职务晋升激励。民营企业将自身的企业发展战略、发展目标与员工的晋升机制有机结合起来,明确企业员工的工作方向和晋升路径,调动员工的工作积极性。二是声誉或荣誉激励。荣誉激励是指对企业做出重大贡献的企业员工给予表彰,使其获得被认同感。声誉激励对于企业高层管理者尤为重要,良好的声誉是社会上对经理人经营管理能力的一种肯定,同时这也意味着未来的货币收入。其次,建立完善的聘用与解聘机制。对经理人的物质和精神激励尽管重要,但并非唯一的手段。企业所有者可以通过市场来自由选择经理人。已经被聘用的经理人在面对外部市场其他经理人竞争的同时,也面临企业内部员工晋升的威胁。完善的聘用与解聘机制能够在一定程度上解决委托-代理问题,提高经理人的工作效率。最后,激励机制应该制度化和透明化。民营企业的激励制度确定之后,就应该严格按照规章制度执行,使激励制度得到企业员工甚至社会的广泛认可。在对任何一个员工实行奖励或惩罚时,必须做到透明化,这对其他员工有很好的激励或警示作用。如果激励机制没有实现制度化和透明化,那么它就很难发挥应有的作用。

第五节　改革开放 40 余年来民营企业发展的总结和思考

一、改革开放 40 余年来民营企业发展的总结

改革开放 40 余年以来民营企业的发展取得了辉煌的成就，从中华人民共和国成立初期的没有合法地位不受法律保护，发展成为现阶段国民经济的生力军。1956 年社会主义改造之后，个体和私营经济几乎不复存在，随后民营经济伴随着思想解放和社会主义市场经济体制的确立，经历了一个由限制到允许再到鼓励的发展历程。国家发改委的数据显示，截至 2017 年，我国民营企业超过了 2 700 万家，民营经济占 GDP 的比重超过了 60%。民营企业解决了超过 80% 的城镇就业，对新增就业的贡献率超过了 90%。在投资方面，2012—2017 年，民间投资占全国固定资产投资的比重每年均在 60% 以上，民间投资在制造业的占比甚至超过了 80%。国家统计局的数据显示，2016 年私营企业实现了工业销售产值 413 614.49 亿元，同年国有企业工业销售产值仅为 38 986.83 亿元。2016 年民营企业的固定资产投资为 199 324.52 亿元，超过了国有固定资产的投资（129 038.46 亿元）。此外，民营企业的固定资产投资增速、工业企业增加值增速、进出口增速等均高于国有企业。

回顾民营企业的发展历程，民营企业发展制度环境的完善遵从"社会压力—民营经济贡献—意识形态突破—法律地位上升—制度环境改善"的发展模式（李清亮，2013），展示的是"自上而下"的诱致性制度变迁。历次民营企业制度环境的改善均是因为民营企业在解决特定历史阶段政府和国企面临的难以解决的社会问题时发挥了重要作用。因此，改善民营企业制度环境的主要推动力实际上是民营企业的历史贡献。民营企业的制度环境呈现出明显的阶段性特征：改革开放初期，民营企业制度环境改善的焦点是获得基本的产权保障，摆脱被限制、被消灭的命运，同时争取民营企业从业人员的合法地位。社会主义市场经济初步建立时期，随着社会主义市场经济框架的基

本确定，民营企业的合法地位得到确认，来自产权方面的担忧日益严重。此外，民营企业需要应对国有企业的垄断，拓展民营企业的发展空间。现阶段民营企业的主要诉求是公平权，如何争取与国企同等的社会地位和发展机会。

二、民营企业发展的思考

民营企业对中国经济的持续发展至关重要，要扫除民营企业发展过程中的制度障碍，才能保证民营经济的长远发展。民营企业的发展中出现了制度不均衡，即民营企业的制度供给不能满足民营企业的制度需求。政治、经济、社会领域与民营企业发展相关的制度配套不够，变化较快，落实不力，已经成为制约民营企业发展的障碍。改善民营企业的制度安排是促进民营企业持续、稳定、快速发展的治本之策。

（一）产权制度安排

对民营企业而言，产权制度是最重要的制度，产权不明晰会影响企业的未来发展。民营企业产权不清晰是普遍现象。很多民营企业由家庭成员共同创办，但企业发展到一定阶段以后，家庭成员之间的产权不清，会引起产权纠纷。另外，有些家族企业在发展过程中通过产权的模糊性来获得政策支持，导致了家族企业与外界产权界定不清。因此，进一步厘清民营企业产权关系势在必行。我国的民营企业大部分处于家族式或准家族式的个人业主制或合伙制阶段，少部分实行公司制。对于家族企业而言，采用家族式管理有其合理性和必然性。实行家族式管理的企业也需要对家族成员的产权加以明确的界定，避免因产权不清晰而影响企业的未来发展。此外，对于单一私人产权的企业，当其发展到一定阶段以后，必然会出现重建产权结构的需求。这类企业达到一定规模以后，应通过吸收其他产权主体的股权，建立股份制企业。民营企业的发展壮大，必然要求实行两权分离，建立现代企业制度，实行科学管理，而现代企业制度的建立要求产权明晰。尽管民营企业的产权获得了宪法层面的保障，改革开放以后我国也引进了合同法、公司法等法律，但我国保护民营企业产权的法律体系仍不健全，有待进一步完善。

第七章　民营企业制度变迁

（二）改善内部治理

现阶段不少民营企业以公司制的组织形式存在，但实践中有些企业不按照公司制的要求建立相应的法人治理结构，没有健全的管理规范，没有真正建立现代企业制度。公司制民营企业内部治理中存在的问题主要包括：①股权结构不合理，股权过分集中，导致股东大会流于形式。②很多民营企业虽然设立有股东会、董事会、监事会，但这些机构的成员通常是家族成员，企业仍然采用集权式管理。即使经过董事会讨论，也往往是走形式，没有严格遵照公司制企业的决策程序和机制。③民营企业的监事会不能发挥有效作用：一方面，监事会成员受制于公司管理层，难以真正履行监事会的职能；另一方面，企业可能缺乏对监事的激励，导致监事会不能有效发挥作用。④技术创新无论是对民营企业还是对其他企业而言，都是实现转型升级、提升市场竞争力的关键因素，技术创新大致可以分为四个阶段，而当前民营企业的治理机制并没有与技术创新的阶段特征相匹配。这些内部治理中存在的问题制约了民营企业的持续发展。本节提出以下措施，希望可以完善民营企业的内部治理结构，促进民营企业发展壮大，以便更好地发挥民营经济在整个国民经济中的重要作用：①建立多元化的股权结构，避免"一权独大"局面的出现；②企业要强化激励机制，包括所有权激励、职位晋升激励等，以此引入职业经理人的经营模式，利用外部职业经理人的优势来弥补内部成员的劣势，并赋予职业经理人一定的权限，建立一套科学合理的决策和监督机制，确保公司各项决议都能依照规章制度执行；③针对监事会作用缺失问题，在利用公司的制度强化监事会独立监管地位的同时，也要完善内部审计制度，内部审计有助于修正公司治理缺陷，提高治理质量；④民营企业技术创新所处的不同阶段，面临的市场外部环境存在很大差异，这需要公司治理机制与之相配合，最终实现激发创新活力和转型升级的目标；⑤对于一个成功的企业而言，仅仅有健全的治理机构、完善的公司制度是不够的，融洽的企业文化氛围也必不可少，这有助于改变企业员工被动的管理地位，以主人公的身份参与到企业的经营活动中。所以，企业也要努力塑造良好的企业文化，充分发挥其导向、约束以及激励功能。以上着重从企业内部考虑，与此同时，充分

发挥市场竞争的作用、加快完善相关法律制度进程等外部性约束对于提高企业的治理能力也具有显著影响。另外，值得关注的是民营企业产权多元化是其发展趋势，产权结构的改善有益于公司治理优化，而资本运营是促使企业产权结构变化的重要实现方式，因此，在完善企业内部治理模式，提升治理质量时，也要关注企业资本运营状况，对其进行动态调整。

参考文献

[1] 陈建军. 中国高速增长地域的经济发展：关于江浙模式的研究 [M]. 上海：上海人民出版社，2000.

[2] 陈永杰，等. 民营企业发展与混合经济改革 [M]. 杭州：浙江大学出版社，2016.

[3] 大成企业研究院. 民营经济改变中国：改革开放 40 年民营经济主要数据简明分析 [M]. 北京：社会科学文献出版社，2018.

[4] 单东. 民营经济论 [J]. 浙江社会科学，1998（2）：47-52.

[5] 董辅礽. 星星点点：中外名家系列讲座演讲集萃 1：加入 WTO 与民营经济发展 [M]. 北京：中国经济出版社，2002.

[6] 龚晓菊. 制度变迁与民营经济发展研究 [M]. 武汉：武汉大学出版社，2005.

[7] 辜胜阻. 民营经济转型与新时代新动能 [M]. 北京：人民出版社，2018.

[8] 何金泉. 中国民营经济研究 [M]. 成都：西南财经大学出版社，2001.

[9] 李国荣，彭松建. 民营经济概论 [M]. 北京：北京大学出版社，2008.

［10］李清亮.中国民营经济发展研究：从制度变迁角度看民营经济合法性地位的确定和制度环境的改善［D］.上海：复旦大学，2013.

［11］李新春，储小平，朱沆.民营企业成长研究报告：基于广东省民营企业的调研分析［M］.北京：经济科学出版社，2008.

［12］李亚.民营企业公司治理［M］北京：机械工业出版社，2006.

［13］林家彬，刘洁，项安波等.中国民营企业发展报告［M］.北京：社会科学文献出版社，2014.

［14］盛洪，张宇燕.从计划经济到市场经济［M］.北京：中国财政经济出版社，1998.

［15］马金平.权力之殇：民营企业公司治理［M］.天津：天津大学出版社，2011.

［16］毛泽东.毛泽东选集［M］.北京：人民出版社，1990.

［17］孙林杰.民营企业的技术能力、创新绩效与商业模式［M］.北京：中央编译出版社，2018.

［18］孙明高.民营经济与民营企业理论及创新研究［D］.天津：天津大学，2005.

［19］王克忠.非公有制经济论［M］.上海：上海人民出版社，2003.

［20］王钦敏.中国民营经济发展报告No.13 2015—2016［M］.北京：中华工商联合出版社，2016.

［21］谢小军.民营企业产权制度创新研究［M］.长沙：湖南大学出版社，2007.

［22］阳小华，曾建明.民营经济发展研究［M］.武汉：湖北人民出版社，2000.

［23］战颂.我国民营企业治理模式研究［D］沈阳：沈阳理工大学，2006.

［24］张厚义，明立志.中国私营企业发展报告（1978—1998）［M］.北京：社会科学文献出版社，1999.

［25］张志民.中国民营经济产业结构演进研究［D］.厦门：厦门大

学，2009.

[26] 张志勇. 民营企业四十年 [M]. 北京：经济日报出版社，2018.

[27] 中共中央文献研究室. 十一届三中全会以来党的历次全国代表大会中央文件选编（上）[J]. 中央文献出版社，1997.

[28] 中国工商行政管理年鉴（历年）[M]. 北京：中国工商出版社.

[29] 中国劳动统计年鉴（历年）[M]. 北京：中国统计出版社.

[30] 中国民营企业500强调研分析报告（历年）[R]. 北京：全国工商联经济部.

[31] 中国税务年鉴（历年）[M]. 北京：中国税务出版社.

[32] 中国统计年鉴（历年）[M]. 北京：中国统计出版社.

[33] 国家统计局. 中国统计摘要1985 [M]. 北京：中国统计出版社，1985.

第八章
外资与合资企业制度变迁

利用外资是中国改革开放政策的重要内容,外资与合资企业在中国经济发展中起到显著作用。从法律意义上说,"外资企业"专指全部由外国资本投资的企业,"合资企业"则是由国内和国外资本共同投资,两者并不完全相同。但由于两者具有很多共性,在实践中往往将外资企业和合资企业放在一起讨论。因此,本章的大部分表述中也不明确区分外资和合资企业,将两者并称"外资与合资企业"。外资与合资企业分为三类:中外合资经营企业、中外合作经营企业、外商独资企业,统称为"三资企业"。

中华人民共和国成立以来,外资与合资企业的发展大致可以分为以下四个阶段。①改革开放之前,这是外资与合资企业在前期的曲折发展阶段,由于受国内外政治经济整体环境的制约,并未有十分重大的发展。②1978—1991年,这是改革开放初期的初步发展阶段,国家开始意识到利用外资的重要性,并

采取措施试图引进外资，该阶段取得了一些重要成果，但是整体前景不明朗。③1992—2007 年，外资与合资企业进入快速发展阶段，取得了显著效果，虽然其间经历了两次国际金融危机的冲击，但在中国的外资与合资企业数量仍不断上升，达到了前所未有的规模。④2008 年至今，可以视为外资与合资企业发展成熟阶段，改革开放的成果十分明显，同外资与合资企业发展相关的一系列制度基本完善，并且中国对外投资规模逐渐超过外资流入中国规模。

综合来看，随着时代发展，我国引进和利用外资的政策与实践经历了从量到质的重大转变。早期只重视弥补国内资金缺口，后来越来越强调对境外先进技术和管理经验的引进；早期纯粹是"引进来"以期利用外资发展国内经济，后来越来越注重"引进来"和"走出去"双向发展以实现和外商互利共赢（巫云仙，2019）。外资与合资企业的发展历程，正体现了中国对外开放程度不断增大的过程：从单方面为主的自我开放，逐渐扩大到与世界各国之间的互相开放；从有限地域和有限产业领域的开放，逐渐扩大到全方位各方面的开放；从以小规模试点为特征的政策性开放，逐渐扩大到完整法律体系下的制度性开放（张志民，2009）。

关于外资与合资企业发展的一系列思想和实践的变迁，与相应的时代背景和现实条件紧密相关，本章就试图对外资与合资企业发展的变迁历程进行梳理。本章第一节首先概述外资与合资企业的历史成就和发展现状，接下来在第二节探讨引导外资与合资企业管理体制的变迁，在第三节对外资与合资企业产权与公司治理制度的变迁进行分析。

第八章　外资与合资企业制度变迁

第一节　外资与合资企业的历史成就和发展现状

首先我们对改革开放以来外资与合资企业的历史成就和发展现状做一个概览。

一、外资与合资企业的历史成就

外资与合资企业发展的历史成就十分明显，我们可以从投资规模、企业数量、投资行业、投资来源与流向这几个维度进行考察。

（一）投资规模持续扩大

外资与合资企业发展成就的最直接表现是投资规模的持续扩大。自1979年开始，进入中国的外商投资金额逐年上升。1993年以来，我国利用外资流量长期位居发展中国家之首、世界第二的位置。我国在创造经济增长的世界奇迹的同时，也创造了利用外资的世界奇迹。

表8.1列出了改革开放以来历年的外商直接投资金额，从中很明显地可以观察到投资规模的动态变化趋势。在1991年之前外资与合资企业处于探索和初步发展阶段，1979—1991年外商对华直接投资保持平稳增长。1992年邓小平同志南方谈话，明确指出大胆利用外资是我国发展经济和对外开放的一项重要事业，之后全国掀起一股吸收外商直接投资的热潮。从1992年开始，一直到1997年，外商对华直接投资额增长很快。在1996年，我国实际利用外商直接投资金额突破了400亿美元。

1997年之后的几年内，受亚洲金融危机和国际局势不稳定的影响，外商在华投资的增长趋势有所减缓。但进入21世纪后，随着中国正式加入WTO更加融入世界经济，外商直接投资的规模又大幅增加。在2001年到2008年金融危机之间的时期里，每年的外商直接投资金额增速平均保持在10%以上，与中国的GDP增长率程度相当。2008年发生了全球金融危机，许多国家和地

区的经济遭受重创，受此影响，2009 年外商对华直接投资较 2008 年有所下降。但伴随着中国经济发展速度引领全球的良好势头，2010 年之后的外商投资规模仍继续扩大，并分别在 2010 年、2011 年、2015 年、2017 年突破了 1 000 亿、1 100 亿、1 200 亿、1 300 亿美元。

表 8.1　1979—2017 年我国实际使用外商直接投资金额

年份	实际使用外商直接投资金额 规模/亿美元	年增长率/%	年份	实际使用外商直接投资金额 规模/亿美元	年增长率/%
1979—1984	41.0	—	2001	468.8	15.1
1985	19.6	—	2002	527.4	12.5
1986	22.4	14.7	2003	535.1	1.4
1987	23.1	3.1	2004	606.3	13.3
1988	31.9	38.0	2005	603.3	-0.5
1989	33.9	6.2	2006	630.2	4.5
1990	34.9	2.8	2007	747.7	18.6
1991	43.7	25.2	2008	952.5	27.4
1992	110.1	152.1	2009	918.0	-3.6
1993	275.2	150.0	2010	1 088.2	18.5
1994	337.2	22.6	2011	1 160.1	6.6
1995	375.2	11.3	2012	1 117.2	-3.7
1996	417.3	11.2	2013	1 175.9	5.3
1997	452.6	8.5	2014	1 195.6	1.7
1998	454.6	0.5	2015	1 262.7	5.6
1999	403.2	-11.3	2016	1 260.0	-0.2
2000	407.2	1.0	2017	1 310.4	4.0

资料来源：根据中经网统计数据库资料整理。

（二）企业数量不断增多

在早期发展阶段，外商进行投资时主要采用组建合资企业的方式。1979 年全国人大颁布了《中华人民共和国中外合资经营企业法》（以下简称《中外合资经营企业法》），允许外国投资者与国外企业组建合资企业，标志着

第八章　外资与合资企业制度变迁

中外合资企业在中国正式得到法律的认可。1979年到1980年，中央先后批准广东、福建两省在对外经济活动中实行特殊政策和灵活措施，并在深圳、珠海、汕头、厦门试办经济特区。1980年5月，我国第一家中外合资企业——北京航空食品有限公司成立。1984年和1985年，国务院先后决定进一步开放上海、广州等14个沿海港口城市，长江三角洲、珠江三角洲和闽南厦漳泉（厦门、漳州、泉州）三角地区开辟为沿海经济开发区，并对这些城市和地区在利用外资方面实行优惠政策。1986年4月，第六届全国人大第四次会议通过并颁布了《中华人民共和国外资企业法》（以下简称《外资企业法》）；1988年4月，第七届全国人大第一次会议通过了《中华人民共和国中外合作经营企业法》（以下简称《中外合作经营企业法》），至此我国直接吸收外商投资举办企业的主要三项法律齐备。截至1991年年底，我国累计批准成立36 799家合资企业，以及7 672家外资企业（表8.2）。

表8.2　1979—2017年我国外资与合资企业批准建立个数

单位：家

年份	合资企业	外资企业	年份	合资企业	外资企业
1979—1982	12 198	1 525	2000	8 378	12 196
1983	107	15	2001	8 893	15 643
1984	741	26	2002	10 380	22 173
1985	1 412	46	2003	12 521	26 943
1986	892	18	2004	11 570	30 708
1987	1 395	46	2005	10 480	32 308
1988	3 909	410	2006	10 223	30 164
1989	3 659	931	2007	7 649	29 543
1990	4 091	1 860	2008	4 612	22 396
1991	8 395	2 795	2009	4 283	18 741
1992	34 354	8 692	2010	4 970	22 085
1993	54 003	18 975	2011	5 005	22 388
1994	27 890	13 007	2012	4 355	20 352
1995	20 455	11 761	2013	4 476	18 125

表8.2(续)

年份	合资企业	外资企业	年份	合资企业	外资企业
1996	12 628	9 062	2014	4 824	18 809
1997	9 001	9 602	2015	5 989	20 398
1998	8 107	9 673	2016	6 662	21 024
1999	7 050	8 201	2017	8 364	27 001

资料来源：根据历年《中国统计年鉴》整理。

1992年，邓小平同志视察南方的重要谈话发表后，我国对外开放出现了崭新局面，随后党的十四大做出了中国实行社会主义市场经济体制的决策，加快了我国改革的步伐。国务院进一步开放6个沿海港口城市、13个内陆城市和18个内陆省会城市，在全国范围内全面推进对外开放，使得我国投资环境得到很大改善，外资与合资企业快速发展。1994年到进入新世纪之前，我国外资与合资企业的发展伴随着改革开放的深入继续调整，具体表现为两个特征：一是1994年到1999年之间每年新批外资与合资企业总数比上年减少，但实际利用外资金额增加，这表明入境投资的企业平均规模越来越大；二是外商进行投资时主要采用的方式逐渐向外资企业倾斜，新增企业中外资企业比例上升，1997年批准建立外资企业9 602家，数量正式超过该年批准建立的合资企业9 001家（表8.2）。

2000年之后，从投资方式上看，最显著的特征是外资企业数量飞速扩大，合资企业的相对比重随之减少。2007年开始，全球金融危机的影响开始显现，在2007年到2009年这三年中新增外资与合资企业有所下降。但其主要原因在于世界经济的动荡而非中国经济本身的问题，并且实际利用的外资金额平稳上升也表明了外商对华投资的信心较高。这一时期外商独资企业的继续发展与中国的日益开放深切相关，外商对中国市场的加深了解加速了外商成立独资企业的进程。并且，出于保护自身企业的核心资源和技术的考虑，成立独资企业也成了外商的良好选择。外商直接投资的投资方式演变至今，基本形成了外资独资企业为主，中外合资企业、中外合作企业等为辅的局面。我国的外资与合资企业伴随改革开放政策逐渐建立并不断发展，至今已形成了

第八章 外资与合资企业制度变迁

较为庞大的企业规模。在中国经济新常态下，外商长期持续对我国经济的投资促进经济发展的同时，一系列问题也不断凸显出来，外资与合资企业在中国的投资结构的转换是一个长期持续的过程。

(三)投资行业愈益多元

在改革开放早期，外商投资的行业分布集中在制造业，这种偏向有多方面的原因。一方面，由于制造业产品流程化程度高，生产和销售相对风险较低；另一方面，中国较为廉价的劳动力和丰富的自然资源有助于制造业的发展，在中国投资于制造业可以利用比较优势产生利润。此外，早期对外商投资产业的许可范围这一政策限制也是重要原因。1992年邓小平同志南方谈话发表和党的十四大召开之后，全国各地纷纷加大招商引资力度，改善投资环境。对外商投资产业范围的政策限制也逐渐放宽，外资与合资企业的活动领域进一步拓宽，逐步扩展到金融、贸易、商业等第三产业。

随着时代发展，外商投资的行业愈益多元，对第三产业的外商投资额度与对制造业的投资差距逐渐缩小。例如，2008年外资投资制造业的金额为498.95亿美元，投资第三产业的金额为413.09亿美元。第三产业投资金额逐渐接近制造业并呈现赶超态势，其原因在于中国经济的高速发展伴随着产业不断优化升级的进程。在早期阶段制造业的快速发展为服务业的发展提供了良好的基础设施和资源，再加上国人教育和人力资本水平的提高，服务行业的不断扩大也客观上吸引了外来投资。

2008年金融危机之后，随着我国国内产业结构的调整和升级，外商直接投资的行业分布也发生了重大变化。如表8.3所示，2009年制造业实际使用的外商直接投资金额为467亿美元，投资第三产业各行业的金额较少且分散。但是经过几年的发展，到2017年制造业的实际使用金额下降为334亿美元，而在第三产业中"信息传输、计算机服务和软件业""房地产业""租赁和商务服务业"，以及"批发和零售业"发展迅速，以亿美元计的实际使用金额均超过三位数；其中金额最多的"信息传输、计算机服务和软件业"使用金额超过200亿美元。总体来看，第三产业投资使用金额已远超制造业。

表 8.3 2009—2017 年分行业实际使用外商直接投资金额（不含银行、证券、保险）

行业	2009 年 企业数/个	实际使用金额/亿美元	2011 年 企业数/个	实际使用金额/亿美元	2013 年 企业数/个	实际使用金额/亿美元	2015 年 企业数/个	实际使用金额/亿美元	2017 年 企业数/个	实际使用金额/亿美元
制造业	9 767	467	11 114	521	6 504	455	4 507	393	4 986	334
电力、燃气及水的生产和供应	238	21	214	21.2	200	24	264	22	372	34
交通运输、仓储和邮政业	395	25	413	31.9	401	42	449	41	517	55
信息传输、计算机服务和软件业	1 081	23	993	27	796	28	1 311	38	3 169	205
批发和零售业	5 100	54	7 259	84.2	7 349	115	9 156	119	12 283	114
房地产业	569	26	466	268	530	288	387	287	737	167
租赁和商务服务业	2 864	61	3 518	83	3 359	103	4 465	100	5 087	167
居民服务和其他服务业	207	16	212	18	166	6	217	7	349	5.6

资料来源：2009—2017 年《国民经济和社会发展统计公报》。

（四）投资来源与流向日益广泛

在改革开放前 20 年，入境投资的外商主要来自亚洲地区，如中国香港地区、中国台湾地区以及新加坡、韩国等。外商投资的流向主要集中在东部地区，中西部的比例较小。外资与合资企业集中在东部地区，一方面受政策因素的影响，东部沿海地区对外开放较早，因此必然比中西部地区更早地受到投资；另一方面，受人文因素影响，许多入境投资的是华人华侨，其中很多人的祖籍是大陆东部沿海省份，因此这些外商自然更倾向于选择投资于该地区。

1997 年，亚洲许多国家经济遭受重创，因此入境投资增速减缓，而来自其他国家的外商投资占比有所上升。但总体而言，在 1997 年到 2008 年，与早期阶段相比，外商投资的来源仍然以亚洲的国家和地区为主。中国香港地区是在大陆投资的主要区域，日本、韩国、新加坡、中国台湾地区紧随其后。美国和欧洲国家对华直接投资的金额数占总比例没有明显变化。投资流向的区域在此阶段主要还是以东部地区为主，中西部随后。不过从 2005 年开始东

第八章　外资与合资企业制度变迁

部地区的比重出现下降，中部地区和西部地区的比重上升。中西部地区投资比重上升的原因可能有以下三点：一是中西部交通设施不断完善，人员之间流动性加快；二是随着西部大开发战略的实行，中央政府和内陆地区的地方政府都出台措施，为外资企业提供更加优惠的条件；三是东部地区在吸引外资方面凸显了各种问题，如环境污染、资源滥用等，导致了一些产业转移。

2008年之后，中国经济增长引领全球，外资来源与投资区域也日益广泛。近些年我国吸引外资的来源地已经遍布全球，接近200个国家和地区。不过总体而言，实际投入外资金额靠前的国家和地区仍然与前一阶段相似，主要来源地仍是中国香港地区，其次是中国台湾地区、新加坡、韩国等地。投资分布区域仍然以东部沿海省份为主，中西部地区在企业数占比和投资额占比中仍处于劣势。不过近几年中部地区湖北，西部地区重庆、四川占比有上升趋势，这与这些地区自身经济发展程度密切相关。

二、外资与合资企业的发展现状

（一）外商投资来源地分布

2017年，外商直接投资前十位国家和地区分别是：中国香港地区、新加坡、韩国、日本、美国、荷兰、中国台湾地区、德国、英国、丹麦。前十位国家和地区外商直接投资总额共计1 163亿美元，占全部国家和地区外商直接投资总额的88.8%。在前十位国家和地区中，资金来自中国香港地区的约占81.3%，其次是新加坡，占4.1%，中国台湾地区占1.5%，日韩合计占6.1%，美国占2.2%，欧洲四国合计占4.8%。图8.1给出了2017年在中国大陆外商直接投资额居前十位的国家和地区的投资额情况。

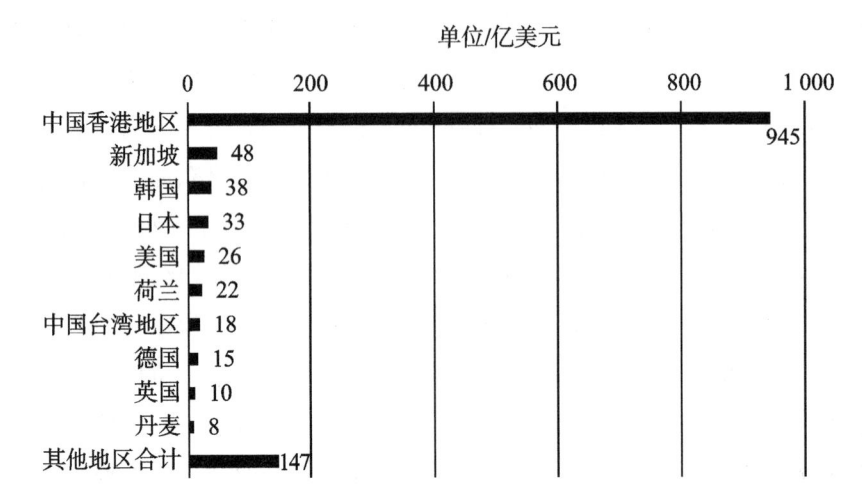

```
单位/亿美元
         0      200     400     600     800    1 000
中国香港地区 ████████████████████████████████████ 945
    新加坡 ▋ 48
     韩国 ▌ 38
     日本 ▌ 33
     美国 ▌ 26
     荷兰 ▌ 22
中国台湾地区 ▌ 18
     德国 ▌ 15
     英国 ▌ 10
     丹麦 ▌ 8
 其他地区合计 ███ 147
```

图 8.1 2017 年在中国大陆外商直接投资额居前十位的国家和地区

资料来源：国家统计局. 2018 中国统计年鉴［M］. 北京：中国统计出版社，2018.

（二）外资与合资企业的地区分布

从改革开放初期外资与合资企业出现在中国伊始，东部沿海地区就是主要集中地。其中，广东省一直居于前列，例如 1997 年，广东省吸引外商直接投资额占全国总额的 25.88%，江苏省仅占 12.01%。但随着其他东部沿海地区的发展，外资与合资企业分布的地区范围逐渐扩大，广东省外商投资额占比逐渐下降，至 2016 年下降为 15.25%，而江苏省保持着平稳的增长趋势，在 2016 年，江苏省外商投资额占比为 17.17%。

从企业个数、投资总额方面来看，2016 年外资与合资企业在我国各省份的分布如表 8.4 所示。由表中可以看出，在地区分布上，外资与合资企业主要还是集中分布在广东、上海、江苏、浙江、北京和福建等地区。

表 8.4 2016 年我国各省份外资与合资企业数和外资使用占比

地区	企业数占比/%	投资额占比/%	地区	企业数占比/%	投资额占比/%
全国	100	100	陕西	1.18	1.09
广东	23.69	15.25	安徽	1.1	1.31
上海	15.72	14.33	重庆	1.1	1.72

表8.4(续)

地区	企业数占比/%	投资额占比/%	地区	企业数占比/%	投资额占比/%
江苏	11.07	17.17	广西	0.89	0.85
浙江	6.82	6.24	黑龙江	0.84	0.55
北京	6.02	8.34	云南	0.81	0.64
山东	5.65	4.92	吉林	0.76	0.69
福建	5.61	4.42	山西	0.73	0.82
辽宁	3.36	4.16	内蒙古	0.67	0.8
天津	2.64	4.34	海南	0.53	1.48
四川	2.05	1.84	甘肃	0.41	0.15
湖北	1.78	1.94	贵州	0.3	0.46
河南	1.6	1.6	新疆	0.29	0.19
河北	1.44	1.65	宁夏	0.13	0.17
江西	1.37	1.52	青海	0.09	0.15
湖南	1.32	1.13	西藏	0.05	0.04

资料来源：中华人民共和国国家统计局.中国统计年鉴—2017[M].北京：中国统计出版社，2017.

(三) 外资与合资企业产业结构

外商投资行业分布较广，在农、林、牧、渔业，制造业，铁路运输业，信息技术业及其他的国民经济许多部门都有外资与合资企业的存在。细分行业来看，改革开放以来，制造业实际使用外资金额占比一直居于首位，但下降趋势明显。1998年制造业实际使用外资金额占比56.27%，2011年该比例下降为44.91%，到2016年该比例继续下降至39.47%。而"批发和零售业""租赁和商务服务业""信息传输、计算机服务和软件业"增长趋势一直保持着强劲的势头。以2017年批准的外商投资企业为例，产业结构分布大致如下：

表 8.5 2017 年外商直接投资（不含银行、证券、保险）行业结构

行　　业	企业数/个	企业数比重/%	实际使用金额/亿元	金额比重/%
总计	35 652	100	1 201.00	100
农、林、牧、渔业	706	1.98	9.85	0.82
制造业	4 986	13.99	309.15	25.74
电力、燃气及水生产和供应业	372	1.04	32.16	2.68
交通运输、仓储和邮政业	517	1.45	51.18	4.26
信息传输、计算机服务和软件业	3 169	8.89	190.09	15.83
批发和零售业	12 283	34.45	105.37	8.77
房地产业	737	2.07	155.05	12.91
租赁和商务服务业	5 087	14.27	153.96	12.82
居民服务和其他服务业	349	0.98	5.20	0.43

资料来源：《中华人民共和国 2017 年国民经济和社会发展统计公报》数据。

继前几年吸收外资的良好势头，2018 年 1—6 月，全国新设立外商投资企业 29 591 家，同比增长 96.6%；实际使用外资金额 683.2 亿美元，同比增长 4.1%（折合 4 462.9 亿元人民币，同比增长 1.1%，统计中未含银行、证券、保险领域），11 个自贸试验区新设外商投资企业 4 281 家，实际使用外资 578.4 亿元，同比增长 32.6%。"一带一路"沿线国家入境投资新设立企业 1 921 家，同比下降 3%，实际投入外资金额 36 亿美元，同比增长 30.3%。长江经济带区域新设立外商投资企业 6 653 家，同比增长 7.5%，实际使用外资 324.1 亿美元，同比增长 8.1%。2018 年 1—6 月，前十位国家/地区实际投入外资总额 652.8 亿美元，占全国实际使用外资金额的 95.5%，同比增长 4.5%。入境投资前十位国家/地区依次为：中国香港地区（494 亿美元）、新加坡（31.3 亿美元）、中国台湾地区（28.4 亿美元）、韩国（23.1 亿美元）、美国（19.5 亿美元）、日本（18.2 亿美元）、英国（15.8 亿美元）、澳门（8.6 亿美元）、荷兰（7.3 亿美元）、德国（6.6 亿美元）。2018 年上半年我国在实际使用外资上不仅实现了平稳上升，而且吸收外资的结构也实现了进一步的优化。上半年，农、林、牧、渔业新设立外商投资企业 338 家，同比增长 58.7%；实际使用外资金额 4 亿美元，同比增长 19.6%。制造业新设立外商投资企业 3 066 家，同比增长 42.6%；实际使用外资金额 206.9 亿美元，同比增长 8.9%。高技术制造业实际使用外资 433.7 亿元，同比增长 25.3%，高技术服务业实际使用外资 500.3 亿元，其中科技成果转化服务同比增长 22.2%。服务业新设立外商投资企业 26 169 家，同比增长 106.4%；实际使用外资金额 467.4 亿美元，同比增长 1.2%。在中国，外资与合资企业仍然正在蓬勃发展中。

第二节　外资与合资企业管理体制变迁

接下来我们根据之前划分的外资与合资企业发展的四个阶段，对外资与合资企业管理体制的变迁进行梳理。

一、改革开放前曲折发展阶段（改革开放之前）

中华人民共和国成立之初，国内外经济政治环境十分复杂，中国与西方资本国家的矛盾十分尖锐，因此仅在相当有限的程度上引进外资。在此阶段，引进外资的指导思想主要来源于马列主义的世界历史观和利用资本主义文明成果发展社会主义的思想，并且借鉴了苏联引进外资的实践经验。由于历史环境的不同，在马克思、恩格斯的经典著作中，"对未来社会主义条件下利用外资问题没有明确而系统的阐述，但却始终强调社会主义应吸收人类一切优秀文明成果的思想"（尹永纯，2006）。而到了苏联成立之后的时代，社会主义国家与外国资本的关系，就成为现实的问题。从 20 世纪 20 年代开始，苏联与西方资本主义国家合作成立了一定数量的合资企业，并在生产中取得了一定成效。这些经验也为新中国所借鉴。在 20 世纪 50 年代前期，中国引进的外资主要来自两个方面：一是和苏联及东欧社会主义国家合作成立企业，二是来自海外华侨的投资。但是随着政治形势的变化，进入20世纪60年代之后，政府对于引进外资的思想有了极大转变，主张自力更生、不依赖外援。中华人民共和国成立初期的外资与合资企业也逐渐退出历史舞台。一直到"文化大革命"结束之后，利用外资的指导思想仍没有发生显著变化。例如1977年年初，《人民日报》发文指出，中国决不同外国搞联合经营，也决不接受外国贷款。直到1978年4月的广交会上，当时的对外贸易部仍强调相同观点。整体上看，在改革开放之前，由于在指导思想上对社会主义经济发展的理解有误，单一的公有制和计划经济被视为社会主义经济的核心特征，因此外资与合资企业的存在和发展长期受到排斥。

二、初步发展阶段（1978—1991年）

（一）利用外资政策方向的确立

"文化大革命"结束之后，在对中华人民共和国成立前30年的历史教训进行深刻反思的基础上，国家决定进行改革，以经济建设为中心。中国的经济建设是在贫穷、落后的基础上进行的，能用于大规模建设的资金和技术极其有限，因此实施对外开放、利用外资，成为新时期的必然选择。在1978年3月召开的全国科学技术大会的开幕式讲话上，邓小平同志就明确指出："独立自主不是闭关自守，自力更生不是盲目排外。"1978年12月，党的十一届三中全会召开后，改革开放拉开序幕，外资与合资企业的发展进入新的探索阶段。改革开放要求对内改革、对外开放，因此外资进入中国市场，就成为改革开放基本国策的重要内容。

在中华人民共和国成立的前30年经济发展缓慢的同时，世界上很多国家和地区都通过利用外国资金和技术实现了经济腾飞。例如，到20世纪70年代，实行外向型经济模式的日本已经成为世界第二大经济体。而中国香港及台湾地区、新加坡、韩国，利用西方发达国家向发展中国家转移劳动密集型产业的机会，吸引外国大量资金和技术，经济发展水平迅猛提升，被称为

第八章　外资与合资企业制度变迁

"亚洲四小龙"。这些地区和国家的经济发展情况,与封闭的中国大陆形成了鲜明对比;它们的成功经验也为中国未来的发展道路提供了借鉴。

党的十一届三中全会明确了改革开放的基本方向,在会上讨论并原则通过的《一九七九、一九八〇两年国民经济计划的安排》,明确提出"要从那种不同资本主义国家进行经济技术交流的闭关自守或半闭关自守状态,转到积极地引进国外先进技术,利用国外资金,大胆地进入国际市场上来"(尹永纯,2006)。自此,积极利用外资的政策方向确立。

(二) 构建涉及外资的法律框架

1979 年,《中外合资经营企业法》正式颁布,这是新中国第一部规范的涉外经济法律,将中国对待外资与合资企业的基本政策正式法制化。1982 年,全面修改后的新《宪法》正式通过,其中第十二条规定:"中华人民共和国允许外国的企业和其他经济组织或者个人依照中华人民共和国法律的规定在中国投资,同中国的企业或者其他经济组织进行各种形式的经济合作。"这就从根本大法上确立了外资与合资企业在中国的合法地位。

1986 年《外资企业法》颁布;1988 年《中外合作经营企业法》颁布。这两部法律和之前 1979 年颁布、1990 年修改的《中外合资经营企业法》构成了规范外资与合资企业活动的主要法律依据。此外,国务院分别在 1986 年、1988 年、1990 年颁布了《国务院关于鼓励外商投资的规定》《国务院关于鼓励台湾同胞投资的规定》《国务院关于鼓励华侨和香港澳门同胞投资的规定》,进一步对相关法律进行了补充。一系列法律法规的颁布,对外资投资企业的法律环境进行了进一步完善,标志着中国的外资与合资企业制度建设突破了改革开放初期重点不明确、前景不明朗的探索阶段,进入有重点、有计划的初步发展阶段。

(三) 设立利用外资的管理机构

1979 年,隶属于国务院的外国投资管理委员会成立,其作为中国利用外资的归口管理机构,对外资工作统一进行监管和控制。1982 年,该委员会和对外贸易部、对外经济联络部、国家进出口管理委员会合并为对外经济贸易部。相关管理机构的设立,为外资与合资企业的发展提供了便利。

为了更好地管理外资与合资企业、改善投资环境、引导外资流向，1986年国务院成立了外国投资工作领导小组，负责外资政策的协调和指导。在地方层面，各地对外资的审批和行政管理效率也有了一定程度的改进。例如，之前外商要在上海成立一个投资项目，需要盖近百个章；1988年上海率先试行"一站式"服务，让外商在同一个窗口就能完成相关手续办理。之后，天津、厦门、青岛等地区也实行同样的"一站式"服务。

三、快速发展阶段（1992—2007年）

（一）冲破"姓社姓资"的思想束缚

改革开放初期，"姓社姓资"的问题曾长期困扰许多人，使得改革迈不开步伐，在一定程度上给外资与合资企业的发展造成了负面影响。在1992年南方谈话中，邓小平同志深刻指出："改革开放迈不开步子，不敢闯，说来说去就是怕资本主义的东西多了，走了资本主义道路。要害是姓'资'还是姓'社'的问题。判断的标准，应该主要看是否有利于发展社会主义生产力，是否有利于增强社会主义国家的综合国力，是否有利于提高人民的生活水平。"这就是著名的"三个有利于"标准。因此，根据这样的标准，如果利用外资和引进先进技术是有利于发展社会生产力的，就可以采用。1992年江泽民同志在党的十四大报告中指出："加快我国经济发展，必须进一步解放思想，加快改革开放的步伐，不要被一些姓'社'姓'资'的抽象争论束缚自己的思想和手脚。"1992年之后，通过冲破"姓社姓资"的思想束缚，外资与合资企业发展的理论和思想障碍被进一步扫除。

20世纪90年代后期，中国利用外资呈现出新的特点，在我国境内投资的大型跨国公司显著增多，一些产业规模大的外资与合资企业开始占领中国市场。一些本土企业，试图通过合资扩大生产，但却最终演变成被外方所控制的局面。这些情况在饮料、啤酒、化妆品、服装、食品等行业比较突出。针对此类情况，围绕利用外资利弊问题在社会上产生了一系列争论。例如一些人认为外商会挤占中国市场，甚至会挤垮民族企业，应该限制。另一些人认为在某些领域，外资与合资企业的产品主导市场，是市场竞争的正常现象，无须担心；如果针对这种正常情况对外资与合资企业施加限制，会阻碍中国的经济发展与进步。在这些争论中，很多专家学者既不回避中国利用外资中存在的问题，同时也提出了完善外资政策的建议。对利用外资利弊问题的一系列讨论使得人们对外资与合资企业的认识更加明确：无论是外资的质量还是数量都应当继续受到重视。

(二) 开始实施"走出去"战略

早期的外资政策专注于"引进来"，但随着中国经济发展水平和对外开放程度的不断提高，"走出去"就成为参与国际竞争的必然选择。1997年党的十五大报告明确指出："鼓励能够发挥我国比较优势的对外投资。更好地利用国内国外两个市场、两种资源。"2001年，朱镕基同志在全国人大会议上所做的《关于国民经济和社会发展第十个五年计划纲要的报告》中指出，要"鼓励有比较优势的企业到境外投资，开展加工贸易，合作开发资源，发展国际工程承包，扩大劳务出口等"。2002年，党的十六大报告指出，要坚持"引进来"和"走出去"相结合，全面提高对外开放水平。

四、成熟阶段（2008年至今）

(一) 继续营造便利化的管理体制

改革开放以来，对外资与合资企业的管理体制不断地改革创新，从早期较为严格的管控逐渐转变为注重营造便利化的营商环境。2008年之后，进入外资与合资企业发展的新阶段，我国对外资与合资企业的态度愈益自信和开放。新阶段中一个重要的事件是2016年9月全国人大常委会通过了《关于修改〈中华人民共和国外资企业法〉等四部法律的决定》，将不涉及国家规定实施准入特别管理措施的外商投资企业设立及变更事项，由审批改为备案管理。这改变了自改革开放以来运行了30多年的外商投资"逐案审批"的管理模式。采取这一改革措施，外商投资企业设立及变更审批将减少95%以上。2016年10月，商务部发布了《外商投资企业设立及变更备案管理暂行办

法》，将备案管理制度具体化，推进此项制度改革。

（二）继续完善涉外法律体系

2019年3月，全国人大表决通过了《中华人民共和国外商投资法》（以下简称《外商投资法》），其自2020年1月1日起施行。该法律总则第一条明确指出，制定该法的目的是进一步扩大对外开放，积极促进外商投资，保护外商投资合法权益，规范外商投资管理。《外商投资法》施行之后，之前的《外资企业法》《中外合资经营企业法》《中外合作经营企业法》将同时废止。《外商投资法》和之前已施行多年的一系列相关法律法规共同构成了保障外资与合资企业合法权益、扩大对外开放和促进外商投资的法律体系。表8.6列出了改革开放以来涉及外资与合资企业的一系列重要法律法规情况，从中可以很明显看出，随着时代的前进，我国的涉外法律体系愈益完善。

表8.6 改革开放以来涉及外资与合资企业的重要法律法规一览表

颁布年份	法律法规名称	后续修订年份	废止/失效年份
1979	中外合资经营企业法	1990、2001、2016	2020年《外商投资法》施行之后将废止
1980	中外合资经营企业所得税法		1991年废止
1980	中外合资经营企业劳动管理规定		2001年宣布失效
1981	外国企业所得税法		1991年废止
1985	国务院关于华侨投资优惠的暂行规定		1990年废止
1986	外资企业法	2000、2016	2020年《外商投资法》施行之后将废止
1986	国务院关于鼓励外商投资的规定		
1988	中外合作经营企业法	2000、2016(2次)、2017	2020年《外商投资法》施行之后将废止
1988	国务院关于鼓励台湾同胞投资的规定		
1988	国务院关于进一步扩大沿海经济开放区范围的通知		2016年宣布失效

表8.6(续)

颁布年份	法律法规名称	后续修订年份	废止/失效年份
1990	国务院关于鼓励华侨和香港澳门同胞投资的规定		
1991	外商投资企业和外国企业所得税法		2008年废止
1994	台湾同胞投资保护法	2016	
1994	对外贸易法	2004	
1995	指导外商投资方向暂行规定		2002年废止
1995	外商投资产业指导目录	1997、2002、2004、2007、2011、2015、2017	
1999	关于当前进一步鼓励外商投资的意见		
2000	中西部地区外商投资优势产业目录	2004、2008、2013	
2001	关于外商投资企业合并与分立的规定	2015	
2002	指导外商投资方向规定		
2006	关于外国投资者并购境内企业的规定	2009	
2010	国务院关于进一步做好利用外资工作的若干意见		
2015	自由贸易试验区外商投资准入特别管理措施（负面清单）	2017、2018	
2018	外商投资准入特别管理措施（负面清单）		
2019	外商投资法		

注：《宪法》《公司法》《反垄断法》等法律也同样有涉及外资与合资企业的条款，但外资与合资企业并不是其涉及的核心对象，因此未列在此表中。

第三节 外资、合资企业产权及公司治理制度变迁

在本节，我们按照之前划分的外资与合资企业发展的四个时期，对外资、合资企业产权及公司治理制度变迁的历史做简要总结。随着时代的发展，外资与合资企业能够进入的地区范围不断扩大、产业门类不断增长；外资与合资企业逐渐享有与国内企业相同的"国民待遇"，在公司治理上日益与国内企业靠拢。

一、改革开放前曲折发展阶段（改革开放之前）

中华人民共和国成立之初，我国引进的外资十分有限，但是在发展方向上总体较为积极。例如和苏联、东欧社会主义国家共同成立合作企业，并且鼓励海外华侨到国内投资。但是并没有对这些积极方面进行有效的制度化、体系化，随着几年之后社会和政治体制的急剧变化，之前积累的一些成果也很快消耗殆尽。一直到改革开放之前的时期，关于外资与合资企业的法律法规不完善，政策不稳定，外资与合资企业长期受到约束和排斥，与外资与合资企业有关的制度并没有发展起来。

二、初步发展阶段（1978—1991年）

（一）扩大对外开放区域

为了对改革开放实行试点，1979年7月，中央决定在深圳、珠海、汕头、厦门四个城市试办出口特区。1980年5月，这四个出口特区改称为经济特区。为吸引外资，中央在经济特区实行了一系列特殊优惠政策，包括土地使用、税收等方面。经济特区建立后很快地就吸引了大量外资，成为改革开放初期外资与合资企业最集中的地区。

第八章　外资与合资企业制度变迁

1988年年初，中央召开沿海地区对外开放工作会议，提出沿海经济发展战略，意图将对外开放的深度和广度不断扩大。国务院发布《国务院关于进一步扩大沿海经济开放区范围的通知》，决定将更多区域对外开放。之后，国务院又发布《国务院关于投资开发海南岛的规定》，设立海南经济特区。1990年，中央又做出了开发上海浦东新区的决定。经过多年的发展，我国的对外开放形成了经济特区—沿海开放城市—沿海经济开放区—内地这样一个多层次、有重点的格局。

(二) 利用产业政策，引导投资流向

改革开放伊始，经济迅速发展，外资蜂拥而至，1984年开始出现经济过热的迹象，1985年的经济增长率超过了16%。为了避免经济过热，1986年国家实施了一系列紧缩和调整的宏观经济政策，这使得从1979年开始以来的外资流入势头猛然降温。复杂的形势要求有关部门重新审视外资政策。改革开放初期，很多外商投资集中在非迫切需要外资的产业领域，对国民经济的益处十分有限。经过研究，国家决定对外资政策进行调整，在进一步改善投资环境、鼓励外商投资的同时，要注意正确引导外资流向、改善投资结构，例如1986年通过的《国民经济和社会发展第七个五年计划》中就要求，要加强利用外资的综合平衡，正确引导利用外资的使用方向，大力提高经济效益。1987年有关部门制定了《指导吸收外商投资方向暂行规定》。1989年公布的《国务院关于当前产业政策要点的决定》提出重点鼓励的投资领域在于：产品适应国内外市场需要，而国内不能生产者；可以扩大出口者；经济效益高，技术先进者；能源、交通运输和原材料工业急需者。

海峡两岸关系对于我国经济发展有着潜在影响。一直到1987年之前，两岸关系仍处于尖锐矛盾状态，因此台商到大陆投资极其有限。1987年年底，台湾当局放宽民众赴大陆探亲限制。1988年，国务院颁布《国务院关于鼓励台湾同胞投资的规定》。在两岸关系缓和的大背景下，台商对大陆的投资开始蓬勃发展，台资企业也逐渐成为外资与合资企业的重要组成部分之一。

三、快速发展阶段（1992—2007年）

（一）逐步实行外资与合资企业的国民待遇

在整个20世纪80年代，中国实行的是通过提供各种优惠政策吸引外资与合资企业的战略。一方面，外资与合资企业享有"超国民待遇"，例如有税收减免、进出口经营权等。另一方面，在经营管理、投资领域等方面又受到很多限制，遇到的是歧视性"非国民待遇"。如何解决外资与合资企业的国民待遇问题，协调外资与本地经济发展的关系，促进外资与合资企业和本土企业的平等竞争，成了影响经济发展的重要问题。进入20世纪90年代之后，我国政府逐步确立了对外资与合资企业实行国民待遇的政策目标，并通过税制和外汇管理制度的改革逐步完善。

国家主要从税收和外汇管理两方面逐步实行外资与合资企业的国民待遇。首先，通过税制改革，分阶段取消对外资与合资企业的税收减免政策，逐步统一了对内外税收的征管制度和税负。例如，1992年颁布的《中华人民共和国税收征收管理法》基本上实现了对内对外税法的统一；1994年进行的税制改革，使内资企业和涉外企业适用统一的增值税、消费税和营业税条例。其次，逐步建立了对内外企业统一的外汇管理制度，避免外资与合资企业的涉外经营活动受到结售汇制度的束缚，为外商的投资和贸易活动创造了宽松的环境。例如，从1996年7月1日开始，对外商投资企业实行银行结售汇制度，去除了早期规定的外资与合资企业不能在银行结售汇的限制。

1997年亚洲金融危机对中国也造成了较大影响，中国利用外资的主要来源地区普遍受到金融危机的严重冲击，外资与合资企业的发展受到了重大挑战。亚洲金融危机的教训表明，为了保持经济发展的稳定性，有必要扩大外资来源，实施利用外资多元化战略。另外，临近新世纪，中国加入世界贸易组织（WTO）的进程加快，这也要求中国加紧修改有关外资与合资企业的制度法规，以适应未来与国际接轨的需要。这也要求在实行外资与合资企业的国民待遇上加紧步伐。

第八章　外资与合资企业制度变迁

（二）扩大利用外资产业领域，继续引导外资流向

1992年邓小平同志南方谈话发表和中共十四大召开之后，各地纷纷加大吸收外资的力度，改善投资环境。根据中央的部署，外资与合资企业的活动领域进一步拓宽，逐步扩展到金融、贸易、商业等第三产业。例如，1994年《关于外商投资民用航空业有关政策的通知》《关于设立外商投资广告企业的若干规定》，1995年《外商投资国际货物运输代理企业审批规定》《关于在计算机软件业设立外商投资企业执行外商企业产业指导目录的通知》《关于外国船公司在华设立独资船务公司有关问题的通知》等相继发布。1996年，有关部门向外资银行有条件开放人民币银行业务，允许设立在上海浦东的外资银行率先开办人民币业务。这一系列举措，显著扩大了外资与合资企业能涉及的产业领域。

在20世纪90年代以前，中国对外资基本上采取了大规模开放的方针，对产业的筛选不太重视，结果使外商投资主要集中于工业生产领域，重复建设严重，而基础设施和基础产业领域较为薄弱。20世纪80年代后期逐步意识到这个问题，尝试进行引导，但收效不够显著。1992年党的十四大提出："按照产业政策，积极吸引外商投资，引导外资主要投向基础设施、基础产业和企业的技术改造，投向资金、技术密集型产业，适当投向金融、商业、旅游、房地产等领域。"1994年，国务院通过了《九十年代国家产业政策纲要》。1995年国家颁布第一版《外商投资产业指导目录》和《指导外商投资方向暂行规定》，重新划分了对外商投资实施鼓励、限制和禁止政策的产业范围，将产业目录分为"鼓励、允许、限制、禁止"四大类，并制定了相应的配套措施和政策。

1997年年底，国务院召开全国利用外资工作会议。会议提出，在继续保持利用外资相当规模的同时，吸收外资工作将与国民经济整体发展更紧密地结合，更加注重改善吸收外资的产业、地区结构，对中国产业结构调整和技术进步做出更多的贡献。同年，有关部门对1995年发布的《外商投资产业指导目录》进行修改，重新修订后的目录于1998年1月1日开始执行。加入WTO之后，为了适应新形势，又重新对目录进行了修订，新版本于2002年

4月1日开始实施。新版目录与以往相比，除了开放的领域有很大扩展之外，还表现出三个方面的特点：一是对高新技术的关注，几乎所有的高科技领域都列入"鼓励"类对境外投资者开放，包括一些过去保密的领域；二是一些历来由国家垄断经营的电信、铁路运输、商品批发等行业将对外资开放；三是注意与中国加入WTO的开放承诺相配合，对一些产业的开放程度做了随时间发展的动态规定（尹永纯，2006）。在2004年和2007年，国家又分别对目录进行了修订。

中西部地区的整体经济发展水平长期和东部地区有显著差异，在外资与合资企业的发展水平上也同样有很大差距。为改善外商投资地区分布不合理的情况，政府积极采取措施引导和鼓励外资投向中西部地区，以推动西部大开发战略的实施。2000年，有关部门制定了《中西部地区外商投资优势产业目录》，对于向中西部投资的国外投资者，在进口关税、设立条件、准入的行业和所得税减免等方面，给予更加优惠的政策。在同年发布的《国务院关于实施西部大开发若干政策措施的通知》中，又明确规定对投资西部地区的外资企业实行税收优惠政策。2004年，有关部门又重新修订了《中西部地区外商投资优势产业目录》，以适应加入WTO之后的新环境。

（三）推进外资与合资企业党建工作

对外资与合资企业党建工作的摸索有着较长的历史。早在1984年，中组部印发《关于加强中外合资经营企业党的工作的几点意见》，提出应当防止埋头经济工作、忽视思想工作的倾向，对在合资企业中设立党组织和开展党建工作提出了原则性要求。但受到思想、理论条件等因素的制约，早期的外资与合资企业党建工作以初步探索、局部开展为主，进度较为缓慢。1997年，党的十五大提出了"进一步鼓励、引导非公有制经济健康发展"的要求，明确指出非公有制经济对增加就业、促进经济良性发展具有重大意义。各地通过借鉴个体、私营等经济组织开展党建工作的实践经验，普遍加快了对外资与合资企业党建工作的探索步伐。1998年，苏州工业园区的第一家外企三星电子（苏州）半导体公司成立党支部，成为外资与合资企业党建工作的经典案例。2002年，在党的十六大上，非公有制企业中党组织的职责及任务首次

第八章 外资与合资企业制度变迁

被写入《中国共产党章程》。2005年，重新修订的《公司法》进一步规定党组织的组建和开展党的活动等工作要在所有企业中推进，各企业要为党组织的活动提供必要的工作支持。该规定从法律层面保障了党建工作能在外资与合资企业中正常开展。2007年党的十七大进一步提出落实党建工作责任制和全面推进企业党组织建设的目标。

四、成熟阶段（2008年至今）

（一）继续引导外资与合资企业资本流向

在发展的新阶段，我国继续坚持引导外资与合资企业产业方向。2008年之后，《外商投资产业指导目录（2011年修订）》《外商投资产业指导目录（2015年修订）》《外商投资产业指导目录（2017年修订）》这三个版本的新目录陆续发布。2016年，对外商投资企业由审批改为备案管理的改革，也同引导产业方向结合起来。备案管理改革大大便利了目录中纳入鼓励类产业的诸多外资与合资企业。但是对于涉及目录限制类和禁止类以及鼓励类中有股权要求、高管要求的领域，不论金额大小或投资方式（新设、并购）均将继续实行审批管理。为了支持自贸区的发展，2015年有关部门公布了《自由贸易试验区外商投资准入特别管理措施（负面清单）》，并且在2017年和2018年又对负面清单进行了调整。2018年，发改委和商务部联合公布了《外商投资准入特别管理措施（负面清单）（2018年版）》，以取代先前《外商投资产业指导目录（2017年修订）》中的外商投资准入特别管理措施（外商投资准入负面清单）。

2013年至今，国务院先后批复成立了上海、广东、天津、福建、辽宁、浙江、河南、湖北、重庆、四川、陕西、海南自由贸易试验区。建设自贸区"不仅是中国顺应全球经贸发展新趋势，更加积极主动对外开放的重大举措；而且有利于培育我国面向全球的竞争新优势，构建与各国合作发展的新平台，拓展经济增长的新空间"（赵蓓文，2018）。自贸区建立了准入前国民待遇加负面清单的外商投资管理制度，不断加强投资环境建设，凭借制度优势在吸

引外资方面发挥重要作用,并且形成招商引资的溢出效应。

(二) 大规模"走出去"

2008年全球金融危机发生前,我国就已经将"走出去"提升至国家战略高度,走出去的步伐逐渐加快。2008年金融危机的爆发,使得许多海外资产的估值大幅下跌,与以往相比,能够以更低的成本进行海外投资,这就为中国企业大规模"走出去"提供了独特的契机。从2008年开始,我国进入大规模海外投资阶段。2008年单独一年的对外投资规模,就比1980年到2005年的总和还多。目前我国对外直接投资遍布全球近200个国家和地区。当前,我国对企业"走出去"提供了相关的政策支持,主要表现在以下三个方面:ODI(对外直接投资)汇兑管理便利化程度大幅提高;取消ODI汇兑限制,实行登记管理,可兑换程度与FDI(外商直接投资)相当;国企、民企公平对待,一视同仁(易纲,2012)。2013年习近平同志提出"一带一路"合作倡议,得到"一带一路"沿线国家的热切响应。"一带一路"发展倡议,借用古代丝绸之路的历史符号,积极发展与沿线国家的经济合作伙伴关系,追求共同和平发展,为我国企业大规模走出去开启了发展的新篇章。2015年年底,亚洲基础设施投资银行正式成立,迄今亚投行成员已达到100个。

(三) 外资与合资企业党建工作卓有成效

在外资与合资企业发展的新时期,党建工作的成效也逐渐明显。例如在苏州工业园区,经过多年努力,在2011年基本实现了外资企业党组织的全覆盖(齐方胜,2014)。2012年,中央办公厅印发《关于加强和改进非公有制企业党的建设工作的意见(试行)》,意见中,非公有制企业党组织的定位、领导机制、组建覆盖等一系列问题得到了全面系统的明确。同时,意见在如何强化党建保障力量、引导出资人、发展党务骨干队伍等方面做出了明晰的要求(胡佳黎,2017)。截至2016年年底,全国共有7.5万个外资企业建立了党组织,占外资企业总数的70.8%(叶晓楠 等,2018)。

参考文献

[1] 崔新健. 中国利用外资30年：历程、成效与挑战 [J]. 经济与管理研究, 2009（1）：35-38.

[2] 戴志颖. 论我国外资利用对国内制度变迁的影响：以长江三角洲为例 [D]. 上海：复旦大学, 2009.

[3] 杜贤中, 许望武. 中国外资企业管理 [M]. 北京：北京大学出版社, 2003.

[4] 郝洁. 外资并购的相关制度研究 [M]. 北京：人民出版社, 2012.

[5] 胡佳黎. 外资企业党建工作研究：以张家港保税区为例 [D]. 咸阳：西北农林科技大学, 2017.

[6] 李自杰. 中国合资企业控制权的动态演进研究 [M]. 北京：中国经济出版社, 2010.

[7] 齐方胜. 当前我国外资企业党建工作的问题与对策研究：以苏州工业园区为例 [D]. 苏州：苏州大学, 2014.

[8] 孙效敏. 外资并购境内企业监管研究 [M]. 北京：北京大学出版社, 2010.

[9] 王世勇. 新时期非公有制经济政策的历史考察（1978—2003）[D]. 中共中央党校, 2004.

[10] 巫云仙. 改革开放以来我国引进和利用外资政策的历史演进 [J]. 中共党史研究, 2019（7）：24-32.

[11] 叶晓楠, 郭超凯."党建+外企"释放"红色生产力""挂红牌的都OK！"[N]. 人民日报（海外版）, 2018-01-18.

[12] 易纲. 中国企业走出去的机遇、风险与政策支持 [J]. 中国市场, 2012（37）：31-37.

[13] 尹永纯. 改革开放以来中国利用外资的历史考察（1978—2005）

[D]．北京：中共中央党校，2006．

[14] 张建刚．外商直接投资与中国经济增长 [M]．北京：经济日报出版社，2007．

[15] 张亦舒．我国外商独资化趋势研究：基于"潜规则演化"的视角 [D]．广州：广东外语外贸大学，2017．

[16] 张志民．历史观照下的中国外商投资法研究 [D]．哈尔滨：黑龙江大学，2009．

[17] 赵蓓文．中国引进外资与对外投资演变40年 [M]．上海：上海人民出版社，2018．

第九章
新时代工业企业制度的新趋势新发展

在上一阶段的工业企业制度改革中，国企经营困境、下岗员工安置等问题得到了一定的改善，国家资本监管体制改革稳妥推进，国有企业战略布局基本完成。党的十八大特别是党的十八届三中全会之后，我国经济发展步入新常态，中国特色社会主义进入新时代。在新的发展阶段，我国工业经济和工业企业面临新的发展要求和发展问题，新一轮国有企业改革需要进一步完善国有资产监管体制和现代企业制度，进一步解决党的领导与企业制度相统一的问题。

新一轮国企改革将在总结历史经验的基础上全面深化。一是进一步强调国有企业和国有资本的市场地位，要在"三个有利于"等原则指导下，通过改革"做强做优做大"国有企业和国有资本；二是强化党在国有企业中的政治领导地位，将党的领导与现代企业制度建设相统一；三是在国有企业分类改革的基础上，深入推进混合所有制改革和"以管资本为主"的国有资本监督和管理制度改革，防范国有资产流失。

本章将梳理在新时代发展形势背景下，我国工业企业制度改革面临的亟待解决的问题，以及为了解决这些问题，我国进行的工业企业制度改革的顶层设计和出台的落地配套政策。同时，将对新一轮工业企业制度的改革成效和在改革过程中出现的新问题进行总结与分析。

第一节　新时代下的发展形势

一、工业企业发展新的历史背景与趋势

（一）中国经济社会发展步入新阶段

党的十八大以来，中国经济发展进入新常态，面临"经济增速换挡期，结构调整阵痛期，前期刺激政策消化期的'三期叠加'"。2014年中央经济工作会议从消费需求、投资需求、出口和国际收支、生产能力和产业组织方式、生产要素相对优势、市场竞争特点、资源环境约束、经济风险积累和化解、资源配置模式和宏观调控方式全面总结了我国经济发展的阶段性特征，并指出，"我国经济正在向形态更高级、分工更复杂、结构更合理的阶段演化，经济发展进入新常态，正从高速增长转向中高速增长，经济发展方式正从规模速度型粗放增长转向质量效率型集约增长，经济结构正从增量扩能为主转向调整存量、做优增量并存的深度调整，经济发展动力正从传统增长点转向新的增长点"。

面对波诡云谲的国际形势和改革步入"深水区"的国内形势，以习近平同志为领导核心的党中央提出"五位一体"[①] 总体发展战略，深入推进"四个

[①] 五位一体：经济建设、政治建设、文化建设、社会建设、生态文明建设五位一体。

第九章　新时代工业企业制度的新趋势新发展

全面"① 总体战略布局，始终坚持"四个自信"②，带领全国各族人民砥砺奋进，取得了新的历史性成就：经济发展质量和效益不断提升，供给侧结构性改革深入推进，经济结构不断优化；全面深化改革取得重大突破，中国特色社会主义制度更加完善；思想理论建设取得重大进展，以习近平新时代中国特色社会主义思想为代表的党的指导思想更加完善，更加契合时代发展要求，更加代表人民的根本利益。由此，党的十九大报告指出，"我国发展进入了新的历史方位，中国特色社会主义进入了新时代"。这意味着我国发展实现了"从站起来、富起来到强起来的伟大飞跃"，意味着我国步入"决胜全面建成小康社会，开启全面建设社会主义现代化国家新征程"阶段。在新时代下，"我国社会主要矛盾已经转化为人民日益增长的美好生活需要和不平衡不充分的发展之间的矛盾。"但同样应该认识到，我国"仍处于并将长期处于社会主义初级阶段的基本国情没有变"，我国经济发展仍然面临着下行压力，国内改革进程仍然道阻且长。

（二）新时代下工业企业发展的新要求

工业部门作为国民经济中的重要组成部分，是经济增长的引擎。习近平总书记指出"工业是立国之本"，工业在国民经济和民族复兴中具有重要的战略地位。党的十九大报告指出，"我国经济已经由高速增长阶段转向高质量发展阶段"，新时代对我国工业发展提出了新的要求。

一是高质量发展。在高质量发展阶段，增强发展的质量优势成为新时代经济发展的关键，因此一方面产业结构体系要实现从以要素密集型为主到以知识和技术密集型为主的转变，从而提升我国在全球价值链分工的地位和作用。另一方面要更加注重可持续性发展，在加强生态环境保护的基础上，提高资源利用效率，走绿色工业化发展道路。

二是创新驱动发展。党的十九大报告指出，"创新是引领发展的第一动力"。一方面，工业高质量发展需要培育新动能，这就要求工业发展更加依靠

---

① 四个全面：全面建成小康社会、全面深化改革、全面依法治国、全面从严治党。
② 四个自信：中国特色社会主义道路自信、理论自信、制度自信、文化自信。

创新驱动。这不仅是我国产业升级的内在要求，更是把握未来科技变革和产业变革，获取未来竞争优势，为经济发展注入新的动力的未来发展要求。另一方面，创新发展离不开人才资源支持。习近平强调，"要着眼国家战略需求，主动承接国家重大科技项目，引进国内外顶尖科技人才，加强对中小企业创新支持，培育更多具有自主知识产权和核心竞争力的创新型企业"。

三是做强做优做大国有企业。习近平曾多次对国企改革做出重要指示，"国有企业是壮大国家综合实力、保障人民共同利益的重要力量，必须理直气壮做强做优做大，不断增强活力、影响力、抗风险能力，实现国有资产保值增值。"这意味着新时代下的国有企业面临的挑战更大，要承担的责任更重。从国内看，国有企业要成为深入推进供给侧改革的实践者，成为解决人民日益增长的美好生活需要和不平衡不充分的发展之间的这一新时代社会主要矛盾的排头兵，成为推动我国经济向高质量发展阶段迈进的驱动力。从国际看，面临日趋激烈的国际竞争环境，国有企业要提高自身核心竞争力，在国际行业竞争中从跨越式追赶者成为并行者到最终成为领跑者。

（三）新世界格局下工业企业面临的发展新机遇与新趋势

国际金融危机之后，全球经济一体化不断加深，区域经济合作进程不断推进。面对正在发生深刻变化的国际国内环境，我国提出"一带一路"倡议，以"促进经济要素有序自由流动、资源高效配置和市场深度融合，推动沿线各国实现经济政策协调，开展更大范围、更高水平、更深层次的区域合作，共同打造开放、包容、均衡、普惠的区域经济合作架构"。"一带一路"倡议的提出，在基础设施建设、产能合作、贸易互补、金融支持等方面为我国工业企业"走出去"带来了新的发展机遇，同时也为我国化解产能过剩、推动传统产业转型升级带来了重要机遇。不过也同样需要看到的是，"一带一路"倡议的提出，对我国工业企业国际化水平、对外投资水平、跨文化环境适应能力以及地缘政治风险和社会风险的抵御能力提出了新的挑战。

此外，随着世界经济秩序的加速变革，发达经济体和新兴经济体都力图在新一轮产业变革和新一轮贸易规则制定中占据先机。一方面，在经济全球化深入发展的今天，以美国为首的单边主义和贸易保护主义势力有所抬头，

第九章　新时代工业企业制度的新趋势新发展

对全球价值链和自由贸易体制带来了冲击，国际贸易规则和贸易秩序正在加速重建。另一方面，在当前的国际分工中，发达经济体在全球价值链体系中仍然占据着顶端位置，在新一轮科技革命中，依然具有资金和技术上的竞争优势。由此，在新的世界格局下，中国工业企业不仅要进一步深入拓展对外经济合作，更要加大研发投入，提升专业化水平，在专利保护制度日趋完善的今天，培育核心技术，增强自身的核心竞争力。

二、新发展阶段下工业企业制度改革需要解决的问题

（一）国有资产监督管理体制尚待完善

在国有企业发展历程中，由政企不分导致的效率低下一直是国企改革所重点关注和难以解决的问题，只有真正实现了政企分开，国有企业才能真正作为市场主体参与竞争。但是由于国有资产是全民所有，需要由国家代表人民行使资产管理权，这就决定了政企不能彻底地"分开"，政府需要通过干预企业生产经营决策来保护所有者权益，否则将会导致国有资产所有者缺位。因此，政企分开的关键在于将国家在企业中的所有者职能与其他职能分开，国家所有者的职能地位要以《公司法》中关于股东权利的界定为限，国有企业在市场竞争中要与普通企业受到国家同等监督。为此，2003年国有资产监督管理委员会建立，将国家在国有企业中的所有者职能与其他职能进行分离，推进国有企业董事会建设、国有企业绩效考核、公开招聘置业经理人，以保障国有资产保值增值，提高了国有企业的市场化运作水平。

但是，目前国有资产监督和管理体制仍然存在问题。具体表现为以下三方面：一是政企不分、政资不分问题依然存在，政府通过国资委干预企业经营决策现象依然存在。二是数量众多的国有企业在层级繁多的母子公司持股结构框架下，存在较大的管理难度，使得在国企股份制、公司制改革过程中，国有资产的内部交易现象依然存在，造成较为严重的国有资产流失。三是随着国有资产监管体制进入"以管资本为主"的职能转变阶段，部分机构把"管资本为主"简单理解为"只管资本"，将国有资产产权授权到不具备所有

者资格的国有资本投资运行公司，加重国有资产所有者缺位程度，导致全民财产被侵吞的危险后果[①]。因此，新时代下，国有资产监管体制有待完善，需要进一步提高国有资本运行效率，防止国有资产流失。

（二）国有资本布局与改革定位问题尚待厘清

我国多种所有制并存的基本经济制度，决定了需要对国有资本进行合理定位和布局，既要最大限度地发挥国有资本在经济发展中的作用，又要充分保障市场在资源配置中的决定作用。这就要求国有资本不仅要在市场资本总量中占合理份额，还要在不同行业中进行合理分配。目前，我国国有资本布局合理性还存在较大的提升空间。从产业分布看，国有企业主要还是分布在传统产业，战略性新兴产业和现代服务业所占比重相对较低。从行业集中度看，一些行业的集中度较低，缺乏核心竞争力，重复建设、恶性竞争问题严重，导致资源配置效率低下。

此外，随着国企改革的开展，大量国企从竞争性行业退出，但是对于众多涉及国家命脉的战略性行业以及垄断性基础行业，国有企业仍然占有绝对的份额。虽然国有企业能够迅速将有限的资源集中投放到国家为实现某种特定的战略目标而必须优先发展的部门和地区，但此种模式排斥市场和价值规律对资源配置的自动调节作用，容易造成资源配置不合理，生产和需求脱节等问题。尤其是垄断性行业中的国有工业企业，容易为了获取更高的资源控制力和满足自身需求，盲目扩大生产规模，从而出现产能过剩和财务困难。而为了避免造成大量失业，政府和银行对这一类国有企业所采取的补救措施又会加剧这一问题。因此，国有资本该从哪些行业退出、如何退出以及在关乎国家经济命脉和国家安全领域的国有企业，如何提高生产运行效率成为当前国有企业改革亟待解决的问题。

（三）现代企业制度有待健全

党的十四届三中全会把现代企业制度的基本特征概括为"产权清晰、权

[①] 宋方敏. 我国国有企业产权制度改革的探索与风险 [J]. 政治经济学评论，2019，10（1）：126-150.

责明确、政企分开、管理科学"十六个字。随着国有企业改革的深入推进，绝大部分国有企业通过公司制股份制改革建立起了现代公司制度，但是目前国有企业制度仍然存在一定的问题。其具体表现为：一是国有产权所有者和代理人关系还不够清晰。我国的社会主义性质决定了国有企业的产权制度改革要在马克思主义所有制理论下探索建立中国特色社会主义国有企业产权制度。马克思主义所有制理论指出，"生产资料的全国性集中将成为自由平等的生产者的各联合体所构成全国性基础"[①]。国有资产的所有者是全体人民，目前全民所有制的实现形式一直处于模糊状态，国有企业改革关注的重点不应当是产权是否清晰，而是全民财产由谁代表的问题。二是法人治理结构不规范，导致企业活力不足。一方面股权结构不合理。现代企业制度的股权结构，通常是相对平衡的，是为了实现权力的相互制约，同时又体现分工协作，实现取长补短共同发展。然而我国国有企业存在国有股"一股独大"的普遍现象，这样的股权结构在一定程度上降低了国有企业的企业活力。党的十八届三中全会在《中共中央关于全面深化改革若干重大问题的决定》中提出的混合所有制改革，其中的改革目的之一就是要消除这种由国有股"一股独大"所带来的弊端，将社会资本引入国有经济，充分发挥监事会监督作用，实现"国民共进"。另一方面，企业内部制约机制不完善。目前我国国有企业的经理层还是基本采用行政任命的手段，经理层缺乏激励和约束机制。公开招聘的职业经理人在国有企业中的所占比例相对较低，缺乏市场退出机制。

（四）部分国有企业内部党组织虚置问题

习近平总书记在全国国有企业党的建设工作会议上提出"坚持党对国有企业的领导是重大政治原则，必须一以贯之"。但在目前，部分国有企业内部出现党的领导弱化现象，中央企业党建工作弱化、淡化、虚化和党组织地位作用边缘化的问题显现，具体表现在以下四个方面：一是国有企业重业务轻党建的现象凸显。部分国企领导人思想上不重视党建工作，认为党建工作不

[①] 马克思恩格斯列宁斯大林著作编译局. 马克思恩格斯选集：第3卷 [M]. 2版. 北京：人民出版社，1995.

直接创造经济效益，因此将党建工作与经营管理工作人为分离，导致企业内部党建工作形同虚设。二是对党建工作与企业发展之间的协调关系认识不清。部分国企领导人没有意识到党建工作与企业发展之间具有协调共进的关系，没能充分将党组织的政治优势作为企业的重要资源进行整合配置，也没有把促进企业改革发展和提高生产经营成效作为党建工作的出发点与落脚点，没有建立起同企业发展改革、经营方式相协调的党建工作机制。三是党建工作流于形式。部分国企党组织缺乏创新意识，组织开展党的知识学习教育的形式单调，仅仅停留在读报纸、学文件层面，导致党员缺乏学习兴趣，党建工作没有起到实质性的作用，党建成效落后于企业发展需要。四是党务干部队伍建设相对滞后。部分国企缺乏对党务干部的激励机制，在待遇上不能对优秀的党务人才形成吸引力，严重影响党务干部队伍结构的改善和素质的提升。

第二节　新时代下的发展定位和改革思路

一、国有工业企业制度改革的重要意义

（一）国有经济和国有企业的重要地位

国有企业是国民经济的主导力量，也是社会责任的主要履行者。党的十八大以来，习近平多次强调"必须毫不动摇巩固和发展公有制经济，坚持公有制主体地位，发挥国有经济主导作用，不断增强国有经济活力、控制力、影响力"。由此可以看出，国有企业在我国经济发展过程中的重要地位和作用。一方面，国有企业是国民经济的主导力量，在基础能源提供、公共产品生产、基础设施建设中承担了重要的职责，同时在创新科技、推动产业结构优化升级、带动其他所有制经济健康发展等方面也发挥着不可替代的作用。另一方面，国有企业是推动改革开放的主要力量，是社会责任的主要履行者。

第九章 新时代工业企业制度的新趋势新发展

从实行承包责任制到实行股份制,再到如今形成以"管资本"为主和混合所有制的新管理体制和新所有制的改革形势,国有企业是中国改革开放事业的主要推动力量。此外,国有企业还承担着众多发展公益事业、提供对外援助等方面的重要社会责任,在提供就业岗位、维护社会稳定方面发挥着重要作用。因此,在新的历史方位下,"必须理直气壮做强做优做大"国有企业,这是历史唯物主义和人类社会发展规律的要求,也是实现共同富裕的保证。

(二)基本经济制度的重要实现形式

作为新一轮国企改革中的重要改革方向和重要突破口,混合所有制改革是现阶段我国基本经济制度的重要实现形式。我国的基本经济制度要求以公有制为主体,多种所有制经济共同发展。党的十八届三中全会在《中共中央关于全面深化改革若干重大问题的决定》中指出:"国有资本、集体资本、非公有资本等交叉持股、相互融合的混合所有制经济,是基本经济制度的重要实现形式。"混合所有制经济体现在微观层面上就是由不同所有制性质的投资主体所组建的多元化产权所有制企业。推进国有企业混合所有制改革,不仅是"新形势下坚持公有制主体地位,增强国有经济活力、控制力、影响力的一个有效途径和必然选择",更是"实现各种所有制资本取长补短、相互促进、共同发展"的重要举措。但是在推进国有企业混合所有制改革的过程中需要注意的是,不能将混合所有制改革当作简单地引入社会资本,更不能简单地认为混合所有制改革可以解决当前国有企业存在的一切问题。

二、国有工业企业制度的改革思路

(一)战略定位

在新的历史方位下,我国国有企业改革面临的最重要的任务是让国有企业适应市场经济的资源配置方式,成为真正的市场主体。当前我国国有企业还存在许多问题,《中共中央、国务院关于深化国有企业改革的指导意见》指出,一些国企市场主体地位未真正确立,现代企业制度尚不健全,国资监管体制需要完善,国有资本运行效率有待进一步提高,内部人控制、利益输送、国有资产流失严重,企业办社会职能和历史遗留问题还很多。因此,本着"解决问题"的出发点和着眼点,习近平提出"六个力量"为国有企业做出了新的历史定位:"让国有企业成为党和国家最可信赖的依靠力量;成为坚决贯彻执行党中央决策部署的重要力量;成为贯彻新发展理念、全面深化改革的重要力量;成为实施'走出去'战略、'一带一路'建设等重大战略的重要力量;成为壮大综合国力、促进经济社会发展、保障和改善民生的重要力量;成为我们党赢得具有许多新的历史特点的伟大斗争胜利的重要力量。"

(二)改革目标

在新的历史方位下,国有企业改革的总目标可以概括为在习近平新时代中国特色社会主义思想指导下,以深化国有企业改革为动力,以发展混合所有制经济为路径,做强做优做大国有企业,实现中国特色的社会主义伟大事业、伟大梦想。党的十九大报告指出,要"深化国有企业改革,发展混合所有制经济,培育具有全球竞争力的世界一流企业"。习近平也多次强调"必须理直气壮做强做优做大,不断增强活力、影响力、抗风险能力,实现国有资产保值增值"。具体来看,《中共中央、国务院关于深化国有企业改革的指导意见》指出,到 2020 年,在国有企业改革重要领域和关键环节取得决定性成果,国有企业公司制改革基本完成,国有资产监管制度更加成熟,国有资本配置效率显著提高,企业党的建设全面加强。

(三)基本原则

(1)坚持基本经济制度和社会主义市场经济改革方向。《中共中央、国务院关于深化国有企业改革的指导意见》指出,"坚持和完善基本经济制度,是深化国有企业改革必须把握的根本要求。""坚持社会主义市场经济改革方向,是深化国有企业改革必须遵循的基本规律。"这是在辩证历史唯物主义下,保障我国国有企业制度改革始终在中国特色社会主义理论框架中进行。

(2)将"底线思维"作为国企改革的风险防范原则。党的十八大以来,习近平多次强调,要运用"底线思维"的方法,凡事从坏处准备,努力争取最好的结果。习近平用"底线思维"规范国企改革,防止出现不可逆转的颠覆性失误,一方面是确保国有企业改革始终在党的领导下进行,另一方面是确保国有资产保值增值,加强对国有资产的监督,防范国有资产流失。

(3)将"三个有利于"作为指导方针和检验标准。习近平在全国国企党建工作会议上指出,"推进国有企业改革,要有利于国有资本保值增值,有利于提高国有经济竞争力,有利于放大国有资本功能。""三个有利于"是国企改革必须把握的原则,是国企改革成功与否的判别标准,必须用"三个有利于"标准衡量国有企业在适应市场经济过程中的改革形式和实现路径。

(四)实现路径

进入新时代,党中央、国务院更加注重国企改革顶层设计,国有企业进入全面深化改革的新阶段,以分类改革为基础,推进国有资产监管体制、混合所有制改革,形成了"1+N"国有企业改革政策体系。总体来看,我国国企改革有两条主线:一是在宏观层面构建国资管理体制,以探索适应市场经济的国有资产管理和经营的形式,达到政资分开、政企分开的目的。二是在微观层面完善国有企业的现代企业制度,以实现企业的所有权和经营权分离,成为公平参与市场竞争的市场主体。

具体来看,一是推进国有企业分类改革。根据国有资本在不同行业中的战略定位、发展要求和发展作用来对国有企业进行分类。二是完善现代企业制度。推进公司制股份制改革,完善企业股权治理结构和薪酬绩效管理制度,充分调动国有企业人才的积极性和创造性。三是完善国有资产管理体制。推动国有资产监督管理机构职能向"以管资本为主"转变,强化企业内外部监督,防止国有资产流失。四是发展混合所有制经济。在国企分类改革的基础上,推进混合所有制改革,引入非公资本,提高国有资本市场化运作水平,提升国有企业活力。五是加强党在国有企业中的领导核心地位。将党的建设与现代企业制度建设有机统一,深入推进反腐倡廉,切实落实从严治党。

第三节　改革及制度走向

新时期，我国工业体制改革进入以市场取向改革为重点的全面深化改革阶段。在此阶段，国家重点通过完善国有资产监管体制、健全现代企业制度、加强国有企业党的建设等途径解决难以从根本上摆脱传统计划经济体制下国家对工业企业监管思路的问题，进而打破我国工业企业在新时期的发展瓶颈，增强创新活力，进一步提升我国工业和经济实力。

一、完善国有资产监管体制

我国国有资产监管体制在改革开放之后受到高度重视，在确保国有资产保值增值、防止国有资产流失、壮大国有经济等方面取得一定的进展，但国有资产监管机制不健全，监管越位、错位、缺位以及政企不分、政资不分等问题依然存在。

完善国有资产监管体制是新时期我国深化国有企业改革的重要着力点，党在2013年召开的十八届三中全会上做出了全面深化改革的决定，首次提出以管资本为主加强资产监管，党的十九大报告更是明确提出要做强做优做大国有资本。《关于推动中央企业结构调整与重组的指导意见》和《国务院国资委以管资本为主推进职能转变方案》等政策文件明确了优化国资监管职能、提高国资运行效率、增强国企经营活力的途径。《国务院改革和完善国有资产管理体制的若干意见》和《改革国有资本授权经营体制方案》等文件加大了授权放权与监督监管的力度，体现了"放活与管好"相统一的改革思路。

（一）加快国有资产监管机构职能转变

国有资产监管机构的职责定位发生转变，将从"管企业"为主逐步过渡到"管资本"为主。国有资产监管机构根据授权代表本级人民政府对被监管企业依法履行出资人职责，在监管过程中不再同过去一样干预企业的自主经营,而逐步转变为以管资本为主,并将投资计划、部分产权管理和重大事项决策等出资人权利授权给国有资本投资、运营公司和其他直接监管的企业行使,将企业自主经营决策事项以及延伸到子企业的管理事项分别依法交由企业自身和一级企业行使。由此可见,国有资产监管架构由过去的两级架构转变为了"国资监管机构—国有资本投资运营公司—经营性国资"这样的三级架构,放松了国资监管机构直接对具体资产经营的管理,其对资本的管理主要体现为股东权利的行使,通过"一企一策"制定公司章程和董事会运作规范以及股东代表和董监事选派管理制度,将国有出资人的意志体现在公司治理结构当中。国有资产监管重点主要集中在对国有资本运营质量和企业财务状况监测方面,通过企业绩效的提升增加所有者权益,进而实现国有资本的保值增值。

(二) 推进国有资本授权经营体制改革

改革国有资本授权经营体制是国资监管机构由"管企业"转向"管资本"过程中的重要进展。国有资本授权经营体制改革旨在通过股权关系对国家出资企业开展授权放权,切实减少对国有企业的行政干预,让企业拥有更多的经营自主权,从而有效增强国有企业的活力、创造力、市场竞争力和抗风险能力。为确保对国有资本运营公司在战略规划和主业管理、选人用人和股权激励、工资总额和重大财务事项等方面进行有效授权,确保被授权企业能够把握和行使好权力,国有资本授权经营体制改革明确界定了出资人代表机构和国家出资企业的权利与责任边界,提出分类开展授权放权、加强企业行权能力建设、完善监督管理体系、通过监管信息系统全覆盖和在线监管坚持并加强党的领导等改革实施措施。

以上改革举措一方面将不断提升国有企业的活力,另一方面也将不断提高企业的规范化运行水平和自我约束能力。国有资本授权体制改革中,出资人代表主要起战略引领的作用,国有资本投资、运营公司在发展规划以及年度投资计划方面具有自主权。国有创业投资企业、创业投资管理企业等新产业、新业态和新商业模式类企业的核心团队可以持股和跟投,员工持股将对团队研发和经营带来正向激励,有助于提升国企的竞争力。国有资本授权经

营制度改革虽然增强了企业活力，但也带来了放权后国有企业容易流失等问题。不断完善的监督管理体系将会有利于国有资本投资、运营公司的权责明确化以及规范化程度的提高。

(三) 提高国有资本配置和运行效率

国有资本配置和运行效率的提高是"管资本"成效的重要体现，能够优化国资布局结构和促进国企转型升级，充分发挥国有资本运作作用。我国国有企业受过去计划经济的影响较大，产业分布领域较为广泛，不仅涉及自然垄断行业、公益类行业，而且在竞争性领域各细分行业也遍布了不同规模的国有企业。国有企业具有较大的体量，但相当一部分存在企业规模不经济、层级过多、产能过剩等问题。国有资产监管体制的改革为解决历史遗留问题提出了新的思路。

一是调整和优化国有资本布局结构。通过为国有资本构建一个健全的进退机制，制定投资的负面清单来让国有资本的投资方向更加符合政府宏观政策要求，在关系国家安全、国民经济命脉和国计民生的行业和领域充分发挥作用，在前瞻性战略性行业以及产业链关键环节和价值链高端领域加大国有资本投入，引导产业升级。二是促进资源配置更加合理。主要是通过巩固加强一批、创新发展一批、重组整合一批、清理退出一批等手段来促进国企间的兼并重组、创新合作、化解过剩产能、淘汰落后产能并处置低效无效资产，从而顺应新时期的供给侧结构性改革，让国有资本所在企业能够实现从产业链中低端向中高端迈进，提升核心竞争力和资本运行效率及质量。三是健全资本收益管理制度。一方面要建立覆盖全部国有企业的国有资本经营预算管理制度并实行分级管理，制定出同国家宏观调控和国有资本结构相协调的国有资本收益上缴比例。另一方面，在改组组建国有资本投资、运营公司以及实施国有企业重组过程中，国家需要考虑养老等社会保障的资金缺口问题，按需将部分国有股权划转社会保障管理机构持有。

二、健全现代企业制度

我国国有企业在前期改革的推动下，大部分已建立起现代企业制度的基本框架，但是公司制股份制改造在部分行业和层级还尚未成功推行，公司的法人治理结构没有得到完善，同市场经济要求相适应的企业劳动、人事和分配制度等尚未形成。

健全现代企业制度是新时期推动国企深化改革的重要手段。《国务院办公厅关于印发中央企业公司制改制工作实施方案的通知》《国务院办公厅关于进一步完善国有企业法人治理结构的指导意见》等政策有助于加快落实国有企业整体改制，为"管资本"为主的国资管理体制改革的全面推行奠定基础。《关于开展市场化选聘和管理国有企业经营管理者试点工作的意见》和《关于深化中央管理企业负责人薪酬制度改革的意见》等政策进一步加强了国有企业在选人用人、薪酬分配等方面制度的改进和优化。

（一）健全公司法人治理结构

在新时期政策推动下，我国国企公司制和股份制改革加大力度推进，在划拨土地处置、税收优惠支持、工商变更登记、资质资格承继等方面都给予政策支持。2017年中央企业层面已完成公司制改造，国有企业产权多元化迅速普及。新时期国企的改制要求不能仅仅只是形式上的转变，而应该彻底地转变机制体制，重点推进董事会建设，健全公司的法人治理结构。

国有企业法人治理结构的建立健全需要明确出资人机构、股东、董事会、经理层、监事会的权责。

出资人机构的权责界定主要依据于法律法规及公司章程中规定的股东权利和义务。由于国有独资公司不设置董事会，出资人机构则全权管理国有资本，但强调以"管资本"而非"管企业"为主。国有全资公司和国有控股公司中存在多个股东，出资人机构要依据其各自的持股份额通过参加股东会议来履行出资人职责。

股东会的权责行使主要表现为依据法律法规及公司章程委派或更换董事、监事，监督和评价董事会、监事会是否按要求履行职责。

董事会作为公司的决策机构，要在组织结构和队伍建设方面进一步加强。国有独资、全资公司的董事长、总经理原则上应当分别设立。国有独资公司的董事在行权过程中应接受出资人机构指导，出资人机构有权提名并依法定程序任命外部董事长。国有全资公司、国有控股企业中，股权份额决定了相关股东是否有权推荐派出董事，其中国有股东派出的董事要表现国有资本的意志。国有企业要建立完善的外部董事选聘和管理制度，选聘一批现职国有企业负责人转任专职外部董事，并加强其与出资人机构的沟通和交流。

经理层作为公司的执行机构，应当建立起规范的经理层授权管理制度，降低委托代理成本。国有独资公司要对经理层实行任期制和契约化管理，主要措施包括建设职业经理人制度、实行市场化薪酬、采用中长期激励机制等，职业经理人可以通过内部培养与外部引进相结合的方式选取，并打通其与企业经理层成员的身份转换通道。

监事会作为公司的监督机构，应当增强其独立性和权威性。一方面，政府要对国有资产监管机构出资的企业依法实行外派监事会制度，重点监督企业财务、重大决策、关键环节以及高管层履职情况，但要避免外派监事对企业的经营管理活动的参与和干预。另一方面，公司要健全企业民主管理制度，建立职工代表大会，设立职工董事和职工监事负责国有独资和全资公司中职工的民主管理与监督，保障职工合法权益能够得到有效维护。

（二）建立市场化内部经营机制

新时期，国有企业为克服追求短期利益、缺乏自主研发激励、企业和职工缺少独立性的经济激励及市场竞争压力的弊病，开始不断探索市场化的内部经营机制，在选人用人、薪酬分配等方面都做了大量的改进。

一是推行职业经理人制度，人员选聘和管理趋向市场化。"推进职业经理人制度"改革已被国资委列入"十项改革试点"之一，并成为《关于进一步深化中央企业劳动用工和收入分配制度改革的指导意见》的重要内容。国有企业用人用工机制趋于市场化，企业加快推进职业经理人制度，采用内部培养和外部引进双管齐下的方法，既要促进现有企业管理者与职业经理人的身份转换，又要加大通过市场化选聘职业经理人的比重。此外，职业经理人制

第九章　新时代工业企业制度的新趋势新发展

度有望通过加强日常监督和综合考核评价，创新灵活多样的激励方式，加快建立退出机制，逐步实现"选聘市场化、管理市场化、退出制度化"。

二是打破工资总额的固有管理模式，薪酬与市场化接轨。2018年5月，国务院发布《关于改革国有企业工资决定机制的意见》，强调国有企业工资分配要坚持市场化机制。首先，在匹配劳动力市场方面，国有企业工资水平要反映某一类人才、岗位劳动的市场价格。其次，在匹配企业经济效益方面，国有企业要强化与经济效益、投资回报紧密挂钩的工资决定机制。最后，在匹配劳动生产率方面，国有企业的工资水平要充分反映劳动者在本企业的劳动成果。该意见有利于打破以往国企工资总额的固有管理模式下"吃大锅饭"的低效困局，充分调动国有企业职工的积极性、主动性、创造性，激励职工努力为提高企业经济效益和劳动生产率做贡献，促进国企发展和国有资产的保值增值。

三是推进中长期激励机制，积极探索股权激励模式。"1+N"国企改革政策体系基本形成后，混改和员工持股成为国务院国资委明确的国企"十项改革试点"中的亮点内容。国企改革背景下，公司股权激励制度作为最重要的长期激励机制受到广泛重视。国有企业通过股权激励，建立起企业和员工的利益共同体，从而将员工的个人利益同企业的长期利益捆绑在一起，有助于促进企业长期、可持续性地发展；同时，员工的股东身份使得个人与企业的"风险共担、利益共享"，将提升员工对公司长期发展的关注，推动个人利益和企业价值实现"双赢"。通过探索和推行员工持股等中长期激励方式，有利于引导企业员工为企业长远发展服务，实现员工同企业的目标一致性。

三、创新企业股权和管理制度

为顺应新时期的发展要求，提升国企管理水平，提高国企的活力、控制力和抗风险能力，实现各种所有制资本取长补短、相互促进、共同发展的目标，解决国企内部党的领导弱化、虚化、淡化与党组织地位作用边缘化的问题，改善对企业文化建设认识不深的现象，我国在企业股权和管理体制方面提出推进新一轮混合所有制改革、加强企业内党建工作、打造企业管理文化等多项创新举措。

(一) 新一轮混改

新一轮的混合所有制改革将通过在社会多领域引入非公资本、深化国有企业改革等方式作用于各种社会利益关系的协调，为促进社会体制改革和创新提供新的思路。混合所有的思想于1993年党的十四届三中全会被首次提出，经过20多年的发展和试验，虽取得了一定的成效，但仍未解决国有企业竞争不足，国有产权单一、一股独大以及国有资产等问题。党的十八届三中全会提出新一轮混合所有制改革，会议通过的《中共中央关于全面深化改革若干重大问题的决定》把混改提升到新的高度，并将混改与完善产权保护制度、推动国企完善现代企业制度、支持非公有制经济健康发展同时作为我国坚持和完善基本经济制度的四项具体改革措施。2015年，有序实施国企混改被写入政府工作报告，新一轮的混改逐渐落地，成为新常态下推动国资国企改革的"重头戏"。

从新一轮混改的改革方向上看，混合所有制改革不单是产权的简单混合，而更是治理机制的规范[1]。新一轮混合所有制改革要求分类实施改革，建立起与现代企业制度相适应的产权制度，并且加强国有资本参与市场化运作的程度和能力。

首先，发展混合所有制应当依据国有企业功能的差异分类实施改革。国家发布的推进新一轮混合所有制改革的多项政策意见中数次强调混改应该宜改则改，稳妥推进。处于充分竞争行业和领域的商业类国有企业的混改应当支持其他国有资本或者多种社会资本的注入，实现股权多元化；处于关系国家安全及国民经济命脉的重要行业和关键领域、主要承担重大专项任务的商业类国有企业，由于其承担有保障性的特殊责任，国有股东应保持控股股东地位，非国有股东可以进行参股；处于自然垄断行业的国有企业在混改过程中要重视政企分开、政资分开，同时支持在竞争性环节引入不同性质的资本；

---

[1] 于国平. 国有企业混合所有制改革发展方向分析 [J]. 商业会计, 2016, 3 (5): 12-15.

处于公益类行业的国有企业，应当鼓励非国有资本通过购买服务、特许经营、委托代理等方式参与经营。

其次，发展混合所有制经济必须确保产权权属明晰，并能得到严格的保护。一方面，产权保护有助于为国有企业混改提供良好的改革环境，消减非公经济对产权被侵害的担忧。我国国有资本的产权依托国家信用能够得到充分的保障，而非公经济的产权保护却面临较大的不确定性，使得民营资本不敢参与混合所有制改革。《国务院关于国有企业发展混合所有制经济的意见》强调要依法保护混合所有制企业各类出资人的产权，对各种所有制经济产权和合法利益给予同等的法律保护。新一轮混改在产权保护方面的强化有助于改革的落地和顺利推进。另一方面，产权权属明晰化有助于确定各方权责。混合所有制改革则要求将国有企业产权多元化后，遵循现代企业制度的规则来实现产权所有者风险共担、利益共享。我国民营企业资本来源主要有个人独资、合伙筹资、外商投资和集体筹集等，其内部产权关系和利益关系较国有企业而言相对清晰。而国有企业在发展过程中较多地显露出政企不分、政资不分、所有权与经营权不分等问题，通过混改让民营资本注入国企，有望厘清企业内资本权属，明确各方权责，从而推动国资国企监管通过产权管理实现由管资产向管资本转变，建立起明晰的国企产权管理制度。

最后，发展混合所有制要让国有资本充分参与市场化运作，给予国有资本和非国有资本同等的地位与待遇。国有企业及其员工由于缺少经济激励和来自市场的竞争压力，长期处于低效运营状态。而非公有制经济虽然拥有活力，但在市场主体权益、机会和规则不平等的营商环境中，发展空间、产业准入和资源获取等方面存在较多限制，并且参股国有企业常常缺乏话语权，合法权益得不到保护。新一轮的混合所有制改革必须充分推行市场化的运作机制，切实给予非公资本同国有资本同等的合法保障，才能通过混改充分发挥非公有制经济在改革开放40多年的历程中所形成的"自主经营、自负盈亏"的市场化机制作用，带动国企体制机制实现改革和创新，激发国企经营活力，提高国企的竞争意识和危机意识，提升内部管理水平，充分促进国有资本参与市场竞争，带动国民经济更好发展。另外，近年来我国越来越多的

非国有企业在高新技术、生态环保、战略性产业等重点领域表现出较大的发展潜力，混改为国有资本参与优质非国有企业的市场化投资提供了机会。

从新一轮混改的改革路径上看，国有企业推进混合所有制改革主要有五条路径，包括开放式重组、整体或核心资产上市、员工持股、引入基金、引入战略投资者（德勤，2015）。

开放式重组将企业的业务、资产以及债务等要素进行重新组合，使得业务和资源配置更加合理、减少冗余，提高国企竞争力。国企实施开放式重组首先要明确发展战略，整合组织架构、资产负债和人员等运营平台，采取资产剥离、人员分流、挂牌转让及债务重组等多种手段。

整体或核心资产上市使企业资产可以在证券市场上进行交易。国有企业的上市过程中，资本市场会对财务、股东等提出较为严格的要求，为满足上市要求，企业将积极优化股权结构以及内部治理结构，并在管理上加强规范。

国有企业员工持股可以调动人才积极性和创造性。我国国有企业实施员工持股计划符合国家政策方向，但为防止国有资产流失、利益输出等问题，国务院国有资产监督管理委员会、中华人民共和国财政部、中国证券监督管理委员会三部委联合印发的《国有控股混合所有制企业员工持股试点意见》明确了员工持股在持股主体和操作模式上的限制。员工持股并非福利性质的全员持股，而是为激发企业活力实施的核心人才和高管的持股计划，尽量要在增量上操作，避开存量，最大限度地避免国有资产流失问题。混合所有制企业实施员工持股计划要将对象范围、激励额度、购股价格、股权授予和退出机制等多个关键要素纳入综合考量范围。

引入基金是混改的一种创新形式，政府引导基金将政府财政的一部分资金作为杠杆，进而撬动更多的社会资本注入战略性新兴产业以及进行混改的企业中。政府引导基金的设立既能利用社会资金满足国企改革和产业升级的资金需求，又能使地方政府免于陷入高债务境况。

引入战略投资者有利于协助被投资企业在资本市场上实现更大的价值。战略投资者一般是指国内外专业的行业或财务投资者，其特点是拥有丰富的投资经验及整合经验，能够在行业、市场、商业模式上给企业提供参考，在资金、管理人才、管理方法、资本市场等方面给企业提供资源。

（二）加强党建工作

坚持和加强党的领导是国有企业改革的根本前提。党的建设直接影响到国有企业的发展能力，国有企业改革路径的谋划以及工作机构的设置必须加强党的建设，增强党组织的参与，充分发挥党组织的领导核心和政治核心作用，做好体制和工作的对接，促使国有企业改革平稳开展。

首先，将党组织嵌入治理结构。为加强全国国有企业党的建设，我国提出"中国特色现代国有企业制度"，其特色则体现在把党组织嵌入公司治理结构当中，肯定党组织在公司法人治理结构中的法定地位，保证做到组织落实、干部到位、职责明确、监督严格。当前我国国有企业现代企业制度下党的领导是一种"嵌入式领导"[1]，国有企业党组织参与公司治理的方式主要有以下两种：

一是采用"双向进入、交叉任职"的领导制度。该项制度依据《中国共产党章程》按合法合规程序让符合条件的企业董事会、监事会和经理层成员进入企业党委会，符合条件的企业党委会成员则进入企业董事会、监事会和经理层。"双向进入、交叉任职"是当前绝大多数国有企业或国有控股公司的党组织参与国有企业治理的方式和途径，将党的领导权与法人治理的决策权交叉起来，有助于党委通过转换身份保障其决策落实。

二是采用"党管干部，党管人才"的人事制度。此项制度使得党组织能够参与公司选人用人机制，依照法律法规在国企领导人员和各个层次管理人员的培养、选拔、教育、管理、考核和奖惩环节发挥监督和约束作用，从而防止国有资产流失，加强从严治党力度。党组织参与公司选人用人机制的权责主要体现在两方面：一是党的组织部门和政府人事部门有权对国有企业董事长、企业高管和党委书记实行绝对任免；二是国企党组织在参与企业人事工作时要对企业中高层干部和管理人员的提名、考察、任免、奖惩等工作进行全过程的监督管理。

---

[1] 李德强. 现代企业制度下的国有企业党的建设研究 [D]. 北京：中国社会科学院研究生院，2016.

其次，让党组织参与决策机制。在公司治理中贯彻党的领导则必须让党组织能够参与到公司重大问题的决策中来，从而保证重大决策不偏离党的理论和方针政策，符合国家政治、改革和发展方向。重大决策必须先由党委研究提出意见或建议，对于涉及国家宏观调控、国家战略、国家安全等重大经营管理的事项，要先由党委研究讨论后，再由董事会和经理层做出决策。"三重一大"决策制度是党组织参与重大问题决策的重要保证，明确重大事项决策、重要干部人事任免、重大项目投资决策、大额资金使用事项必须依照规定程序，严格实施集体决策，确保决策的科学性、民主性，减少决策失误，保证国有资产安全，维护职工权益。

最后，实现党委成员与管理层的身份转换。党委成员与管理人员身份的转换是党委成员参与到公司治理中的新路径，既可以落实党委意图，又可以推进落实国企职业管理人制度。

一方面，通过党委成员个人身份的转换，在公司法人治理结构的各环节中体现和落实党委的意图。国有企业党组织通过让符合条件的党委成员参与到董事会和管理层，使其决策权从自身的党务工作扩展到企业的经营管理。在决策环节，符合条件的党委成员可按照法人治理规则，以董事会成员的身份促使董事会的决策体现党委意图；在执行环节，符合条件的党委成员可通过经理层成员的身份落实决策的执行，各级党组织和党员职工在带头执行公司决策的过程中应发挥表率作用；在监督环节，公司监事会应吸纳职工代表、纪检委员等实行对决策和经营管理的监督工作。

另一方面，转换经营管理者身份是国有企业职业经理人制度建设的一项重点工作。2015年出台的《中共中央、国务院关于深化国有企业改革的指导意见》要求能够实现国有企业经营管理者与职业经理人之间的身份转换。在国企推行职业经理人制度，则要求将企业管理人员的身份由国家干部转变为职业经理人，将任命方式由上级干部部门任命转变为企业董事会选聘。因此，获得经理职务的管理人员应当与董事会签订履职契约，并取消原先的干部级别，实行任期制。此外，应当在国企职业经理人制度中明确身份转换的人员类别，对其薪酬待遇、考核机制等实行差别化管理[①]。

（三）打造管理文化

新时期企业管理文化强调人在企业生产和管理中的作用，要求员工对企业文化能有正确的认识。现代企业制度重视对员工传递企业核心价值理念，加深员工对企业文化的感知和认同，从而增强企业的凝聚力、创新力和竞争力。优秀的管理文化能够以低成本和高效率的方式激发员工工作的积极性和创造性，有助于员工充分发挥才能，企业充分展现活力。企业管理文化的创新主要表现为以下三方面：

一是加强党组织思想政治工作的开展，传递企业核心价值理念。将国有企业管理文化创新同企业思想政治工作统一起来，一方面能够充分发挥思想政治工作对企业管理文化创新的导向作用，加强对企业核心价值理念的引导和传递；另一方面，能够加强企业管理层同职工间的联系，增强职工的工作积极性，从而提升企业的凝聚能力，进一步激发企业的创新动力和发展活力。

二是建立现代企业文化机制，深化企业文化同企业管理的融合。新时期，现代企业愈发重视通过提高企业文化软实力推动自身转型升级，不断通过加强企业文化机制的建立和完善来推动企业文化创新工作的开展。企业文化机制的建立要求坚持以人为本的原则，提高全体员工的文化意识，从而形成企业文化品牌，有利于企业经营管理的长足发展，打造企业在管理文化上的独特优势。

三是弘扬"大国工匠"精神，加强职工文化建设。党的十九大报告中习近平总书记强调要"深化国有企业改革，发展混合所有制经济，培育具有全球竞争力的世界一流企业"。企业在新时代的文化建设要把广大职工对美好生活的向往作为奋斗目标，加强职工文化建设，激发广大职工工作的积极性、主动性和创造性，将弘扬"大国工匠"精神作为完善国企管理文化建设、培育具有全球竞争力的世界一流企业的有效抓手。

[①] 周景勤. 国有企业推行职业经理人制度的若干问题［J］. 北京经济管理职业学院学报，2016，31（2）：30-33.

第四节 改革成效及新问题

一、改革成效

新时代，国有企业改革进一步推进了国有企业与市场经济体制的接轨，自中共十八届三中全会通过《中共中央关于全面深化改革若干重大问题的决定》以来，企业制度改革的理论成果得到了极大的丰富。2015年8月，党中央、国务院颁布了《关于深化国有企业改革的指导意见》，伴随着若干配套文件的出台，"1+N"系列改革指导文件逐渐形成，标志着国企改革顶层设计基本完成。改革的理论进展主要体现在五个方面：一是关于国有资产监管体制，应当以管资本为主，实现原有的国有资产管理架构由两级变为国资监管机构、国有资本投资运营公司和经营性国企三级架构（汪海波，2018）[①]。二是关于国有经济的功能定位和布局，我国必须坚持以公有制经济为主体，准确界定不同国企的功能，保证国有资本运营要服务于国家战略目标。三是关于国有经济实现形式，要积极推动产权多元化，加快推进股份制改造，分行业稳妥推进混合所有制改革。四是关于现代企业制度，要建立健全有效的法人治理结构，落实好选人用人、薪酬分配等方面的市场化机制。五是关于加强党的建设，要将中国共产党的领导与完善公司法人治理结构统一起来，探索和建立具有中国特色的现代国有企业制度[②]。

从实践探索来看，在完善国有资产监管体制、健全现代企业制度、创新企业股权和管理制度方面，不少国有企业都取得了显著的进展和不错的成绩。

（一）国有资产监管体制改革成效

一是组建国有资本投资、运营公司是国务院国资委监管职能转向以管资

[①] 汪海波. 对国有经济改革的历史考察：纪念改革开放40周年[J]. 中国浦东干部学院学报，2018，12（3）：102-118.

[②] 王志刚，董贵成. 中国特色现代国有企业制度"特"在哪里[N]. 光明日报，2017-08-28.

第九章　新时代工业企业制度的新趋势新发展

本为主的重要抓手。截至2018年年底，包括国投、诚通、航空工业集团、国家电投、中远海运、新兴际华集团等21家中央企业已被国务院国资委纳入国有资本投资运营公司试点，其中，19家为国有资本投资公司，2家为国有资本运营公司。上海、重庆、山西、广东等省市组建的国有资本投资、运营公司共122家。此外，国务院国资委在信息化监管和违规责任追究工作上取得重要进步。2018年，国务院国资委初步建成国资国企在线监管系统，在线监管央企集团层面"三重一大"事项决策制度、规则、清单和程序，动态监测和展示投资以及考核分配等工作。国务院国资委对7家违规经营投资事项的央企集团负责人问责，查处违规开展融资性贸易问题的央企3家，督促36家存在审计问题的央企进行整改，损失挽回及节约开支共近160亿元。

二是以"三去一降一补"为重点内容的供给侧结构性改革成为多地国有企业化解过剩产能的契机。2018年，作为"三煤一钢"工业大省的河南省全年共处置"僵尸企业"1 124家，盘活资产185.3亿元，化解国企债务139.8亿元；江苏省全年完成"僵尸企业"清理56户，退出劣势企业和低效无效参股投资200余户（王倩倩，2019）。

三是重组整合的规模优势和协调效应逐渐显现。2018年年底，国资委监管企业户数调整至96家，央企累积实现营业收入29.1万亿元，利润总额1.7万亿元，达历史最高[①]。国家能源集团、国机集团、中国宝武、中国远洋海运、中储粮集团、招商局集团等企业在重组后经营业绩均稳步提升。

（二）现代企业制度改革成效

一是公司制的改制全面完成，法人治理结构得到优化。目前，国有企业公司制改制面已实现全面覆盖，83家中央企业以及15 035户中央企业所属的二、三级单位都建立了规范的董事会，90%的省属国资委企业也建立起规范的董事会。

二是国企加快推进"三项制度"改革，人才活力增强。东航物流建立起

[①] 赵碧. 国企重组整合成效显现，2019年国资国企改革继续向纵深推进[N]. 中国产经新闻，2019-01-25.

完全市场化的薪酬管理体系、激励机制和约束机制，在中高管理层中推行职业经理人制度，按照"一人一薪、易岗易薪"的目标，对选聘的职业经理人和全体员工实行完全市场化的薪酬分配与业绩考核机制。中电系统建立以归母公司净利润为核心的"强激励、硬约束"业绩考核机制，把职业经理人收入与企业当期经营效益和长远发展目标以及重点工作任务结合起来。中广核建立起科研人员薪酬与科研绩效联动的科技成果转化激励机制，并实施集团首席专家选聘制度，打通科研人员晋升渠道。

三是国企员工持股试点范围逐步扩大，成为国企混改的重要途径。目前，已有近200家国企开展混合所有制企业员工持股试点。中国联通于2018年2月实施首期拟向激励对象授予不超过84 788万股的限制性股票激励机会，员工持股比例达2.7%，激励对象包括公司董事、高管以及对公司发展具有重大影响的技术骨干（李有华 等，2019）。东航集团对旗下东航物流实施混改，成为国家民航领域混合所有制改革的首家试点单位，公司将引入45%非国有资本和10%核心员工持股作为股权多元化改革的有效途径（王雪青，2018）。

（三）企业股权和管制制度创新成效

一是混改各项试点逐渐铺开，企业活力不断增强。目前，上市公司已成为中央企业的运营主体，2013—2018年，中央企业在产权市场上进行的部分股权转让和增资扩股超过700项，逾2 600亿元的社会资本流入，在证券市场开展IPO、控股上市公司增发以及资产重组等超400项，引入超1万亿元的社会资本（王希，2019）。地方国企混改覆盖面逐渐扩大，截至2017年年底，省级国企混合所有制户数占比达56%（温源，2018）。

二是七个重要领域国企混改稳步推进，重点领域核心业务混改的障碍正逐渐消除。

（1）电力领域。国家电网全面推进混合所有制改革，宣布将在十大领域中引入非国有资本，具体包括特高压直流工程、增量配电改革、交易机构股份制改造、综合能源服务、抽水蓄能、装备制造企业、电动汽车公司、信息通信产业、通航业务和金融业务。国网公司重视引入追求长期回报的财务投资者和战略投资者，并期望通过多产业的投资者参与来发挥战略协同作用。

第九章　新时代工业企业制度的新趋势新发展

（2）石油领域。由于石油企业规模庞大，利益关系错综复杂，混改难度较大。2017年，中石油资本首次进入深证成指、深证100指数样本股，中油资本、中油工程重组上市标志着中国石油混合所有制改革的实质性开端。中石油在2018年为了突破瓶颈，实施管理体制改革和专业化重组整合，促进提质增效，着力推进混合所有制改革和瘦身健体。

（3）天然气领域。混改以输气管道作为突破口，取得了实质性进展。2015年年底，中石油拟公告以全资子公司中油管道为平台整合旗下管道业务，东部管道、管道联合、西北联合3家公司将全部被置入该平台公司，实现多元化股权结构。2016年年底，中石油将油气管道首次向民企开放，中石油油气管道业务的市场化操作取得重大突破。2016年年底，中石化引入中国人寿和国投交通作为新投资，将中国石化全资子公司天然气公司对管道有限公司的持股比例削减至50%（刘杨，2016）。2017年中石化表示将在天然气领域加大混改力度，当下正在地热、管道等具体业务板块推进混改。

（4）铁路领域。铁路运输行业的资本结构和利润水平相对较优，利润增长有望持续，铁路设计施工行业和铁路装备制造行业开展行业重组的可能性较大。中铁总公司在2017年提出要推进铁路资产资本化经营，确立和推进国铁企业改革"三步走"的目标，并于当年年底将18个铁路局改制为集团有限公司。现阶段，中铁总公司着眼于铁路领域混改三年工作计划，将择优推进混改试点、市场化债转股和上市公司再融资工作，推动重点项目股改上市。

（5）民航领域。在引入外来资本方面已有多次尝试，混改迎来更大的政策空间。目前，南航、东航、海航、中航均上市A股，实现了多元化的股权结构。2018年开始施行的《国内投资民用航空业规定》为放宽民航领域投资带来政策利好。第一，允许国有资本对三大航相对控股；第二，对主要机场的国有股权比重要求下降；第三，进一步减少了行业内各主体之间的投资约束。

（6）电信领域。《信息通信行业十三五规划》明确指出要积极推动电信领域混合所有制改革进程，电信行业的混改自2016年以来取得了明显进展。2017年，中国联通成为我国三大电信运营商中第一个落地混改的公司，引入

了 BAT 和京东等战略投资者，实现对下滑盈利能力的逆转。中国电信也迈出混改的关键一步，2019 年中国电信翼支付引入前海母基金、中信建投、东兴证券和中广核资本四家战略投资者，并获得央行审批通过。

（7）军工领域。资产证券化成为实现混合所有制的重要方式，军工企业可利用该趋势支撑新一轮军品科研生产结构能力调整。我国军工资产证券化率不足 30%，相比海外军工市场差距较大（闫妮，2018）。推动军工领域的混改，第一要结合军品科研生产能力上市工作，第二要结合军工单位专业化重组，第三要结合针对民营企业军工能力建设的国家投资改革工作。

三是中央企业集团的党建工作取得实质性成效。第一，在央企集团层面，党建要求已全部被写入公司章程，公司重大问题决策之前都必须经过党组织研究讨论，党委（党组）书记和董事长由一人担任，确保企业的改革发展能够被党组织有效监管。第二，央企均已配备党委（党组）专职副书记，均已设置党建工作机构，并且机构部门编制不低于同级部门平均水平，基层党组织已落实"应建尽建、应换尽换"的原则（刘青山，2019）。

四是各个国有企业不仅积极推进党建工作，并且还在此基础上创新了党建引领公司发展的方式。国网长治供电公司党委坚持将党建融入中心工作，通过建立一个考核平台，开展多指标党建绩效考核，从而构建"1+N"党建绩效考核评价指标，实现党建工作可量化的监管评价。中铁置业北京公司自 2018 年 3 月在其所属各项目党组织推行"党建+"管控模式，具体包括"党建+强管理保目标""党建+助力营销""党建+运营速度"等管控模式，围绕年度经营目标更加紧密地开展党建工作。

二、新问题

新时期的企业制度和体制改革解决了许多历史遗留问题，并在重点、难点环节取得了不少实质性的突破。但同时，在改革探索的过程中也不可避免地出现了一些新的问题。坚持问题导向，鼓励探索创新一直是国资国企改革的原则，对于新问题的梳理将有助于改革路上攻坚克难，开创国有企业发展的新局面。

(一) 对新一轮混改认识不清

我国国有企业混合所有制改革自中共十八届三中全会提出"积极发展混合所有制经济"以来,取得了稳妥的进展,不仅构建出逐渐完善的政策体系,并且在实践探索上也有所深化。但在推进的过程中,仍然存在对新一轮混改认识不清造成的误区和争议(黄群慧,2017)。

一是对混改的含义认识不清。部分人将混合所有制改革等同于股权多元化改革,虽然两者均是多元股权的股份制改革,但是混改强调产权分属于不同性质的所有者,包括国有股份或集体股份与外资股份或民营资本或个人资本联合组成的混合所有制,即多元股份的持股方必须是由国有与非国有两种性质组成。

二是对混改的范围认识不清。混改并非要推及全部的国有企业,它必须以国有企业的功能分类和企业分层为前提。2015年发布的《关于国有企业功能界定与分类的指导意见》将国有企业界定为商业类和公益类,其中商业类的主要目标是实现国有资本的保值增值,而公益类的主要目标是提供公共服务产品,保障民生。不同类型的国企将面临是否进行混改、混改中国资占比多少、混改推进快慢等方面的不同抉择。

三是对混改的目标认识不清。部分企业重点关注公司股权重构,却忽视了公司治理结构的建立健全,导致出现较为严重的光"混"不"改"的现象。混合所有制改革的目标是要提高国有企业经营效率和国有资本的运行效率,实现国有资本最大限度的保值增值以及充分发挥各类国有企业的功能。

四是对混改的作用认识不清。部分观点认为混改涉及将国有股权出售给非国有方,必然会导致国有资产流失,由此对混改持有较大的质疑。这一观点没有考虑到混改的积极作用以及国有资产监管体制的作用。目前我国已出台多项有关国有资产监管的政策制度来确保国有和非国有产权具有同等地位,保证在股权转让、增资扩股过程中,市场信息是公开透明的,市场交易过程被严格监管,并且第三方机构作用能够有效发挥。通过完善的制度建设可以守住国有资产不流失的底线以及保护非国有股东及混合所有制利益相关者的

合法利益，从而实现国有资本和非国有资本的互利共赢。

（二）对党组织与国企现代企业制度的关系认识不清

新时代，为加强国企党的建设，习近平总书记提出："建立中国特色现代企业制度，'特'就特在将党的领导融入公司治理各个环节，把企业党组织内嵌到公司治理结构当中。"（张弛，2017）但在加强国有企业党建的过程中，部分人由于对党组织的重要作用缺乏全面准确的认识进而对党组织与国企现代企业制度的关系存在误解。

一是对党组织保障我国国有企业社会性质的作用认识不到位。部分观点认为党组织应当随着改革的深入推进而逐步退出，但我国国有企业是社会主义制度的重要经济基础，承担一定的社会功能，需要党组织通过长期监督国家方针政策在企业中的贯彻执行才能保障国有企业对社会性质和经济发展的支撑作用。

二是对党组织改善国有企业公司治理的作用认识不到位。部分观点认为党组织内嵌入公司治理结构，是"政企不分"的另一种表现。但国有企业的党建目的是发挥党组织的监督约束机制而并非对企业的经营管理进行干预。党组织与公司治理结构相融合的企业制度模式能防止国有资产流失，保证国有企业经营目标顺利实现。

三是对党组织提升国有企业人才质量的作用认识不到位。部分观点认为党组织参与企业领导人的选拔和任命是一种行政干预，不利于国企发掘真正优秀的管理人才。但党委主要是进行政治方向和用人导向把关，行使否决权和监督权，并不干预公司治理层级的具体用人权。"党管干部"与市场化选拔相结合的选人用人方式更加适合我国国有企业分布范围广、发展规模差异大、企业定位不同的特点。

（三）国企改革的试点尚未系统化

自2016年2月，国资委宣布十项国企改革试点全面展开后，包括落实职业经理人制度、市场化选聘制度、薪酬分配差异化制度、国有资本投资运营公司、重要领域混合所有制改革、混合所有制企业员工持股、中央企业兼并重组试点、剥离企业办社会职能和解决历史遗留问题在内的多项试点工作逐渐展开，我国国资国企改革进入"分项试点推进阶段"。但在这一阶段中，每个试点企业都以一项改革为主进行试点，再由不同的政府部门主导具体的改革试点审批和推进（黄群慧，2018），导致各项改革任务的内在联系被切割，这将在一定程度上影响改革的实际效果。因此，"分项改革"应当更多地考虑如何"协同发展"。国资委主任肖亚庆也对试点工作做出了新的指导，"目前开展的'双百行动'要从以往的单项试点方式转变为以'1+N'政策体系为指导，并在前期试点成果的基础上，对改革政策及试点经验进行全面的拓展和应用，形成梯次展开、纵深推进、全面落地的国企改革新局面"①。

参考文献

［1］黄群慧．破除混合所有制改革的八个误区［N］．经济日报，2017-08-04．

［2］黄群慧．更加重视国企改革的系统性整体性和协同性［N］．学习时报，2018-08-24．

［3］李德强．现代企业制度下的国有企业党的建设研究［D］．北京：中国社会科学院研究生院，2016．

［4］李有华，马忠，张冰石．国有集团企业混合所有制改革的模式创新：以中国联通为例［J］．财会通讯，2019（11）：63-66．

［5］刘青山．国企改革一年间，勇作表率谱新篇［J］．国资报告，2019（3）：6-11．

［6］刘杨．中国人寿国投交通增资中石化管道公司［N］．中国证券报，

---

① 肖亚庆．坚持问题导向 鼓励探索创新 深入推进国企改革"双百行动"［J］．国资报告，2018（9）：6-12．

2016-12-13.

[7] 马克思恩格斯列宁斯大林著作编译局. 马克思恩格斯选集：第 3 卷 [M]. 2 版. 北京：人民出版社，1995.

[8] 闫妮. 军工资产 资产证券化的最后一块蛋糕 [N]. 华夏时报，2018-08-06.

[9] 18 个铁路局改制为集团有限公司 [N]. 经济日版，2017-11-20.

[10] 宋方敏. 我国国有企业产权制度改革的探索与风险 [J]. 政治经济学评论，2019，10（1）：126-150.

[11] 汪海波. 对国有经济改革的历史考察：纪念改革开放40周年 [J]. 中国浦东干部学院学报，2018，12（3）：102-118.

[12] 王希. 以"混"促"改"，国企改革向深层次挺进 [N]. 新华社，2019-03-27.

[13] 王雪青. 国资委正抓紧完善相关方案 第二批国有资本投资运营公司试点力度将加大 [N]. 上海证券报，2018-08-30.

[14] 温源. 混改为国企改革带来哪些变化 [N]. 光明日报，2018-11-15.

[15] 王志刚，董贵成. 中国特色现代国有企业制度"特"在哪里 [N]. 光明日报，2017-08-28.

[16] 肖亚庆. 坚持问题导向 鼓励探索创新 深入推进国企改革"双百行动" [J]. 国资报告，2018（9）：6-12.

[17] 于国平. 国有企业混合所有制改革发展方向分析 [J]. 商业会计，2016，03（5）：12-15.

[18] 张弛. 为什么中国特色现代国有企业制度"特"在党组织？[J]. 红旗文稿，2017（6）：22-23.

[19] 赵碧. 国企重组整合成效显现，2019年国资国企改革继续向纵深推进 [N]. 中国产经新闻，2019-01-25.

[20] 周景勤. 国有企业推行职业经理人制度的若干问题 [J]. 北京经济管理职业学院学报，2016，31（2）：30-33.